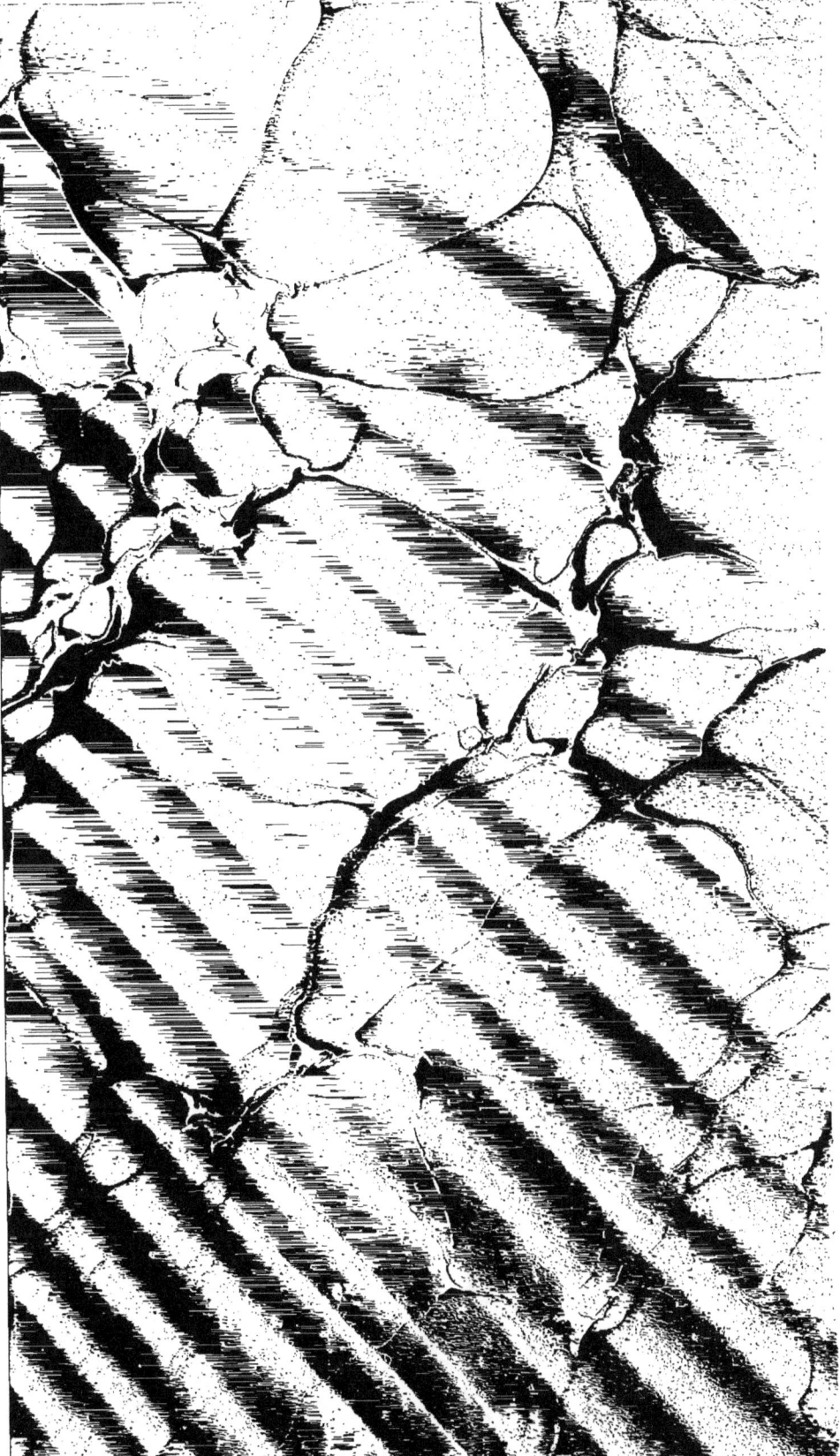

GUERRES

DES FRANÇAIS & DES ANGLAIS

DU XIᵉ AU XVᵉ SIÈCLE

MOULINS, IMPRIMERIE C. DESROSIERS.

GUERRES
DES FRANÇAIS
ET
DES ANGLAIS
DU XIᵉ AU XVᵉ SIÈCLE

PAR M. J. LACHAUVELAYE

CONSEILLER DE PRÉFECTURE.

TOME PREMIER.

MOULINS	PARIS
C. DESROSIERS	DUMOULIN, ÉDITEUR
IMPRIMEUR.	QUAI DES AUGUSTINS.

MDCCCLXXV.

INTRODUCTION

Dans les armées grecques et romaines, l'infanterie domina toujours. Le rôle de la cavalerie, peu nombreuse proportionnellement, ne fut jamais que secondaire. Il est certain que chez les Grecs, ce rôle fut toujours assez effacé. Dans la meilleure armée de ce peuple, dans l'armée spartiate, les soldats d'élite étaient réservés pour l'infanterie, la cavalerie était assez médiocre. De même chez les Athéniens, bien que les cavaliers fussent pris surtout parmi les Eupatrides, c'était encore sur les troupes de pied que l'on comptait le plus. Les Thébains, il est vrai, possédaient une excellente cavalerie recrutée en Thessalie ; ce n'est pas cependant à elle, mais à leur bataillon sacré et surtout aux talents d'Epaminondas, qu'ils durent leurs brillants et courts succès. La force des armées macédoniennes de Philippe et d'Alexandre résida dans leur célèbre phalange. Ce fut elle qui vainquit les Perses, et qui fit trembler un moment Paul Emile.

La cavalerie nationale des Romains, quoique composée des chevaliers, gens d'élite, aussi bien que des auxiliaires à cheval d'Italie, eut la moindre part aux grands succès de ce peuple. Et malgré l'heureuse attaque des vaillants cavaliers numides de Massinissa à Zama, malgré la bravoure des cavaliers gaulois ou germains plus tard enrôlés sous l'aigle romaine, il est bien certain que c'est aux solides et disciplinés légionnaires à pied que Rome dut ses victoires et la conquête du monde.

La défaite de Crassus, et les exploits des cavaliers parthes ne modifièrent point, à cet égard, la manière de penser des anciens. L'infanterie demeura leur arme par excellence.

Les peuples de race germanique qui envahirent l'Empire, combattaient généralement à pied, et la cavalerie des Huns se brisa devant eux, et devant les débris des anciennes légions romaines que dirigeait le vaillant Aétius.

Sous les Mérovingiens, les armées franques se composaient surtout de fantassins. Mais bientôt avec la deuxième race, une grande modification s'opéra chez les conquérants, qui perdirent le souvenir de l'ancienne tactique romaine. Le Frank devint cavalier. Le guerrier d'élite, le fils du vainqueur de la Gaule, tint à honneur de combattre ainsi. La chevalerie naquit. Alors apparut la plus pesante et la plus formidable cavalerie que le monde ait jamais vue.

Le rôle de fantassins fut abandonné à des troupes sans valeur, qui ne servirent qu'à escarmoucher dans les batailles. Le fort du combat fut soutenu par les gentilshommes bardés de fer, et montés sur leurs vigoureux coursiers.

La cavalerie devint à son tour, et pour longtemps, la milice préférée pour presque tout le continent chrétien. Les Germains soumis aux Carlovingiens, imitèrent les Franks leurs vainqueurs. Les Normands, conquérants de la Neustrie, prirent bientôt l'usage des autres Français. Seuls, les peuples du Nord conservèrent leur ancienne manière de combattre. L'Ecosse, chaos encore confus de peuples divers, eut pour soldats de sauvages fantassins. Quant aux Scandinaves et aux Anglo-Saxons, la principale force de leurs armées consista toujours dans leur infanterie.

C'est à pied qu'à Stanford-Bridge combattirent les soldats norwégiens de Harold et de Tostig.

Bien plus, à Hastings, non-seulement la masse de l'armée saxonne était composée de fantassins, mais la cavalerie même mit entièrement pied à terre, et se transforma en infanterie pour cette bataille.

A Hastings donc, la chevalerie franco-normande composée de l'élite des guerriers de la partie la plus civilisée de l'Europe, se heurta contre l'infanterie des septentrionaux plus barbares.

A la suite de ce choc, un commencement de réaction s'opère dans l'Europe chevaleresque. Les Normands, qui semblent avoir été les premiers qui aient plus généralement fait usage de la cavalerie en Angleterre, empruntent parfois aux vaincus leur manière de combattre, et nous verrons les fils de Rollon revenant à l'usage des Norwégiens leurs ancêtres, mettre souvent pied à terre dans les batailles. Ainsi feront-ils à Tinchebrai, à Brémule et ailleurs.

Mais cette réaction en faveur de l'infanterie ne fut encore que timide et passagère.

Au xiv° siècle, au contraire, de grands événements s'accomplissent. En Ecosse, en Flandre et en Suisse, la terrible chevalerie, jusqu'alors maîtresse du monde, les formidables cataphractaires réputés invincibles, se heurtent contre des peuples de fantassins, et tombent vaincus sous leurs piques, leurs godendarts et leurs hallebardes. Courtray, Bannockburn et Morgarten, inscrivent en lettres sanglantes, cette grande victoire de l'infanterie.

Un peuple alors supérieur à presque tous les autres par ses qualités guerrières, le peuple anglais, profite de ces grandes leçons.

Faisant un habile usage de ses adroits gens de trait et de ses solides gens d'armes, il convertit la plupart de ses troupes en fantassins, choisit habilement des positions défensives, défavorables à la lourde cavalerie féodale, et voit succomber devant lui ces milices jusqu'alors si redoutées.

A Halidon-Hill, il rend aux Ecossais la leçon qu'il avait reçue d'eux à Bannockburn.

A Crécy, il renouvelle pour les chevaliers français, la douloureuse expérience de Courtray, en montrant toutefois dans cette bataille des qualités guerrières bien supérieures à celles des Flamands de Bruges.

La cavalerie féodale reçoit à Crécy son plus terrible coup. Les Français suivent les Anglais dans la voie qu'ils leur ont ouverte. A Poitiers et sous Charles V, nos gens d'armes combattent aussi à pied.

A Sempach, contre les Suisses, la chevalerie allemande imite les deux chevaleries anglaise et française, et le combat à pied semble devenir, comme jadis, le combat par excellence. Le cavalier n'est plus qu'un auxiliaire, le cheval n'est souvent même pour les gens d'armes qu'un moyen de transport. Mais nos chevaliers vaincus à Azincourt et à Verneuil, dans ce nouveau genre de combat par les yeomen anglais, qui les assomment avec leurs haches d'armes, subissent en ces deux journées les plus désastreuses défaites, et en viennent à regretter leurs chevaux qu'ils conservent toutes les fois que les circonstances le leur permettent, toutes les fois que leur artillerie naissante parvient à déloger leurs ennemis de leurs formidables positions.

Les Français, convaincus de la valeur de l'infanterie en général, ne trouvent point en ce moment chez eux les éléments qui la doivent composer ; leurs francs-archers et autres soldats tirés du sein du peuple, sont encore trop peu aguerris ; la vaillante noblesse qui compose leur gendarmerie est trop lourde. D'ailleurs cette gendarmerie combattant, selon les circonstances, tantôt à pied, tantôt à cheval, n'a pas comme la gendarmerie anglaise, une tactique presque toujours déterminée. Sa préférence, au contraire, demeure pour le combat à cheval, et l'absence seule d'une bonne infanterie, la détermine à en remplir le rôle. Cette infanterie, que la France ne possède pas encore chez elle, elle la trouvera chez un peuple voisin.

Les soldats de Morgarten, de Laupen, de Sempach, ont grandi de leur côté, tandis que les Anglais opposaient victorieusement leurs archers et leurs gens d'armes démontés à nos braves cavaliers. Bientôt, les vainqueurs de l'Autriche se trouvent en face de la brillante armée bourguignonne. Un terrible choc s'en suit : Granson et Morat sont le Courtray et le Crécy des compagnies d'ordonnance de Charles-le-Téméraire. Ainsi s'établit la réputation de l'infanterie suisse, Louis XI et ses successeurs recrutent de vaillants fantassins parmi ces intrépides montagnards. Bientôt à ces fantassins s'ajoutent les lansquenets allemands et les bandes gasconnes et basques, qui ont longtemps soutenu seules l'honneur de nos troupes populaires.

Ce sont ces événements que nous nous sommes efforcés de retracer, en partant de la bataille de Hastings, pour finir après Granson et Morat, et en suivant dans les différentes chroniques de l'époque, la tactique employée à chaque bataille.

Nous avons tenté aussi de donner un aperçu des armures du temps, et un résumé des principales ordonnances par lesquelles nos rois ont successivement amélioré notre organisation militaire, durant cette longue série de combats.

Nous avons puisé largement dans les écrits des Contemporains, et nous nous sommes attaché surtout à mettre sous les yeux du lecteur le plus succinctement possible, le résumé de leurs récits ; quelquefois lorsque le même sujet était traité par plusieurs chroniqueurs à la fois, nous avons cité *in extenso* le texte même de l'auteur qui nous a paru le plus intéressant.

LIVRE PREMIER

I

Conquête de l'Angleterre. — Bataille de Hastings. — Premières hostilités de la France avec l'Angleterre. — Bataille de Brémule.

La conquête de l'Angleterre par les Normands, fut l'occasion première de la longue rivalité entre les Français et les Anglais. L'ambition et l'orgueil des ducs de Normandie s'accrurent avec leur puissance ; ils supportèrent impatiemment leur vasselage et soutinrent avec les ressources de leur nouveau royaume les contestations qui s'élevèrent entre eux et leurs suzerains. Plus tard, quand la maison d'Anjou hérita de la race de Rollon et lui succéda sur le trône d'Angleterre, les causes de querelles augmentèrent en même temps que l'étendue du territoire possédé en France par les nouveaux souverains.

Les Anglo-Saxons, foulés et maltraités par les conquérants, enveloppèrent dans la même haine qu'ils avaient vouée aux Normands les Français qui avaient fourni de nombreux auxiliaires à leurs oppresseurs, dont ils parlaient la langue et que les vaincus pouvaient considérer, comme appartenant à la même race.

La conquête de l'Angleterre fut encore une cause d'affaiblissement pour la France, en lui arrachant ces héroïques Normands qu'un plus long séjour en Neustrie lui eût définitivement acquis.

Les vainqueurs donnèrent à leur nouvelle patrie sa redoutable gendarmerie, ses illustres guerriers qui conduisirent si souvent à la victoire les fils des Saxons subjugués. (1)

Avec Guillaume et ses Normands, partirent aussi de France les plus braves et les plus aventureux soldats des autres parties de ce royaume que leurs enfants contribuèrent plus tard à accabler.

Il n'était pas besoin de cet accroissement de forces, pour faire de l'Angleterre une ennemie redoutable.

Envahie par les Anglo-Saxons qui avaient rejeté dans la région, connue depuis sous le nom de pays de Galles, les anciens possesseurs du sol, la Grande-Bretagne avait été ainsi peuplée par la plus jeune race du sang Germanique, la plus éloignée de la civilisation Romaine et la plus voisine des Scandinaves avec lesquels les Saxons se confondaient en quelque sorte.

Les invasions successives des Danois et des Norwégiens en Angleterre avaient, au moyen de guerres sanglantes, entretenu la vigueur des anciens conquérants ; elles avaient ajouté par l'établissement des envahisseurs dans les provinces du Nord, par leur fusion avec les Anglais, un nouvel élément de force et de vigueur militaire à ceux qui existaient déjà.

---

(1) Depuis leur établissement en France, tous les efforts de Rollon et de ses successeurs avaient été dirigés vers l'entretien et l'accroissement de leur milice ; aussi la chevalerie normande était-elle réputée entre toutes.

Ce n'était pas, en effet, des ennemis à dédaigner que les Anglo-Saxons et les Danois qui s'étaient fondus avec eux. Alors que l'Europe féodale plaçait toute sa confiance dans la chevalerie, les Anglo-Saxons, fidèles à l'ancien usage des Germains, allaient bientôt montrer à leurs adversaires la valeur d'une bonne et solide infanterie ; armés de la hache d'armes de leurs ancêtres, avec laquelle ceux-ci avaient conquis la Bretagne, ils déployaient déjà la ténacité et l'indomptable bravoure qui, plus tard, dirigées par d'habiles chefs, soutenues par la gendarmerie normande, devaient en faire de si redoutables ennemis pour la France.

La bataille de Hastings mérite à beaucoup d'égards de fixer toute l'attention ; elle est le point de départ de nos guerres avec les Anglais ; elle offre avec les plus célèbres combats qu'ils nous livrèrent une certaine analogie.

Orderic Vital et Guillaume de Poitiers ont tous les deux raconté, ainsi qu'il suit, la grande bataille que se livrèrent Harold et Guillaume.

Ce fut le 14 octobre 1066, dit le premier de ces chroniqueurs, que l'action s'engagea sur les hauteurs de Senlac.

Les soldats de Harold occupaient une chaîne de collines fortifiées par un rempart de pieux et de claies d'osier. Le duc des Normands avait placé sur la première ligne de l'armée, des fantassins armés de flèches et d'arbalètes ; les hommes de pied couverts de cuirasses occupaient la deuxième ligne, au dernier rang, se tenaient les escadrons de cavalerie, au milieu desquels, se trouvait le duc avec l'élite de ses forces, afin de pouvoir porter partout où il serait nécessaire, l'assistance de sa voix et de son bras. Les Normands pleins de gaîté et d'audace, commencèrent l'attaque ; leurs fantassins s'approchant au plus près des Anglais, les provoquèrent, et par une décharge de traits, leur envoyèrent les blessures et la mort. Ceux-ci, de leur côté, résistèrent courageusement. De part et d'autre, on combattit quelque temps avec un grand acharnement ; l'infanterie et la cavalerie Bretonnes, également effrayées de l'inébranlable fermeté des Anglais, lâchèrent pied ainsi que les autres auxiliaires ; ils se jetèrent sur l'aile gauche et presque tout le corps d'armée du duc le croyant mort, faiblit aussi. Cependant, ce prince voyant qu'une grande partie des ennemis avait franchi leur retranchement et poursuivait ses troupes, se précipita au-devant des fuyards en les menaçant et les frappant de sa lance. Il découvrit sa tête et détacha son casque en s'écriant :

« Reconnaissez-moi, je suis vivant, et avec l'aide de Dieu, je vaincrai ! »

A ces paroles de leur prince, les fuyards reprirent courage, ils retournèrent aux redoutes, mais ne purent davantage en forcer les portes ni faire brèche ; alors le duc s'avisa d'un stratagème pour faire quitter aux Anglais leur position et leurs rangs ; il donna l'ordre à 1,000 cavaliers de prendre une deuxième fois la fuite.

Les Anglais se mirent à leur poursuite, mais tournant bride aussitôt, les chevaliers de Guillaume coupèrent la retraite à leurs ennemis et les enveloppèrent ; les Saxons surpris dans le désordre de la poursuite, ne purent avec leurs grandes haches qu'ils manœuvraient à deux mains, se garantir des coups de lances et d'épées de leurs ennemis ; les clôtures des redoutes furent enfoncées ; alors la supériorité du nombre, des armes offensives et défensives, assura le triomphe des Normands ; mais le combat dura longtemps encore, soutenu par les Saxons avec une bravoure désespérée. Guillaume eut son cheval tué sous lui. Harold et ses deux frères succombèrent au pied de leur étendard ; les Anglais prolongèrent la lutte jusqu'à la nuit et se retirèrent alors, poursuivis par la cavalerie Normande qui ne faisait aucun quartier.

Guillaume de Poitiers fait de cette bataille de Senlac ou

de Hastings, un récit à peu près semblable mais plus complet encore. (1)

Les Anglais n'osant combattre Guillaume sur un terrain égal, se portèrent, dit-il, sur un lieu plus élevé, sur une montagne voisine de la forêt par laquelle ils étaient venus. Alors les chevaux ne pouvant plus servir à rien, tous les gens de pied se tinrent fortement serrés. Le duc et les siens, nullement effrayés par la difficulté du lieu, montèrent peu à peu la colline escarpée.

Le terrible son des clairons fit entendre le signal du combat et, de toutes parts, l'ardente audace des Normands entama la bataille. Les gens de pied des Normands s'approchant donc, provoquent les Anglais et leur envoient des traits et avec eux les blessures et la mort. Les ennemis leur résistent vaillamment, chacun selon son pouvoir. Ils leur lancent des épieux et des traits de diverses sortes, des haches terribles et des pierres appliquées à des morceaux de bois. Vous auriez pu voir aussitôt les nôtres écrasés, comme sous un poids mortel. Les chevaliers viennent après, et de derniers qu'ils étaient, passent au premier rang.

Honteux de combattre de loin, le courage de ces guerriers les anime à se servir de l'épée. Les cris perçants que poussent les Normands et les barbares, sont étouffés par le bruit des armes et les gémissements des mourants. On combat ainsi des deux côtés, avec la plus grande force; mais les Anglais sont favorisés par l'avantage d'un lieu élevé, qu'ils occupent serrés, sans être obligés de se débander pour y arriver, par leur grand nombre et la masse inébranlable qu'ils présentent, et de plus par leurs armes qui trouvaient facilement chemin à travers les boucliers et les autres armes défensives. Ils soutiennent donc et re-

---

(1) Les chroniqueurs de cette époque s'empruntent mutuellement une partie de leurs récits. Aussi, ne doit-on pas s'étonner des redites.

poussent avec la plus grande vigueur, ceux qui osent les attaquer l'épée à la main ; ils blessent aussi ceux qui leur lancent des traits de loin.

Voilà qu'effrayés par cette férocité, les gens de pied et les chevaliers Bretons tournent le dos, ainsi que tous les auxiliaires qui étaient à l'aile gauche ; presque toute l'armée du duc recule (ceci soit dit sans offenser les Normands, la nation la plus invincible. L'armée de l'empereur Romain où combattaient les soldats des rois habitués à vaincre sur terre et sur mer, a fui plus d'une fois à la nouvelle vraie ou fausse du trépas de son chef). Les Normands crurent que leur duc et seigneur avait succombé ; ils ne se retirèrent donc point par une fuite honteuse, mais tristes, car leur chef était pour eux un grand appui.

Le prince, voyant qu'une grande partie de l'armée ennemie s'était jetée à la poursuite des siens en déroute, se précipita au-devant des fuyards et les arrêta en les frappant ou les menaçant de sa lance. La tête nue, ayant ôté son casque, il leur cria :

« Voyez-moi tous, je vis et je vaincrai, Dieu aidant ! Quelle démence vous pousse à la fuite ? Quel chemin s'ouvrira à votre retraite ? Vous vous laissez repousser et tuer par ceux que vous pouvez égorger comme des troupeaux. Vous abandonnez la victoire et une gloire éternelle, pour courir à votre perte et à une perpétuelle infamie. Si vous fuyez, aucun de vous n'échappera à la mort. »

Ces paroles ranimèrent le courage des Normands ; Guillaume s'avança lui-même à leur tête, frappant de sa foudroyante épée, et défit la nation ennemie qui méritait la mort par sa rébellion contre lui, son roi. Les Normands enflammés d'ardeur, enveloppèrent plusieurs milliers d'hommes qui les avaient poursuivis et les taillèrent en pièces en un moment, en sorte que pas un n'échappa. Vivement encouragés par ce succès, ils attaquèrent la masse de l'armée, qui, pour avoir éprouvé une grande perte, n'en paraissait point diminuée. Les Anglais combattaient avec courage et de toutes leurs forces, tâchant surtout de ne point ouvrir de passage à ceux qui voulaient fondre sur eux pour les entamer.

L'énorme épaisseur de leurs rangs empêchait presque les morts de tomber ; cependant le fer des plus intrépides guerriers s'ouvrit bientôt un chemin dans différents endroits. Ils furent suivis des Manceaux, des Français, des Bretons, des Aquitains et des Normands qui l'emportaient par leur courage.

Un Normand, jeune guerrier, Robert, fils de Roger de Beaumont, neveu et héritier, par sa sœur Adeline, de Hugues, comte de Meulan, se trouvant ce jour-là, pour la première fois, à une bataille, fit des exploits dignes d'être éternisés par la louange. A la tête d'une légion qu'il commandait à l'aile droite, il fondit sur les ennemis avec une impétueuse audace et les renversa. Il n'est pas en notre pouvoir, et l'objet que nous nous sommes proposé, ne nous permet pas de raconter, comme elles le méritent, les actions de courage de chacun en particulier. Celui qui excellerait par sa facilité à décrire, et qui aurait été témoin de ce combat par ses propres yeux, trouverait beaucoup de difficultés à entrer dans tous les détails. Nous nous hâtons d'arriver au moment où terminant l'éloge du comte Guillaume, nous raconterons la gloire du roi Guillaume.

Les Normands et les auxiliaires, réfléchissant qu'ils ne pourraient vaincre, sans essuyer de très-grandes pertes, une armée peu étendue et qui résistait en masse, tournèrent le dos, feignant adroitement de fuir. Ils se rappelaient, comment peu auparavant, leur fuite avait été l'occasion de leur victoire. Les barbares, avec l'espoir du succès, éprouvèrent une vive joie ; s'excitant à l'envie, ils poussent des cris d'allégresse, accablant les nôtres d'injures, et les menaçant de fondre tout aussitôt sur eux.

Quelque mille d'entre eux osèrent, comme auparavant, courir, comme s'ils eussent volé, à la poursuite de ceux qu'ils croyaient en fuite. Tout à coup, les Normands tournant leurs chevaux, les cernèrent, les enveloppèrent de toutes parts, et les taillèrent en pièces sans en épargner aucun.

S'étant deux fois servi de cette ruse avec le même succès, ils attaquèrent le reste avec une plus grande impétuosité.

Cette armée était encore effrayante et très-difficile à envelopper. Il s'engage un combat d'un nouveau genre ; l'un des partis attaque par des courses et divers mouvements ; l'autre comme fixé sur la terre, ne fait que supporter les coups. Les Anglais faiblissent et, comme avouant leur crime par leur défaite, en subissent le châtiment. Les Normands lancent des traits, frappent et percent. Le mouvement des morts qui tombent, paraît plus vif que celui des vivants. Ceux qui sont blessés légèrement, ne peuvent s'échapper à cause du grand nombre de leurs compagnons et meurent étouffés dans la foule. Ainsi concourut la fortune au triomphe de Guillaume.

A ce combat, se trouvèrent Eustache, comte de Boulogne ; Guillaume, fils de Richard, comte d'Evreux ; Geoffroy, fils de Rotrou, comte de Mortain ; Guillaume, fils, d'Osbern ; Aimeri, gouverneur de Thouars ; Gautier Giffard ; Hugues de Montfort ; Raoul de Tœni ; Hugues de Grandménil ; Guillaume de Varenne et un grand nombre d'autres guerriers, les plus fameux par leur courage à la guerre et dont les noms devraient être rangés, dans les annales de l'histoire, parmi ceux des plus valeureux. Guillaume leur chef, les surpassait tellement en force comme en sagesse, qu'on pourrait, à juste titre, le préférer ou le comparer aux anciens généraux de la Grèce ou de Rome tant vantés dans les livres. Il conduisit supérieurement cette bataille, arrêtant les siens dans leur fuite, ranimant leur vaillance et partageant leurs dangers ; il les appela pour qu'ils le suivissent, plus souvent qu'il ne leur ordonna d'aller en avant ; d'où l'on doit comprendre clairement que sa valeur les devançait toujours dans la route en même temps qu'elle leur donnait le courage. .

A la vue seule de cet admirable et terrible chevalier, une grande partie des ennemis perdirent le cœur sans avoir reçu de blessures ; trois chevaux tombèrent percés sous lui, trois fois il sauta hardiment à terre et ne laissa pas longtemps sans vengeance la mort de son coursier. C'est alors qu'on put voir son agilité et sa force de corps et d'âme. Son glaive rapide traverse avec fureur les écus, les casques et les cuirasses ; il frappe plusieurs guerriers de son bouclier. Ses chevaliers, le voyant ainsi combattre à pied, sont saisis d'admiration, et la plupart, accablés de blessures, reprennent courage. Quelques-uns, perdant leurs forces avec leur sang, appuyés sur leurs boucliers, combattent encore vaillamment ; et plusieurs ne pouvant faire davantage, animent de la voix et du geste leurs compagnons à suivre hardiment le duc et à ne pas laisser échapper la victoire d'entre leurs mains. Guillaume en secourut et sauva lui-même un grand nombre.

Le jour étant déjà sur son déclin, les Anglais virent bien qu'ils ne pouvaient tenir plus longtemps contre les Normands ; ils savaient qu'ils avaient perdu un grand nombre de leurs troupes, que le roi, deux de ses frères et plusieurs grands du royaume avaient péri, que tous ceux qui restaient étaient presque épuisés, et qu'ils n'avaient aucun secours à attendre. Ils virent les Normands dont le nombre n'était pas fort diminué, les presser avec plus de violence qu'au commencement, comme s'ils eussent pris de nouvelles forces en combattant. Effrayés aussi par l'implacable valeur du duc qui n'épargnait rien de ce qui lui résistait, et de ce courage qui ne savait se reposer qu'après la victoire, ils s'enfuirent le plus vite qu'ils purent, les uns à cheval, quelques-uns à pied, une partie par les chemins, presque tous par des lieux impraticables ; quelques-uns, baignés dans leur sang, essayèrent en vain de se relever ; d'autres se relevèrent, mais furent incapables de fuir. Le désir ardent de se sauver, donna à quelques-uns la force d'y parvenir. Un grand nombre expirèrent dans le fond des forêts et ceux qui les poursuivaient en trouvèrent plusieurs étendus sur les chemins. Les Normands, quoique sans aucune connaissance du pays, les poursuivaient avec ardeur, et, frappant les rebelles dans le dos, mettaient la dernière main à cette heureuse victoire. Plusieurs d'entre eux, renversés à terre, reçurent la mort sous les pieds des chevaux.

Cependant le courage revint aux fuyards, qui avaient trouvé, pour renouveler le combat, le lieu le plus favorable ; c'était une vallée escarpée et remplie de fossés. Cette nation qui descendait des antiques Saxons, les hommes les plus féroces, fut toujours naturellement disposée aux combats et ils n'avaient pu reculer que sous le poids d'une très-grande valeur. Ils avaient récemment vaincu, avec une grande facilité, le roi de Norwège soutenu par une vaillante et nombreuse armée.

Le duc qui conduisait les étendards vainqueurs, voyant ces cohortes rassemblées en un moment, ne se détourna pas de son chemin et tint ferme, quoiqu'il s'imaginât que c'était un nouveau secours qui arrivait à ses ennemis, et, plus terrible, armé seulement d'un débris de sa lance que ceux qui dardent de longs javelots, il rappela, d'une voix mâle, le comte Eustache qui prenait la fuite avec cinquante chevaliers, et voulait donner le signal de la retraite. Celui-ci, revenant, se pencha familièrement à l'oreille du duc et le pressa de s'en retourner, lui prédisant une mort prochaine, s'il allait plus loin. Pendant qu'il lui parlait, Eustache fut frappé entre les épaules d'un coup dont la violence fut aussitôt prouvée par le sang qui lui sortit du nez et de la bouche, et il s'échappa à demi-mort avec l'aide de ses compagnons. Le duc, au-dessus de toute crainte et de toute lâcheté, attaqua et renversa ses ennemis. Dans ce combat, périrent quelques-uns des plus nobles Normands à qui la difficulté de lieu ne permit pas de déployer toute leur valeur.

La victoire ainsi remportée, le duc retourna vers le champ de bataille, où, témoin du carnage, il ne put le voir sans pitié. La terre était couverte au loin de la fleur de la noblesse et de la jeunesse Anglaise, souillées de sang. Les deux frères du roi furent trouvés auprès de lui. Lui-même, dépouillé de toute marque d'honneur, fut reconnu, non à sa figure, mais à quelques signes.

C'est donc à Senlac, que les deux peuples qui devaient être si longtemps rivaux, se rencontrèrent pour la première fois et qu'on put apprécier la diversité de leurs qualités guerrières.

Ainsi que le dit Guillaume de Poitiers, les Anglais combattaient à pied, favorisés par l'avantage d'un lieu élevé qu'ils occupaient serrés, et, de plus, par leurs armes, qui trouvaient facilement chemin à travers les boucliers et les autres armes défensives ; ils tâchaient surtout de ne point ouvrir de passage à ceux qui voulaient fondre sur eux pour les entamer. L'énorme épaisseur de leurs rangs, empêchait presque les morts de tomber. Plus tard, lors de l'assaut définitif de leurs retranchements, le même auteur nous les peint comme fixés sur la terre et ne faisant que supporter les coups. Les soldats de Guillaume montrèrent au contraire la plus brillante et la plus impétueuse bravoure. Repoussés plusieurs fois, ils se rallient toujours, et mettent dans l'offensive une constance égale à celle de leurs impassibles ennemis dans la défensive ; ils attaquent ceux-ci par des courses et divers mouvements et triomphent enfin de leur ténacité. Harold, par le talent qu'il déploya, par la connaissance du caractère particulier de sa nation et des soldats de son ennemi, dont il fit preuve, en cette occasion, peut être considéré comme un excellent chef pour les Anglais.

Guillaume, de son côté, est certainement un des plus habiles et des plus heureux des ennemis qui les aient jamais combattus. Aussi vaillant chevalier que bon général, ainsi que le dit Guillaume de Poitiers, il conduisit supérieurement cette bataille, arrêtant les siens dans leur fuite, ranimant leur vaillance et partageant leurs dangers. Doué d'un rapide et sûr coup d'œil, il sut, au milieu de la bataille, réparer les échecs de ses troupes et attirer hors de leurs retranchements une partie des Anglais par une fuite simulée ; il priva ainsi ses ennemis des avantages qu'ils devaient à leur forte position et au genre de leurs armes ; puis après avoir taillé en pièces les imprudents qui s'étaient laissé prendre à sa ruse, il entre avec les fuyards dans leurs lignes et par un vigoureux assaut, emporte tous les obstacles.

Aussi actif que prévoyant, Guillaume avait d'ailleurs pris avant comme pendant la bataille, les meilleures dispositions. En vain Harold par une marche rapide, espère-t-il surprendre le duc de Normandie comme il a surpris et battu récemment à Stanford-Bridge son autre ennemi, le roi de Norwège ; les cavaliers de Guillaume éclairent au loin son armée et le renseignent sur tous les mouvements des Anglais. Harold, déçu dans son espoir, n'a d'autre ressource que de se retrancher sur les hauteurs de Senlac et d'y attendre l'attaque des Normands.

Hastings fut une des plus célèbres batailles du moyen-âge.

Elle offrit deux particularités remarquables de la part des Anglais :

1° Ils combattirent tous à pied et furent ainsi les premiers en Europe à réagir contre cette opinion qui faisait du gendarme à cheval, l'homme de guerre par excellence. Il faut ajouter que cette manière de combattre était d'ailleurs exigée par la tactique défensive adoptée par Harold en cette journée.

2° Harold montra dans le choix de ses positions, dans le soin qu'il prit de les fortifier, un talent qu'on retrouve rarement à cette époque.

Hastings fut des deux côtés une bataille mieux conduite que beaucoup de celles qui la suivirent.

Elle doit donc fixer notre attention, en ce sens, que nous retrouverons presque toujours chez les Anglais, dans la guerre de cent ans, avec de plus grandes connaissances militaires et un armement meilleur, la même tactique, la même préférence pour le combat à pied, et la défensive la même habileté à choisir un terrain avantageux et à le fortifier encore au besoin par des obstacles artificiels.

A ces titres, Hastings peut être considérée comme la préface de Crécy, de Poitiers et d'Azincourt.

Les Anglo-Saxons précédèrent les Flamands, les Suisses et les Ecossais, et furent les premiers à rendre à l'infanterie, en une grande bataille, la place qu'elle avait depuis longtemps perdue.

Chose digne aussi de remarque, à Hastings, l'armée de Guillaume n'était point une armée féodale, mais une armée d'aventuriers suivant son chef, dans l'espoir du butin. La chevalerie Normande elle-même, qui faisait la principale force de cette armée, était poussée par le désir de la conquête, bien plus que par tout autre motif.

Cette bataille, si acharnée, montra combien deviendrait redoutable la nation qui devait naître de la fusion des vainqueurs et des vaincus. Normands et Saxons allaient en effet réunir leurs qualités guerrières, se prêter leurs armes et leurs connaissances militaires.

Les nouveaux conquérants, joignant à l'excellente chevalerie Normande, la première du monde, les vaillantes milices Saxonnes, obtiendront bientôt la meilleure armée de la Chrétienté.

Un changement notable se fit après la conquête dans l'armement des Anglais ; à la hache d'armes, une partie d'entre eux substituèrent ou joignirent l'arc qu'ils manœuvrèrent avec une habileté qu'aucun peuple n'égala peut-être.

Plusieurs causes amenèrent ce changement ; d'abord la retraite d'un certain nombre des vaincus dans les forêts, où ils combattirent longtemps leurs oppresseurs.

On conçoit que dans cette guerre d'embuscades, contre un ennemi bien armé et discipliné, une arme de jet était indispensable ; il faut ajouter que les rebelles (outlaws), dont la tête était proscrite, devaient vivre du produit de leur chasse. Les Saxons, à Hastings, avaient pu d'ailleurs, apprécier, dans les rangs ennemis, la valeur de bons archers.

Puis, la volonté des vainqueurs eux-mêmes, désireux d'utiliser une adresse qu'ils connurent d'abord à leurs dépens, ce nouvel armement s'adaptait du reste merveilleusement avec la tactique Normande. Désormais, dans les batailles, les successeurs de Guillaume seront précédés par les archers anglais, auxquels ils donneront plus tard une organisation spéciale, sur laquelle nous aurons occasion de revenir.

Malgré les édits de désarmement, les vaincus ne furent donc point privés totalement de l'usage de leurs armes, pendant de longues années du moins ; ils n'eurent pas le temps de perdre leurs qualités militaires, les nouveaux princes éprouvèrent souvent le besoin de les utiliser dès les premiers moments de la conquête, soit contre les révoltes de leurs turbulents compagnons, soit contre les ennemis extérieurs.

Plus tard, ce furent les barons Normands eux-mêmes

qui réclamèrent le secours des Saxons, pour défendre contre la trop puissante royauté, les libertés nationales.

Bientôt, les nobles Anglo-Normands conquirent une partie considérable du pays de Galles, et ils eurent, dans ces fiers Bretons aguerris par leurs luttes séculaires avec les Saxons, de vaillants et redoutables auxiliaires.

Voici donc au moment où vont commencer les longues guerres entre les deux royaumes, quelles sont les ressources des princes anglais.

Vainqueurs et vaincus de Senlac, dont les dissensions diminuent chaque jour, joindront leurs forces lorsqu'il s'agira de combattre la France.

Descendants de Rollon et fils de Henghist, excités les premiers par l'ambition, les seconds par la haine contre la terre d'où sont sortis leurs vainqueurs, marcheront sous le même étendard. On verra rassemblés dans les mêmes armées le brillant chevalier Normand, le conquérant de la Neustrie, des deux Siciles et de l'Angleterre et le robuste Anglo-Saxon, le soldat d'Alfred-le-Grand, d'Athelsthan et de Harold. Les liens d'un fort commandement uniront d'ailleurs les deux peuples.

L'autorité royale sera sérieuse en Angleterre. Chef incontesté des Norwégiens, qui fondèrent avec lui le duché de Normandie, supérieur à tous par la naissance, Rollon devenu duc du pays conquis, n'avait point laissé se relâcher les liens de l'obéissance qui attachaient à lui les anciens pirates; c'était de lui, qu'ils tenaient et leurs titres et leurs terres; ses vaillants et habiles enfants surent conserver intact l'héritage paternel. Récemment encore, Guillaume-le-Bâtard avait écrasé les tentatives de révolte de ses fiers barons.

Après Hastings, alors que leur épée eut porté au trône l'heureux rival de Harold, nobles Normands, aventuriers Français, ne durent encore leurs titres et leurs fiefs qu'à la munificence du prince qui récompensa ainsi leurs services, et ils n'exercèrent en conséquence qu'une autorité déléguée. Guillaume s'appliqua à les maintenir dans une exacte dépendance ; il reçut à Salisbury, en 1085, le serment de fidélité de tous les possesseurs de terres en Angleterre, tant de ses vassaux que de ses arrière vassaux.

Sous ce prince, Raulf de Gael et Roger de Hereford se révoltèrent, il est vrai, en Angleterre ; mais cette sédition, promptement réprimée, ne servit qu'à faire ressortir davantage la force de l'autorité royale. Guillaume-le-Roux et Henri, firent également rentrer dans le devoir en Normandie, les barons qu'avait enhardis la faiblesse du duc Robert.

Les successeurs du conquérant furent, d'ailleurs, des princes d'un grand mérite, dignes héritiers de leur vaillante et forte race ; ils trouvèrent toujours dans l'élément Saxon, vigoureux malgré sa défaite, un appui contre leurs vassaux. Ceux-ci purent donc obtenir certaines garanties libérales, mais ne réussirent point comme la féodalité Française, à secouer presque entièrement l'autorité des rois qu'ils trouvèrent puissante à son début.

La crainte des vaincus entretint, du reste, l'union entre les vainqueurs et mit promptement un terme à leur premières querelles.

Les plus turbulents gentilshommes Anglo-Normands, ne cessèrent, d'ailleurs, jamais d'être, en face de l'ennemi, des soldats dociles et obéissants. Les ressources pécuniaires des rois d'Angleterre, à la suite de la conquête, étaient considérables ; nous verrons l'usage qu'ils en firent, et la composition de leurs armées.

La France était, aux premiers temps du moins des guerres qui suivirent la victoire de Guillaume, peu en état de lutter contre un aussi redoutable ennemi.

Deux conquêtes successives avaient amolli l'antique valeur des Gaulois ; avec les Romains, un grand nombre d'entre eux avaient perdu l'usage des armes. Ceux chez qui les empereurs recrutaient surtout leurs soldats et qui avaient le plus conservé l'esprit guerrier de leur race, les Bataves et les Trévires, ne faisaient point partie de la France actuelle.

Plusieurs fois, cependant, les Gaulois avaient vaillamment lutté sous les aigles romaines pour défendre leur pays contre les invasions des Barbares ; mais ils avaient finalement suivi la décadence militaire des légions. Conquis par les Germains, les Gaulois retrouvèrent à leur contact une partie de leur ancienne énergie et se distinguèrent à leurs côtés. On cite, à la bataille de Vouillé, la vaillance des Arvernes qui servaient dans l'armée d'Alaric ; les Gallo-romains combattirent également dans les armées franques et contribuèrent à la grandeur de la nouvelle monarchie. Les Mérovingiens et les Carlovingiens utilisèrent surtout leur valeur guerrière ; mais, lors de la décadence de la deuxième race et après l'établissement de la féodalité, la masse de la nation tomba en servage et perdit toute habitude de la guerre ; les seigneurs, en effet, n'exigeaient des roturiers qu'un service illusoire, et redoutaient surtout de réveiller en eux un esprit belliqueux, qu'ils eussent tourné contre leurs dominateurs.

Au moment où Guillaume conquit l'Angleterre, la nouvelle dynastie française était encore mal affermie. Les Capétiens étaient très-loin d'avoir sur leurs vassaux l'autorité que les fils de Rollon possédaient sur les barons de Normandie.

Le temps avait consacré, il est vrai, la royauté des fils de Robert-le-Fort ; leur légitimité était reconnue, leur suzeraineté était incontestée ; mais la force leur manquait pour exercer la souveraineté effective ; les grands vassaux n'avaient pas renoncé à leur turbulente indépendance.

La France proprement dite ne s'étendait pas au-delà des régions situées entre la Seine, la Saône, la Loire et la

Meuse. Le domaine direct des rois ne comprenait guère que les pays actuellement représentés par les cinq départements de la Seine, de Seine-et-Oise, de Seine-et-Marne, de l'Oise, du Loiret, auxquels il faut ajouter le Vexin français, la moitié du comté de Sens et le comté de Bourges ; encore ces contrées étaient-elles occupées par des vassaux indociles et turbulents, contre lesquels nos rois durent souvent prendre les armes.

Sur les autres populations de la Gaule, les premiers successeurs de Hugues-Capet n'exerçaient aucune puissance directe. La Bretagne, peuplée entièrement de Celtes, et chez qui les conquérants germains n'avaient point pénétré d'une manière durable, était presque absolument indépendante et se considérait comme étrangère à la France. Le Maine obéissait aux ducs de Normandie ; l'autorité des rois sur les comtes d'Anjou était purement nominale.

Les populations du Midi, vaincues mais mal soumises par les Franks, avaient, depuis la deuxième race, recouvré leur antique indépendance et conservaient toujours leurs usages locaux. C'était là que dominait l'élément gallo-romain. L'invasion avait passé sans s'arrêter sur ces régions. Les anciens dominateurs du pays, les Wisigoths, plus civilisés et plus doux, affaiblis d'ailleurs par leur défaite à Vouillé et plus tard par l'anéantissement de leur puissance en Espagne, s'étaient fondus avec les indigènes.

La différence entre le Midi et le Nord de la France, entre le pays de langue d'oc et le pays de langue d'oil, était immense ; l'hostilité des deux populations était séculaire.

M. Boutaric nous définit ainsi la puissance militaire des rois de France à cette époque :

« A partir de la constitution de la féodalité, le roi réunit deux qualités : il fut à la fois roi et seigneur; et lorsqu'il avait une guerre à soutenir, il s'agissait de savoir qui, du seigneur ou du roi, était en jeu. Dans le premier cas, il avait le droit de convoquer seulement ses vassaux immédiats, demeurant dans le domaine direct, qu'on appelait pays de l'obéissance au roi. Quant aux grands feudataires tels que les ducs de Bourgogne, d'Aquitaine, les comtes de Champagne, de Toulouse, etc., il ne pouvait les appeler aux armes que lorsque l'intégrité du royaume était menacée, et toujours pour une guerre défensive.

Telle était la position faite aux rois de France, par l'application rigoureuse des principes de la féodalité ; jusqu'à la fin du XIIe siècle, ils se trouvèrent dans une position fort embarrassée ; avaient-ils à se plaindre de quelqu'un de leurs feudataires, ils devaient, selon la loi des fiefs, le citer à la cour de ses pairs ; si l'accusé était condamné, et qu'il n'obéissait pas à l'arrêt qui le frappait, le prince marchait contre lui, avec le secours des pairs dont le coupable avait méprisé le jugement. Mais tout ceci était de la théorie ; il en était tout autrement dans la pratique. Les feudataires puissants bravaient toujours la cour des pairs ; souvent même le roi n'osait pas les traduire devant un tribunal où l'accusé avait des amis et des parents, qui lui auraient peut-être donné gain de cause ; il sollicitait les secours de quelque grand vassal qui le lui accordait, à condition de recevoir le même service quand il en aurait besoin.

Les premiers Capétiens ne se soutinrent contre leurs vassaux rebelles que grâce à leur alliance avec les ducs de Normandie, et nous verrons Louis VI qui passa toute sa vie à faire la guerre aux barons de l'Ile-de-France, ne triompher qu'à l'aide des comtes de Flandre et de Vermandois ; et quand un de ces puissants auxiliaires lui manquera, il éprouvera des revers.

Lorsque le roi provoquait les hostilités avec l'étranger et avec quelque grand feudataire, l'opportunité de l'entreprise pouvait être contestée, et les barons qui ne l'approuvaient pas restaient chez eux.

Malgré les progrès accomplis par le pouvoir royal, à partir de Philippe Auguste, ce droit d'abstention existait encore à la fin du XIIIe siècle.

Un obstacle à toute guerre sérieuse était dans la courte durée du service féodal, qui ne devait pas dépasser quarante jours, et n'était dû que pour les fiefs de chevaliers.

Le roi, en supposant même que tous ses vassaux répondissent à son appel, ne se trouvait pas à la tête d'une nombreuse armée, car il ne faut pas croire que tous les arrière-vassaux fussent tenus de venir se ranger sous la bannière royale. (1) »

Cependant, lorsqu'une invasion étrangère menaçait l'indépendance du royaume, alors était appliqué le principe que tous les Français devaient courir aux armes pour repousser les agresseurs, et la levée en masse était proclamée ; c'est ce que nous verrons arriver lors de l'invasion de l'empereur Henri, sous le règne de Louis-le-Gros ; mais longtemps encore, les princes d'origine Français, qui se succédèrent sur le trône d'Angleterre et qui possédaient en France de vastes provinces, ne furent point regardés comme des ennemis étrangers par les autres grands feudataires. Nombreux en effet étaient les liens qui unissaient la noblesse française et les nouveaux conquérants ; aussi, nos rois ne purent longtemps agir contre eux qu'à l'aide des ressources militaires dont ils disposaient contre les autres grands vassaux.

Les armées royales se composaient donc à cette époque :
1º Des vassaux du domaine direct du roi ; 2º des troupes que lui amenaient les grands feudataires de la couronne qui consentaient à le servir.

Il faut ajouter à cette énumération :

---

(1) Boutaric. — *Institutions militaires de la France.*

Les tenanciers roturiers que l'Eglise conduisait au secours de la royauté, et enfin bientôt après, lors de la création des communes, les milices de celles-ci dont les obligations militaires étaient déterminées par leurs chartes respectives.

Telle était la situation politique et militaire des Capétiens quand Guillaume joignit le royaume d'Angleterre à son duché de Normandie.

La France ne tarda point à subir les conséquences fatales de la conquête de l'Angleterre. Le Maine, province soumise au vassalage du duc de Normandie, s'était soulevé contre lui et avait chassé Turgis de Tracy, Guillaume de la Ferté et ses autres officiers. Guillaume leva une armée et enrôla les soldats anglais qui voulurent combattre sous sa bannière. Par haine contre la France, patrie commune de leurs oppresseurs, les Saxons se présentèrent en grand nombre. A la tête de sa chevalerie et de l'infanterie qu'il avait ainsi réunies le roi d'Angleterre entra sur le territoire du Maine; il prit les châteaux de Frenai, de Beaumont et de Sillé. Les Anglais se livrèrent avec fureur à tous les genres de dévastation, arrachèrent les vignes, coupèrent les arbres, brûlèrent les villages. Guillaume mit ensuite le siége devant le Mans; les habitants lui en apportèrent les clefs; le reste de la province, effrayée par la présence de troupes si cruelles, ne tarda pas à faire sa soumission.

Le roi d'Angleterre fit quelque temps après une incursion en Bretagne pour y saisir Raulf de Gael qui s'y était réfugié, après sa tentative infructueuse d'insurrection en Angleterre. Guillaume voulait, sous ce prétexte, tenter la conquête d'une portion de ce pays; mais il échoua sous les murs de Dol et se retira devant l'armée du duc de Bretagne que soutenait Philippe Ier.

Le roi d'Angleterre eut, au sujet de son fils Robert qui s'était révolté contre lui, quelques démêlés avec son suzerain qui protégeait le rebelle et l'avait établi au château de Gerberoy sur les confins de la Normandie. Robert réunit contre son père des chevaliers normands et français ; Guillaume passa la mer et vint assiéger Gerberoy ; mais la paix se rétablit bientôt entre le père et le fils.

Le royaume de France lui-même ne tarda pas à servir de but aux attaques de son puissant voisin.

Des contestations au sujet de la possession du Vexin, qui, à la mort du duc Robert, avait été démembré de la Normandie et réuni à la France, amenèrent entre Philippe et Guillaume des pourparlers qu'une plaisanterie injurieuse du roi de France fit échouer. Guillaume, fatigué par un extrême embonpoint, gardait le lit à cette époque ; Philippe un jour s'avisa de dire : Par ma foi ! le roi d'Angleterre est long à faire ses couches, il y aura grande fête aux relevailles. Le propos fut rapporté à Guillaume : J'irai, dit-il, faire mes relevailles à Notre-Dame, avec dix mille lances en guise de cierges. Il rassembla son armée, entra sur le territoire contesté et ravagea tout sur son passage ; il s'empara de Mantes qu'il brûla. Dans les rues de cette ville, son cheval s'abattit sur les décombres et Guillaume fut blessé mortellement. Ainsi finit une guerre que le génie militaire et la puissance de son ennemi auraient pu rendre fatale à la France.

La faiblesse du duc Robert donna quelque temps de repos à Philippe, mais lorsque Guillaume-le-Roux se fut établi en Normandie, après le départ de son frère pour la Croisade, les conquérants de l'Angleterre reprirent toute leur vigueur ; le Maine révolté, fut deux fois soumis par le nouveau prince. Guillaume chercha bientôt ensuite à étendre ses limites qui confinaient aux marches du royaume ; il eut pour adversaire le prince, plus tard roi sous le nom de Louis VI dit le Gros, alors dans sa première jeunesse. Le monarque Anglais, opulent et libre dispensateur des trésors de l'Angleterre, recrutait et soudoyait des soldats avec une admirable facilité (1), tandis que Louis, manquant d'argent avec un père économe, ne parvenait à réunir des troupes que par l'adresse et l'énergie de son caractère. Dès que son ennemi envahissait le Vexin, Louis avec trois ou quatre cents hommes, courait s'opposer à Guillaume dont l'armée s'élevait à dix mille combattants. Le prince Français résistait et cédait tour à tour pour tenir en suspens l'issue de la guerre (2).

Dans tous ces petits combats, il se fit de part et d'autre beaucoup de prisonniers. Les Français s'emparèrent du comte Simon, de Gilbert de l'Aigle et de Pains de Gisors ; de son côté, le roi anglais retint captifs le comte Mathieu de Beaumont, Simon de Montfort et le seigneur de Mentjai. La difficulté de payer le service militaire obligea Louis à consentir au rachat de ses prisonniers, mais ceux de Guillaume subirent une longue captivité. Rien ne put briser leurs fers, si ce n'est lorsqu'ils se lièrent par foi et hommage au roi d'Angleterre et servirent dans son armée.

Guillaume, à ce que dit Suger, était même soupçonné d'aspirer au royaume de France ; mais il ne put réaliser cet espoir, malgré l'aide des Anglais, des Normands et des Français qu'il avait contraint de lui prêter serment de foi et hommage et il se tint tranquille après trois ans de guerre.

De retour en Angleterre, le roi Normand fut frappé d'une flèche par Tyrrel et mourut sur le coup. Son frère Henri lui succéda sur le trône d'Angleterre, au préjudice de Robert alors en Palestine.

Guillaume a-t-il réellement, ainsi que le prétend Suger, pensé à subjuguer la France ? Il est permis d'en douter

---

(1) On voit par là que dès le principe, la dynastie Normande se servit de soudoyers pour faire la guerre.
(2) Suger. *Collection Guizot*.

quand on songe au peu de forces avec lesquelles il l'attaqua. Les monarques Normands étaient d'ailleurs trop peu sûrs encore de leur récente conquête ; il y avait trop de rivalité entre les trois princes, fils du conquérant, pour leur permettre de songer sérieusement encore à une entreprise aussi importante ; de longtemps, les rois d'Angleterre ne penseront qu'à reculer les limites de leur territoire en France, et n'auront avec leurs suzerains que des combats de frontières, où ils n'emploieront même pas toutes les ressources dont ils pourront disposer.

Louis devenu roi, rencontra dans Henri, frère et successeur de Guillaume-le-Roux, un adversaire digne de lui. Le nouveau monarque, après avoir vaincu à Tinchebrai, son frère aîné Robert, duc de Normandie, réunit cette province à l'Angleterre et devint ainsi pour son suzerain, le plus formidable voisin. Une sorte de guerre sourde exista d'abord entre les deux rois.

Dans l'une des nombreuses luttes que le jeune roi de France eut à soutenir contre ses turbulents vassaux, on vit un corps de plus de cinq cents Normands appelés par le rebelle comte du palais, secourir le châtelain du Puiset son allié et combattre avec une fortune diverse pour la défense de ce château (1). Vainqueurs en un premier combat, les coalisés affaiblis par la retraite de quelques Normands, se virent battus ensuite par le roi de France dont l'armée était trois fois moins nombreuse que la leur; l'héroïsme de Louis et la bravoure du comte de Vermandois furent la principale cause de ce succès. Thibaut vaincu, se soumit et se retira dans son comté de Chartres, abandonnant son allié Hugues de Puiset à la discrétion du roi.

Bientôt les hostilités éclatèrent directement entre les deux rivaux. Le roi d'Angleterre était parvenu, en effet,

---

(1) Suger.

tant par caresses que par menaces, à enlever à Pains de Gisors, le château de Gisors, bâti sur les frontières de la France et de la Normandie, aux bords de la rivière d'Epte, ligne de démarcation consentie d'un commun accord par les Français et les Danois. Ce château assurait aux Normands une voie facile pour se jeter sur la France et empêchait les Français de se jeter sur la Normandie.

Le roi de France avait à posséder Gisors autant de droits que le monarque anglais, à raison de sa situation avantageuse et neutre. Louis ayant réclamé sans succès la remise ou la destruction dudit château, signifia la rupture de l'alliance qui avait existé jusqu'alors, et assigna le lieu où devait se terminer cette affaire.

Les deux souverains réunirent leurs armées et se rendirent au lieu nommé les planches de Neaufle, près d'un château où, suivant le dire des anciens du pays, ceux qui s'étaient rendus pour conclure la paix, n'avaient jamais ou presque jamais pu s'accommoder. Les partis opposés assirent leurs camps sur les bords d'une rivière qui les séparait ; un pont tremblant qui, à cause de sa vétusté, menaçait de s'écrouler sous les pas de ceux qui le traversaient, réunissait les deux bords de cette rivière. Après plusieurs pourparlers sans résultats, Louis fit signifier au monarque anglais l'alternative de détruire le château ou de se laver par un combat corps à corps avec lui du crime d'avoir traitreusement violé sa foi :

« Allons, disait le roi, la fatigue du combat doit être pour celui qui recueillera l'honneur d'avoir vaincu et d'avoir soutenu la vérité. Quant au champ de bataille, il ajouta : « Qu'Henri fasse éloigner ses troupes du bord de la rivière, afin que nous puissions la traverser et qu'un lieu plus sûr nous garantisse une entière sécurité pendant cette lutte ; ou, s'il le préfère, qu'il retienne en ôtage les hommes les plus distingués de toute notre armée, tant que durera notre combat corps à corps ; mais à la condition qu'après avoir fait retirer nos gens, il passera la rivière pour venir à nous. »

Quelques Français ayant sommé les deux rois de combattre sur ce pont qui menaçait ruine en ce moment même, Louis y consentit ; mais le prince anglais répondit : « Je n'ai point la jambe assez sûre pour aller, à cause de semblables bravades, m'exposer à perdre, sans l'espoir d'aucun avantage, un château fameux et qui m'est si éminemment utile. » Il allégua que la difficulté du lieu choisi ne permettait pas d'accepter la proposition qu'on lui faisait et il ajouta : « Quand je verrai le seigneur roi de France au lieu où je dois me défendre contre lui, je ne le fuirai pas (1). »

Les Français irrités coururent aux armes ; les Normands les imitèrent ; les deux partis se précipitèrent vers le fleuve et la seule impossibilité de le traverser empêcha le combat. Les Anglais se retirèrent à Gisors et les Français à Chaumont. Le lendemain, les soldats de Louis s'avancèrent sur Gisors et rejetèrent dans l'intérieur de la place les Normands qu'ils défirent.

La guerre dura deux ans et le roi d'Angleterre en souffrit plus que le roi de France, par la nécessité de pourvoir à grands frais et avec de nombreux chevaliers à la défense de presque toute la ligne des marches de Normandie. Quant au roi Louis, protégé par les châteaux anciens que lui offrait son pays, aidé gratuitement par les soldats de Flandre, du Ponthieu et du Vexin, il ne cessait de désoler le pays par le ravage et l'incendie. Cependant Guillaume, fils de Henri, ayant prêté serment de foi et hommage à Louis, ce dernier lui concéda le château de Gisors.

Le roi de France se prévalait contre Henri, roi des Anglais et duc des Normands, de sa qualité de suzerain ; de son côté, le monarque Anglais à qui la grandeur de son

(1) Suger.

royaume et l'abondance de ses richesses, rendaient cette infériorité insupportable, entraîné par les conseils de Thibaut, comte du Palais, son neveu et des autres ennemis de Louis, ne négligeait rien pour soulever le royaume ; on vit donc se renouveler les anciennes guerres.

Le prince anglais et le comte Thibaut que liait le voisinage de la Normandie et du pays Chartrain, concertèrent une attaque contre la frontière des états de Louis, la plus voisine ; ils envoyèrent en même temps Etienne, comte de Mortagne, frère de l'un et neveu de l'autre, en Brie, dans la crainte qu'en l'absence du comte Thibaut, ses terres ne tombassent au pouvoir du roi de France. Celui-ci, renfermé au milieu d'eux tous comme dans un cercle, n'épargne ni les Normands, ni ceux du pays Chartrain, ni les gens de la Brie. Mais grâce aux soins du monarque anglais et des anciens ducs normands, la frontière de Normandie était mieux défendue que toute autre, par la construction de nouveaux châteaux aussi bien que par les eaux des fleuves rapides.

Le roi qui le savait et qui désirait entrer dans cette province, se dirige vers la frontière de ce pays avec une petite poignée d'hommes, afin de conduire cette entreprise avec succès ; il fit surprendre par des soldats déguisés le gué Nicaise qui pouvait donner aux Français un accès large et facile en Normandie et, qui, au moyen des eaux de la rivière d'Epte l'entourant de toutes parts, offrait un asile sûr à ceux du dedans et fermait au loin, tant en amont qu'en aval, tout passage à ceux du dehors (1).

Dès que les soldats déguisés sont entrés dans la ville, ils jettent leurs capes et tirent leurs épées ; les habitants leur résistent ; le roi accourt à l'aide des siens qui faiblissent, s'empare du centre même de la ville et de l'église que fortifiait une tour. Ce prince, sur la nouvelle de l'ap-

(1) Suger.

proche du roi d'Angleterre avec une armée considérable, appelle à lui ses barons. Baudouin, comte de Flandre; Gui, vaillant chevalier ; Foulques, comte d'Anjou et beaucoup d'autres s'empressent d'accourir, et tandis que les uns fortifient la place prise, les autres portent la dévastation dans la Normandie enrichie par une longue paix, et exercent leurs ravages sous les yeux du monarque anglais.

Lorsque Louis eut quitté, en y laissant une garnison, le château qu'il venait de conquérir, Henri se hâte d'en construire un autre sur une éminence voisine et y met une troupe nombreuse d'archers et d'arbalétiers, destinés à repousser les nôtres, à leur enlever les vivres et à les obliger par la famine à ravager leur propre pays ; mais le roi de France réunit son armée et attaque ce château qu'on nommait vulgairement mal assis ; après beaucoup d'efforts, Louis renverse cette forteresse.

Alors le roi d'Angleterre se trouva dans une situation critique, pressé par son suzerain sur ce point, du côté de Ponthieu par le comte de Flandre, du côté du Mans, par le comte Foulques d'Anjou ; il eut encore à se défendre à l'intérieur contre Hugues de Gournai, le comte d'Eu, le comte d'Aumale. Enguerrand de Chaumont, occupa les Andelys dont la trahison lui ouvrit les portes ; après s'en être emparé, fort des secours de Louis, il y mit une garnison ; de là, il accablait tout le pays avoisinant d'un côét jusqu'à la rivière nommée Andelle, et de l'autre du fleuve d'Epte jusqu'au pont Saint-Pierre ; accompagné de gens qui lui étaient supérieurs par le rang, il se présentait en rase campagne contre le monarque anglais et le poursuivait quand il revenait en Normandie par cette route.

Du côté du Mans, Henri, ayant résolu de marcher au secours de ses gens assiégés dans la tour d'Alençon, fut repoussé par le comte d'Anjou et perdit beaucoup des siens, la tour et le château. Bientôt cependant la fortune changea et accorda ses faveurs à Henri. Baudouin, comte de

Flandre, fut mortellement blessé à l'attaque du château d'Eu et de la côte voisine ; Enguerrand de Chaumont mourut de maladie ; bientôt après son autre ennemi, Foulques, comte d'Anjou, rompit l'alliance faite avec le roi Louis ; il signa la paix avec Henri et donna sa fille en mariage au jeune Guillaume, fils du roi d'Angleterre (1).

Cependant Louis employait tous ses efforts à réduire la Normandie, du côté qui regardait ses propres états, et la désolait çà et là par d'horribles ravages, tantôt avec une poignée de gens, tantôt à la tête de troupes nombreuses. Enflé par une longue habitude du succès, il dédaignait le monarque anglais non moins que les chevaliers de ce prince, et n'en tenait aucun compte. Mais tout à coup, un certain jour, le roi d'Angleterre observant l'imprudente audace de celui des Français, rassemble de grandes forces, marche secrètement contre lui, à la tête d'une armée en bon ordre, dispose des feux destinés à éclater à l'improviste contre les nôtres, fait mettre pied à terre à ses chevaliers pour qu'ils combattent plus fortement et ne néglige aucune des sages précautions que son adresse peut imaginer pour s'assurer la victoire. Louis au contraire, sans daigner, non plus que les siens, faire aucun préparatif pour le combat, vole imprudemment mais audacieusement à l'ennemi. Les habitants du Vexin, ayant à leur tête Bouchard de Montmorency et Gui de Clermont, en vinrent les premiers aux mains, semèrent d'un bras vigoureux le carnage dans la première ligne des Normands, la chassèrent merveilleusement du champ de bataille et rejetèrent vigoureusement les premiers rangs de la cavalerie sur les hommes de pied ; mais les Français qui devaient suivre ceux du Vexin, attaquant sans aucun ordre des bataillons rangés et disposés avec un ordre extraordi-

(1) Suger.

naire, ne purent, comme il arrive toujours en de telles circonstances, soutenir l'effort bien combiné de l'ennemi, et lâchèrent pied. Le roi fut frappé d'étonnement à la vue de son armée repoussée ; mais, comme à son ordinaire dans l'adversité, ne prenant conseil que de sa constance, il secourut lui-même et les siens de ses armes, et se retira aux Andelys le plus honorablement qu'il pût, mais non sans que ses troupes en déroute éprouvassent de grandes pertes. (1)

Les détails donnés par Orderic Vital sur ce combat sont à peu près semblables à ceux que nous tenons de Suger.

Près de la montagne que l'on appelle Verclive, dit ce chroniqueur, le champ est libre et présente une vaste plaine que les habitants du pays appellent Brenmule. Là le roi Henri descendit avec cinq cents chevaliers ; ce belliqueux héros prit son armure et rangea habilement ses bataillons couverts de fer.

Là se trouvèrent ses deux fils Robert et Richard, illustres chevaliers, et trois comtes, Henri d'Eu, Guillaume de Varenne et Gaultier Giffard. Roger, fils de Richard et Gaultier d'Aufai son cousin, Guillaume de Tancarville. Guillaume de Roumare, Neel d'Aubigni, et plusieurs autres accompagnaient le roi, tous comparables aux Scipion, aux Marius et aux Caton, censeurs de Rome, parce que, comme l'événement le prouva, ils étaient éminemment remarquables par leur prudence et leurs prouesses guerrières. Edouard de Salisbury porta l'étendard, vaillant guerrier dont la vigueur était célèbre par les preuves qu'il en avait données, et doué d'une constance à persévérer jusqu'à la mort. Dès que le roi Louis vit ce qu'il avait si longtemps désiré, il manda quatre cents chevaliers qu'il pouvait à l'instant avoir à sa disposition ; il leur ordonna de se battre bravement pour la défense de l'équité et pour

---

(1) Suger. — *Collection des mémoires relatifs à l'histoire de France.*

l'indépendance du royaume, afin que la gloire des Français ne fût pas exposée à déchoir par leur faute.

Là Guillaume Cliton, fils de Robert duc des Normands, s'arma pour délivrer son père de sa longue captivité et pour conquérir l'héritage de ses aïeux.

Mathieu, comte de Beaumont, Gui de Clermont, Osmond de Chaumont, Guillaume de Garlande, chef de l'armée française ; Pierre de Maulle, Philippe de Monbrai et Bouchard de Montmorency se disposèrent au combat. Quelques normands, entre autres Baldric de Brai et Guillaume Crépin se réunirent aux Français.

Tous, enflés d'orgueil, se rassemblèrent à Brenmule et se disposèrent à livrer vaillamment bataille aux Normands.

Les Français commencèrent dans cette bataille à porter vigoureusement les premiers coups ; mais, comme ils s'avancèrent sans ordre, ils furent vaincus et rompus promptement, ils tournèrent le dos. Richard, fils du roi Henri et cent chevaliers bien montés s'étaient disposés pour le combat, le reste, composé de gens de pied, combattait avec le roi dans la plaine. Sur le premier front, Guillaume Crépin et quatre-vingts cavaliers chargèrent les Normands ; mais leurs chevaux ayant été tués aussitôt, ces guerriers furent enveloppés et faits prisonniers. Ensuite Godefroi de Sérans et les autres seigneurs du Vexin attaquèrent vaillamment et forcèrent un moment tout le corps de bataille à reculer. Mais les guerriers de Henri, endurcis aux combats, reprirent force et courage ; ils prirent Bouchard, Osmond, Albéric de Mareuil et plusieurs autres Français qui avaient été renversés de leurs chevaux. A cette vue, les Français dirent au roi :

« Quatre-vingts de nos chevaliers qui nous ont précédés, ne reparaissent pas ; les ennemis l'emportent sur nous en nombre et en force. Déjà Bouchard, Osmond et plusieurs autres braves guerriers sont prisonniers, et nos bataillons, rompus en grande partie, ont perdu beaucoup de monde. Faites-donc retraite, nous vous en prions, seigneur, de peur qu'il ne nous arrive une perte irréparable. »

A ces mots, Louis consentit à la retraite et s'enfuit au galop avec Baldric de Bois.

Cependant les vainqueurs prirent cent quarante chevaliers, et poursuivirent le reste jusqu'aux portes d'Andelys.

Dans ce combat de deux rois où se trouvèrent près de neuf cents chevaliers, j'ai découvert qu'il n'y en eut que trois de tués ; en effet, ils étaient complétement couverts de fer ; ils s'épargnaient réciproquement, tant par la crainte de Dieu qu'à cause de la fraternité d'armes, et ils s'appliquaient bien moins à tuer les fuyards qu'à les prendre (1).

Le chroniqueur Français et le chroniqueur Normand sont, on le voit, complétement d'accord sur les événements de la bataille. Les grandes chroniques nous en donnent également un récit presque identique. On en peut juger par les passages suivants :

De même que Suger et Orderic Vital, les chroniques reprochent au roy Loys de n'avoir daigné oncques faire nul conroy de ses gens, ni nul appareil de bataille ; elles vantent la bravour de Voucquecinois (gens du Vexin) qui premiers assemblèrent aux ennemis, noblement les requistrent et chacièrent du champ de bataille les Normands qui étaient grans gens et pesans et les firent ressortir jusques sur l'eschiele des gens de pié armés ; elles attribuent la défaite aux Français qui suivirent confusément et sans conroy les Vexinois et s'embatirent follement sur les grands conroys ordonnés de Henri. Enfin elles nous apprennent, ainsi que les deux autres chroniqueurs, qu'une

---

(1) Orderic Vital.

partie des troupes de Henri combattirent à pied ; elles semblent même convenir avec eux, que ce sont ces gens de pied qui, par leur fermeté, rétablirent le combat compromis.

Quels étaient ces gens de pied ?

Suger est très-explicite à cet égard. Henri, dit-il, fait mettre pied à terre à ses chevaliers pour qu'ils combattent plus fortement.

Orderic Vital n'est pas moins clair. Reprenons ses citations :

« Là le roi Henri descendit avec cinq cents chevaliers, et rangea habilement ses bataillons couverts de fer. » L'armée du roi Henri ne se composait donc que de cinq cents chevaliers. Le chroniqueur normand, qui, après avoir évalué à quatre cents chevaliers, les troupes du roi Louis, fixe plus tard à neuf cents, le nombre total des combattants des deux partis, ne nous laisse aucun doute à cet égard, surtout lorsqu'il parle de l'armure à l'épreuve de ces guerriers et de la fraternité d'armes qui les unissaient. Aussi, quand dans son récit de la bataille, Orderic ajoute:

« Richard, fils du roi Henri, et cent chevaliers bien montés, s'étaient disposés pour le combat ; le reste, composé de gens de pied, combattait avec le roi dans la plaine. » On comprend que par ce reste, il désigne les quatre cents autres chevaliers qui ont mis pied à terre.

Les *Grandes Chroniques* de leur côté parlent ainsi du même fait :

« Et celluy (le roi Henri) qui grant plenté de bonnes gens avait assemblé, lui envoya à l'encontre grant plenté de bons chevaliers tous ordennés en conroy ; et si en avait tant qu'ils firent plusieurs batailles bien ordennées de sergens et de gens à pié. » Ainsi d'après les chroniques, c'est avec les chevaliers, que furent composées les batailles de sergents et de gens de pied. Nous retrouvons ici, les gens d'armes de Suger et d'Orderic Vital.

Le fait est donc bien établi, à Brémule la plus grande partie de la chevalerie normande combattit à pied, ainsi qu'elle l'avait déjà fait à Tinchebrai.

Quelle raison poussa les Normands à rompre ainsi avec les traditions de la chevalerie ? Voulurent-ils seulement éviter les dangers que faisait naître pour les lourds cavaliers bardés de fer, la chûte des chevaux sous lesquels ils restaient embarrassés ? ou bien une raison plus haute n'inspira-t-elle pas cette tactique au fils du vainqueur de Hastings ? Les Normands ne se rappelèrent-ils pas la résistance formidable que leur avaient opposée en cette journée les soldats de Harold ? Ne pensèrent-ils pas, comme le dit Suger, qu'à pied ils combattraient plus fortement ? La lecture de Végèce est-elle étrangère à la nouvelle tactique adoptée par eux à Tinchebrai et à Brémule ? Henri, par un éclair de génie, n'entrevit-il point le rôle de l'infanterie si négligé à cette époque de décadence militaire ?

Quoi qu'il en soit, le vainqueur de Tinchebrai et de Brémule, fut après les Saxons et les Scandinaves, le premier qui protesta par ses actes contre l'idée généralement reçue alors de la supériorité de l'homme de cheval sur le fantassin.

Par la nature de leur armement, les gens d'armes Anglo-Normands, porteurs de longues lances, étaient plus que les Anglo-Saxons avec leurs haches d'armes, capables de repousser, sans le secours d'aucun retranchement, le choc de la cavalerie féodale.

Orderic Vital montre peu de temps après les barons Normands employant encore la même tactique dans un combat qu'ils livrèrent à Galeran, comte de Meulan et à plusieurs seigneurs Français et Normands, ses alliés, en guerre avec le roi d'Angleterre.

Raoul de Bayeux, gouverneur du château d'Evreux, Henri de Pommeret, Odon Borleng et Guillaume de Tancarville, fidèles vassaux du roi Henri, avaient réuni trois cents chevaliers et attendaient en plein champ les ennemis, comme ils débouchaient de la forêt de Brotone pour regagner Beaumont.

Quand les troupes royales découvrirent ces gens qu'elles crurent supérieurs à elles, elles commencèrent à redouter des hommes d'une si grande bravoure ; quelques-uns entreprirent de les rassurer ; et Odon Borleng parla en ces termes :

« Voici les ennemis du roi qui exercent leurs fureurs
« sur ses terres ; ils marchent avec sécurité, et emmènent
« prisonnier un des seigneurs auxquels il a confié la dé-
« fense de son royaume. Que ferons-nous ? Est-ce que
« nous leur permettrons de ravager tout le pays ? Il faut
« qu'une partie des nôtres descende pour livrer bataille et
« s'efforce de combattre à pied, tandis qu'une partie gar-
« dera ses chevaux pour marcher au combat. Que la
« troupe des archers occupe la première ligne et tâche
« d'arrêter le corps ennemi en tirant sur ses chevaux. La
« valeur et la vigueur de chaque combattant paraîtra à
« découvert aujourd'hui dans cette plaine. Si, engourdis
« par la lâcheté, nous laissons, sans coup férir, l'ennemi
« entraîner prisonnier un baron du Roi, comment oserons-
« nous soutenir les regards de ce monarque ? Nous per-
« drons à bon droit notre solde et notre gloire, et je juge
« que nous ne devrons plus dorénavant manger le pain
« du Roi. »

Tous les compagnons d'Odon, encouragés par les exhortations de cet illustre chevalier, consentirent à mettre pied à terre avec les leurs, pourvu qu'il fût de la partie ; il ne s'y refusa pas et attendit gaiment à pied et en armes le moment de combattre, de concert avec ses gens dont il était vivement aimé. Le jeune Galeran, avide de gloire, en voyant l'ennemi, se livra à une joie puérile, comme s'il l'eût déjà vaincu. Mais Amauri, d'un âge et d'un sens plus mûrs, voulut engager les autres, moins prudens que lui, à éviter le combat.

« Par toutes gens ! dit Amauri, qui jurait ainsi, j'ap-
« prouve fort que nous évitions d'en venir aux mains ;
« car si nous avons l'audace, faibles que nous sommes,
« de combattre contre des forces supérieures, je crains
« que nous n'encourions bien des affronts et des pertes.
« Voici Odon Borleng qui descend avec les siens ; sachez
« qu'il s'efforcera opiniâtrément de vaincre. Ce belliqueux
« chevalier, quoique devenu fantassin avec les siens, ne
« prendra pas la fuite, mais voudra vaincre ou mourir. »
Ses compagnons répliquèrent : « Est-ce que depuis long-
« temps nous n'avons pas désiré nous trouver en présence
« des Anglais dans la plaine ? Les voici devant nous. Com-
« battons de peur qu'une honteuse fuite ne soit un sujet
« de reproche pour nous et pour nos descendans. Voici la
« fleur des chevaliers de toute la France et de la Nor-
« mandie ; qui pourrait nous résister ? Loin de nous l'idée
« de craindre assez ces paysans et ces simples soldats pour
« qu'ils nous forcent à nous écarter de notre chemin, et
« pour que nous évitions le combat. »

En conséquence, ils se rangèrent en bataille. D'abord
le comte Galeran voulut marcher à l'ennemi avec quarante chevaliers ; mais son cheval, blessé par les archers,
s'abattit sous lui. Sur la première ligne, les archers
tuèrent plusieurs chevaux, et beaucoup de combattants
furent renversés avant de pouvoir se servir de leurs
armes.

Ainsi, le parti des comtes fut promptement écrasé. Chacun tourna le dos, jeta ses armes et tout ce qui le chargeait
et, autant qu'il put, chercha son salut dans la fuite. Là, le
comte Galeran, les deux Hugues ses beaux-frères, et près
de quatre-vingts chevaliers furent faits prisonniers, puis
étroitement enchaînés ; ils expièrent longtemps, les larmes
aux yeux, dans la prison du roi, la témérité dont ils s'é-
taient rendus coupables.

Le discours par lequel Odon encourage les soldats du

roi Henri, est important à plusieurs points de vue. Fidèle au souvenir de Brémule, Odon conseille à une partie de ses compagnons d'armes de mettre pied à terre pour combattre ; et lui-même, sur la demande des chevaliers du roi, leur donne avec les siens le premier exemple. Le reste des gendarmes doit, dit-il, garder ses chevaux, pour marcher au combat. Ainsi donc, Odon comprend la nécessité des deux armes ; il lui faut à la fois pour l'action, un corps de cavaliers et une troupe de braves et solides fantassins. Le parti qu'il adopte lui-même, semble montrer que c'est à ceux-ci qu'il donne la préférence ; ces gendarmes à pied doivent, évidemment, soutenir les archers qu'il recommande de poster en première ligne.

En face d'instructions aussi précises, il paraît certain qu'il n'est pas question ici de guerriers combattant à leur choix et, selon leur commodité, plutôt d'une manière que de l'autre ; il ne s'agit pas davantage de chevaliers voulant éviter les dangers que présente la chute des chevaux, mais de soldats appliquant avec méthode et réflexion une nouvelle tactique, de gentilshommes qui, rejetant les préjugés de leurs temps, ne rougissent pas d'adopter une manière de combattre, alors injustement dédaignée et qu'ils regardent au contraire comme la meilleure et la plus conforme aux vrais principes de la guerre.

Héritiers de la tactique des vaincus de Hastings, les Normands auront l'honneur de préparer la renaissance militaire qui sortira des ténèbres du moyen-âge.

Leurs premiers essais toutefois seront timides ; ils sembleront même abandonnés par les successeurs de Henri.

La gendarmerie des Plantagenets reprendra ses chevaux qu'elle gardera longtemps encore. Ce ne sera pas aux Normands d'Angleterre, mais à un prince de la même race, porté au trône d'Ecosse qu'il appartiendra d'appliquer d'une manière éclatante, dans une grande bataille, les principes oubliés par eux, des guerriers de Tinchebrai et de

Brémule. En leur infligeant un immense et humilliant désastre, un Normand d'Ecosse remettra les Anglo-Normands sur la voie ouverte par eux et qu'ils semblent avoir abandonnée.

Dans le même discours qu'il adresse à ses compagnons, Odon les menace de perdre leur solde aussi bien que leur gloire et les déclare indignes, s'ils reculent, de manger le pain du Roi. Qu'entend-il par là ?

Un autre chroniqueur Normand de cette époque, Guillaume de Jumièges va répondre à cette question et confirmer ce que nous a dit plus haut Suger sur les soudoyers des fils du Conquérant.

Le roi d'Angleterre, dit-il, opposait, sur divers points à ses ennemis les plus rapprochés, de nombreuses compagnies de chevaliers chargés de repousser par la force des armes, les brigandages qui pouvaient être commis contre les églises et les pauvres. Aussi, arriva-t-il très rarement, que les terres de cet excellent prince, situées dans le voisinage d'autres provinces, fussent exposées à des aggressions ennemies et bien moins encore celles qui étaient plus éloignées, parce que, comme je viens de le dire, de nombreux chevaliers que ce très-excellent prince entretenait dans l'aisance à ses frais, repoussaient toutes les entreprises hostiles.

Ainsi donc, les rois d'Angleterre avaient dès ce moment une gendarmerie soldée. Odon Borleng et ses compagnons qui mangeaient, dit-il, le pain du roi, étaient au nombre de ces chevaliers stipendiés.

Le même Odon nous parle encore des archers qu'il faut, dit-il, mettre en première ligne pour qu'ils frappent les chevaux ennemis. Orderic Vital constate qu'en effet ces archers démontèrent ainsi beaucoup de combattants et le comte Galeran lui-même. Il semble leur attribuer surtout la victoire.

Guillaume de Jumièges, parlant du même combat,

mentionne également ces archers et avec quelques variantes, il conclut de la même manière qu'Orderic :

« Or, à la droite des ennemis, dit-il, les troupes s'étant avancées en ordre de bataille, avec les archers à cheval qui étaient en très-grand nombre dans l'armée du roi, il s'éleva des deux côtés de grands cris, comme il arrive ordinairement au commencement d'une bataille. Mais, avant que les corps des chevaliers se fussent rencontrés, le parti du comte était presque entièrement détruit par la vigueur des archers qui l'écrasèrent d'une grêle de flèches, vers le côté droit, où les ennemis n'avaient pas de boucliers pour se défendre. »

Quels étaient ces archers ? Etait-ce des Normands, ou bien n'étaient-ce pas plutôt ces habiles archers anglais qui commençaient dès lors à précéder les gendarmes Anglo-Normands dans les batailles et dont Henri avait amené des troupes en Normandie pour défendre son duché ? Tout semble le faire croire.

Reprenons le récit des guerres des deux rois :

Furieux de sa défaite et désireux de la venger, Louis réunit des troupes nombreuses mais peu disciplinées, composées en partie de tenanciers de l'église et de gens des communes ; il fit avec elles en Normandie, une expédition qui n'obtint aucun résultat.

Bientôt, à l'instigation du monarque anglais, son gendre et pour venger l'appui que Louis avait prêté au pape Calixte qui l'avait excommunié, l'Empereur Henri projeta d'envahir la France et d'assiéger Reims où se tenait le concile qui l'avait anathématisé ; mais, ainsi que nous l'avons dit plus haut, à la menace de cette invasion d'un étranger que nul lien n'attachait au pays, la France entière se leva à l'appel de son roi.

L'Empereur en voyant le grand nombre de ses ennemis, se retira honteusement. Le roi d'Angleterre voulut profiter de cette aggression pour ravager et occuper la frontière de France contiguë à la Normandie ; mais Amauri de Montfort et les gens du Vexin suffirent pour repousser ce prince qui ne retira de cette expédition que peu ou point de profit (1).

Le pape Calixte vint en Normandie et eut à Gisors avec le roi Henri une entrevue concernant la paix. Les deux monarques traitèrent ensemble, les châteaux pris par eux furent rendus de part et d'autre et les prisonniers relâchés.

(1) Suger.

II

Henri II. — Guerres de ce prince avec Louis le jeune et Philippe-Auguste-Richard. — Rivalité du roi d'Angleterre et du roi de France. — Leurs guerres. — Succès de Philippe contre Jean successeur de Richard. — Saint-Louis et Henri III. — Taillebourg et Saintes.

A la mort de Henri I, les guerres qui s'élevèrent au sujet de sa succession entre sa fille Mathilde remariée à Geoffroy Plantagenet, comte d'Anjou, et Etienne, comte de Blois, suspendirent pour quelque temps les hostilités entre les deux royaumes.

Tandis que ces prétendants se disputaient le trône, une invasion des Ecossais mit au jour de la plus éclatante manière, la valeur des troupes Anglo-Normandes.

A l'approche de l'ennemi, les barons du Nord coururent aux armes, et prirent pour chefs, Walter de l'Espéc, Guillaume Piperel, Guilbert et Gautier de Lacy.

Les deux armées se rencontrèrent dans les champs de Northallerton. Les Anglo-Normands étaient ralliés autour de plusieurs bannières sacrées, réunies au sommet d'un mât enfoncé dans un chariot à quatre roues. Ces bannières firent donner à la bataille, le nom de journée du Saint Etendard.

Saxons et Normands rivalisèrent de vaillance ; la nombreuse armée Ecossaise écrasée, vaincue, dut reculer devant les guerriers éprouvés.

Les archers anglais se distinguèrent brillamment en cette victoire et les Ecossais, pour la première fois, apprirent à craindre leur terrible adresse.

Lorsqu'après la mort d'Etienne, Henri Plantagenet, fils de Mathilde eut été reconnu roi, le danger devint plus grand que jamais pour la dynastie capétienne; le nouveau monarque, en effet, ajoutait aux possessions Normandes, l'Anjou et la Touraine qu'il tenait de son père et par son mariage avec Eléonore ou Aliénor d'Aquitaine, il joignit bientôt à ses titres, ceux de duc d'Aquitaine et de comte de Poitou; sa domination s'étendait donc sur toute la partie occidentale de la Gaule, entre la Somme et les Pyrénées, à l'exception de la pointe de Bretagne. Louis avait fait de vains efforts pour empêcher ce mariage; il dût se contenter du serment de foi et hommage que le prince Angevin lui prêta pour ses nouvelles possessions. Aux éléments militaires déjà si redoutables qu'ils avaient à leurs ordres, les Plantagenets, grâce à leurs richesses, purent encore en ajouter un nouveau; ils recrutèrent pour leurs guerres des bandes de Brabançons, mercenaires formidables par leur discipline et leur habitude de la guerre; ces routiers se mettaient au service de qui les payait le mieux; ils étaient réputés alors comme la meilleure grosse infanterie de l'Europe.

C'était un nouveau pas des princes anglais dans la voie des armées soldées.

Henri avait promis, à la mort de son père, d'abandonner à son frère Geoffroy le comté d'Anjou; mais il viola cette promesse. Geoffroy essaya de soutenir son droit par la force. Pour résister à cette agression, le roi leva contre lui une armée anglaise. Les Saxons avaient toujours contre la Gaule le même acharnement; aussi poussèrent-ils vivement cette guerre et firent-ils triompher leur prince.

Les habitants du comté de Nantes élirent, à ée moment, Geoffroy pour comte; à sa mort qui eut lieu aussitôt après, Conan, comte de Bretagne, prit possession de Nantes; mais Henri réclama ce comté, passa le détroit avec une armée et s'empara du pays entre la Loire et la Vilaine.

Le roi d'Angleterre fiança alors son jeune fils Geoffroy, âgé de huit ans, à Constance, fille de Conan, âgée de cinq ans. Le roi de France essaya, mais inutilement, de s'opposer à cette alliance qui devait assurer la Bretagne à la maison d'Anjou; en vain il demanda au saint siège l'annulation de ce mariage pour cause de parenté, sous prétexte que Conan était le petit-fils d'une fille bâtarde de l'aïeul de Henri II. Le Pape Alexandre III refusa de reconnaître cette cause de divorce.

Les Bretons se soulevèrent contre Conan à cause de ce mariage qui menaçait leur indépendance; mais le comte réclama l'aide du roi d'Angleterre. Henri envahit la Bretagne avec une grande armée; la discipline et la valeur des Brabançons triompha de toute résistance; bientôt après Conan abdiqua le pouvoir entre ses mains. Les Bretons se liguèrent alors avec les Manceaux impatients du joug anglais, et avec le roi de France; mais celui-ci, effrayé par la puissance de son ennemi, ne prêta aucun secours à ses alliés qui furent écrasés par la terrible armée du roi d'Angleterre.

Henri eût été pour son suzerain un ennemi contre lequel la lutte eut été impossible, si l'union avait régné entre toutes les parties de ses vastes états; fort heureusement il n'en était rien, les diverses nationalités qui composaient la puissance angevine, tendaient à se séparer. Si l'Angleterre s'accoutumait au joug Normand, l'Aquitaine voyait avec regret son indépendance perdue. Des révoltes fréquentes éclatèrent contre le prince étranger; les rebelles se placèrent sous le patronage du roi de France. Louis, tout en excitant à la sédition, les provinces de son ennemi, n'osa pas entrer en guerre ouverte avec lui et laissa battre les insurgés ; puis il traita lui-même à Montmirail avec le roi d'Angleterre.

Un nouvel auxiliaire s'offrit au roi de France, dans la personne d'Owen, prince des Gallois ; mais pressé par les barons Normands qui menaçaient son indépendance et empiétaient chaque jour davantage sur le pays Cambrien, ce prince eut assez à faire de se défendre contre ses ennemis.

Les soulèvements continuels des populations de l'Aquitaine et du Poitou contre Henri ; ses dissensions et ses guerres avec ses fils ; ses querelles avec l'archevêque Thomas Becket furent d'un grand secours au roi de France, sans cesse allié à tous les ennemis de son rival, mais les soutenant rarement de ses armes. Tour à tour en paix et en guerre, Louis évita toute grande bataille avec le prince Angevin ; on le vit toujours reculer ou traiter, si son adversaire le pressait trop vivement. L'infériorité de ses forces l'obligeait d'ailleurs à une telle prudence ; il fallait affaiblir et fatiguer son ennemi, mais non l'attaquer en face.

Henri, harcelé par ses fils, par ses populations révoltées, ne put jamais tourner toutes ses forces contre le roi de France et lui faire expier ses hostilités.

Ce fut entre les deux souverains une lutte sourde plus souvent qu'une guerre ouverte.

Le roi d'Angleterre eut donc surtout à combattre les habitants de ses provinces Gauloises, à la tête desquels, il rencontra presque toujours ses fils ; il leur opposa ces Brabançons et des corps d'infanterie légère Galloise qui lui donnèrent souvent la victoire ; mais ces insurrections, sans cesse renaissantes, ne lui laissaient aucun repos.

Louis le jeune, roi de France, mourut le 18 septembre 1184. Philippe-Auguste, son fils, qu'il avait fait sacrer de son vivant, lui succéda ; il devait être pour la maison d'Anjou un bien plus redoutable ennemi que son père.

L'an 1187, il s'éleva une contestation entre Philippe et le roi Henri. Philippe exigeait de Richard, fils de Henri II et comte de Poitiers, l'hommage de tout le Poitou, et Richard le différait. Le roi de France réclamait aussi du roi d'Angleterre, le château de Gisors et autres châteaux que Marguerite sa sœur avait reçus du roi Louis quand elle épousa le fils aîné de Henri II, Henri le jeune, mort le 11 juin 1183.

Pour faire valoir ses prétentions, Philippe leva une nombreuse armée dans le Berri, entra en Aquitaine, s'empara des châteaux d'Issoudun et de Graçay, et vint mettre le siége devant Châteauroux. Henri et Richard s'avancèrent contre lui. Les deux armées campèrent en présence l'une de l'autre, mais sur la demande des princes anglais et par l'intermédiaire des légats qui accompagnèrent les ambassadeurs de Henri, une trêve fut conclue entre les belligérants.

Le 13 juin 1187, Philippe et Henri se réunirent entre Trie et Gisors et y prirent ensemble la croix, ainsi qu'une foule de seigneurs et prélats des deux nations ; mais bientôt Richard, comte de Poitiers, envahit le comté de Toulouse que le comte tenait du roi de France et s'empara de Moissac et d'autres places de ce comté. Richard viola ainsi le traité de Gisors, d'après lequel, les terres de chaque souverain devaient rester, jusqu'à leur retour de la Terre sainte, dans l'état où elles se trouvaient, alors qu'ils avaient pris la croix. Le roi Philippe se mit à la tête d'une armée, prit Châteauroux, Buzençais, Argenton, mit le siége devant Levroux et s'en empara ; il assiégea ensuite Montrichard qu'il emporta ainsi que Palnau, Montréser, Châtillon-sur-Cher, la Roche-Guillebaut, Culant, Montluçon, et fit main-basse sur toutes les possessions du roi d'Angleterre dans le Berri et dans l'Auvergne.

Ce dernier, transporté de colère, ramena son armée par les marches de Normandie vers Gisors ; Philippe en étant informé, marcha sur ses pas, prit sur sa route Vendôme, et poursuivit les ennemis jusqu'au château de Trou dont il chassa honteusement le roi d'Angleterre et son fils Richard ; puis il fit mettre le feu à tout le bourg. De son côté, le roi d'Angleterre, dans son passage sur la marche de Normandie, brûla le château de Dreux, et détruisit un grand nombre de villages jusqu'à Gisors ; enfin l'hiver survint, on conclut une trêve et on demeura tranquille de part et d'autre.

Sur ces entrefaites, Richard, comte de Poitiers, demanda à son père l'épouse sur laquelle il avait des droits légitimes, la sœur de Philippe que Louis avait confiée à la garde du roi d'Angleterre, et il voulut faire en même temps reconnaître ses droits à la couronne. Henri, jaloux de son autorité, refusa de consentir à ces demandes ; Richard indigné abandonna son père et passa dans le parti du roi de France, fit hommage à ce prince en présence même du roi d'Angleterre, et lui prêta serment de fidélité.

L'an 1189, au mois de mai, Philippe mena son armée à Nogent-le-Rotrou, prit La Ferté-sous-Joaurre avec quatre autres châteaux forts, emporta le Mans dont il chassa son ennemi avec sept cents hommes d'armes, et s'étant mis à la tête d'une troupe d'élite, il le poursuivit jusqu'à Chinon ; il revint ensuite au Mans dont la citadelle n'était pas en son pouvoir ; il s'en empara à l'aide de mineurs qui l'accompagnaient partout et qui lui creusèrent des routes souterraines pour aller saper les murs. Peu de jours après, le roi conduisit ses troupes vers la ville de Tours, et traversa la Loire ; alors les ribauds qui étaient chargés de monter les premiers à l'assaut, coururent sous les yeux du prince attaquer cette ville qu'ils emportèrent.

Douze jours après, Henri mourut à Chinon ; il avait été heureux jusqu'au règne de Philippe. Les révoltes de ses fils, de Richard en particulier, contribuèrent beaucoup au succès du roi de France qui eut difficilement résisté, si toutes les forces de la maison d'Anjou eussent été employées contre lui. Dans les guerres contre Louis et Philippe, Henri d'ailleurs, retenu par le respect féodal, ménagea souvent ses suzerains et ne poussa pas avec eux les choses à l'extrême.

Combien grave, en effet, se serait trouvée la situation de Philippe, si Henri, faisant en Angleterre cet appel aux armes toujours entendu depuis la conquête, lorqu'il s'agissait d'envahir la France, et réunissant à ses chevaliers normands et Angevins, à ses redoutables Brabançons, une nombreuse armée saxonne, se fut précipité ainsi sur son ennemi. Mais il n'y avait pas assez de haine encore entre les Français et les conquérants de l'Angleterre qui parlaient le même langage ; les liens de la conquête n'étaient pas assez resserrés pour que ces derniers voulussent, sauf de rares exceptions, donner à une grande masse de la population anglaise, des armes qu'elle aurait pu retourner contre eux-mêmes.

Ainsi donc, révolte des fils de Henri, insurrections des populations gauloises, fusion non encore accomplie entre la race conquérante et la race conquise, respect du vassal pour le suzerain ; tout contribua au succès de la France.

Sous Henri II, les Anglo-Normands avaient conquis l'Irlande ; la maison d'Anjou augmenta encore ainsi sa puissance déjà si grande, et recruta de vaillants soldats dans ses nouveaux sujets encore barbares.

Philippe allait rencontrer dans le roi Richard un adversaire redoutable, les armes à la main. Héroïque, turbulent, Richard était le type accompli du chevalier, le digne chef de ces braves Normands et autres guerriers des diverses parties de la Gaule qu'il tenait sous sa domination.

Philippe au contraire, quoique très-brave, était moins belliqueux que son voisin, mais il le surpassait en génie politique ; il était patient, persévérant, ambitieux, capable de longs desseins, prudent et indifférent dans le choix des moyens.

Les deux rois, à la mort de Henri, conclurent et terminèrent la paix entamée déjà dans les pourparlers entre Philippe et le père de Richard.

Le roi de France rendit au roi d'Angleterre, les villes de Tours, du Mans, ainsi que Châteauroux et tout son fief. Richard, de son côté, donna en échange au roi de France et à ses successeurs, pour en jouir à perpétuité, tous les fiefs de Graçai et d'Issoudun avec ceux qu'il possédait en Auvergne.

L'an du Seigneur, 1190, Philippe alla prendre l'oriflamme à Saint-Denis et les deux rois partirent pour la Terre sainte. Philippe se rendit à Gênes et Richard s'embarqua avec les siens à Marseille.

Les princes croisés se rencontrèrent à Messine, et la mésintelligence, l'envie et la haine commencèrent à éclater entre eux. Après la prise de Saint-Jean-d'Acre, Philippe malade, en hostilité constante avec le roi d'Angleterre, remit au duc de Bourgogne le commandement de ses troupes et revint en France.

Richard inquiet pour son royaume, abandonna bientôt la croisade ; mais à son retour, il fut arrêté par Léopold, duc d'Autriche, et livré à l'empereur Henri qui le retint captif. Philippe profita de son absence, leva des troupes, et s'empara de Gisors ; peu de temps après, il réduisit sous son pouvoir tout le Vexin Normand. Le roi fit ensuite une nouvelle incursion en Normandie, occupa Evreux, Neubourg, Vaudreuil, conquit d'autres fortes places, et mit le siége devant Rouen. Après avoir examiné la force de la place, il désespéra de s'en emparer, cessa la guerre, et conclut avec Jean, frère du roi d'Angleterre, un traité d'alliance contre Richard. Au retour de ce dernier, les hostilités recommencèrent. Philippe envahit la Normandie et assiégea Verneuil ; mais sur la nouvelle que les

Normands avaient repris Evreux, le roi de France marcha contre eux, les mit en fuite, et renversa la ville de fond en comble ; le reste de l'armée qu'il avait laissé au siége de Verneuil, découragé par l'absence du roi et la résistance des assiégés, plia bagage, et vint retrouver Philippe ; les gens de Verneuil s'emparèrent des dépouilles que les Français avaient abandonnées en toute hâte.

Guillaume de Leicester fut la même année fait prisonnier par Philippe, et Richard s'empara de Loches.

Quelque temps après, comme le roi de France passait sur les terres du comte Louis de Blois auprès de Freteval, le roi d'Angleterre sortit tout a coup des bois à la tête d'une troupe nombreuse de chevaliers et enleva, de vive force, les sommiers du roi Philippe, chargés de ses deniers, de beaucoup d'argent et de riches bagages.

Pendant ce temps, Jean Sans Terre et le comte d'Arundel, avec leur armée et les bourgeois de Rouen, assiégèrent Vaudreuil où Philippe tenait garnison, mais au bout de sept jours, Philippe survint, pendant la nuit, avec quelques arbalétriers, et fondit sur le camp des ennemis au lever du soleil ; aussitôt les Normands prirent la fuite et se retirèrent dans les bois, abandonnant pierriers, machines de toute espèce, tout l'attirail de guerre et une grande abondance de vivres ; quelques-uns furent tués, d'autres pris et mis à rançon. Une trêve fut alors conclue, mais le roi d'Angleterre la rompit bientôt ; Philippe, désespérant de le conserver, renversa le château de Vaudreuil. Bientôt après, Richard levant partout des soldats, vint assiéger Arques.

Philippe survint avec six cents chevaliers d'élite, mit les Normands en fuite, détruisit la ville de Dieppe, emmena les habitants et brûla les vaisseaux ennemis. A son retour, comme il passait le long des bois, le roi d'Angleterre en sortit à l'improviste avec ses gens, et tua quelques chevaliers de l'arrière-garde.

Merchadier qui était alors chef des Cotereaux (1) au service de Richard, détruisit avec sa troupe un faubourg d'Issoudun en Berri, prit la place, et y mit garnison pour le compte du roi d'Angleterre. Quelque temps après, une trêve fut conclue en 1195. Losqu'elle expira, au mois de novembre suivant, Philippe assembla une armée dans le Berri auprès d'Issoudun, où se trouvait le roi d'Angleterre ; mais celui-ci vint au camp français, prêta serment de foi et hommage au roi pour le duché de Normandie, les comtés de Poitiers et d'Angers. Le 15 du mois de janvier 1196, la paix fut signée entre les deux royaumes.

Richard reprit bientôt les armes ; il s'empara par ruse du château de Vierzon en Berri, et le rasa, quoiqu'il eût juré au seigneur de Vierzon de ne lui faire aucun mal. Le roi de France rassemblant son armée, alla mettre sans délai, le siége devant Aumale. Pendant que Philippe était arrêté devant cette place, Richard se rendit maître du château de Nonancourt dont il corrompit la garnison à prix d'or, puis il revint contre Philippe avec ses Normands et ses Cotereaux.

Le roi de France fit dresser ses machines contre Aumale et l'assaillit pendant sept semaines et plus ; les assiégés se défendirent bravement.

Un jour, le roi d'Angleterre s'avança à la tête des siens pour forcer les assiégeants à la retraite, mais à la vue des Français, il tourna le dos et s'enfuit. C'est dans cette fuite que Gui de Thouars fut fait prisonnier.

Les Français revinrent au siége qu'ils poussèrent avec vigueur, ils firent une brèche à l'une des tours avec leurs pierriers et leurs mangonneaux. Alors la garnison

---

(1) Sorte d'aventuriers mercenaires et brigands qui s'étaient levés en troupes et se mettaient à la solde de ceux qui les payaient, On les confondait avec les Brabançons qui, dans l'origine, avaient formé ces bandes.

se rendit, et moyennant une somme d'argent, obtint de Philippe la faculté de se retirer la vie sauve.

Le roi de France revint à Gisors, renversa le château, et peu de jours après, il assiégea Nonancourt, la pressa vivement et se rendit maître du château ; il prit dans cette action quinze chevaliers, dix-huit arbalétriers et beaucoup d'autres soldats.

L'an 1199, Baudouin renonçant à la fidélité qu'il devait au roi de France, s'allia aux ennemis ; Renaud, comte de Boulogne, imita l'exemple du comte de Flandre.

Au mois de septembre 1198, le roi d'Angleterre entra en campagne avec mille cinq cents hommes d'armes, un grand nombre de Cotereaux et une multitude de gens de pied ; il ravagea le Vexin dans les environs de Gisors, détruisit un fort nommé Courcelles, brûla plusieurs villages et emmena le butin qu'il avait enlevé. Le roi de France, avec cinq cents chevaliers seulement, fut surpris par les forces supérieures de ses adversaires ; méprisant leur nombre, Philippe, voulut gagner les armes à la main, le château de Gisors, auprès duquel se tenaient les Anglais ; mais le passage n'était pas facile, les ennemis lui fermaient le chemin ; à cette vue, avec une ardeur égale à son courage, Philippe s'élança furieux au milieu de leurs rangs, et après avoir combattu vaillamment, à la tête d'un petit nombre de chevaliers, il s'échappa sain et sauf et parvint à Gisors, laissant beaucoup des siens prisonniers et le reste en fuite.

Parmi les captifs, se trouvèrent Alain de Roussy, Mathieu de Marle, le jeune Guillaume de Mellot, Philippe de Nanteuil.

Les chroniques de Saint-Denys racontent ainsi ce combat :

« Au mois de septembre qui après vint, droit à la vigile saint Michiel, comme il ne feust de rien pourveu n'appareillié, le roy Richart entra soubdainement en Vouquecin à tout cinq mille chevaliers, sans les Cotériaux et sans les gens à pié qui estoient sans nombre. Tout le pays d'environ Gisors gasta et destruist ; si prist et abati une forteresse qui avoit nom Courcelles, si proia et ardi plusieurs autres villes champestres.

Quant le roy Phelippe en sot la nouvelle, il fu enflambé et eschaufé de moult grant ire, et vint là hastivement à tout cinq cens chevaliers tant seulement ; passer cuida jusques à Gisors, mais ses ennemis luy furent au-devant, qui luy empeschoient la voie : et quant il vit ce, le cuer si luy engroissa, et, concut si grant hardiesse qu'il se féri par moult grant fierté parmi tous ses ennemis ainsi comme tout forsené et se combati moult vertueusement contre le roy Richart et toute sa gent. A pou de chevaliers eschappa d'euls tous, par l'aide Nostre-Seigneur, et se reçut au Chastel de Gisors. Mais aucuns des plus grans et des plus nobles chevaliers de sa route furent pris en celle bataille. Là fu pris Alain de Roucy, Maieu de Mally, le jeune Guillaume de Mello, Phelippe de Nanteuil et mains autres dont nous tairons les noms.

Adonc s'en retourna le roy Richart, qui à celle fois eut eue victoire et donna et départi la proie à ses gens."

Le roi de France, irrité de ce triste évènement, rassembla une armée, entra en Normandie et ravagea le pays jusqu'à Neubourg et Beaumont-le-Roger ; il ramassa un grand butin ; aussitôt après, il congédia ses troupes et chacun rentra chez-soi. Bien des personnes, dit Rigord, trouvèrent que ce n'était pas agir prudemment. En effet, le roi d'Angleterre vint peu de jours après avec ses Cotereaux commandés par Merchadier, pour piller le Vexin et le Beauvaisis. L'évêque de Beauvais et Guillaume de Mellot, se mirent à sa poursuite, mais il leur tendit des embûches et les fit prisonniers.

Philippe de France fit, à cette époque, alliance avec

Philippe, roi des Romains qui disputait l'empire à Othon, fils du duc de Saxe.

Le pape Innocent envoya le légat Pierre de Capoue en France pour réconcilier les deux rivaux ; mais la paix était trop difficile à conclure ; il ne put obtenir qu'une trêve de cinq ans ; encore le roi d'Angleterre fit toujours intervenir quelque ruse pour empêcher qu'elle'ne fut confirmée par des ôtages.

Le 8 avril 1199, Richard mourut d'une blessure qu'il reçut près de Limoges ; il assiégeait le château de Chalus-Chabrol, appartenant au vicomte de Limoges qui refusait de lui remettre un trésor découvert par un de ses soldats réfugié dans cette place. Pendant qu'il était retenu devant ce château et lui livrait de fréquents assauts, un arbalètrier frappa le roi d'un trait mortel.

La guerre avec Richard fut une suite d'escarmouches, de petits combats et de surprises ; non plus que son père, Richard ne tenta point de conquérir la France et de se rendre, comme le voulait Guillaume, avec dix mille lances à Notre-Dame.

On ne vit pas les deux ennemis réunir l'un contre l'autre toutes leurs forces et jouer dans une lutte suprême les destinées de leurs royaumes. Richard défendit ses nombreuses provinces contre les incursions du roi de France, s'efforça d'étendre ses frontières, ravagea les terres de son ennemi, mais n'entreprit jamais de le détrôner.

Philippe, de son côté, avec son génie, sa prudence et sa valeur raisonnée, avait résolu de rejeter hors de la France les successeurs du conquérant ; il voulait établir dans toute la Gaule l'unité de la monarchie ; mais ce grand roi savait attendre, et tant que vécut le héros anglais, il marcha vers son but par une série de petits combats, de prises de places fortes plutôt que par de grandes batailles qui auraient pu compromettre l'indépendance de son pays. Sa vaillante chevalerie convenait à merveille à ce genre de guerre, où la force et la valeur individuelle étaient tout. A ce moment, les gens d'armes français, illustrés par les croisades, étaient réputés entre tous ; avec d'aussi intrépides soldats, Philippe pouvait lutter à armes égales et souvent même avec avantage contre les chevaliers normands eux-mêmes. En poussant Richard aux dernières extrémités, en l'obligeant à réunir contre une grande invasion toutes les forces militaires de son royaume et de ses provinces continentales, Philippe pouvait craindre que l'héroïsme indiscipliné des chevaliers français ne vînt à échouer, dans une grande bataille, contre le nombre et le courage plus froid et plus réglé des Anglo-Normands et des Brabançons de Richard.

Plus tard, à Bovines, Philippe courut ses risques contre de puissants ennemis ; mais il y fut contraint par la nécessité et il ne rencontra point d'ailleurs dans les chefs de l'armée coalisée des adversaires dignes de lui.

Richard lui-même, brave chevalier plutôt que grand capitaine, devait préférer une manière de combattre où il pouvait montrer surtout toute la force de son bras ; rien ne prouve, en effet, dans cette guerre, qu'il ait hérité des talents militaires dont Guillaume fit preuve contre les Saxons. Les finances des deux rois ne leur permettaient point d'ailleurs d'entretenir de grandes armées.

La lutte entre Philippe et Richard offrit donc une série de combats où les chevaliers de Philippe d'un côté et les chevaliers Normands, Poitevins, Angevins, Manceaux et Aquitains de l'autre, montrèrent une bravoure égale. Ce fut une sorte de guerre civile entre guerriers presque tous du même sang. Richard employa aussi, avons-nous dit, contre son ennemi, des bandes de Brabançons et de Cotereaux ainsi que de l'infanterie légère Galloise ; mais la lutte la plus sérieuse et la plus disputée eut lieu surtout entre les deux chevaliers ; Français et Anglo-Normands s'y couvrirent de gloire. Richard se distingua au premier rang des Anglais, et Guillaume des Barres, son vainqueur, se montra le plus brave entre les Français.

Les chevaliers de Philippe ne comptaient pas leurs ennemis et ne savaient pas éviter un combat si disproportionné qu'il fut; souvent Guillaume des Barres et une fois Philippe lui-même auprès de Gisors donnèrent des exemples de la plus téméraire bravoure.

Jean Sans Terre succéda à son frère Richard ; c'était un prince faible, lâche et mou, incapable de résister à l'un des plus grands rois qui aient gouverné la France.

Philippe profita de l'heureux changement que la mort de Richard avait apporté dans les affaires ; il prit Evreux avec les forts voisins, Avrilly, Aquigny, y laissa garnison et dévasta toute la Normandie jusqu'au Mans.

Arthur encore enfant, comte de Bretagne et neveu du roi d'Angleterre, entra dans l'Anjou, se rendit maitre du comté d'Angers et fit, au Mans, ainsi que sa mère, hommage au roi de France qui s'y trouvait.

Eléonore d'Aquitaine fit aussi, peu de temps après, hommage à Philippe du comté de Poitiers qu'elle possédait à titre d'héritage.

Au mois d'octobre 1199, une trève fut conclue entre les deux rois. La même trève fut aussi jurée entre Baudouin, comte de Flandre, et Philippe, roi de France.

L'an 1200, Jean Sans Terre et Philippe conclurent la paix entre Vernon et l'île des Andelys. Louis, fils de Philippe, épousa Blanche, fille d'Alphonse, roi de Castille et nièce du roi Jean ; le comte Renaud de Boulogne fut reçu en grâce par le roi de France.

La guerre se ralluma bientôt, Philippe s'empara du château de Boutavant sur la Seine et le détruisit ; il prit ensuite Mortemar et Gournay.

Arthur de Bretagne épousa la fille du roi Philippe et envahit l'Aquitaine; mais s'étant avancé témérairement sans attendre les renforts qui s'avançaient, il fut défait et pris dans un combat par le roi Jean.

Dans ce temps, Philippe assiégeait le château d'Arques, mais à la nouvelle de la prise d'Arthur, il leva le siége, entra en Aquitaine et assiégea Tours qu'il prit et brûla. Jean la reprit peu après et la détruisit de fond en comble.

L'an 1202, le roi Philippe rassembla une armée, entra dans l'Aquitaine et prit beaucoup de châteaux ; à son retour, Robert, comte d'Alençon se rendit à lui ; ensuite le roi prit Conches et Verneuil.

Peu de temps auparavant, Jean avait assiégé Alençon ; Philippe l'ayant appris et n'ayant pas le temps de rassembler une armée, se dirigea vers le château de Moret où un grand nombre de chevaliers s'étaient réunis avec des armes et des chevaux pour faire leur apprentissage des armes ; le roi les emmena avec lui, et s'avança à leur tête, à marches forcées, sur Alençon ; mais le roi Jean s'enfuit avec son armée, en abandonnant ses bagages et ses machines de siége. Jean assiégea ensuite le château de Bressoles, mais il dut encore lever le siége, à l'approche des Français.

Philippe s'empara de Radepont, après un siége de trois semaines, puis il assiégea Château-Gaillard, forteresse construite sur la Seine par le roi Richard ; il s'en rendit maître malgré les obstacles qu'il rencontra dans sa position naturelle et dans la force de ses ouvrages défensifs.

Le roi de France ensuite entra dans la Normandie, à la tête de nombreux hommes d'armes et assiégea Falaise que sa situation faisait juger imprenable ; au bout de sept jours cependant, la garnison et les habitants se soumirent à lui ainsi que les gens de Caen et de Bayeux.

Gui de Thouars de son côté, entra en Normandie par la partie inférieure du pays, avec quatre cents chevaliers et un grand nombre de Bretons ; ces troupes s'emparèrent, par une marée basse, du Mont. Saint-Michel qu'elles réduisirent en cendres ; après quoi elles assaillirent Avranches avec la même fureur et s'en rendirent maîtresses ; elles vinrent à Caen, y rencontrèrent Philippe qui les envoya vers Pontorson et Mortain, leur adjoignant le comte de Boulogne et Guillaume des Barres avec un grand nombre de chevaliers Français et même de routiers qui s'étaient donnés à lui près de Falaise. Pour lui, avec le reste de l'armée, il retourna vers le pays de Rouen, prit de vive force une forteresse appelée par le peuple, Barbacane et solidement bâtie à la tête du pont de Rouen. Les citoyens voyant qu'ils ne pouvaient se défendre ni attendre de secours de Jean, songèrent à se rendre. Cependant ils prirent leurs précautions pour garder leur fidélité au roi d'Angleterre ; ils demandèrent pour leur ville et pour Verneuil et Arques qui seules avec Rouen n'étaient pas au pouvoir de Philippe, une trêve de trente jours qui finissait à la Saint-Jean ; si dans cet intervalle ils n'étaient pas secourus, ils consentaient à se soumettre au roi de France, et donnaient pour ôtages soixante fils de bourgeois de Rouen.

A la Saint-Jean, aucun secours n'étant survenu, les bourgeois remirent leur ville et les deux places fortes dont il a été parlé, entre les mains de leur vainqueur. Ainsi fut soumise la Normandie qui depuis trois cents seize ans n'appartenait plus au roi de France.

Le refus des barons anglais de s'embarquer pour la France fut une des causes de cette conquête.

La province d'où étaient partis les conquérants de l'Angleterre, subit d'abord avec désespoir cette humiliation ; mais bientôt la similitude de mœurs et de langage, achevèrent d'acquérir à la France, un pays où il ne restait plus alors aucun vestige du sang Danois.

Le roi, à l'automne suivant, entra en Aquitaine, s'empara de Poitiers avec toute la terre voisine et assiégea

Chinon et Loches ; l'hiver étant arrivé, il se retira mais laissa ses troupes au siége de ses deux places.

Aux approches de Pâques, l'an 1204, Philippe revint assiéger Loches avec une nombreuse armée, li s'en empara, puis se dirigea ensuite sur Chinon qu'il assaillit et emporta d'assaut ; il laissa garnison dans ces deux châteaux et revint en France.

L'inimitié s'étant déclarée entre le roi Philippe, le vicomte de Thouars et son frère Gui, Philippe s'avança vers Nantes avec une armée nombreuse ; la ville se rendit aussitôt et Gui fit sa soumission. Sur la nouvelle de l'arrivée du roi Jean, Philippe envoya des hommes d'armes et des chevaliers en garnison à Poitiers et dans les autres châteaux qu'il possédait en Poitou.

Le vicomte de Thouars et beaucoup d'autres Poitevins s'allièrent alors au roi d'Angleterre ; celui-ci vint avec eux vers Angers, la prit et dévasta son territoire, le pays de Nantes et de Rennes et toute la terre appelée la Mée.

Philippe rassembla une armée et se porta vers l'Aquitaine, où le roi Jean s'était ensuite dirigé ; il dévasta la terre du vicomte pendant que Jean demeurait immobile sans oser combattre.

Le roi d'Angleterre envoya vers son suzerain une députation pour le supplier de conclure la paix ; puis il s'échappa pendant les pourparlers, se rendit à la Rochelle et s'y embarqua.

L'an 1212, Renaud, comte de Boulogne, entra en hostilités avec le roi de France, et dépouillé par lui de ses biens, il fit alliance avec son ennemi.

La même année, Philippe forma le projet de passer en Angleterre pour y détrôner son ennemi ; il tint dans ce but, à Soissons, une assemblée à laquelle assistèrent tous les grands de son royaume et le duc de Brabant auquel Philippe fiança la jeune Marie, sa fille. Le projet de descente en Angleterre fut agréé des barons qui promirent d'accompagner le roi. Ferrand, comte de Flandre, seul refusa son concours, à moins que le roi ne lui rendît les châteaux de Saint-Omer et d'Aire. Le roi lui offrit un échange que Ferrand refusa. Le comte de Flandre se retira ; déjà du reste, il s'était par l'intermédiaire du comte de Boulogne, allié au roi d'Angleterre.

Après s'être avancé jusqu'à Boulogne, Philippe, à la suite d'un conseil tenu avec les seigneurs de son royaume, abandonna le projet d'aller en Angleterre et se tourna contre la Flandre : sa flotte qu'il avait laissée à Gravelines le suivit jusqu'à Damm et s'y arrêta. Le roi marcha sur Gand qu'il assiégea.

Pendant ce temps, Renaud, comte de Boulogne, Guillaume de Salisbury, surnommé Longue-Épée, Hugues de Bowes, le comte Ferrand, les habitants du pays de Furnes et les Flamands montèrent sur des bâtiments légers, s'emparèrent des vaisseaux français dispersés sur les côtes, car le port de Damm, tout grand qu'il était, ne pouvait contenir les 1,700 bâtiments composant cette flotte. Les ennemis amenèrent tous les vaisseaux qui n'avaient pu y trouver un abri, et, le lendemain assiégèrent le port et la ville eux-mêmes ; les Français se fortifièrent comme ils purent.

A la nouvelle de ce qui se passait, le roi leva le siége de Gand, marcha sur Damm, la débloqua, et chassa les ennemis jusqu'à la mer après en avoir tué et submergé près de deux mille ; puis il fit décharger les vaisseaux qui restaient des vivres et autres effets qu'ils portaient ; ensuite il incendia toute la flotte et toute la ville.

Le motif qui avait arrêté l'expédition de Philippe en Angleterre, était la réconciliation de Jean avec l'Eglise romaine dont il se reconnut le vassal et l'homme lige, et la levée de l'excommunication prononcée contre lui.

L'an 1213, Jean passa d'Angleterre en Aquitaine avec une grande armée et s'approcha de la Rochelle ; il se réconcilia avec le comte de la Marche, Geoffroy de Lusignan et d'autres grands d'Aquitaine et fit alliance avec eux.

Soutenu par ces seigneurs, le roi d'Angleterre vint à Angers, s'empara des châteaux de Beaufort, d'Ulmes, Saint-Laurent, d'Ancenis et de quelques autres et prit Angers même.

Un jour, des coureurs ennemis passèrent la Loire et ramassèrent du butin aux environs de Nantes. Robert, fils du comte de Dreux, ayant traversé un pont pour les repousser, leur livra imprudemment combat avec un petit nombre de chevaliers, et fut pris ainsi que quatorze des siens.

Dans ce temps, Pierre, fils du dit comte de Dreux, avait épousé la fille de Gui de Thouars, sœur utérine d'Arthur, par sa mère, duchesse de Bretagne, et avait reçu avec elle tout le duché de la Petite-Bretagne. Il rassembla une armée de chevaliers Bretons, et vint avec eux prêter secours à Louis, fils de Philippe qui, envoyé par son père avec des chevaliers, demeurait à Chinon pour protéger le pays contre le roi Jean et les Poitevins.

Jean fortifia ensuite la ville d'Angers dont il s'était emparé, puis espérant, à l'aide des Angevins et des Poitevins, recouvrer le reste du pays, il assiégea le château de la Roche-au-Moine. Le roi Anglais dressa ses pierriers, et commença l'attaque ; les assiégés se défendirent avec vaillance et soutinrent le siège durant trois semaines.

Louis alors, pendant que son père défendait, contre les incursions des ennemis ligués avec Jean, les frontières de la Flandre et du Vermandois, rassembla une armée à Chinon et vint secourir la Roche-au-Moine ; lorsqu'il n'était plus qu'à un jour de marche, Jean s'enfuit comme il put par la Loire à gué ou en bateaux, en abandonnant au pillage tout son matériel; beaucoup des siens furent submergés et périrent dans leur fuite. Le roi d'Angleterre parcourut ce jour-là dix-huit milles à cheval et n'osa plus, dans la suite, s'approcher d'un lieu quand il sut que Louis y était ou y devait venir.

Le prince français, à la nouvelle de cette fuite, marcha sur les châteaux dont les ennemis s'étaient emparés, les reprit, détruisit Beaufort, pénétra sur le territoire du vicomte de Thouars, rasa Moncontour, recouvra Angers dont il détruisit les remparts.

Vers le même temps, le 27 août 1214, Philippe-Auguste gagna sur l'empereur Othon, les comtes Ferrand de Flandre, Renaud de Boulogne, alliés du roi d'Angleterre, à la bataille du pont de Bouvines ; à cette action fut pris le comte de Salisbury, frère de Jean-Sans Terre qui commandait le corps auxiliaire anglais.

Les Poitevins épouvantés à la nouvelle de cette grande victoire, envoyèrent des députés vers Philippe pour se soumettre à lui ; mais le roi qui avait éprouvé leur perfidie, n'accueillit pas leur demande, et marcha vers le Poitou où se trouvait le roi Jean. Arrivé à Loudun, il vit venir les députés du vicomte de Thouars qui le supplièrent de lui accorder la paix ou du moins une trève. Philippe reçut en amitié le vicomte par l'intermédiaire du duc de Bretagne qui avait pour femme la nièce de celui-ci.

Le roi d'Angleterre, éloigné de Loudun de dix-sept milles, ne sachant par où fuir et n'osant ni rester où il était, ni s'avancer pour combattre, envoya Renouf, comte de Chester, et maître Robert, légat du pape, pour traiter ; Philippe y consentit et lui accorda une trève de cinq ans.

La double victoire que le roi de France venait de remporter sur Jean et ses alliés fut extrêmement glorieuse.

Ne possédant, en effet, qu'une partie de la France actuelle, il sut faire face aux plus terribles adversaires, aux deux souverains les plus puissants de l'Europe et à leurs alliés. Tandis qu'il triomphait d'Othon, de Ferrand, de

Renaud et de Salisbury au pont de Bouvines, son fils Louis contenait et même battait et repoussait Jean Sans-Terre et ses alliés Poitevins et Angevins. Devant ces deux intrépides princes, la coalition se dissipait et la France sortait victorieuse de cette lutte disproportionnée ; elle dictait la loi aux ennemis qui avaient projeté son partage. Ce n'était plus en effet alors de la possession de quelques forteresses qu'il s'agissait, de contestations entre suzerain et vassal. Philippe vaincu, la France périssait avec lui, et les coalisés se distribuaient ses dépouilles.

Par ses succès et ceux de son fils, Philippe acquit le Vermandois, l'Artois, les deux Vexins Français et Normand, le Berri, la Normandie, le Maine, l'Anjou, le Poitou, la Touraine et l'Auvergne. Le vainqueur de Bouvines contribua ainsi puissamment à la fondation de l'unité Française qu'il avait rêvée et il rejeta hors d'une grande partie de son royaume les souverains anglais qui avaient paru devoir le subjuguer.

Pour accomplir ces conquêtes, Philippe avait suivi les rois d'Angleterre dans la voie où ils nous avaient précédés ; il avait fait, ainsi que ses ennemis, usage des Cotereaux ou Brabançons, et il avait de plus entretenu encore à sa solde un grand nombre de chevaliers, d'hommes de pied, d'archers et d'ingénieurs. On se rappelle que Rigord nous a parlé plus haut des troupes de mineurs qui accompagnaient l'armée royale.

Bientôt après ses succès en France, Louis, fils de Philippe, appelé par les barons anglais révoltés qui lui offraient le trône, passa en Angleterre, malgré l'excommunication que le pape lança contre lui, et sans l'aveu de son père. Le prince Français débarqua dans l'île de Thanet avec un petit nombre de chevaliers, vit fuir devant lui le roi Jean dont l'armée était plus nombreuse du triple que la sienne, rassembla ses chevaliers que la tempête avait dissipés, vint à Londres, où il fut reçu avec joie, s'empara de Rochester et se dirigea sur Cantorbéry.

Le roi anglais, effrayé, se retira derrière l'Humber. Louis assiégea Douvres qu'il ne put prendre. En ce même temps, Jean mourut et le cardinal Galon couronna son fils Henri âgé de deux ans ; les barons anglais abandonnèrent alors le prince Louis. Philippe, par crainte de l'excommunication, ne fournit aucun secours à son fils. Louis conclut une trêve et se retira en France.

L'an 1217, le jeune prince ayant réuni les forces qu'il put retrouver, repassa en Angleterre et assiégea le château Douvres pendant un an ; la défection continua parmi les Anglais de son armée.

Le cardinal Galon, légat du Saint-Siége, rassembla une armée anglaise et assiégea Lincoln pour la soumettre à Henri. Le prince français envoya contre lui une armée composée de Français et des Anglais qui lui étaient encore attachés. Les ennemis levèrent le siège, mais ils dressèrent des embûches aux soldats de Louis, revinrent sur eux tout à coup, et les défirent complétement.

Lorsque cette nouvelle parvint en France, Robert de Courtenay parent du roi, et d'autres seigneurs levèrent des troupes pour aller au secours de leur prince ; ils rencontrèrent sur mer quelques vaisseaux légers anglais. Robert dirigea contre eux son navire, mais le reste de son escadre ne le suivit pas : assailli par quatre vaisseaux anglais, le vaisseau de Robert fut pris. L'escadre française privée de son chef et effrayée à la vue de ce désastre, rentra dans les ports d'où elle était sortie.

Louis donc n'ayant plus aucun secours ni par terre, ni par mer, traita avec son ennemi et, moyennant quinze mille marcs, se retira d'Angleterre. Henri se chargea d'obtenir pour lui l'absolution du souverain pontife (1).

(1) Ces récits des guerres de Henri II, de Richard et de Jean contre la

Devenu roi sous le nom de Louis VIII, le fils de Philippe-Auguste prit aux Anglais, Niort, Saint-Jean-d'Angely, La Rochelle, acheva de soumettre le Limousin et le Périgord. Il aurait peut-être chassé les Plantagenets de l'Aquitaine leur dernière possession en France, s'il n'eût abandonné cette guerre pour se croiser contre les Albigeois.

Saint Louis, fils et successeur de Louis VIII, eut comme les rois ses prédécesseurs, à repousser les aggressions anglaises.

Le comte de la Marche, Hugues de Lusignan, excité par sa femme Jeanne d'Angoulême, veuve de Jean Sans Terre et mère de Henri III, avait fait alliance avec plusieurs seigneurs de la Saintonge et de l'Angoumois pour refuser l'hommage au comte de Poitiers, frère de saint Louis et se révolter ainsi contre le roi lui-même.

L'an 1241, cette rébellion éclata. Le roi d'Angleterre déclara qu'il considérait toute attaque contre son beau-père comme une rupture de la trève qui existait entre la France et l'Angleterre. Louis répondit que pour lui, il ne songeait pas à rompre la trève, mais voulait punir librement un vassal rebelle.

La guerre était dès lors inévitable. Nous empruntons à Joinville et aux grandes chroniques de France, le récit des deux batailles qui la terminèrent.

« Le roi d'Angleterre et son allié, dit l'historien de saint Louis, se rendirent de Cascoigne devant le chastel de Taillebourc, qui est assis sur une trés-malle rivière qu'on appelle Carente, en laquelle n'avoit là prés que ung petit pont de pierre bien estroit par où l'on peust passer. Et quant le roy le sceut, il s'avança d'aller vers eux à Taillebourc. Et si toust comme nos gens apperceurent les gens de l'ost de noz ennemis, qui avoient le chastel de Taille-

---

France, sont empruntés à Rigord. à Guillaume le Breton et aux grandes chroniques.

bourc de leur cousté, incontinant moult perilleusement se prindrent à passer les ungs par dessus le pont, les autres par bateaux, et commancerent à courir sur les Anglois. Et tantoust y eut de grans coups donnez. Quoy voiant le bon Roy, il se va en grant peril mettre parmi les autres. Et y estoit le peril moult grant. Car pour ung homme que le Roy avoit quant il fut passé, les Anglois en avoient bien cent. Mais ce nonobstant, quant les Anglois virent le Roy passé, tous se commancerent à effraier ainsi comme Dieu voulut, et s'en entrèrent dedans la cité de Saintes. »

Auprès de cette dernière ville, fut livrée une deuxième bataille, que nous traduisons ainsi des *Grandes Chroniques* :

« Le jour de Sainte-Madeleine, le roi et son armée passèrent la Charente sur le pont que les Français avaient construit, et d'après le conseil des siens, Louis se retira en arrière de Taillebourg. Dès qu'il eut passé, ses fourriers coururent vers Saintes, en dévastant tout ce qu'ils rencontrèrent. Un espion vint rendre compte de ces faits à Hugues de Lusignan. A cette nouvelle, le comte ordonna à ses fils et à tous ses chevaliers, de prendre les armes, puis il s'avança sur-le-champ contre les fourriers. Le comte de Boulogne, instruit du danger de ces derniers, se hâta de marcher à leur secours, et s'en vint droit au comte de la Marche. Le choc fut dur et rude, et maints cavaliers et fantassins furent abattus. Les Français qui surent que le comte de Boulogne en était venu aux mains avec l'ennemi, accoururent prendre part à l'action, et eurent grand dépit d'avoir été assaillis les premiers par Lusignan.

A ce moment, les deux rois vinrent prendre part au combat avec toutes leurs forces. Le carnage fut grand et la bataille acharnée. Les Anglais ne purent résister au choc. Quand le roi Henri vit les siens en fuite et en déroute, il se retira à Saintes, la rage au cœur. Les Français poursuivirent vigoureusement les vaincus, et tuèrent grand nombre des fuyards. 22 chevaliers et 3 riches clercs de grand renom, furent pris, ainsi que 500 gens d'armes, sans compter la piétaille (1). Le roi, après la victoire, fit rappeler ses gens qui poursuivaient les Anglais avec trop d'ardeur. Les chevaliers s'arrêtèrent donc sur le commandement de Louis. »

Henri se retira en Gascogne, et Hugues de Lusignan abandonné par son beau-fils, se hâta de demander la paix. Le roi exigea que les terres qu'il venait de conquérir demeurassent à la couronne de France et au comte de Poitiers, sous la suzeraineté de la couronne ; pour le reste, le comte de la Marche et ses enfants furent tenus d'en demander l'octroi à la pure volonté du roi. Le comte dut remettre en outre, comme gage de sa fidélité à venir, trois châteaux dans lesquels une garnison royale serait entretenue à ses frais.

Les victoires de Taillebourg et de Saintes jetèrent un très-vif éclat sur les armes françaises ; elles furent dues à l'héroïsme de Louis et de ses chevaliers plutôt qu'à leur talent militaire.

Les Anglo-Normands, eux aussi, étaient fort loin d'avoir accompli aucun progrès dans l'art de la guerre. A Taillebourg et à Saintes, aussi bien que dans leurs autres combats, depuis l'avénement de la maison d'Anjou, on ne reconnaît plus les habiles guerriers de Hastings et de Brémule. Avec Richard, les Anglo-Normands ont repris les habitudes de la chevalerie ; ils s'exercent avec ardeur, dans les tournois, sur l'ordre de ce prince ; ils en reviennent au combat corps à corps à cheval. En même temps que la dynastie normande, semble avoir disparu l'inspiration qui présidait à la tactique de Henri Ier et d'Odon Borleng.

(1) Les gens de pied.

Richard et Jean ne semblent pas non plus, tirer un grand parti de leurs excellents archers, les héros du saint Etendard. Les soldats favoris de ces deux princes sont les Brabançons et les Cotereaux.

Cette première partie de la guerre avec l'Angleterre se termina donc à l'avantage de la France. A Brémule et à Gisors où ils combattaient d'ailleurs en nombre inférieur à leurs ennemis, les chevaliers français pouvaient opposer Taillebourg, Saintes, et la conquête de la plus grande partie des provinces continentales anglaises.

Par leur bravoure, leurs talents et leur ténacité, les rois capétiens contribuèrent beaucoup à obtenir ce glorieux résultat. On vit Louis-le-Gros, malgré l'inégalité de ses forces, tenir en échec Guillaume-le-Roux et Henri Ier, et combattre sans se laisser décourager par les revers. Il fit face partout à ses divers ennemis, aux rois anglais, à ses vassaux turbulents et à l'empereur d'Allemagne qui s'avançait à l'aide de son gendre.

Philippe-Auguste, plus tard, n'hésita pas à attaquer le puissant Henri II ; il profita de toutes les circonstances qui lui permettaient d'affaiblir son ennemi, et engagea avec Richard une lutte acharnée. Puis enfin, le roi de France rejeta Jean-sans-Terre hors de la plupart de ses possessions françaises, lui enleva l'héritage des Plantagenets, des princes normands et une partie des terres qu'Eléonore d'Aquitaine avait apportées à Henri II. Interrompu dans son œuvre par une coalition formidable, Philippe ne se laissa pas effrayer par le nombre de ses ennemis. Il écrasa l'empereur et ses alliés à Bouvines, et revint en Poitou, achever la défaite de Jean que le prince Louis avait contenu en son absence.

Saint Louis enfin, par sa brillante valeur, triompha dans deux batailles, du fils de Jean-sans-Terre.

Les circonstances servirent beaucoup, il faut l'avouer, les rois et les chevaliers français. La modération de

Henri II, les révoltes de ses fils, l'antipathie des Poitevins et des Aquitains pour la domination étrangère, facilitèrent singulièrement la résistance des princes capétiens.

Avec les deux Henri, toute conquête était impossible. Le bouillant Richard fut aussi pour son suzerain un dangereux ennemi ; mais Jean-sans-Terre et Henri III étaient des princes fort inférieurs à Philippe-Auguste et à saint Louis leurs adversaires. Le peu de sympathie et même l'hostilité de l'aristocratie anglaise contre Jean et son fils, contribuèrent beaucoup à la défaite complète de ces rois.

Sous Philippe-le-Bel, la guerre se ralluma entre la France et l'Angleterre ; mais Edouard Ier, fils de Henri III, tout occupé de la conquête du pays de Galles et de l'Ecosse, donna peu de soins à ses affaires continentales. Il se laissa enlever l'Aquitaine par son suzerain qui la lui rendit bientôt d'ailleurs à la paix. Edouard II épousa Isabelle, fille du roi de France, et les hostilités furent quelque temps interrompues entre les deux royaumes.

LIVRE II

I

Guerre des Français en Flandre. — Bataille de Courtray. — Guerre des Anglais en Ecosse. — Batailles de Falkirk, de Bannockburn, de Malton et de Halidon-Hill. — Guerre des Suisses contre la maison d'Autriche. — Bataille de Morgarten.

Sous le règne de Philippe-le-Bel, les deux peuples rivaux soutinrent contre de belliqueux ennemis, des guerres qui amenèrent bientôt de grands changements dans la tactique de l'époque.

Philippe et ses Français rencontrèrent, en face d'eux, les communes flamandes qu'ils voulaient subjuguer, et qui leur opposèrent la plus opiniâtre résistance. Vaincus à Furnes, les Flamands prirent leur revanche à la journée de Courtray, où la gendarmerie française ne put enfoncer les bataillons de piquiers ennemis, et vit succomber dans une sanglante déroute, Robert d'Artois son chef et un grand nombre de chevaliers et écuyers.

Les *Grandes Chroniques* de France nous donnent sur cette bataille, un récit dont voici la traduction :

« Alors, tandis que les gens de Bruges se préparaient à se défendre, cherchant de toutes parts auxiliaires et soldats, Robert comte d'Artois, fut envoyé par le roi de France avec un grand nombre de nobles chevaliers et une foule de gens de pied. Les Français vinrent en Flandre, et tendirent leurs tentes et leurs pavillons, entre Bruges et Courtray. Ils ne pouvaient avancer plus loin, à cause de la Lys coulant près de là, dont les Flamands avaient rompu le pont. Alors, tandis que les Français travaillaient à en construire un autre, ceux de Bruges couraient souvent sur eux, rangés en ordre de bataille, mettaient, autant qu'ils pouvaient, obstacle à leur ouvrage, et les appelaient au combat. Une fois le pont achevé, le mercredi 7 juillet, les deux partis, bon gré, mal gré, durent en venir aux mains. Ceux de Bruges, croyant mourir pour la justice, pour la liberté et la franchise de leur pays, confessèrent d'abord leurs péchés, humblement et dévotement, et reçurent le corps de Notre-Seigneur Jésus-Christ. Ensuite, portant avec eux certaines reliques de saints, les Flamands vinrent à pied sur les champs, en rangs serrés et épais, armés de glaives, de lances, d'épées, de haches et de godendarts.

Les chevaliers français, trop pleins de confiance en leurs forces, voyant venir contre eux ces Flamands, les méprisèrent comme des foulons, tisserands, et hommes travaillant encore à d'autres métiers. Ils firent retirer leurs gens de pied qui, placés en avant-garde, avaient vigoureusement assailli les ennemis, et se comportaient très-bien. Ensuite, toute cette belle gendarmerie se précipita sans ordre sur les Flamands. Ceux de Bruges, la recevant sur la pointe de leurs lances aiguës, frappant et poussant vigoureusement, jetèrent et abattirent à terre ceux qui se trouvèrent sous leurs coups. Le noble comte d'Artois, qui n'avait jamais fui, voyant le désastre soudain de sa cavalerie, plongea au milieu des ennemis, à la tête des plus braves des siens, comme un lion furieux et rugissant. Mais le comte ne put se faire jour à travers la forêt épaisse et serrée des lances flamandes. Alors les Brugeois, comme s'ils eussent été changés en tigres, n'épargnèrent personne. Avec leurs lances aiguës, appelées boutes-haches et godendarts, ils renversaient les chevaliers, de leurs chevaux. Puis, alors que les Français tombaient, ils les massacraient comme un troupeau sans défense. Le vaillant comte d'Artois ayant reçu des renforts, opposa jusqu'au bout une résistance acharnée, malgré les blessures dont il était couvert. Robert aimait mieux mourir avec les nobles qu'il voyait succomber autour de lui, que de se rendre captif à ce vil et vilain peuple. Quand les autres troupes de cavaliers et de fantassins, qui composaient le reste de l'armée française eurent vu ce désastre, elles prirent une fuite honteuse, abandonnant à leur sort le comte d'Artois et ses vaillants compagnons. Seuls, 2,000 haubers environ avec le comte de Saint-Pol, le comte de Boulogne et Louis fils de Robert de Clermont, se portèrent au secours de leur chef. Les Flamands, à l'aspect de cette déroute inespérée, sentirent croître leur courage, et ceux qui, un peu plus, allaient fuir vaincus, courant aux tentes des fuyards, les mirent au pillage. Il y avait là quantité d'armes et un grand matériel de combat. Les Flamands s'enrichirent de ces dépouilles et de ce qu'ils trouvèrent sur les morts, auxquels on ne laissa ni armes, ni vêtements. La défaite achevée, les vainqueurs regagnèrent Bruges en grande joie. Parmi les morts, on comptait nombre de gentilshommes, entre autres : Robert d'Artois, Godefroy de Brabant son cousin, avec son fils le seigneur de Virson, le comte d'Aubemarle, Jean fils du comte de Hainaut, Jean de Nesle connétable de France et Guy son frère maréchal de l'armée, Regnault de Trie, les chevaliers Pierre Flotte et Jacques de Saint-Pol, le chambellan de Tancarville, Jean de Bruillas grand-maître des arbalétriers, 200 chevaliers et grand nombre d'écuyers preux et vaillants. »

C'est ainsi, que se révéla, d'une manière foudroyante, dans une grande bataille, la puissance encore méconnue d'une infanterie sérieuse.

A Hastings, en effet, les Anglo-Saxons avaient, il est vrai, combattu à pied, mais malgré la plus vigoureuse résistance, ils succombèrent dans cette journée.

A Brémule, le succès couronna, sans doute, la tactique de Henri Ier, mais il n'y eut là qu'un petit nombre de troupes engagées des deux côtés. Les proportions de cette affaire furent trop faibles pour attirer sur elle une grande attention. D'ailleurs l'action se vida, de part et d'autre, entre gens d'armes ; la noblesse n'y perdit rien de son prestige. A Courtray au contraire, non-seulement la cavalerie féodale fut vaincue par l'infanterie, mais encore la plus brillante chevalerie du monde tomba massacrée sous les coups des vilains.

Les Anglais combattaient, à la même époque, de non moins redoutables adversaires. Edouard après avoir subjugué dans une guerre de sept ans, et grâce à l'infanterie légère basque et gasconne, les montagnards du pays de Galles (1), s'efforça de conquérir l'Ecosse.

A cette époque, venait de s'éteindre la race royale des Dalriades qui régnait sur l'Ecosse depuis la fondation de ce royaume. Edouard profitant des contestations qui s'élevaient au sujet de la succession au trône devenu vacant, feignit de soutenir Baliol, un des prétendants. Puis bientôt, rejetant toute dissimulation, le roi s'empara lui-même de cette contrée.

L'Ecosse était alors peuplée par l'ancienne race celtique des Scots qui habitaient la partie montagneuse du Nord, et par un mélange de Pictes, de Scots, de Bretons, de

---

(1) Augustin Thierry. — *Conquête de l'Angleterre.*

Saxons et de Normands qui occupaient les basses terres. La masse de la population de cette partie du pays était saxonne. La plupart de ces Saxons avaient été réunis à l'Ecosse après le meurtre et la défaite du roi Egfrid à Drumnechtan, avec la portion du pays qu'ils avaient auparavant subjuguée. La conquête de l'Angleterre par les Normands amena encore en Ecosse beaucoup d'Anglais qui fuyaient la domination étrangère.

Un grand nombre des nobles écossais, ainsi que les nobles anglais, descendaient des Normands, compagnons de Guillaume. Les rois d'Ecosse, en effet, s'étaient efforcés par des concessions de toutes sortes, d'attirer, à leur service, ces redoutables chevaliers, dont le monde entier admirait la valeur et l'esprit militaire. Les deux compétiteurs au trône d'Ecosse, lors de la mort d'Alexandre, Robert Bruce ou de Brus et Jean Baliol appartenaient eux-mêmes à la race normande.

Tel était le peuple qu'attaqua Edouard Ier et qu'il soumit pendant quelque temps, par la victoire de Dunbar. Mais bientôt un noble écossais, William Wallace, anglo-normand d'origine, leva contre le conquérant l'étendard de l'indépendance, et battit les Anglais à Stirling.

Edouard revint de Flandre à la nouvelle de l'insurrection, et marcha contre les Ecossais qu'il rencontra auprès de Falkirk le 22 juillet 1298.

Les troupes de Wallace étaient rangées en bataille, sur une lande, avec un marais par devant.

Le chef écossais avait divisé ses lanciers, l'élite de son armée, en quatre phalanges circulaires, que, leurs lances obliquement inclinées, les unes par-dessus les autres, faisaient ressembler à un mur d'airain. Ces quatre phalanges étaient liées entre elles par une ligne d'archers de la forêt de Selkirk, commandés par sir John Stewart. Devant cette infanterie, était plantée une forte défense en palissades. La cavalerie qui ne s'élevait qu'à 1,000 hommes d'armes, fut placée en réserve, derrière les autres troupes.

Le comte maréchal qui commandait la première division de la cavalerie anglaise, n'ayant aucune connaissance du terrain, chargea de front, la ligne de bataille des Ecossais, et s'enfonça dans le marais qui la protégeait. La deuxième division conduite par l'évêque de Durham, tourna la position des Ecossais, du côté de l'est, et arriva en vue de leur cavalerie. Le prélat ordonna alors à ses troupes d'attendre l'arrivée des autres corps. « A la messe l'évêque ! » s'écria Ralph Basset de Drayton, et il chargea, avec toute la division, la gendarmerie écossaise. Celle-ci s'enfuit sans combattre ; les archers furent écrasés ; sir John Stewart leur chef fut tué au milieu d'eux. Mais les quatre phalanges de lanciers tinrent bon ; elles présentaient de tous côtés à leurs assaillants, un front impénétrable. Edouard fit alors avancer ses archers et ses machines de guerre.

Les grêles de flèches des yeomen tombant sur des hommes dépourvus d'armures défensives à l'épreuve, pratiquèrent bientôt des brèches dans chacun de ces quatre corps circulaires. Alors les gens d'armes anglais chargeant avec fureur, et pénétrant dans les intervalles ainsi creusés par les traits, rompirent et dispersèrent ces formidables masses (1).

A Falkirk, l'adresse seule des archers donna la victoire à la gendarmerie anglaise qui, sans eux, se fut sans doute brisée devant les lanciers de Wallace, comme les gens d'armes français à Courtray, devant les piquiers flamands. En cette dernière bataille, les gens de trait de l'armée de Philippe allaient, lorsque la noblesse les fit retirer, causer parmi les ennemis, le même désordre que les yeomen jetèrent plus tard à Falkork parmi les Ecossais.

(1) Hume, Lingard, Walter Scott. — *Histoire de l'Ecosse.*

Edouard, loin d'imiter la faute de Robert d'Artois, appela ses archers au secours de sa gendarmerie ébranlée, et suspendit les charges de celle-ci, jusqu'au moment où les flèches des yeomen eurent ouvert les épais bataillons de Wallace.

Wallace succomba, mais bientôt Robert Bruce ou de Brus, petit-fils du seigneur qui avait disputé le trône à Baliol, appela ses compatriotes aux armes. Battu à Methven par le comte de Pembroke, le héros écossais ne perdit pas courage ; il harcela les envahisseurs par une foule de petits combats. Puis, à la suite de divers succès, le 10 mai 1307, Bruce livra au même comte de Pembroke, à Loudoun-Hill, une grande bataille, où il vengea complétement la défaite de Methven. Pembroke fut contraint de s'enfuir à Ayr. Par chacun de ses combats, dans lesquels sa parfaite connaissance des principes d'une guerre de partisans lui permettait de mettre à profit tous les avantages que sa rare capacité lui faisait découvrir soit dans la bonne volonté du pays, soit dans des circonstances telles que le terrain, le temps, les armes et autres de ce genre, Bruce accoutuma graduellement ses troupes à placer tant de confiance dans son habilité et sa sagesse, que ses ordres pour en venir aux mains avec l'ennemi étaient regardés comme les annonces de victoires certaines. Enfin lorsque Edouard Ier eut succombé en marchant contre lui, Robert reconquit l'Ecosse sur Edouard II, faible successeur de l'illustre prince anglais.

Une grande victoire remportée auprès de Stirling, sur le nouveau roi d'Angleterre, assura le trône de Bruce et le triomphe de l'Ecosse. Cette bataille est l'une des plus importantes de cette époque, car elle peut être considérée comme ayant définitivement révélé aux Anglais la supériorité d'une tactique qu'ils avaient autrefois entrevue.

Encouragé par sa victoire de Loudoun-Hill, sur le

comte de Pembroke, par la résistance des lanciers de Wallace, à Falkirk, Bruce avait acquis la conviction qu'un corps de solides fantassins pourvus de longues armes, devait, en restant ferme, en gardant ses rangs, voir succomber devant lui, tous les efforts de la gendarmerie ennemie.

L'armée écossaise qui avait répondu à l'appel de son prince, se composait de 30,000 hommes, presque tous gens de pied. Bruce la réunit à environ quatre milles de Stirling. Il était résolu à s'opposer par la force des armes au roi Edouard s'avançant vers cette place, que son gouverneur anglais avait promis de rendre aux Ecossais qui l'assiégeaient, si elle n'était secourue avant la Saint-Jean 1314.

Robert étudia avec soin le terrain, sur lequel, il avait décidé de livrer bataille aux Anglais ; il étendit son armée depuis le village de Bannock jusqu'au château de Stirling.

L'aile droite s'appuyait sur le ruisseau de Bannockburn qui coule vers l'est, entre des bords escarpés et rocailleux. Pour protéger son aile gauche, Bruce fit creuser, devant elle, des fossés étroits, dans lesquels furent enfoncés des pieux apointés ; des claies recouvertes de gazon cachèrent à l'ennemi la vue de ces obstacles.

Comme à Falkirk un marécage garantissait à peu près l'armée écossaise contre les attaques directes de face.

Le roi rangea son armée dans l'ordre suivant :

Trois phalanges profondes ou masses oblongues d'infanterie, armées de piques et placées à quelque distance les unes des autres, sur le même front, formèrent la première ligne. Edouard Bruce dirigeait l'aile droite ; James Douglas et Walter, l'intendant ou grand sénéchal (Stewart) d'Ecosse, commandaient le centre ; Thomas Randolph, l'aile gauche.

Les troupes d'argyle, de Carrick et des îles, formèrent

une deuxième ligne, d'une seule masse. Bruce se plaça à la tête de cette réserve, et garda avec lui, 400 gens d'armes à cheval, choisis parmi l'élite de ses troupes.

La bataille fut précédée, la veille, d'un engagement à l'aile gauche.

Thomas Randolph, avec 100 piquiers à pied, barra le passage à lord Cliffort qui, à la tête de 800 chevaux, essayait de tourner sa bataille, et d'entrer dans la place de Stirling.

Randolph fit former ses fantassins en cercle, sur trois rangs; le premier rang mit genou en terre, le second s'inclina, et le troisième resta droit; tous les trois rangs croisèrent leurs piques contre les cavaliers de Cliffort. Ceux-ci chargèrent intrépidement le faible détachement de Randolph; mais les piquiers tinrent bon et demeurèrent immobiles sous le choc. Les gens d'armes anglais furent battus et mis en fuite.

Le lendemain, 24 juin 1314, la bataille s'engagea.

Les troupes anglaises s'avancèrent pour attaquer les Ecossais, et les trouvèrent dans leurs positions du soir précédent. L'armée d'Edouard, formée des contingents fournis par 93 grands vassaux, comptait 40,000 cavaliers, dont 3,000 étaient complètement couverts d'acier, aussi bien que leurs montures.

L'avant-garde composée d'archers et de piquiers, comprenait presque toute l'infanterie ennemie; elle était commandée par les comtes de Glocester et de Hereford. Ceux-ci avaient, en outre, sous leurs ordres, un nombreux corps de gens d'armes pour soutenir leur colonne.

Venait ensuite le reste de l'armée anglaise partagé en neuf corps, mais tellement resserrés, qu'ils semblaient ne faire qu'une seule division. Ces corps se composaient presque entièrement de cavalerie; ils étaient commandés par Edouard en personne qu'escortaient 400 gens d'armes d'élite.

Les Ecossais, avons-nous dit, à peu d'exception près, combattaient à pied, armés de haches d'armes outre leurs piques.

Les comtes de Glocester et de Hereford, chargèrent avec fureur, à la tête de leurs gens d'armes, mais ils ne purent enfoncer les rangs profonds des piquiers écossais, et furent culbutés avec une grande perte. Les deux infanteries s'attaquèrent en même temps, et les archers anglais commencèrent à décimer par leurs flèches, les piquiers de Robert Bruce. A ce moment, sur l'ordre de celui-ci, Robert Keith, maréchal d'Ecosse, se mit à la tête des 400 gens d'armes d'élite que le roi tenait en réserve, et, faisant un circuit, il vint charger les archers anglais en flanc. Ces redoutables soldats, qui ne portaient aucune arme longue pour se défendre contre la cavalerie, furent écrasés et dispersés sans pouvoir opposer une résistance sérieuse. Les archers écossais accablèrent alors de leurs flèches l'infanterie ennemie ébranlée, et achevèrent sa déroute.

Les gens d'armes anglais, commandés par Glocester et autres vaillants guerriers, s'élancèrent pour renouveler le combat ; mais embarrassés dans les fossés, reçus sur les piques par les fantassins écossais, ces cavaliers tentèrent inutilement d'enfoncer les épais bataillons ennemis. La grande masse de la gendarmerie anglaise, qui se trouvait au corps de bataille et à l'arrière-garde, ne put prendre à la bataille qu'une faible part, faute d'espace pour manœuvrer.

Bruce, à la vue du désordre et de la confusion des ennemis, se mit à la tête de sa réserve et de toutes les troupes disponibles, et se précipita au secours des siens.

L'armée anglaise plia sous ce terrible choc. A ce moment apparurent sur les hauteurs, derrière la ligne écossaise, les valets et autres gens à la suite des troupes de Bruce.

Les Anglais déjà vaincus, prenant cette foule pour un

nouveau renfort arrivant à leurs ennemis, lâchèrent pied et s'enfuirent de tous côtés. Glocester, Robert Cliffort, Gilles d'Argentin et les plus braves chevaliers et écuyers d'Edouard, quand ils virent la bataille perdue, se jetèrent en désespérés sur les piques écossaises, et y trouvèrent la mort.

200 chevaliers, 700 écuyers et 30,000 soldats anglais couvrirent de leurs corps ce champ de bataille (1).

La bataille de Bannockburn, plus encore que Courtray et les succès des Suisses contre la maison d'Autriche, fit apparaître, aux yeux de tous, la supériorité incontestable de l'infanterie sur la cavalerie. En effet, cette victoire de Bruce ne put être considérée comme le résultat d'un hasard, mais bien comme le fruit des combinaisons d'un grand capitaine, qui possédait une connaissance de l'art de la guerre qu'on s'étonne de rencontrer à cette époque, et qui fit une juste appréciation de la valeur des deux armes. Quel contraste entre Bruce si prévoyant, si calculateur, et Robert d'Artois et les autres capitaines français du même temps ! La nécessité, d'ailleurs, aussi bien que son génie militaire, détermina Bruce à appliquer sa nouvelle tactique ; la plupart des troupes écossaises se composant en effet de fantassins. Quoi qu'il en soit, Bannockburn fut la bataille de Courtray de la chevalerie anglaise.

Bruce, dans ces mêmes guerres, remporta quelques années plus tard, une nouvelle victoire contre Edouard II.

Celui-ci, afin de venger sa défaite, avait envahi l'Ecosse, à la tête d'une nombreuse armée, au mois d'août 1322. Mais son ennemi se retira devant lui, fit le désert autour des Anglais, et les obligea à battre en retraite, à la suite de privations qui firent périr un grand nombre de soldats.

---

(1) Hume, Lingard, Walter Scott. — *Histoire d'Ecosse.*

Edouard se retira avec les débris de ses troupes dans le comté d'York, et s'établit à l'abbaye de Biland, près Malton. Bruce alors franchit la frontière, et, comme les Ecossais, quoiqu'ils combattissent à pied, se servaient, pour leurs marches, de petits chevaux très-agiles et très-vigoureux, il surprit l'armée anglaise par la rapidité de ses mouvements, et tomba inopinément sur elle. Il la trouva cependant rangée dans un excellent ordre, sur le versant d'une haute colline, où l'on ne pouvait arriver que par une seule route difficile et escarpée. Le roi d'Ecosse commanda à Douglas de débusquer les ennemis de cette position. Sir Thomas Ughtred et sir Ralph Cobham postés en avant de l'armée anglaise pour défendre le passage, opposèrent au héros écossais la plus vive et la plus opiniâtre résistance. Mais Robert Bruce fit tourner l'ennemi par un corps de higlanders, qui, familiers avec les pays de montagnes, gravirent la colline à quelque distance du théâtre de l'action, prirent les Anglais en flanc et à dos, et les mirent en déroute. Le grand sénéchal poursuivit les vaincus jusque sous les murs d'York.

Lors de la chute et de l'assassinat d'Edouard II, Bruce continua la guerre contre son jeune successeur. 2 à 3,000 gens d'armes, 10,000 cavaliers plus légèrement armés et une multitude de soldats marchant à cheval, mais combattant à pied, envahirent l'Angleterre sous les ordres de Thomas Randolph et de James Douglas.

Edouard III leva une armée de 60,000 hommes, comptant dans ses rangs plus de 500 chevaliers, et partit d'York à la rencontre des envahisseurs. Froissart nous montre les Ecossais ravageant le pays autour de l'armée anglaise, sans que celle-ci puisse les joindre et les forcer au combat. Deux fois, pour braver les ennemis, Douglas les attendit sur des hauteurs inexpugnables où ceux-ci n'eussent pu l'attaquer sans folie. Edouard se borna donc à observer les Ecossais, attendant une occasion plus favorable ; mais la deuxième nuit après que les soldats de Bruce eurent occupé leur nouvelle position sur la Wear, Douglas traversa cette rivière à la tête d'une troupe d'élite et vint tomber au milieu du camp anglais ; il faillit s'emparer de la personne du roi qui se sauva à grand peine. Après avoir fait un affreux carnage des ennemis, Douglas rejoignit sain et sauf les hauteurs occupées par les siens ; puis les Ecossais échappèrent aux Anglais par des chemins réputés impraticables. Bientôt, à la suite d'une incursion de Bruce en personne sur les frontières de leur pays, les Anglais découragés signèrent un traité par lequel fut assurée l'indépendance de l'Ecosse.

Les Anglais toutefois s'étaient formés à cette rude guerre et lui durent plus tard leurs grandes victoires. A Falkirk, à Bannockburn surtout, ils avaient vu ce que pouvaient de solides piquiers opposant résolument leurs armes aux charges de la cavalerie, même la plus redoutable. De Bruce, de Douglas, de Randolph, ils apprirent encore le choix des bonnes positions défensives contrebalançant la supériorité des forces de l'ennemi. Les surprises de Douglas leur enseignèrent en outre à garder plus sévèrement leur camp.

L'expérience acquise ne tarda point à porter ses fruits et bientôt les Ecossais connurent à leurs dépens, les progrès que les Anglais avaient fait dans l'art militaire.

Profitant de la minorité de David, fils du grand Robert Bruce, Edouard III avait recommencé la guerre. Sous prétexte de défendre les droits d'Edouard Baliol, une nombreuse armée anglaise envahit l'Ecosse et assiégea Berwick. Une première tentative des Ecossais pour secourir la place avait échoué devant la circonspection des ennemis qui restèrent dans leurs lignes et refusèrent une action générale. La garnison, vivement pressée, fut obligée de signer une convention par laquelle, elle s'engageait à rendre la ville, si les Ecossais ne pouvaient parvenir à faire lever le siége, ou n'introduisaient dans la place, à un jour désigné, un corps de deux cents gens d'armes, entre le lever et le coucher du soleil.

William Douglas régent d'Ecosse résolut, comme autrefois Bruce, de confier le sort du pays à une bataille ; il traversa donc la Tweed, à la tête d'une forte armée, et, s'approcha de Berwick du côté septentrional. L'armée anglaise était rangée sur les crêtes d'une hauteur appelée Halidon-Hill. Elle était divisée en quatre gros bataillons dont les flancs étaient défendus par de nombreux corps d'archers.

Les Ecossais se portèrent sur une chaîne de hauteurs voisines, au bas desquelles était un marécage ; ils commirent l'imprudence de descendre de ces hauteurs et de traverser ce marécage sous les continuelles décharges des archers anglais. A la suite de cette manœuvre, ils perdirent leurs rangs, s'embarrassèrent dans la vase où beaucoup d'entre eux périrent.

Les nobles écossais qui, revêtus de leur amure complète, se battaient à pied à la tête de leurs vassaux, parvinrent cependant à conduire hors du marécage, la plus grande partie de l'armée. Ils gravirent alors les hauteurs occupées par l'ennemi qu'ils attaquèrent corps à corps, mais en désordre et hors d'haleine, ils ne purent ébranler ses épais et solides bataillons et furent contraints à la retraite. Alors les pages et les valets voyant la déroute de leurs maîtres, s'enfuirent avec leurs chevaux et cette défaite se termina par le massacre de la noblesse écossaise. Les comtes de Lennox, de Ross, de Carrick, de Sutherland, de Monteith et d'Athol, périrent sur le champ de bataille. Le régent Douglas blessé et fait prisonnier mourut des suites de ses blessures. Edouard et une partie de sa cavalerie qui avait repris ses chevaux, poursuivirent les fugitifs d'un côté, tandis que lord Darcy avec ses auxiliaires Irlandais les poursuivait d'un autre (1).

Halidon-Hill est le prélude des grandes batailles de la guerre de Cent-Ans; elle offre avec Crécy et la plupart d'entre elles de grands points de ressemblance. A Halidon-Hill, les Anglais choisirent une excellente position défensive; ils s'établirent sur des hauteurs inexpugnables et firent combattre à pied leurs gendarmes aussi bien que leurs archers. A Malton déjà nous les avons vus agir de même; mais ce dernier combat fut une surprise qui ne permit point d'apprécier la valeur de leur tactique. A Halidon-Hill au contraire, cette tactique apparaît dans tout son éclat. Instruits par leurs défaites, les Anglais sentirent avec leurs vainqueurs que le temps de la cavalerie féodale était passé et que l'infanterie allait reprendre sur les champs de bataille le rôle qui lui appartenait. Convaincus de l'excellence de leurs archers, comme troupes légères, ils comprirent qu'ils ne pouvaient tirer parti de leurs Gallois, Irlandais et Aquitains, comme de sérieux fantassins de rang; qu'il fallait opposer à leurs ennemis, des gens de pied mieux armés et d'une fermeté à l'épreuve. Battus en quelque sorte avec leurs propres armes, les fils des vainqueurs de Brémule reprirent les traditions de Henri I et d'Odon Borleng, en appliquant toutefois sur l'habile division des batailles, sur le choix du terrain, les perfectionnements enseignés par ces guerres d'Ecosse.

En même temps, aux Alpes aussi bien qu'en Flandre et en Ecosse, la chevalerie succombait devant de hardis fantassins. Les montagnards Suisses triomphaient à Morgarten des gens d'armes autrichiens et commençaient cette réputation d'invincibles soldats qu'ils soutinrent pendant si longtemps.

Léopold, duc d'Autriche avait, à la tête d'une nom-

---

(1) Lingard, Walter Scott. *Histoire d'Ecosse*.

breuse chevalerie, envahi les Waldstetten. Schwytz, Uri, Unterwald, coururent aux armes pour défendre leur indépendance.

Au moment de marcher à l'ennemi Rodolphe Reding de Biberegh, vieillard trop faible pour que ses jambes le pussent porter, mais qui avait une grande expérience de la guerre, tint ce langage aux confédérés.

« Avant tout, il faut chercher à vous rendre maîtres de vos opérations, afin qu'il dépende de vous, non de l'ennemi, de commencer l'attaque, de choisir le lieu, le moment, le genre du combat. Vous acquerrez cet avantage en prenant une bonne position. Pour le nombre vous êtes de beaucoup inférieurs à l'ennemi ; tâchez que le duc ne puisse tirer avantage de sa force, et que votre petite troupe ne s'expose que dans le moment décisif.

Sans doute le duc ne viendra point de Zug à Art ; le défilé est beaucoup trop long entre la montagne et le lac ; au contraire le chemin qui conduit à travers la forêt vers le lac d'Egeri, est beaucoup moins dangereux parce que le défilé est plus court. Il faudra donc bien saisir le moment. La hauteur de Morgarten vous offre un retranchement naturel. La prairie va rejoindre le Sattel ; du haut de cette montagne, vous pourrez agir avec beaucoup d'avantage ; vous jetterez l'effroi dans les rangs ennemis ; vous les prendrez en flanc et en queue ; vous couperez leur ligne. Le succès vous sera d'autant plus facile qu'ils vous méprisent ; d'ailleurs la guerre défensive est toujours favorable à ceux qui connaissent le mieux la contrée.

Les montagnards, obéissant à l'antique usage de leurs pères, se jetèrent à genoux pour implorer le secours de Dieu leur unique maître ; puis ils partirent au nombre de mille trois cents et se portèrent sur le mont Sattel. Il y avait alors, comme il arrive toujours dans les temps de discorde, des exilés du pays de Schwytz ; dès qu'ils avaient appris le péril dont était menacée la liberté de leur pays, ils vinrent au nombre de cinquante sur les frontières, solliciter la permission de combattre pour la cause commune. Les confédérés ne crurent pas qu'il fut bienséant de changer une loi dans la crainte du danger ; ils refusèrent donc de recevoir les exilés ; ces cinquante hommes se portèrent en dehors des limites, sur le Morgarten, et résolurent de sacrifier néanmoins leur vie pour la patrie.

Cependant apparaissait l'aurore du quinzième jour de novembre de la treize cent quinzième année, et bientôt le soleil jeta ses premiers rayons sur les casques et les cuirasses des chevaliers et des guerriers de Léopold. On voyait au loin briller les glaives et les lances ; l'armée couvrait toute la contrée. C'était la première qui pénétrait dans ces lieux ; l'histoire n'a retenu le souvenir d'aucune autre. Montfort de Tettuang introduisit la cavalerie dans le défilé ; bientôt les chevaux occupèrent tout l'espace qui est entre la montagne et le lac ; les rangs étaient fort serrés. En ce moment même les cinquante exilés poussèrent de grands cris, et firent rouler du haut du Morgarten des rocs amoncelés pour en écraser l'ennemi ; d'autres pierres étaient lancées avec vigueur et portaient la confusion et l'effroi parmi les cavaliers.

Les mille trois cents hommes placés sur le Sattel, voyant le désordre des chevaux, descendirent en bon ordre et de toute l'impétuosité de leur course ; tombant sur les flancs de l'armée ennemie, ils brisaient les armures à coups de masse et dirigeaient avec habileté le fer de leurs lances et de leurs piques, portant toujours de nouveaux coups et frappant d'une main assurée. La cavalerie autrichienne se trouvait gênée, non-seulement parce que l'espace lui manquait, mais encore parce que les chevaux ne pouvaient tenir sur le sol à demi gelé. Quelques-uns des ennemis sautaient dans le lac, effrayés qu'ils étaient de cette confusion ; d'autres voyant la fleur de la noblesse moissonnée, se refoulèrent sur l'infanterie qui ne se doutait pas encore de l'événement, et qui ne put ouvrir ses rangs aux fuyards, faute d'espace. Il mourut beaucoup de soldats sous les pieds des chevaux ; beaucoup plus encore furent tués par les Suisses. Cinquante Zurichois qui servaient dans l'armée de Léopold tombèrent tous sur la place où ils étaient postés. Le duc s'échappa par des sentiers détournés. Quand il fut parti, l'armée s'abandonna à la déroute la plus désastreuse. La bataille n'avait duré qu'une heure et demie. Les Suisses, dont la perte était peu considérable, n'eurent plus qu'à tuer leurs ennemis (1).

Quelques années auparavant, l'an 1303, les Bernois et leurs alliés de Soleure, sous les ordres d'Ulrich d'Erlach, avaient déjà remporté au Donnerbühl sur la chevalerie des comtes de Savoie et de leurs grands vassaux une éclatante victoire.

Ainsi donc, au moment où commence la guerre de Cent-Ans, l'infanterie se relève : à Courtray, au Donnerbühl, à Morgarten, à Loudoun-Hill, à Bannockburn, même à Halidon-Hill ; partout elle apparaît avec éclat sur les champs de bataille.

---

(1) Goldbéry. — *Histoire et description de la Suisse.*

II

Armées Françaises et Anglaises. — Organisation des armées Françaises. — Gendarmerie. — Son armement en France et en Angleterre. — Cavalerie légère. — Infanterie Française. — Mercenaires. — Armée Anglaise. — Gendarmerie. — Yeomanry, Gallois et Irlandais. — Mercenaires. — Siége et défense des places.

Dans la nouvelle guerre que les Français allaient soutenir contre les Anglais, la situation des Capétiens s'était bien modifiée ; une longue suite de rois avaient occupé le trône depuis la fin du Xe siècle et la vigueur de quelques-uns d'entre eux avait fort étendu leur puissance ; les prédécesseurs de Philippe de Valois s'étaient par leurs conquêtes rapproché beaucoup des limites de la France moderne et le roi n'était plus obligé, comme Louis VI, de lutter aux portes de sa capitale, contre de petits vassaux qui l'étreignaient. Philippe de Valois au commencement de son règne, passait pour le plus puissant souverain de l'Europe.

Les princes anglais devenant ainsi que les anciens conquérants de l'Angleterre de plus en plus étrangers à leur patrie d'origine, avaient perdu la sympathie de la plupart des autres grands vassaux et devaient bientôt être regardés par la masse des Français comme des ennemis étrangers.

Les rois de France possédaient des ressources plus considérables en apparence, une puissance plus grande, des troupes plus nombreuses que celles des monarques anglais. C'étaient l'organisation défectueuse et l'infériorité de la valeur d'une partie des éléments qui composaient l'armée Française de cette époque qui devaient, malgré sa supériorité numérique assurer, aussi bien que le génie des Plantagenets, un triomphe momentané à l'Angleterre.

Avant de commencer le récit de cette longue et terrible guerre que les deux peuples soutinrent l'un contre l'autre, cherchons donc quelle était la composition des armées sous la troisième race, les changements qui s'y introduisirent, l'armement de cette époque, et les différences que présentèrent les troupes anglaises et françaises au commencement du règne de Philippe de Valois.

Sous Hugues Capet (1), les choses se passaient à peu près comme sous la deuxième race. Les grands vassaux et les plus grands seigneurs amenaient à l'armée leurs sujets, les uns en qualité de chevaliers, d'écuyers et de gens d'armes, c'est-à-dire de gens de cheval, armés de toutes pièces et d'armes complètes, et c'était par l'obligation de leurs fiefs. Ils amenaient aussi d'autres gens à cheval, armés à la légère, et enfin des fantassins. Mais ces deux dernières troupes ne marchaient point en vertu du fief. C'était par l'ordre exprès du souverain, dans les grands besoins de l'Etat ou bien c'étaient les seigneurs qui les amenaient volontairement pour paraître dans l'armée avec plus de distinction et pour leur service particulier, ou bien ils étaient commandés pour le service public, en vertu de leur métier de maréchal, de charpentier, etc., et ils ne laissaient pas de combattre dans l'occasion. Plus tard, on eut encore les milices des communes quand celles-ci furent instituées.

Lorsque l'armée était assemblée, on séparait ces différentes espèces de milices, on mettait les gens d'armes avec

---

(1) P. Daniel, *Histoire de la Milice française*.

les gens d'armes, les chevau-légers avec les chevau-légers, les fantassins avec les fantassins, en les divisant par bandes ou compagnies. On leur assignait des chefs ou capitaines ; il n'y avait pas alors de capitaines fixes, et ce grade ne durait que pendant la guerre, excepté quand un grand feudataire amenait une troupe de gens d'armes assez grosse pour faire un corps, il en était alors le capitaine et le commandant-né.

A l'époque de Philippe-Auguste tout change, alors apparaît la milice des chevaliers bannerets ; ils étaient appelés ainsi, parce qu'ils avaient leur bannière.

Il fallait pour avoir cette prérogative, non-seulement être gentilhomme de nom et d'armes, mais encore être puissant en terres et avoir pour vassaux plusieurs gentilshommes qui suivissent la bannière à l'armée sous le commandement du banneret.

Du Cange rapporte ainsi le cérémonial usité pour lever bannière : « Quand un bachelier, dit ce cérémonial, a grandement servi et suivi la guerre et qu'il a tere assez et qu'il puisse avoir gentilshommes ses hommes et pour accompagner sa bannière, il peut licitement lever bannière et non autrement, car nul homme ne doit lever bannière en bataille, s'il n'a au moins cinquante hommes et les archers et les arbalêtriers qui y appartiennent, et s'il les a, il doit à la première bataille où il se trouvera, apporter un pennon de ses armes, et doit venir au connétable, ou aux maréchaux, ou à celui qui sera lieutenant de l'ost pour le prince, requérir qu'il porte bannière ; et s'ils lui octroyent, doit sommer les hérauts pour témoignage et doivent couper la queue du pennon. »

La bannière du banneret était carrée, au lieu que le pennon ou guidon des chevaliers bacheliers était en pointe, pour en faire une bannière, il n'y avait donc qu'à couper la queue de cette pointe.

Nous verrons, avant Navarrette, le prince Noir accorder

à Jean Chandos la qualité de banneret, en accomplissant les formalités prescrites.

Le nombre des vassaux nécessaires au banneret pour lever bannière, varia souvent durant le cours de ces guerres. Le titre de banneret et le droit de porter bannière se perpétuait quelquefois dans les familles et passait aux descendants de celui qui en avait été honoré, du moins en certains pays, en Bretagne par exemple ; mais la qualité de chevalier n'étant pas héréditaire ; avant de l'avoir obtenue, le fils du chevalier banneret ne prenait que la qualité d'écuyer à laquelle il joignait celle de banneret. L'écuyer banneret cédait le pas aux chevaliers bacheliers. Il y avait aussi certains priviléges pour quelques officiers des troupes du roi, qui pouvaient porter bannière sans être bannerets, et le P. Daniel cite à ce sujet le passahe suivant : « Tous royaux chiefs de guerre, comme lieutenants, connestables, amirals, maistres des arbalestriers et tous les maréchaux, sans être barons ni bannerets, tant comme ils sont officiers, par dignités de leurs offices, peuvent porter bannière et non autrement. »

Les chevaliers bacheliers, c'est-à-dire ceux qui n'avaient pas moyen de lever bannière, se rangeaient sous la bannière d'un banneret avec leurs pennons et étendarts quand ils en avaient ; les autres gens d'armes s'y rangeaient aussi et les chevaliers bannerets étaient les capitaines de gens d'armes de cette époque, mais ils n'avaient pas non plus de commandement fixe, excepté à l'égard de leurs vassaux.

Depuis Philippe-Auguste, le roy retenait un seigneur ou un gentilhomme, pour tant de gens d'armes, tant d'archers, tant d'arbalêtriers, soit à pied, soit à cheval. Il est encore certain que quand ces troupes venaient à l'armée, on les séparait, que les gens d'armes se mettaient avec les gens d'armes, les archers avec les archers, les piétons avec les piétons, et qu'au moins les gens d'armes et les archers se rangeaient aussi sous diverses bannières. Ainsi, il n'y avait point encore de capitaines fixes de gens d'armes (1).

Les bannerets dans les armées, avaient quelquefois un pennon outre leur bannière. Voici la raison qu'on en peut donner ; c'est que le banneret, sans compter ses vassaux rangés habituellement sous sa bannière, avait une compagnie de gens d'armes levée à ses dépens, ou par une commission spéciale du prince ; et qui était conduite alors sous son pennon par quelqu'un des chevaliers bacheliers à qui il en avait donné le commandement ; ou bien il partageait ses vassaux en deux troupes, dont l'une était sous sa bannière et l'autre sous son pennon.

Ainsi donc, à l'époque où nous sommes parvenus, les chevaliers bannerets commandaient les chevaliers bacheliers ; ceux-ci, à moins d'avoir un commandement particulier, se rangeaient sous la bannière du banneret.

Après les chevaliers bacheliers, venaient les écuyers, il y en avait de deux sortes : les uns portaient ce nom à cause de la qualité de leur fief, et il y en avait plusieurs, surtout dans les Etats du roi d'Angleterre. Les autres étaient généralement tous les gentilshommes qui prenaient le service à la suite des chevaliers, avant que de parvenir à cette dernière dignité ; ils étaient assidus auprès d'eux et leur rendaient certains services, surtout à l'armée et dans les tournois ; ils tenaient le cheval de bataille du chevalier jusqu'à ce qu'il voulut le monter pour combattre ; ils gardaient et liaient les prisonniers que les

---

(1) Telle est l'opinion du P. Daniel. M. Boutaric prétend, au contraire, que ces nobles soldés étaient réunis en compagnies d'une cinquantaine d'hommes et placés sous la conduite d'un capitaine nommé par le roi. Il s'appuie à ce sujet sur les mentions réunies dans la collection Decamp, au surplus, ce capitaine n'était certainement nommé que pour la durée de la guerre.

chevaliers faisaient dans les combats ; ils portaient la lance et le bouclier jusqu'à ce qu'il voulut s'en servir (1).

Les chevaliers et écuyers amenaient avec eux beaucoup d'hommes d'armes, armés de toutes pièces, qui grossissaient la gendarmerie. Ces hommes d'armes étaient parfois les vassaux des seigneurs ; d'autres fois c'étaient des mercenaires levés avec l'argent que donnaient les vassaux pour racheter le service militaire.

Voyons maintenant quelles étaient les armures en usage pour les chevaliers à cette époque depuis la bataille de Hastings, jusqu'au moment où va commencer la guerre de Cent-Ans :

Au XIe siècle, M. Quicherat (*Histoire du costume en France*), distingue deux armures de corps, le haubert ou la brogne passés par dessus les autres vêtements. La brogne était, dit-il, formée de plaquettes carrées, triangulaires, rondes, ou en façon d'écailles, cousues sur une étoffe ; le haubert était tout de métal, fait de mailles à crochets ou de petits anneaux engagés les uns dans les autres. Haubert ou brogne, la forme était celle d'une cotte courte, à manches courtes aussi, et munie d'une coiffe ou capuchon étroit. Le baudrier caché dessous, retenait l'épée par une agrafe à laquelle une fente donnait passage. Comme ces vêtements ne descendaient guère plus bas que la moitié des cuisses, ils étaient débordés par la tunique. Les monuments du XIe siècle, ajoute M. Quicherat, nous offrent le dessin de haubers qui, au lieu d'avoir la forme d'une tunique, prennent le corps et les cuisses, ainsi que le ferait une culotte courte, ajustée au bas d'un gilet. Comme ce vêtement, représenté à part dans la tapisserie de Bayeux, est d'une seule pièce, il est impossible de se figurer comment on aurait pu le mettre, à moins de supposer qu'il

---

(1) P. Daniel, *Histoire de la Milice française*.

était fendu dans toute sa hauteur, ou par devant ou par derrière, et qu'on l'agrafait par les bords de la fente.

D'après M. Quicherat, aussi bien que la brogne, le haubert était en usage dès le XIe siècle chez les Normands et les Français. Telle n'est pas l'opinion de M. Meyrick en Angleterre et de M. de Saulcy en France. Ce n'est selon eux, que beaucoup plus tard que parurent ces hauberts à doubles mailles.

Nous allons laisser la parole à ces deux antiquaires, et suivre en particulier l'énumération des différentes sortes d'armures que nous donne le savant écrivain anglais. Ce dernier compte neuf sortes d'armures distinctes à cette époque, et il les divise ainsi :

1° La cotte treillicée qui était formée d'un tissu de toile ou de laine plusieurs fois doublé et parsemé de petits clous d'acier ; le tout maintenu par des bandes de cuir ou de toiles disposées en losanges et entrelacées. M. Meyrick pense que ce vêtement emprunté aux Anglo-Saxons était celui qu'on appelait surtout brogne ou brunie.

2° La cotte annelée. Elle était composée d'anneaux plats, cousus l'un à côté de l'autre, sur une tunique de toile rembourrée, ou, comme au temps de Guillaume-le-Roux, sur une peau de cerf ou d'élan. C'est l'armure la plus souvent indiquée dans la tapisserie de Bayeux.

3° La cotte rustrée, M. Meyrick désigne sous ce nom, un système de rangées d'anneaux plats doubles de ceux jusqu'alors usités, posés à la manière des briques ou des pierres de taille dans une construction et se recouvrant d'ailleurs à moitié l'un l'autre.

4° La cotte maclée, qui d'après l'antiquaire anglais se retrouve dans la tapisserie de Bayeux, où elle offre l'apparence de fils de métal croisés sur un tissu de toile ; mais il paraît, ajoute-t-il, que c'était réellement un système de petites pièces de fer en losange, vides au milieu et figurant des espèces d'anneaux oblongs.

5º La cotte écaillée, elle fut, dit M. Meyrick, usitée en Angleterre sous Henri II et Richard I. La tapisserie de Bayeux en offre des exemples, elle était à l'imitation de la défense naturelle des poissons.

L'armure à écailles était, dit M. de Saulcy fort usitée en France sous Louis-le-Gros.

6º La cotte tégulée, c'est un système de petites pièces carrées en acier, se recouvrant à la manière de tuiles. Ce vêtement de guerre adopté sous le règne d'Etienne, se continua jusqu'au temps d'Edouard II.

Il paraît qu'une partie des chevaliers de Richard Cœur-de-Lion était ainsi armée, tandis que l'autre portait la cotte écaillée.

7º La cotte de mailles simples, formée d'anneaux de fer cousus sur une toile matelassée. Elle fut employée en Angleterre depuis la fin du règne de Jean jusqu'au temps d'Edouard I. Ce vêtement enveloppait outre le corps, la tête, les pieds et les mains. Cette cotte diffère de ce qu'on appelle spécialement la cotte de mailles en ce que les anneaux en mailles de fer au lieu d'être entrelacés comme dans celle-ci, étaient simplement cousus par une portion de leur circonférence, sur un tissu de toile ou de laine, de manière que la partie libre de ces anneaux faisait saillie sur le reste. Les portions d'anneaux saillantes sont tournées tantôt du même côté dans toutes les rangées successives et tantôt alternativement à droite et à gauche. Cette manière de fabriquer la cotte de mailles fut, dit M. Allou, très-usitée en France sous saint Louis.

8º La cotte bandée. Celle-ci employée sous le règne de Henri III et au commencement d'Edouard I, consiste en un certain nombre de bandes d'étoffes et de cuir, placées horizontalement et entre lesquelles apparaissent de petits traits verticaux qui indiquent ou des anneaux de métal, ou, selon l'opinion préférée par M. Meyrick, les traces d'un ouvrage de pourpointerie, c'est-à-dire d'un tissu rembourré et piqué. Cette armure fut aussi connue en France sous saint Louis.

9° Enfin parut la cotte à doubles mailles, la plus connue et la plus célèbre de toutes. Edouard Ier, dit M. Meyrick, emprunta aux Asiatiques la cotte de mailles flexibles unissant la force à la souplesse et formée de doubles anneaux entrelacées dont l'agencement en présente toujours quatre passés dans un cinquième. Cette espèce de cotte couvrait les mains et même les pieds où elle se fixait sur la chaussure. Le tissu offrant par lui-même une consistance suffisante, il n'était plus nécessaire de le fixer sur une tunique de toile ou de drap. C'est, dit M. de Saulcy à la suite de la première croisade et plus tard sous les règnes de Louis-le-Gros et Louis-le-Jeune que fut adopté le haubert de mailles composé d'anneaux entrelacés et rivés à la manière orientale. Ce fut, ajoute le même auteur, sous le règne de Philippe-Auguste et sous celui de saint Louis que la chemise de mailles devint d'un usage général pour les chevaliers qui souvent portaient aussi des chausses de mailles pour garantir les cuisses, les jambes et même les pieds. Dans le principe, dit M. Quicherat, au sujet de cette dernière partie de l'armure, les jambes étaient garnies par dessus les chausses, tantôt de heuses prises en bas dans les souliers, tantôt de bandelettes. Vers 1050, l'armure s'augmenta pour la protection des jambes, de chausses cousues de même espèce que les haubers et les brognes.

Ainsi donc, au sujet de la cotte à doubles mailles, du haubert proprement dit, une grande contradiction existe entre MM. Meyrick, de Saulcy et Quicherat. M. Meyrick soutient que le haubert ne parut en Angleterre que sous Edouard Ier ; M. de Saulcy prétend que les Français ne commencèrent à l'adopter que sous Louis-le-Gros. M. Quicherat au contraire en fait remonter l'origine au XIe siècle. Tout semble donner raison en ce qui concerne la France du moins, au savant Directeur de l'Ecole des chartes.

M. Gautier nous signale dans la chanson de Roland qui, d'après lui, aurait été composée vers cette époque, la fréquente mention du blanc haubert, armure de son héros et de ses contemporains. Quant à l'Angleterre, il semblerait étonnant qu'elle fut restée, à cet égard, aussi longtemps en arrière sur la France à laquelle l'unissent tant de liens. Le haubert paraît donc avoir existé, concurremment avec ces armures énumérées par MM. Meyrick et de Saulcy.

Cette armure consistait en une chemise de mailles entrelacées, couvrant le corps, depuis la clavicule jusqu'au milieu des cuisses et même plus bas, dans la suite; elle était munie de manches tantôt serrées, tantôt larges et pendantes. Dans le premier cas, ces manches se continuaient d'ordinaire jusqu'au bout des doigts, faisant le même office que remplirent dans la suite les gantelets; dans le deuxième, les manches ne venaient que jusqu'au milieu de l'avant-bras où elles formaient une espèce de bourrelet. Ce dernier usage appartient à une époque plus récente, voisine de celle où l'on abandonna tout à fait l'armure de mailles.

M. Quicherat nous énumère ainsi les différentes parties de l'armure à l'époque où était adoptée sans conteste l'armure à doubles mailles.

Sous son haubert, dit-il, et le haubert fut alors doublé d'étoffe, le chevalier portait un justaucorps à manches, entièrement rembourré et piqué d'une infinité de points qui produisaient sur le tissu une sorte de cannelure. C'était le gambeson, ainsi nommé, à cause de la bourre ou gambois dont il était garni. Des variétés de gambeson ont été distingués par les termes de pourpoint et de auqueton. Ce auqueton (hoqueton) dût son nom à ce qu'il était rempli de ouate de coton. Cette bourre, plus légère que toutes les autres, finit par être la seule que l'on employât pour les justaucorps rembourrés.

Par dessus le haubert, on eut une autre cotte doublée,

mais celle-ci flottante et sans manches. On l'appela cotte à armes, d'où l'expression plus moderne de cotte d'armes. Il était d'usage qu'elle fut décorée des armes du chevalier.

La cotte d'armes était serrée à la taille par une ceinture à partir de laquelle, elle était fendue sur le devant. Après l'an 1300, il y a des exemples de cottes d'armes fendues à la fois par devant, par derrière et sur les côtés. Il y en a même où les pans de devant ont été entièrement supprimés, de manière à laisser voir le bas du pourpoint, qui alors était posé par dessus le haubert. A la ceinture s'accrochait obliquement de droite à gauche, un large ceinturon recouvert de plaques d'ornement, le baudrier de chevalerie de ce temps-là. On y attachait par des courroies, d'un côté l'épée, de l'autre la dague dite grand couteau ou miséricorde.

Au lieu que le capuchon de mailles n'avait fait qu'un autrefois avec le haubert, il devint une pièce à part qui descendait très-bas sur la poitrine. Pendant longtemps, on l'avait appelé ventaille, à cause de son ouverture sur le visage; il quitta son nom pour reprendre celui de coiffe, et souvent il fut composé de deux parties : un calot qui couvrait le crâne, et un pan découpé à l'endroit du visage, de manière à envelopper le menton et tout le tour de la tête.

Sous le pan de la coiffe, le cou était déjà armé de la gorgerette, sorte de cravate en cuir, en mailles, ou en plaquettes de fer, cousues sur un carcan d'étoffe. Philippe-Auguste avait, à la bataille de Bouvines, une gorgerette de trois épaisseurs, à laquelle il dut son salut ; car il fut harponné au cou par un Flamand, et le croc n'ayant pu pénétrer jusqu'à la chair, il parvint à le démancher de sa hampe par un vigoureux effort.

A l'époque de la conquête normande, dit M. Quicherat, la tête était protégée par un casque ovoïde ou conique, dénué de couvre-nuque, mais muni sur le devant d'une pièce appelée nasal, parce qu'elle couvrait le nez. Le nom

7

de ce casque est germanique, on l'appelait helme ou heaume. Le heaume, dit M. Gautier (notes de la *Chanson de Roland*), se composait de trois pièces : de la calotte de fer, du cercle et du nasal ; dans le cercle se pratiquaient les trous où s'attachait le capuchon de mailles. Ce heaume n'avait jamais d'autre cimier qu'une boule de métal ou de verre colorié. Le heaume fut dans la suite transformé en un vaste cylindre qui couvrait entièrement le chef, le visage et la nuque. C'était comme si l'on s'était coiffé d'une cloche ou d'une marmite. Au commencement du xiiie siècle, le cylindre allait en s'élargissant par le haut. Depuis Philippe-le-Bel au contraire, il tendit à retourner à la forme conique. La partie antérieure du heaume affectait un léger mouvement de cambrure. Elle était consolidée par deux lames de métal assemblées en croix. Dans les cantons de cette croix étaient percées des œillères pour la vue et des trous pour la respiration. Le heaume était encore percé d'ouïes sur les côtés.

Comme toutes ses ouvertures ne suffisaient pas pour garantir le chevalier contre l'échauffement que produisait à la longue le séjour de la tête dans cette lourde prison ; afin qu'il lui fut possible de se rafraîchir de temps en temps, on imagina la visière. On rendit mobile la partie du heaume qui couvrait le visage (le vis, comme on disait alors), en la montant sur charnières. De la sorte, cette partie s'ouvrait et se fermait comme une porte de poêle. Si même le chevalier en avait le loisir, il pouvait déposer sa visière en ôtant la fiche qui la retenait dans ses charnières. Mais qu'était ce soulagement auprès du supplice infligé par une semblable coiffure. Il advint que peu à peu les chevaliers prirent le parti d'avoir deux casques dans leur équipement. Le heaume les accompagnait comme objet de parade, tandis que leur coiffure habituelle était une cervelière, simple calotte de fer, ou le bassinet, casque léger qui, par ses dimensions, se rapprochait du heaume primitif, mais il n'avait pas de nasal et prenait mieux la forme de la tête (1).

Les pièces principales du vêtement et de l'armure du chevalier se composaient donc à l'époque où règne l'armure de doubles mailles, :

1º De la chemise de lin ou de chanvre ;

2º Du gambeson ;

3º D'une pièce d'acier ou plastron, placée sous le gambeson pour le soutenir ;

4º Du camail ou capuchon de mailles ;

5º Du haubert ou chemise de mailles ;

6º Du heaume, et plus tard du bassinet ;

7º De la cotte d'armes. A ces pièces il faut ajouter les ailettes, appelées aussi cantons ; c'étaient deux plaques carrées ou découpées en écussons que l'on attachait aux épaules des chevaliers. Elles étaient une défense extérieure du cou, complément de celle que procurait le bord supérieur de l'écu, lorsque l'écu était ramené sur la poitrine.

Et enfin les chausses de mailles, destinées à garantir les cuisses, les jambes et les pieds.

Pendant un temps, dit M. Quicherat, ces chausses furent une simple pièce de mailles que l'on agrafait derrière la jambe et après le bord du soulier ou chausse qui était aussi de mailles. Mais cette mode ne fut pas générale, et celle des chausses en forme de fourreau reprit bientôt le dessus. Chez quelques-uns, elles avaient assez de longueur pour s'attacher après la doublure du haubert, vers la ceinture.

A toutes ces armes défensives, il faut joindre le bouclier, nommé escu dans les vieux poèmes. Le bouclier subit aussi différentes modifications. La tapisserie de Bayeux nous représente les Normands, les autres Français et les Anglo-Saxons portant un bouclier de forme al-

(1) Quicherat.

longée, susceptible de couvrir tout le corps, pointu vers le bas, large et arrondi par en haut. Sur les vitraux du rond-point de Saint-Denys, exécutés par ordre de Suger, avant 1140, on avait représenté les combats des premiers croisés. Tous les combattants, chrétiens ou autres, sont armés de petits boucliers ronds ou ovales.

Vers le milieu du XIIe siècle, à la suite des croisades, les chevaliers commencèrent à graver leurs armoiriés sur leurs écus.

Au temps de saint Louis, et même un peu avant, l'usage de porter l'écu suspendu au cou pendant le combat, était tout à fait général ; pendant les marches et voyages, il se portait à l'arçon de la selle ou parfois au-dessous des reins, appliqué sur le fourreau de l'épée et maintenu à l'aide de la ceinture ou ceinturon militaire. Sous le règne de saint Louis la forme de l'écu se modifie, les peintures de l'époque ne présentent que de petits écus à peu près aussi larges que hauts. Cet écu est encore celui des manuscrits de Froissart, où l'on ne trouve plus d'écu allongé, excepté les pavois. Ce changement dans la forme en apporta un dans l'usage. Le petit écu ne se porta plus au cou où il n'aurait offert qu'une défense incomplète ; on l'embrassait, c'est-à-dire qu'on le plaçait au bras durant le combat ; dans la marche à l'arçon de la selle, souvent aussi il était porté par un écuyer. De 1280 à 1500, la forme de ces écus se modifie parfois, mais ils sont toujours chargés d'armoiries et quelquefois de devises. On retrouve, dans Froissart et autres chroniqueurs, le mot targe souvent employé, pour désigner non-seulement l'écu des hommes d'armes, mais encore celui des archers et autres gens de pied. La targe, suivant Borel, était un écu carré et courbé. Ce mot désignait encore le grand bouclier des archers, appelé aussi pavois (1).

(1) Allou.

Tous ces écus, grands et petits, étaient en bois couvert de cuir, quelquefois en cuir bouilli avec un cercle de métal. On les faisait aussi en cuir estampé à chaud, encore humide pour pouvoir y imprimer divers dessins.

La forme de l'écu anglais était à peu près la même qu'en France. Suivant M. Meyrick, les Anglais avaient un écu de paix et un écu de guerre ; l'un portait les armoiries du chevalier, l'autre son emblême.

Nous avons vu jusqu'ici deux changements notables dans le costume des chevaliers ; ils portent d'abord les vêtements appelés broignes ou brunies, pièces d'étoffe sur lesquelles sont cousus des plaques ou des anneaux de fer non entrelacés ; puis ils adoptent la cotte de mailles entrelacées, le haubert qui se maintient sans l'aide d'aucune étoffe. Mais bientôt commença une nouvelle révolution. On résolut d'alléger l'armement. Aux mailles on substitua les plaques de fer, particulièrement aux coudes et aux genoux. Plus tard, la nouvelle armure s'étendit aux bras et aux jambes. Le buste continua d'être revêtu d'une cotte de mailles, mais cette cotte nommée haubergeon était très-légère et couverte d'un vêtement rembourré, serré à la taille et nommé pourpoint. Enfin, la poitrine reçut aussi sa cuirasse de fer ; mais alors même et longtemps après, la cotte de mailles se montrait, soit comme une simple frange au-dessous de la cuirasse, soit en forme de tablier, et tombant jusqu'aux genoux. Elle subsista en outre dans tous les endroits faibles ou défauts que l'armure toute de fer ne pouvait protéger, à cause de la liberté nécessaire aux articulations ; c'est-à-dire aux aisselles, au cou, dans le pli du bras où l'on plaça ensuite des goussets, à l'articulation du pied, etc. (1).

On a vu par ce qui précède, quelques-uns des motifs

---

(1) Allou.

qui durent amener l'abandon de l'armure de mailles. Ce vêtement était d'un poids considérable, très-volumineux, d'un entretien et d'une conservation difficile. Les mailles étaient faussées ou rompues par la pointe des lances, le tranchant des haches d'armes et des fortes épées du temps ; elles devaient être percées souvent en Ecosse et en France par les longues flèches des archers anglais.

L'emploi de la cotte de fer avait encore un autre inconvénient, celui de ne pouvoir soutenir la lance en arrêt comme on l'a fait depuis à l'aide du faucre.

Il serait difficile d'assigner une époque précise au changement absolu de l'armure qui s'est fait d'une manière lente et successive, en quelque sorte pièce à pièce. M. Allou et le Père Daniel s'appuyant sur l'expression d'armures de fer dont Froissart se sert dans ses chroniques, prétendent que la nouvelle cuirasse en fer battu était généralement en usage alors que commencent les récits de ce chroniqueur. M. de Saulcy place sous le roi Jean, l'adoption à peu près générale de l'armure plate. D'après M. Allou, ce serait de 1300 à 1330, sous les règnes de Philippe-le-Bel et de Philippe de Valois, et en Angleterre sous ceux d'Edouard II et d'Edouard III, que remonterait l'adoption définitive de la cuirasse, aussi bien que du reste de l'armure de fer. M. Boutaric place en 1340, cette révolution qu'il borne, au XIVe siècle, aux bras et aux jambes. L'ancienne armure continua du reste à être employée concurremment avec la nouvelle, soit complète, soit en partie, sous les cuirasses et les plates. Son usage fut longtemps indispensable pour suppléer aux défauts de l'armure plate ; elle demeura longtemps la seule arme défensive de l'infanterie. Les chevaliers se servirent encore du haubert au moins en certaines circonstances ; beaucoup ne l'abandonnèrent point. Montluc et Brantôme en parlent dans leurs mémoires. La nouvelle armure était d'ailleurs, elle aussi, d'un poids très-considérable et fort incommode en campagne.

La cuirasse, dans les premiers temps, était formée de deux grandes pièces en fer ou en acier poli, réunies à l'aide de courroies et de boucles. La première de ces pièces avait pour objet de protéger la poitrine. Sa forme qui a varié suivant les époques, était généralement celle d'une portion de cylindre échancré sur les côtés pour le passage des bras, et de même, à la partie supérieure, au-dessous du cou ; de sorte qu'il restait ici un intervalle à découvert, défendu dans les premiers temps par la cotte de mailles et plus tard par le hausse col. La partie inférieure était terminée par un rebord muni d'un bourrelet.

La partie postérieure de la cuirasse, destinée à défendre le dos et les omoplates était aussi demi-cylindrique et présentait des échancrures qui venaient en se raccordant avec celles de la pièce de devant, compléter l'armure circulaire, et laissaient également une ouverture pour le passage des bras et du cou. Ces deux grandes pièces, sous le nom de plastron et de dossière, constituent encore la cuirasse moderne.

L'intérieur de la cuirasse était garnie en drap ou en velours fixé avec de petits clous d'acier unis ou dorés. (1).

Le hausse-col qui remplaça l'ancien gorgerin de mailles, était une lame de fer courbé qui entourait le cou devant et derrière, comme un large collier faisant suite à la mentonnière du casque ; il était en fer pour les simples piétons et chargé d'ornements plus ou moins riches pour les seigneurs et chevaliers.

Sous Charles VI, dit M. de Saulcy, on ajouta pour la première fois, au bas de la cuirasse de fer, des plaques mobiles appelées faltes, c'étaient des lames étroites et parallèles au nombre de trois ou quatre qui couvraient la par-

---

(1) Allou.

tie inférieure du ventre sans gêner les mouvements du corps. Un perfectionnement important marqua aussi les premières années du XV⁰ siècle, on ajouta aux épaulières ou épaulettes, des goussets en lames de fer qui remplacèrent les goussets de mailles pour couvrir l'aisselle au défaut de la cuirasse ; on joignit des plaques du même genre à la partie antérieure de la genouillère et on les appela également goussets. Les plus anciens goussets d'épaules furent composés de cinq ou six lames qui couvraient une partie de la poitrine ; un peu plus tard, on les fit d'une seule pièce.

On trouve dans les monuments de ce temps, continue M. de Saulcy, le premier exemple de jambières sans solerets; cette partie de l'armure était alors remplacée par un étrier couvert, qu'on appelait, à ce qu'il paraît, étrier à pied. Cet usage devint assez général dans les temps postérieurs, parce qu'en effet le pied était plus dégagé et il était suffisamment défendu par l'étrier couvert quand le guerrier était à cheval. Cette réforme était encore une conséquence de la tactique qui fit combattre à pied les gens d'armes.

Après l'adoption de l'armure de fer, les armes défensives de l'homme d'armes se composaient donc :

1º Du casque appelé d'abord bassinet ;
2º Du hausse-col ;
3º De la cuirasse ;
4º Des faltes ;
5º Des épaulières et goussets ;
6º Des cuissarts ;
7º Des genouillères et de leurs goussets ;
8º Des grèves ou armures des jambes ;
9º Des solerets ;
10º Enfin de l'écu.

Nous verrons les quelques modifications introduites sous Charles VII.

Telles étaient les armes défensives des chevaliers et écuyers ; telles furent bientôt celles des autres gens d'armes dont nous avons parlé plus haut. Les mercenaires surtout s'émancipèrent bientôt, et sous le nom de sergents, ils formèrent des corps redoutables qui plus d'une fois éclipsèrent la chevalerie. Lorsqu'ils eurent acquis cette importance, on ne trouva pas mauvais qu'ils affectassent une tenue plus martiale. Tels d'entre eux s'attribuèrent l'armure pleine en plaquettes, puis celle de mailles. On vit des soldats de fortune endosser le haubert et même la cotte d'armes par dessus le haubert. La vanité des grands seigneurs trouva son compte à cette usurpation. Au lieu d'armoiries à eux qu'ils n'avaient pas, les sergents portèrent sur leurs cottes celle du maître qui les entretenait à sa solde. (1)

Les armes offensives de la gendarmerie étaient la lance fort longue et faite en bois de frêne, l'épée qui subit diverses modifications et qui fut de différentes sortes sous la troisième race, tantôt large, forte et tranchante d'un seul côté pour ne point se briser sur les casques et les cuirasses ; puis un peu plus tard, courte, ayant de la pointe, tranchante des deux côtés ; enfin plus mince et plus allongée. Les chevaliers se servaient aussi de la dague ou poignard, de la hache ou de la masse d'armes. Au XIIIe siècle, l'épée et le poignard étaient retenus en bandoulière au corps du guerrier par des chaînes de fer ; plus tard ils furent attachés à un ceinturon placé au bas de la taille.

Les gens d'armes et même les écuyers ou chevaliers n'avaient pas tous droit et obligation d'avoir des chevaux couverts.

Cette couverture, dit le président Faucher, était de cuir et de fer, mais la chronique de Colmar en 1298 dit que ces couvertures étaient, comme les hauberts, faites de mailles

---

(1) Quicherat.

de fer. Philippe-le-Bel, par une lettre de 1303, ordonnait que ceux qui avaient cinq cents livres de revenu en terres, aideraient d'un gentilhomme bien armé et monté d'un cheval de cinquante livres tournois et couvert de fer ou de couverture pourpointé. Edouard Ier dit M. Meyrick, couvrit aussi de mailles un certain nombre de chevaux quand il marcha contre Wallace. Il avait, d'après Hermingford, trois mille chevaliers sur chevaux maillés et quatre mille sur chevaux non maillés. Nous avons vu qu'avant Bannockburn, trois mille des gens d'armes anglais étaient montés sur des chevaux couverts.

Plus tard le roi Jean dans ses lettres du 1er avril 1353, écrit aux habitants de Nevers, Chaumont et autres villes qu'ils eussent à envoyer à Compiègne, à la quinzaine de Pâques, le plus grand nombre d'hommes et de chevaux couverts de mailles qu'ils pourraient pour marcher contre le roi d'Angleterre.

Depuis, on se contenta de couvrir la tête et le poitrail des chevaux, de lames de fer, et les flancs, de cuir bouilli. Ces armes défensives du cheval s'appelaient bardes. Le chamfrein qui était ou de métal ou de cuir bouilli, servait encore d'armure défensive au cheval; il lui couvrait la tête par devant, c'était comme une espèce de masque qu'on y ajoutait (1).

La noblesse était exercée avec soin au métier des armes. Le jeune gentilhomme allait faire son éducation auprès de quelque chevalier de réputation, parent ou ami de sa famille.

Pendant la première partie de son noviciat, on lui donnait indifféremment le nom de page, de damoiseau et de varlet, mais dès que l'âge lui permettait de rompre une lance, il quittait la condition de page pour remplir les fonctions d'écuyer et complétait son apprentissage des armes.

(1) Daniel. — *Histoire de la Milice française.*

Les guerriers du moyen-âge se préparaient aux combats par des exercices auxquels on donnait le nom de tournois et de joûtes. Le mot tournois, suivant Ducange, était un terme général pour désigner tous les combats qui se faisaient par forme d'exercice, mais proprement, on appelait ainsi ceux qui se faisaient en troupes et où plusieurs combattaient en même temps contre plusieurs, représentant la forme d'une bataille. La joûte était le combat individuel. Dans le principe, on ne se servit dans les tournois que d'armes courtoises, espées rabatues, les taillans et pointes rompues et de bastons (lances), tels que à Tournoy appartient ; et devaient frapper du haut en bas, mais bientôt on imagina d'autres jeux, sous le nom de combats à outrance ; on y faisait usage des armes de guerre.

On appelait pas ou passe d'armes, une sorte de tournois où l'on se proposait, d'une part de défendre et de l'autre de forcer un pas ou passage, d'une largeur déterminée. Quelquefois en ce cas, on combattait à pied.

La noblesse française était, grâce à ces exercices qu'elle inventa, admirablement préparée pour les luttes individuelles, à cheval principalement ; aussi la voyons-nous souvent triompher des chevaliers anglais dans les combats corps à corps, jusqu'au jour où Richard prescrivit l'usage de ces jeux guerriers en Angleterre. Les gentilshommes français trouvèrent alors des adversaires dignes d'eux.

Après la gendarmerie, venait la cavalerie légère composée en grande partie d'archers et d'arbalétriers amenés, soit par les seigneurs, soit par les communes. Rigord parle d'un corps de cent cinquante hommes de cavalerie légère des milices de Soissons qui, à Bouvines, sur l'ordre de Garin, assaillit les chevaliers flamands. Les soldats de la cavalerie légère n'avaient qu'une partie des pièces de l'armure ; ils ne portaient guère, aux jambes, d'autres défenses apparentes que des chausses soit gamboisées, soit garnies de plates, leur coiffure ordinaire était le chapeau de fer ou une simple cervelière. Pour eux le haubert était remplacé par le haubergeon, cotte de mailles d'un tissu plus léger à courtes manches ou même sans manches. Mais le haubergeon n'était pas à la portée des moyens d'un grand nombre. Beaucoup se contentaient d'une cotte de plates, d'un pourpoint de cuir ou d'un hoqueton. Ils avaient pour bouclier la rouelle, petit disque qui se portait accroché à la ceinture, ou le talevas, de forme carrée et de dimension à couvrir tout le corps du combattant. La cavalerie légère était peu estimée, et ne pouvait tenir sérieusement tête à la gendarmerie mieux armée et montée sur de grands chevaux. On s'en servait pour escarmoucher, poursuivre les vaincus et battre l'estrade.

Venaient ensuite les fantassins amenés par les possesseurs de fiefs et les milices communales.

Les communes fournissaient la plus grande partie de l'infanterie. Ces milices se composaient surtout d'archers et d'arbalétriers. Plus tard, il y eut aussi, parmi l'infanterie, des pavesiers. Ces derniers tiraient leur nom du pavois, grand bouclier quadrangulaire et convexe. Les pavesiers étaient armés d'une lance et d'un maillet ou d'une plommée, sorte de casse-tête. Ils étaient recrutés en général parmi les Basques et les Gascons.

Les bourgeois des communes et des bonnes villes savaient se garantir du danger en empruntant aux chevaliers une partie de leur armement défensif, mais l'épée et l'écu leur étaient interdits ; ils les remplaçaient par des guisarmes ou hallebardes et par des targes.

Les hommes qui figuraient dans les levées en masse étaient pauvrement armés ; ils n'avaient guère que leurs instruments de travail, une faux, une massue, une tige d'arbalète ; heureux ceux qui pouvaient mettre par dessus leurs vêtements une cuirée (casaque de cuir), ou un pourpoint rembourré. A côté de ces hommes qui dès les premières années du XIVe siècle ne parurent plus sur les champs de bataille, étaient les sergents à pied, soldés soit par le roi, soit par les communes. Ces sergents portaient des haubergeons ; leurs mains étaient revêtues de plates, sorte d'armures composées de plaques de métal clouées sur des baleines ; leur tête était couverte d'un casque. On trouve même une sorte d'uniforme pour ceux d'une même ville. Le costume des sergents à pied subit à peu près les mêmes modifications que celui des gens d'armes. Au XIVe siècle, ils prirent le pourpoint et les pièces d'armure de fer battu (1).

On voit à cette même époque toutes sortes d'armes entre les mains de l'infanterie, des plançons ou piques, des massues, des haches, des épées courtes nommées fauchons, des guisarmes ou hallebardes dont le bois d'abord très-court, n'atteignit qu'au XIVe siècle la longueur de celui d'une lance ; la hache danoise, à tranchant convexe, avec une pointe au talon ; le dard, javelot léger dans le genre de la haste romaine. C'était l'arme nationale des Basques fort nombreux dans les compagnies de sergents.

L'infanterie communale n'avait aucune valeur, elle avait été écrasée à Bouvines, sans présenter à l'armée allemande une résistance sérieuse.

Il faut ajouter à cette énumération les ribauds, aventuriers qui suivaient les armées dans le but de piller, mais qui se distinguaient souvent par leur courage et leur intrépidité ; ils étaient armés de ce qui se trouvait sous la main, d'un croc, d'une massue, d'une épée sans fourreau.

A différentes époques, nous voyons durant ces guerres se former des troupes de routiers, partie à pied, partie à cheval, et comprenant même de la gendarmerie, c'est-à-dire des troupes armées de pied en cap.

Depuis Philippe-le-Bel, les rois de France avaient à leur service des arbalétriers génois à pied et à cheval et

---

(1) Boutaric.

des marins de la même nation, ces arbalétriers étaient réputés en Europe.

Des mercenaires et auxiliaires allemands, savoisiens et espagnols, gens d'armes et autres venaient aussi grossir ces troupes. Parmi ces auxiliaires, on remarque au XIVe siècle des dauphins du Viennois, des comtes palatins du Rhin, des ducs de Bavière, un roi de Bohême.

Les armées étaient presque toujours commandées par le roi en personne, et sous ses ordres, par le connétable qui, depuis Philippe-Auguste, avait comme chef militaire des armées, succédé au grand sénéchal. Le connétable exerçait une autorité qui approchait de celle du roi. Après lui venaient les maréchaux de France. Philippe-Auguste créa le premier cette dignité. Sous son règne, il n'y eut qu'un maréchal; depuis le règne de saint Louis, il y en eut deux. Enfin, le grand-maître des arbalétriers commandait les archers, les arbalétriers, les maîtres des engins et toute l'artillerie de l'époque. En l'absence du roi, du connétable et des maréchaux, les seigneurs choisissaient souvent eux-mêmes, comme nous le verrons à Cocherel, le banneret qui devait les commander. Une partie seulement des troupes était soldée en France, à moins que la durée de la guerre n'excédât le temps du service féodal; auquel cas le roi retenait à sa solde les gentilshommes qui demeuraient à l'armée.

De toutes ces troupes, la gendarmerie seule avait une valeur sérieuse; et encore cette noblesse si brave, si bien exercée pour les luttes corps à corps, était-elle, avons-nous dit plusieurs fois, dépourvue de discipline. Ignorant et méprisant tout principe de guerre, les gens d'armes français combattaient sans ordre, chacun agissant pour son compte, ils ne connaissaient aucune manœuvre d'ensemble.

L'infanterie française était, ainsi que nous l'avons fait remarquer, fort médiocre en ce moment. La Gascogne et le pays basque seuls, possédaient d'assez bons fantassins ; mais une grande partie de ces provinces appartenait à l'Angleterre.

Les arbalétriers génois qui faisaient les meilleurs gens de trait de nos armées, ne pouvaient, ni par leur adresse, ni par leur valeur morale, rivaliser avec les archers anglais.

Le roi de France était plus encore le chef d'une société féodale que le roi d'une nation, et ne rencontrait pas auprès de ses vassaux la même obéissance que le roi d'Angleterre trouvait auprès de ses sujets.

Philippe de Valois, le roi qui devait commencer une si redoutable lutte, n'était ni un Louis-le-Gros, ni un Philippe-Auguste ; brave et chevaleresque, le premier des Valois était un prince médiocre, et Crécy devait bientôt montrer d'une manière désastreuse pour la France, la supériorité d'Edouard sur son rival, aussi bien que la supériorité de l'armée anglaise sur les troupes de France.

L'Angleterre avait gagné en homogénéité, en cohésion, ce qu'elle avait perdu en territoire.

Lorsque Edouard succéda à son faible père, la fusion était faite entre les diverses races qui occupaient la Bretagne du sud. La perte de la Normandie, les conquêtes de Philippe-Auguste, qui rejetèrent en Aquitaine les princes de la maison d'Anjou ; les alliances avec les anciennes familles saxonnes avaient rompu presque tous les liens qui attachaient à la France les compagnons de Guillaume. Leur langage, l'ancien français, n'était plus celui de leur pays d'origine, une foule de mots anglais commençaient d'ailleurs à s'y mêler.

Normands et Saxons avaient combattu ensemble en Palestine, en France, en Irlande, dans le pays de Galles, en Ecosse, ils s'étaient habitués à se considérer comme les enfants d'une même nation.

L'Irlande et le pays de Galles étaient conquis. Les soldats de ces deux nations marchaient avec obéissance sous les ordres des Plantagenets, et leur avaient fourni durant la guerre d'Ecosse un grand nombre de combattants.

L'armée anglaise se composait donc à cette époque, de gendarmerie, marchant comme la gendarmerie française, par bannières et pennons.

Les barons, chevaliers et écuyers, descendaient des vainqueurs de Hastings, unis au plus noble sang des Anglo-Saxons.

Depuis Rollon, la France avait éprouvé leur valeur guerrière. C'étaient les fils des soldats de Mortemer et de la Dive. Des guerres continuelles avaient développé leur esprit militaire. Suger, au combat de Brémule, nous a déjà vanté leur discipline. Ils avaient compris la nécessité de combattre en masse compacte et solide, et allaient, en la perfectionnant beaucoup, opposer à leurs fougueux adversaires, la tactique à laquelle Henri dût jadis sa victoire sur Louis-le-Gros.

Venaient ensuite les célèbres archers anglais. Hallam et sir Walter Scott nous les dépeignent ainsi : « Ces archers, dit Walter Scott (1), étaient recrutés alors parmi les yeomen (petits propriétaires faisant valoir eux-mêmes leurs terres) ; dès leur enfance, ils étaient familiarisés avec l'usage de l'arc. Aussitôt qu'un enfant atteignait cinq ans, on lui mettait entre les mains cet instrument guerrier, qui n'avait alors qu'une grandeur proportionnée à son âge, et qui, ensuite, grandissait peu à peu, à mesure que la vigueur de celui qui devait s'en servir se développait ; c'est ainsi que le jeune homme apprenait à pouvoir, une fois devenu grand, manier un arc en bois d'if, long de six pieds, et en tendant la corde jusqu'à son oreille, obtenir assez de force pour décharger des traits longs d'une aune. » « Les archers anglais, dit Hallam,

(1) Histoire de l'Ecosse.

étaient des yeomen qui tiraient l'arc d'un bras sûr et nerveux, qui en avaient appris l'usage dans leurs campagnes, et qui devaient leur intrépidité au sentiment de leur liberté civile et de leur indépendance personnelle. Ces archers, ajoute-t-il, étaient tirés pour la plupart, de la classe moyenne du peuple, et attachés suivant le système militaire du siècle, aux chevaliers et écuyers qui combattaient avec la lance et sous une pesante armure. »

Les archers avaient pour armes défensives une jacque en cuir bouilli. Lefèvre de Saint-Rémi nous les représente, à Azincourt, ayant pour coiffure, les uns une capeline de cuir bouilli, et les autres d'osier, sur lesquels ils avaient une croisure de fer. Ils portaient aussi de minces boucliers de bois ou de cuir. La portée moyenne des flèches anglaises était, dit-on, d'environ 200 mètres. Ces archers étaient la terreur des Ecossais qu'ils venaient de combattre. « Que Dieu garde les Ecossais des flèches, et ils se garderont eux-mêmes de l'épée », était un proverbe souvent répété dans la Bretagne du Nord. L'archer faisant allusion aux douze flèches qui garnissaient son carquois, disait porter avec lui la vie de douze hommes.

Un certain nombre de ces archers étaient montés; mais ainsi que la masse des troupes anglaises, ils combattaient presque toujours à pied. A Poitiers, cependant, trois cents d'entre eux réunis à trois cents gens d'armes, chargèrent à cheval le flanc de la bataille du duc de Normandie.

Les Gallois conquis donnèrent à leurs vainqueurs une infanterie légère d'une agilité et d'une bravoure remarquable. Ces soldats combattaient découverts comme la plupart des Celtes leurs ancêtres.

Les Irlandais offraient avec les Gallois, dont l'origine était la même que la leur, de grands points de ressemblance. Monstrelet les dépeint ainsi au siége de Rouen, sous Henri V :

« Et avait avec lui le dit roi Henri en sa compagnie

bien 8,000 Irlandais, dont la plus grande partie allait de pied, un de leurs pieds chaussé et l'autre nu, sans avoir braies et pauvrement habillés, ayant chacun une targette et petits javelots, quelque gros couteau d'étrange façon, et ceux qui allaient sur chevaux, n'avaient nulles selles et chevauchaient très-habilement sur leurs petits chevaux de montagnes et étaient sur penneaux, assez de pareille façon que portaient les bluttiers du pays de France. Toutefois, ils étaient de pauvre et petite défense en regard des Anglais et n'avaient point d'habillement dont ils pussent grandement grever les Français, quand d'iceux ils étaient rencontrés. »

Peu redoutables contre les gens d'armes dans les batailles, les Gallois et les Irlandais faisaient d'excellents partisans. Appartenant à une race guerrière, ils surpassaient beaucoup en valeur les milices de nos communes. A Crécy, lorsque le désordre s'introduira dans les rangs français, nous verrons les Gallois frapper de leurs couteaux les gens d'armes renversés ; et tuant et blessant les chevaux, augmenter la confusion de l'armée française.

Ainsi que le dit Monstrelet, un certain nombre d'Irlandais étaient à cheval. Les Gallois fournissaient également des bandes de cavaliers.

A ces troupes anglaises, il faut ajouter un certain nombre de chevaliers de Hainaut qui, en Ecosse et en France, unirent leur fortune à celle d'Edouard. Ces chevaliers étaient alors réputés comme jadis l'infanterie brabançonne. Gautier de Mauny fut le plus célèbre de ces guerriers.

La Guienne envoyait aussi, à son suzerain, de vaillants gens d'armes et d'assez bons fantassins.

On doit joindre à cette énumération les mercenaires et alliés recrutés surtout en Allemagne, et enfin les Flamands, presque toujours favorables aux rois d'Angleterre. Outre les archers, le peuple anglais fournissait au besoin des levées de condition inférieure; mais on ne voit ces soldats figurer à l'armée qu'en cas de danger national, lors de l'invasion de David Bruce en Angleterre, par exemple, et tandis que leurs meilleures troupes étaient occupées en France.

Les expéditions dans ce dernier pays n'étaient entreprises qu'avec des troupes d'élite.

Dans les guerres continentales au moins, les armées des rois d'Angleterre étaient alors entièrement composées de troupes stipendiées (1). Les chevaliers et gentilshommes y servaient moyennant une paye et nullement en vertu de leur naissance et de leur tenure ; ils ne conservaient rien du caractère féodal.

Une pareille organisation assurait aux rois d'Angleterre, une plus grande autorité sur leurs troupes.

Aussi, une forte discipline régnait-elle dans l'armée anglaise.

Edouard III, par sa valeur et ses talents militaires, était digne de commander à ces vaillants guerriers.

Formé par la guerre ingrate qu'il eut à soutenir contre les vieux lieutenants de Bruce, ce roi, l'un des plus grands souverains de l'Angleterre montra bientôt contre ses nouveaux ennemis, l'habileté et le génie guerrier de son aïeul Edouard I. Le prince Noir, son fils aîné, le surpassa encore en audace et en vigueur. Ces deux princes héroïques eurent dans Jean Chandos, Gautier de Mauny, Calverly, Knowles, Felton et plusieurs autres des lieutenants dignes d'eux.

C'est ici le moment de faire connaître quels étaient avant la découverte des armes à feu ou alors que ces armes n'avaient pas encore acquis leur puissance, les procédés dont on se servait pour l'attaque et la défense des villes.

---

(1) M. le capitaine Roquencourt attribue à Henri II l'introduction de troupes soldées en Angleterre. On a vu que Henri Ier et même que Guillaume-le-Roux avant lui, avaient déjà des soudoyers sous leurs ordres.

A l'époque des croisades, les chevaliers souvent arrêtés par de longs sièges, avaient compris la nécessité d'une étude approfondie de la poliorcétique des anciens qui n'avait d'ailleurs jamais été oubliée complètement.

Au XIIe siècle, on traduisit partout Végèce, et sa lecture amena une sorte de renaissance pour cette partie de l'art militaire.

Les Français et les autres peuples chrétiens, suivaient donc à cette époque, pour les fortifications, l'attaque et la défense des places, les principes des Romains.

Ils ne construisaient jamais les murailles des villes en ligne droite et en angle ; mais en tournant autant que le terrain le permettait et, quand ils ne pouvaient éviter les angles, ils y élevaient des tours. Le bélier en effet, dit Végèce, avait trop de prise contre les angles et en avait moins contre les murailles arrondies. Ils n'élevaient pas seulement des tours aux angles, mais en divers endroits de la muraille pour la flanquer. Les tours ne devaient pas être plus éloignées les unes des autres que la portée de l'arc. Plus les murs avaient de hauteur, plus ils étaient réputés forts. On élevait sur le bord du terre-plein du rempart, une muraille percée d'espace en espace par des ouvertures quadrangulaires plus hautes que larges ; c'était par là que tiraient les archers et les arbalétriers.

Communément, ajoute le père Daniel, on ne faisait aucun dehors devant les places, excepté une espèce de boulevart devant chaque porte, afin d'en éloigner les ennemis et d'empêcher qu'ils ne les vinssent rompre ou y mettre le feu.

Voici comment parle Végèce sur ce point :

« Outre cela, il faut prendre ces précautions, pour empêcher qu'on ne vienne brûler les portes et, c'est pour cette raison qu'il les faut couvrir de cuir ou de fer. » Mais ce que l'antiquité a imaginé est plus utile, savoir que devant la porte on élève un boulevart et, qu'à l'entrée de ce boulevart, on suspende une herse avec des chaînes de fer et des cordes, afin que si les ennemis s'engagent entre le boulevart et la porte, on laisse tomber cette herse et qu'ils demeurent enfermés. Végèce ajoute et, cela était observé par les anciens Français, que la muraille devait être tellement construite au-dessus de la ville, qu'il y eut des ouvertures par lesquelles, au cas que l'on mit le feu à la porte, on put jeter de l'eau pour l'éteindre.

Dans la suite on fit une espèce de fortification à quelque distance de la ville, à la tête des faubourgs, dont Froissart parle très-souvent et qu'il appelle du nom de bailles. C'était là que les partis ennemis qui couraient la campagne venaient faire le coup de lance avec ceux de la garnison.

Ce retranchement était quelquefois de bois et de palissade ; quelquefois il était de maçonnerie.

Pour attaquer les places au moyen âge, on se servait de mines, du bélier, de tarière, de tours ambulantes, de balistes, de la muscule ou chat et de différentes autres machines de guerre.

Le travail de la mine consistait à saper la muraille ou une tour, à l'étançonner avec des pièces de bois, à enduire ces étançons de poix-résine, d'autres matières combustibles et à y mettre le feu. Aussitôt que les bois étaient consumés, la muraille ou la tour s'écroulaient et les assiégeants s'élançaient sur la brèche. Les assiégés opposaient des contremines à ces mines et souvent les deux partis combattaient dans ces galeries souterraines.

Au XIVe siècle on voit déjà des compagnies de mineurs organisées militairement. Dans les armées figuraient aussi d'autres compagnies d'ouvriers.

Végèce nous dépeint ainsi les tours ambulantes et l'usage qu'on en faisait.

« Ces tours ont quelquefois trente pieds carrés et, quelquefois elles ont en largeur quarante ou cinquante pieds. Elles sont si hautes qu'elles surpassent les murailles et même les tours de pierre ; on y ajoute des roues selon les règles de la mécanique, par le moyen desquelles cette machine se remue. La ville est en extrême danger si on peut approcher la tour jusqu'à la muraille ; car elle a plusieurs escaliers et elle attaque la muraille de différentes manières. Dans l'étage d'en bas, il y a un bélier pour rompre le mur. A l'étage du milieu, la tour a un pont fait de deux poutres et entouré de claies qu'on abat tout d'un coup entre la tour et la muraille et sur lequel les assaillants passent dans la ville et se saisissent des remparts. Sur les plus hauts étages, sont des soldats qui ont de longs bâtons ferrés, et des archers pour tirer sans cesse sur les assiégés, des flèches et des pierres et les atteindre de loin. Quand les choses en sont là, la ville est bientôt prise ; car quelle espérance reste-t-il, lorsque ceux qui avaient mis toute leur confiance dans la hauteur de leurs murailles, en voient tout à coup une plus haute au-dessus d'eux. »

On mettait aussi sur ces tours, des balistes et des catapultes. Avant de les faire marcher, elles étaient non-seulement chargées de leurs machines, mais des soldats qui devaient y combattre.

On élevait quelquefois de ces tours sur des barques pour attaquer la ville par eau.

A l'exemple des Romains, les approches se faisaient à cette époque non par tranchées comme aujourd'hui, en creusant la terre pour se couvrir, mais par des élévations de terre liées avec des fascines soutenues par les côtés de claies, de troncs d'arbres et quelquefois même de maçonnerie par intervalles. Ce travail que les Romains appelaient agger, était en façon de plate-forme d'une très-grande étendue ; on le poussait jusques sur le bord du fossé et le plus près de la muraille qu'il était possible ; la hauteur dépendait de celle du terrain et des murailles de la ville.

Ces élévations de terre se commençaient par les côtés

que l'on soutenait avec des poutres bien liées, et quelquefois avec de la maçonnerie. Le milieu était d'abord vide, mais on le remplissait peu à peu en avançant toujours vers la ville. Cependant les tours s'élevaient et on les poussait en avant, à mesure que le terrain du milieu se remplissait. L'agger et les autres chemins par où l'on conduisait les tours ambulantes devaient être bien aplanis et la terre bien battue, pour que les tours demeurassent toujours dans une situation bien droite. On couvrait ces tours de cuirs contre le feu et contre les pierres ; on les armait aussi de fer. Assiégeants et assiégés étaient également pourvus de machines à lancer des pierres et de gros traits (1).

Souvent, après que les fossés eussent été préalablement comblés, à la faveur des décharges de leurs archers et protégés par des pavesiers qui les couvraient avec leurs grands boucliers, des fantassins armés de pics et autres instruments de fer, s'approchaient de la muraille et y creusaient un trou assez grand pour que plusieurs hommes y pussent passer. Nous verrons dans Froissart ce mode d'attaque employé ; mais il ne réussissait guère que lorsqu'il s'agissait d'attaquer des châteaux et villes de peu d'importance. D'autres fois abrités derrière ces pavesiers, les archers et arbalétriers criblaient de leurs traits les défenseurs des murailles et facilitaient ainsi les assauts. A ces machines de guerre, il va falloir ajouter bientôt les canons et autres pièces de la nouvelle artillerie qui commence à se faire connaître.

A l'imitation des Romains, les guerriers du moyen âge savaient tracer autour des villes, des lignes de circonvallation et de contrevallation.

(1) P. Daniel, *Histoire de la Milice française*.

LIVRE III

I

Édouard III revendique la couronne de France. — Ses alliances avec le comte de Hainaut, le duc de Brabant, les princes allemands et les Flamands. — Ses expéditions en France. — Bataille de l'Ecluse. — Siége de Tournay. — Trêve entre les deux rois. — Guerre de la succession de Bretagne.

A l'avènement de la maison de Valois, la guerre des Français et des Anglais entre dans une phase nouvelle.

Jusqu'ici nous avons vu les rois d'Angleterre soutenir contre les rois de France des guerres de vassal à suzerain et se maintenir le plus souvent sur la défensive. Avec Édouard III les choses changent et, ce prince revendique comme sien le trône de France. Il entreprend contre Philippe des expéditions semblables à l'invasion de Guillaume chez les Anglo-Saxons.

Cette guerre qui porte le nom de guerre de Cent-Ans, commence avec Édouard III et Philippe VI, finit sous Charles VII et Henri VI, interrompue par des trèves qui laissaient subsister les prétentions des deux partis, par la désastreuse paix de Brctigny, bientôt suivie d'une nouvelle guerre et de trèves qui ne terminaient rien.

Ce ne fut plus comme aux premiers temps de la conquête normande, une sorte de querelle intestine, mais bientôt une lutte vraiment nationale entre deux peuples distincts.

Cependant la Guyenne, en partie du moins, resta jusqu'à la fin fidèle aux Anglais. Plus tard la malheureuse création du duché de Bourgogne en faveur du jeune Philippe ; l'ambition et la puissance des princes ses successeurs ; leur peu de fidélité à la couronne, privèrent encore la France d'une partie de ses forces dans la deuxième phase de la guerre de Cent-Ans.

Petit-fils de Philippe-le-Bel par Isabelle sa mère, sœur du dernier roi, Edouard III prétendit à la royauté comme plus proche héritier du trône de France que Philippe de Valois, fils de Charles de Valois et petit-fils de Philippe-le-Hardi. Mais il avait été déjà deux fois décidé par les Etats-Généraux, sous Philippe-le-Long et plus tard sous Charles-le-Bel, que la ligne masculine seule pouvait occuper le trône de France.

Cette décision avait été fondée sur un article de la loi salique qui n'avait cependant pas statué sur cette grave question. L'article cité prescrivait qu'aucune portion de la terre vraiment salique, c'est-à-dire de la pleine propriété territoriale du chef de famille, ne passerait point aux femmes et qu'elle appartiendrait tout entière au sexe viril. En acceptant d'ailleurs son système de succession, le roi d'Angleterre eût vu ses droits primés par d'autres droits plus directs.

Edouard dont les prétentions ne furent pas admises, ne protesta point lors de l'avènement de Philippe. Il lui prêta même serment de foi et hommage. Ce ne fut que plus tard, excité par Robert d'Artois, parent du roi, exilé par celui-ci, que le fils d'Isabelle résolut de revendiquer la couronne de France.

Edouard demanda conseil à son beau-père le comte de Hainaut sur les meilleurs moyens à employer pour atteindre son but. Celui-ci engagea le roi d'Angleterre à s'allier au duc de Brabant, à l'évêque de Liége, au duc de Gueldres, à l'archevêque de Cologne, au marquis de Juliers et au sire de Fauquemont. « Ce sont, dit le comte, les seigneurs qui pourraient réunir le plus grand nombre de gens d'armes en peu de temps que personne en nul pays du monde. Ils équiperont bien s'ils veulent, huit ou dix mille armures de fer; mais il faut leur donner de l'argent à l'avenant, car ils sont seigneurs et gens qui gagnent volontiers. » Ce conseil plut beaucoup à Edouard.

Philippe qui avait entrepris de se croiser, apprit ces nouvelles, abandonna son projet et se tint prêt à tout événement.

Le roi d'Angleterre envoya pour traiter avec ces seigneurs de l'Empire, l'évêque de Lincoln, dix chevaliers bannerets et quarante autres chevaliers bacheliers. Il leur recommanda de suivre les avis du comte de Hainaut et de Jean, frère de celui-ci. De Valenciennes où ils vinrent d'abord, l'évêque de Lincoln et la plus grande partie des siens se rendirent en Brabant où le duc leur promit le secours de mille armures de fer, si le roi d'Angleterre défiait le roi de France et, s'il avait l'appui des seigneurs de l'Empire désignés plus haut.

Les seigneurs anglais revinrent à Valenciennes et obtinrent, par messages, l'alliance du duc de Gueldres, du marquis de Juliers et du sire de Fauquemont. L'évêque de Liége refusa son concours.

Les envoyés d'Edouard, au moyen de Jacques Artewelde, traitèrent, malgré leur comte, avec les Flamands. Ceux-ci accordèrent au roi d'Angleterre d'aller et de venir en Flandre avec ses gens d'armes. Il ne leur était pas possible, disaient-ils, de faire plus pour cette fois, étant trop fortement obligés envers le roi de France qu'ils ne pouvaient attaquer, sous peine de payer une grande somme de florins engagés en la Chambre du pape.

Le comte de Flandre était favorable à Philippe ; mais il n'osait demeurer en son pays, par crainte d'Artewelde. Il avait fait occuper l'île de Cadsand, située entre l'île de Valcheren et la ville de l'Ecluse, par une troupe de chevaliers et d'écuyers aux ordres de messire de Hallewyn, de messire Jean de Rhodes et des enfants de l'Estrief. Ces gens d'armes gardaient le passage contre les Anglais et leur faisaient une guerre cachée. Les chevaliers d'Angleterre qui étaient en Hainaut, avaient reçu l'avis que s'ils s'en allaient par là, ils seraient attaqués certainement.

Sur ces entrefaites mourut le comte de Hainaut, beau-père du roi d'Angleterre.

Les ambassadeurs anglais retournèrent vers Edouard et lui firent part du succès de leur mission ; ils avertirent aussi le roi de l'hostilité de la garnison de Cadsand qui tourmentait ses gens tous les jours et les avait obligés à revenir par la Hollande.

Edouard irrité, envoya contre ces chevaliers flamands le comte de Derby et Gautier de Mauny. Ces seigneurs réunirent leurs troupes à Londres et prirent avec eux 500 armures de fer et 2,000 archers, mirent à la voile et atteignirent Cadsand. A la vue des vaisseaux anglais, les chevaliers flamands se rangèrent en bataille et attendirent bravement l'attaque.

Les Anglais firent d'abord tirer leurs archers et obligèrent leurs adversaires à reculer; puis ils débarquèrent à la faveur du désordre causé par leurs traits, et combattirent corps à corps. Les Flamands, gens d'élite, résistèrent vaillamment, mais ils furent enfoncés et la ville prise et brûlée.

Sur le conseil d'Artewelde, Edouard passa la mer et débarqua à Anvers. Les princes de l'Empire, ses alliés, accoururent à sa rencontre et, lui déclarèrent qu'ils n'avaient aucun prétexte de faire la guerre à Philippe si, lui Edouard, n'obtenait l'appui de l'Empereur et si ce dernier ne leur ordonnait de défier le roi de France qui, ajoutaient-ils, s'etait emparé de terres appartenant à l'Empire.

A la suite de ces pourparlers, le marquis de Juliers fut envoyé vers Louis de Bavière, ainsi que des chevaliers et des clercs du roi d'Angleterre et des conseillers du duc de Gueldres. Ces messagers obtinrent pour Edouard l'alliance de l'Empereur, qui accorda même au prince anglais le titre de vicaire de l'Empire.

En ce temps, David, le roi d'Ecosse détrôné par Edouard, vint en France avec la reine sa femme. Philippe fut très-heureux de leur arrivée; il mit ses châteaux et ses trésors à leur disposition; il promit son alliance au fils de Bruce, mais il lui demanda de ne conclure, sans son aveu, aucun traité de paix et d'alliance avec Edouard. Puis il envoya des messagers en Ecosse pour recommander aux barons et gentilshommes de ce pays, d'attaquer les garnisons anglaises qui l'occupaient.

Les seigneurs de l'Empire, après avoir obtenu l'aveu de Louis de Bavière, firent leurs préparatifs de guerre. Philippe se pourvut de son côté; car il connaissait leurs projets, bien qu'il n'eut pas été encore défié.

Le roi d'Angleterre fit passer la mer à ses soldats et se rendit lui-même à Vilvorde, Edouard avait sous ses ordres 1,600 armures de fer et 10,000 archers, sans compter les autres soldats. Il cantonna ses troupes dans la ville et les environs, et il perdit un long temps à attendre ses alliés qui ne venaient pas.

Il fallait agir cependant.

L'entretien de son armée et des vaisseaux qu'il devait tenir en mer contre les flottes des Normands, Bretons, Picards, Génois, Espagnols au service de la France et commandés par Hugues Quieret, Behuchet et Barbavara, était chose onéreuse et ruineuse pour le roi d'Angleterre.

Enfin les princes d'Allemagne, le duc de Brabant et Jean de Hainaut vinrent à Malines.

Le 21 août 1337, Edouard et tous ces seigneurs, sauf le duc de Brabant toujours hésitant, envoyèrent défier le roi de France. Aussitôt la guerre déclarée, Gautier de Mauny partit de Brabant avec 40 lances, s'empara de Mortaigne ; mais ne put surprendre le château, brûla la rue qui l'avoisinait, passa l'Escaut, la rivière de Haines, se rendit maître de Bouchain et traversa le Senset qui se jette dans l'Escaut ; puis il prit le château de Thun-l'Evêque sur l'Escaut et y plaça une garnison aux ordres de son frère.

Philippe se voyant défié, rassemble partout des gens d'armes, des soudoyers, et envoya des garnisons dans le Cambraisis. Sa flotte, aux ordres de Hugues Quieret, attaqua, prit et pilla Southampton.

Le roi d'Angleterre se rendit à Bruxelles où il vit le duc de Brabant ; ce dernier lui promit de venir le rejoindre avec 1,200 lances, dès que les Anglais auraient assiégé Cambray.

Désireux d'acquérir cet appui, Edouard conduisit bientôt ses troupes devant cette place, et le duc de Brabant l'y rejoignit selon sa promesse. Le comte de Hainaut vint aussi avec le comte de Namur se réunir à l'armée anglaise. Plusieurs vigoureux assauts furent livrés à Cambray. A ce siége, Jean Chandos, qui devait être si fatal à la France, commença sa réputation militaire. Gautier de Mauny s'y distingua d'une manière brillante. Mais la garnison combattit vaillamment et repoussa toutes les attaques. Edouard voyant l'inutilité de ses efforts, leva le siége et résolut de s'avancer en France contre Philippe qui réunissait ses troupes.

En apprenant la résolution du roi d'Angleterre, le comte de Hainaut quitta l'armée anglaise et prit congé d'Edouard, en lui disant qu'il l'avait servi tant qu'il avait combattu sur le territoire de l'Empire, mais que maintenant la guerre étant transportée en France, il allait se réunir à Philippe. Jean de Hainaut, oncle du comte, demeura avec Edouard.

Le roi de France, à la tête de troupes dont le nombre augmentait sans cesse, car il lui arrivait des soldats de tous les pays, s'avança jusqu'à Buironfosse et déclara son intention de combattre les Anglais qui campaient à la Flamengrie à deux lieues de là. Le comte de Hainaut, ainsi qu'il l'avait annoncé, rejoignit son oncle le roi Philippe avec cinq cents lances.

Edouard, malgré l'infériorité de ses forces, résolut de livrer bataille et envoya un héraut à son ennemi pour fixer le jour du combat. Philippe accepta avec joie, et le vendredi fut choisi du consentement des deux rivaux.

Le vendredi au matin, les deux armées, avant d'en venir aux mains, entendirent la messe, chaque seigneur sous sa tente et au milieu de ses gens. La plupart se confessèrent et communièrent afin d'être prêts au besoin à mourir. Dans le camp anglais, tout le monde mit pied à terre ; on plaça les chevaux, les bagages et le charroi dans un petit bois situé sur les derrières, pour se fortifier de ce côté.

L'armée d'Edouard III et de ses alliés était divisée en trois batailles. La première bataille, composée d'Allemands, eut pour chefs Renaud II, duc de Gueldre, Guillaume V marquis de Juliers, Louis Ier de Bavière marquis de Brandebourg, Jean de Hainaut, Frédéric II marquis de Meissen, Adolphe VIII comte de Berg, Nicolas Ier comte de Salm, Thierry d'Heinsberg comte de Looz, Thierry III seigneur de Fauquemont, Guillaume de Duvenvoorde et Arnoul de Blankenheim. — Cette bataille comprenait soixante pennons et huit mille hommes de bonne étoffe.

Jean III, duc de Brabant, était à la tête de la seconde bataille. Sous les ordres de leur duc marchèrent tous les barons et chevaliers du Brabant, les seigneurs de Cuyk de Bergh, de Breda, de Rotselaer, de Vorsselaer, de Bautersem, de Bornival, de Schoonvorst, de Witham, d'Aerschot, de Becquevoort, de Gaesbeek, de Duffel, Thierry III de Valcourt, Raes van Gavere, Jean de Kesterbeek, Jean Pyliser, Gilles de Quarouble, les trois frères de Harlebeke, Gautier de Huldenbergh et Henri de Flandre dont le grand état mérite une mention spéciale. A ces Brabançons étaient venus se joindre quelques chevaliers flamands : le seigneur d'Halluin, Hector Villain, Jean de Rhode, le seigneur de la Gruthuse, Vulfard de Ghistelles, Guillaume van Straten, Gossuin van der Mœre. La bataille du duc de Brabant comprenait vingt-quatre bannières, quatre-vingt pennons et sept mille combattants.

La troisième bataille et la plus considérable était composée d'Anglais et commandée par le roi d'Angleterre en personne. Les principaux seigneurs de la suite d'Edouard III étaient : le comte Henri de Derby, fils de Lancastre au Tors Col, les évêques de Lincoln et de Durham, le comte de Salisbury maréchal de l'armée anglaise, les comtes de Northampton, de Gloucester, de Suffolk, de Hereford, de Warvick, de March, de Pembroke, Robert d'Artois comte de Richemont, Jean vicomte de Beaumont, Renaud de Cobham, Richard de Stafford, les seigneurs de Percy, de Ross, de Mowbray, Louis et Jean de Beauchamp, les seigneurs de la Ware, de Langtown, de Basset, de Fitz-Walter, Guillaume Fitz-Waren, Gautier de Mauny, Hue de Hastings, Jean de Lille, les seigneurs de Scales, de Felton, de Ferrers, de Bradeston, de Mulleton.

Le roi anglais fit là plusieurs nouveaux chevaliers et entre autres Jean Chandos, le plus vaillant chevalier qu'il y eut jamais en Angleterre. Cet illustre capitaine a dit plusieurs fois en présence de Froissart qu'il avait été fait chevalier de la main d'Edouard III le vendredi de l'assemblée de Buironfosse. La bataille du roi d'Angleterre se composait de vingt-huit bannières, de quatre-vingt-dix pennons, de six mille hommes d'armes et de six mille archers. Trois mille hommes d'armes à cheval et deux mille archers placés sur les ailes formaient la réserve ; les principaux chefs de cette réserve étaient Robert d'Artois, Gautier de Mauny, les seigneurs de Berkeley et de Clifford, Richard de Pembridge et Barthélemy de Burghersh.

Les Anglais avaient choisi une position avantageuse et avaient encore fait un retranchement avec leurs chariots. Ainsi trois grosses batailles toutes à pied ; une autre bataille en réserve formée de trois mille armures de fer et deux mille archers ; gens d'armes et archers tous à cheval. Telles furent les dispositions militaires des Anglais à Buironfosse.

Dans l'armée du roi de France il y avait deux cent vingt-sept bannières, cinq cent soixante pennons, quatre rois, six ducs, trente-six comtes, quatre mille chevaliers et plus de soixante mille hommes de pied fournis par les communes de France. Aux côtés du roi de France se tenaient Jean de Luxembourg roi de Bohême, Philippe d'Evreux roi de Navarre, David Bruce roi d'Ecosse, Jean duc de Normandie, Eudes IV duc de Bourgogne, Jean III duc de Bretagne, Louis Ier duc de Bourbon, Raoul duc de Lorraine, Gautier duc d'Athènes. Les comtes étaient Charles II de Valois comte d'Alençon, frère du roi de France, Louis de Nevers comte de Flandre, Guillaume II comte de Hainaut, Gui de Châtillon comte de Blois, Henri IV comte de Bar, Guignes VIII comte de Forez, Gaston II comte de Foix, Jean Ier comte d'Armagnac, Jean dauphin d'Auvergne, Ancel sire de Joinville, Louis II comte d'Etampes, Bouchard VI comte de Vendôme, Jean IV comte de Harcourt, Jean de Châtillon comte de Saint-Pol, Raoul II comte de Guines, Philippe comte d'Auvergne et de Boulogne, Jean V comte de Roucy et de Braisne, Charles de Trie comte de Dammartin, Louis Ier de Poitiers comte de Valentinois, Jean II de Ponthieu comte d'Aumale, Jean II de Châlon comte d'Auxerre, Louis II comte de Sancerre, Aimé comte de Genève, Pierre comte de Dreux, Edouard III comte de Ponthieu, Jean Ier vicomte de Melun et sire de Tancarville, Henri IV comte de Vaudemont, Jean de Noyers comte de Joigny, Gaucher IV de Châtillon comte de Porcien, Jean vicomte de Beaumont, Jean comte de Montfort, Aymeri VIII vicomte de Narbonne, Roger Bernard comte de Périgord, Arnaud de la Vie sire de Villemur, Pierre Raymond Ier comte de Comminges, le vicomte de Murendon, les comtes de Douglas et de Murray d'Ecosse, Guillaume Ier marquis de Namur.

L'armée du roi de France était répartie en trois batailles dont chacune comprend quinze mille hommes d'armes et vingt mille hommes de pied. (1)

Il y avait en cette armée des Français, des Allemands, des Italiens, des Navarrais et des Ecossais.

Une partie des Français désirait le combat ; une autre partie le redoutait ; car, disaient ces derniers, les chances ne sont pas égales. Philippe vaincu risque de perdre son royaume ; vainqueur, il ne conquiert ni l'Angleterre, ni les terres des seigneurs de l'Empire. Les recommandations du roi de Naples à Philippe augmentaient l'indécision. Ce prince, en effet, qui passait pour astrologue et nécromancien, assurait à Philippe qu'il serait défait s'il combattait Edouard.

Le vendredi se passa donc ainsi. Le comte de Hainaut

---

(1) Luce. — *Commentaires sur Froissart*.

voyant qu'il n'y aurait point de bataille, quitta l'armée avec ses troupes. Edouard se mit en retraite et ses alliés retournèrent chez eux. Quant au roi d'Angleterre, il regagna le Brabant.

Philippe congédia son armée, puis il revint à Saint-Quentin et envoya des gens d'armes à Tournay, à Lille, à Douay et dans toutes les villes frontières de l'Empire. Il fit partir pour Tournay Godemar du Fay avec le titre de souverain capitaine et garde de tout le pays et environs ; il dirigea le sire de Beaujeu sur Mortaigne, pour la mettre à l'abri de toute attaque.

Le roi d'Angleterre, le marquis de Juliers, le duc de Gueldres, le marquis de Brandebourg, le comte de Mons, Jean de Hainaut et tous les barons de l'Empire alliés d'Edouard tinrent un Parlement à Bruxelles et y invitèrent Jacques Artewelde qui vint avec tous les conseils des villes de Flandre. Edouard, d'après l'avis des seigneurs de l'Empire, demanda l'alliance des Flamands et leur promit de les aider à recouvrer Lille, Douai et Béthune. Les Flamands lui répondirent qu'ils étaient obligés par foi et serment et sur deux millions de florins en la chambre du pape, à ne pas faire la guerre au roi de France quel qu'il fût, sans perdre cette somme et encourir l'excommunication. « Mais, ajoutèrent-ils, si vous voulez faire une chose que nous vous dirons, vous y pourverriez bien de remède et de conseil. C'est que vous vouliez encharger les armes de France les écarteler d'Angleterre et vous appeler roi de France. Nous vous tiendrons pour droit roi de France ; nous vous demanderons quittance de notre foi et vous nous la donnerez comme roi de France ; par suite, serons nous absous et dispensés et irons partout là où vous voudrez et ordonnerez. »

Le roi d'Angleterre, sur cette réponse, tint conseil avec le duc de Brabant, le duc de Gueldres, le marquis de Juliers, Jean de Hainaut, Robert d'Artois et ses plus dévoués amis. D'après leur avis, il répondit aux Flamands, que s'ils lui voulaient jurer qu'ils le soutiendraient dans cette guerre, il ferait ce qu'ils demandaient et les aideraient à conquérir les trois villes désignées plus haut ; ils y consentirent.

Un jour fut pris et assigné pour être à Gand. Edouard et les seigneurs de l'Empire s'y trouvèrent ainsi que tous les conseils de Flandre, et, le 7 octobre 1337, le roi d'Angleterre enchargea les armes de France, les écartela d'Angleterre et prit dorénavant le nom de roi de France. Edouard retourna ensuite en Angleterre avec la plus grande partie de ses gens. Mais il laissa en Flandre Guillaume de Montagu, comte de Salisbury et le comte de Derby en otages de son retour.

Pendant ce temps, la flotte française montée par plus de 40,000 soldats et commandée par Hugues Quieret, Behuchet et Barbavara, continua ses ravages sur mer et s'empara d'un gros navire nommé *Christophe* qui avait coûté beaucoup à Edouard.

Vers cette époque, la garnison française de Cambrai battit les Anglais qui occupaient Thun-l'Evêque. En cette rencontre, les soldats de Philippe blessèrent mortellement et prirent Grignard de Mauny qui commandait les ennemis. Excité par l'évêque de Cambrai qui se plaignait de l'hostilité des Hainuyers, Philippe de Valois permit aux troupes du Cambraisis de ravager le Hainaut, qu'il aimait peu, à cause de la versatilité de son comte et de l'hostilité de Jean oncle de ce dernier. Il s'en suivit une guerre entre la France et le comte de Hainaut qui fut ainsi rejeté dans le parti anglais.

Le 22 juin 1340, Edouard s'embarqua pour venir au secours de son nouvel allié qui, avec l'aide des Flamands et du duc de Brabant, tenait tête au duc de Normandie, fils du roi.

Le 24 juin, le roi d'Angleterre rencontra auprès de

l'Ecluse la flotte française. Elle se composait de plus de cent quarante gros vaisseaux sans compter les bateaux, et elle était montée par 40,000 Normands, Bidaux, Génois et Picards qui, sur l'ordre du roi Philippe, s'étaient arrêtés et mis à l'ancre pour s'opposer au passage du prince anglais.

A la vue de cette flotte, Edouard demanda au patron de son navire quels gens ce pouvaient être. Le patron lui répondit qu'il croyait bien que ce fut l'armée des Normands que le roi de France tenait sur mer et qui plusieurs fois avaient fait grand dommage aux Anglais.

« Ah! dit Edouard, j'ai de longtemps désiré que je les pusse combattre. Nous les combattrons s'il plaît à Dieu et à saint Georges; car vraiment, m'ont-ils fait tant de maux, que j'en veux prendre la vengeance, si je puis y parvenir. »

Lors le roi ordonna tous ses vaisseaux et mit les plus forts devant. Il fit frontière de tous côtés de ses archers et entre deux nefs d'archers y en avait une de gens d'armes et encore fit-il sur les côtés une bataille toute pure d'archers pour réconforter, si besoin était, les plus lassés.

Là il y avait grand nombre de dames d'Angleterre, de comtesses, baronnesses, chevaleresses et bourgeoises de Londres qui venaient voir la reine d'Angleterre à Gand qu'elles n'avaient vue depuis grand temps.

Le roi fit garder bien et soigneusement ces dames par 300 hommes d'armes; puis il pria tous les siens qu'ils voulussent penser à bien faire et à conserver son honneur. Chacun le lui promit.

Edouard manœuvra pour avoir le vent sur la droite et le soleil en poupe. Afin d'exécuter cette manœuvre, les Anglais reculèrent un peu et tournoyèrent jusqu'à ce qu'ils eussent le vent favorable. « Ils reculent, dirent les Normands à cette vue, ils ne sont pas gens à nous combattre. » Barbavara, dès qu'il aperçut la flotte anglaise, dit à Hugues Quieret et à Behuchet : « Seigneurs, voici le roi d'Angleterre avec tous ses navires qui vient sur nous. Si vous voulez suivre mon conseil, au lieu de rester serrés dans le port, vous vous tirerez en haute mer ; car si vous demeurez ici, tandis qu'ils ont pour eux le soleil, le vent et le flot de l'eau, ils vous tiendront si court que vous ne vous pourrez aider ni manœuvrer. »

« Pendu soit qui partira, dit Behuchet. Ici nous attendrons et prendrons notre aventure. »

« Seigneur, dit Barbavara, je ne me veux pas perdre et, je me mettrai hors de ce trou avec mes galères. » Il sortit en effet et gagna la haute mer, où il prit sa part de l'action.

Les Normands voyaient bien par les bannières que le roi était sur la flotte et ils en étaient joyeux ; car ils désiraient beaucoup le combattre. Ils se préparèrent et mirent en avant *Christophe*, leur conquête, avec beaucoup d'arbalétriers génois pour le garder et tirer sur les Anglais. Au son des trompes et trompettes, ils vinrent attaquer leurs ennemis.

Le combat fut rude et violent : Archers et arbalétriers tirèrent à l'envie les uns sur les autres. Les gens d'armes s'approchèrent et combattirent vaillamment main à main. Pour mieux s'aborder, ils lançaient des crocs, des grappins, et accrochaient ensemble les vaisseaux. Dans cette bataille, il y eut mainte appertise d'armes, mainte lutte, mainte prise, mainte rescousse ; *Christophe* retomba au pouvoir des Anglais ; ses défenseurs furent tués et les vainqueurs le garnirent d'archers qu'ils firent passer devant et combattre les Génois.

La bataille dura de six heures du matin à midi. Les Français étaient quatre contre un et tous gens de mer ; aussi résistèrent-ils vaillamment. Hugues Quieret et Behuchet se montrèrent braves entre tous.

Le roi d'Angleterre se distingua parmi les siens ainsi que le comte de Derby, le comte de Pembroke, le comte de Hereford, le comte de Huntingdon, le comte de Northampton et le comte de Glocester, messire Regnault de Cobham, Richard Stafford, le sire de Percy, Gautier de Mauny, Henri de Flandre, Jean de Beauchamp, le sire de Felton, le sire de la Ware, le sire de Multon et Robert d'Artois. Enfin, à l'aide d'un renfort de gens de Bruges et du pays voisin, les Anglais furent vainqueurs. Les Français périrent presque tous. Hugues Quieret et Behuchet furent massacrés. Barbavara quand il vit la déroute des siens, s'enfuit avec ses galères (1).

Les grandes chroniques de France attribuent la défaite des Français à ce qu'ils avaient sur la flotte, au lieu de gentilshommes, des gens de mer qu'elles appellent dédaigneusement des poissonniers et des mariniers, incapables, disent-elles, de lutter contre les brillants chevaliers d'Edouard dont Froissart énumère les plus illustres.

La rivalité des chefs français, de Behuchet et Hugues Quieret, et le peu de cas qu'ils firent de l'avis de Barbavara, furent aussi, disent les grandes chroniques, cause de cette défaite.

En effet, l'obstination des amiraux français à rester près de terre, resserrés dans une anse, annula la supériorité de leurs forces et, une grande difficulté de manœuvres fut la conséquence de cette mauvaise disposition.

L'habileté dont firent preuve les Anglais en établissant leur ordre de combat, en saisissant l'avantage du vent et du soleil, la valeur d'Edouard et de ses gens d'armes, la fatale adresse des archers d'Angleterre, achevèrent d'assurer aux ennemis un succès qu'avait préparé l'impéritie des chefs français.

La nouvelle de cette bataille parvint aux deux armées qui se tenaient devant Thun-l'Evêque. Elle réjouit fort les Hainuyers, Flamands et Brabançons et jeta la consternation parmi les Français.

(1) Froissart, Grandes Chroniques.

Lorsqu'il connut l'arrivée du roi d'Angleterre, le comte de Hainaut donna congé à son armée, à l'exception des seigneurs de son comté. Il se dirigea avec ceux-ci sur Valenciennes où Jacques Artewelde fit valoir, au milieu de la place du Marché, les droits d'Edouard à la couronne de France. Puis les seigneurs alliés vinrent à Gand à la rencontre du roi d'Angleterre et, là un jour fut désigné pour un Parlement qui devait se tenir à Vilvorde et où devaient assister les seigneurs, leurs conseils et les conseils des villes flamandes.

Philippe, en apprenant le désastre de l'Ecluse et le débarquement de son rival, envoya des garnisons dans toutes les places frontières du nord de la France. Le roi d'Angleterre, de son côté, renouvela à Vilvorde son alliance avec le duc de Brabant, le comte de Hainaut, Jean de Hainaut, le marquis de Juliers, le duc de Gueldres, le marquis de Brandebourg, le comte de Mons, le sire de Fauquemont, le comte de Namur et les Flamands. Là fut décidé par les ennemis le siége de Tournay, et chacun s'y prépara de son mieux.

Philippe de Valois connut ce qui avait été décidé à Vilvorde, et il résolut de mettre Tournay à l'abri de toute attaque. Il fit partir pour cette ville le comte Raoul d'Eu, connétable de France et le comte de Guines son fils, le comte de Foix et ses frères, le comte Aymeri de Narbonne, Aymard de Poitiers, Geoffroy de Charny, Girard de Montfaucon et les deux maréchaux Robert Bertrand et Mathieu de Trie, le seigneur de Cayeux, le sénéchal de Poitou, le seigneur de Chastillon et messire Jean de Landas. Ces gentilshommes avaient avec eux de braves chevaliers et écuyers ainsi que de bons gens d'armes. Ils vinrent à Tournay, y trouvèrent Godemar du Fay et pourvurent la ville de vivres et d'artillerie.

Le roi d'Angleterre envoya un long défi au roi de France et mit le siége devant Tournay. L'armée alliée comptait 4,000 hommes d'armes anglais et 9,000 archers, sans parler de la piétaille, c'est-à-dire les paysans mal armés et destinés à faire nombre. Venaient ensuite le duc de Brabant avec plus de 20,000 hommes, chevaliers et écuyers et gens des communes de ses bonnes villes ; le comte Guillaume de Hainaut avec sa belle chevalerie, un grand nombre de Hollandais et de Zélandais ; enfin Jacques Artewelde avec plus de 60,000 Flamands, sans compter ceux d'Ypres, de Poperinghe, de Cassel et de la chatellenie de Berghe envoyés ailleurs.

Le siége fut poussé avec vigueur et, de part et d'autre on combattit vaillamment. Le comte de Hainaut se montra le plus ardent à cette guerre ; il fit plusieurs incursions en France jusque sous les murs de Lille et brûla Séclin et beaucoup de villages des environs. Ses coureurs vinrent même jusqu'aux faubourgs de Lens en Artois. Une autre fois, il prit et incendia Orchies, Landas, la Celle et plusieurs autres villages. La garnison de Tournay, de son côté, repoussa bravement toutes les attaques des Flamands.

Vers ce temps, Philippe envoya en Gascogne le comte de Lisle-en-Jourdain. Ce dernier conquit tout le pays d'Aquitaine et tint les champs à la tête de 6,000 chevaux. Avec le comte était la fleur des chevaliers des Marches de Gascogne : le comte de Périgord, le comte de Comminges, le comte de Caraman, le vicomte de Villemur, les sires de la Barde, de Bruniquel et beaucoup d'autres. Ils serrèrent de près Bordeaux par terre et par mer. Le roi anglais ne leur opposait que les garnisons de ses forteresses.

Les seigneurs écossais prirent aussi les armes, comme ils étaient convenus de le faire, attaquèrent les garnisons anglaises qui occupaient leur pays et poussèrent même leurs incursions jusqu'en Angleterre. Wiliam Douglas reprit sur les Anglais le château d'Edimbourg.

Le roi de France qui se tenait à Arras, résolut de secourir les gens de Tournay. Il fit son mandement dans son royaume et aussi dans l'Empire. Le roi de Bohême, le duc de Lorraine, le comte de Bar, l'évêque de Metz, l'évêque de Verdun, le comte de Montbéliard, Jean de Châlons, le comte de Genève, le comte de Savoie et son frère Louis de Savoie répondirent à son appel avec tout ce qu'ils purent réunir de gens. Arrivèrent encore au camp du roi le duc de Bretagne, le duc de Bourgogne, le duc de Bourbon, le comte d'Alençon, le comte de Forez, le comte d'Armagnac, le comte de Flandre, le comte de Blois, Charles de Blois, le comte d'Harcourt, le comte de Dammartin, le sire de Coucy et grand nombre de barons et de seigneurs ; puis le roi de Navarre avec beaucoup de gens d'armes de son pays et de la terre qu'il tenait en France ; enfin le roi d'Ecosse, également bien accompagné de gens d'armes.

Cette armée se composait donc de Français, d'Allemands, de Savoisiens, de Navarrais et d'Ecossais. Philippe s'avança avec elle jusqu'à trois lieues de Tournay, aux bords d'une petite rivière, que l'on croit être la Marque, profonde, environnée de marais et qu'on ne pouvait traverser que par un pont étroit. La difficulté du passage obligea le roi de France à s'arrêter.

Le bruit se répandit partout que les armées étaient en présence et, de toutes parts les gens de guerre qui désiraient gloire et butin, se rendirent dans l'un ou l'autre camp. Il y eut de fréquentes escarmouches entre les guerriers des deux partis. Le comte de Hainaut assiégea Mortaigne ; mais il fut repoussé. Plus heureux contre Saint-Amand, il s'en empara, malgré une vigoureuse résistance, et la brûla ainsi que l'abbaye de Marchiennes.

La garnison de Saint-Omer mit en déroute 3,000 Flamands qui s'étaient avancés jusque-là. A la suite de cet échec, une grande panique s'empara pendant la nuit de

60,000 Flamands des villes d'Ypre, de Poperinghe, de Cassel et de Berghe, placés sous les ordres de Robert d'Artois et de Henri de Flandre qui campaient au val de Cassel pour combattre les garnisons françaises de Saint-Omer, d'Aire et de Saint-Venant. Ces Flamands s'enfuirent malgré leurs chefs et retournèrent chez eux.

Le siége de Tournay continua sans résultat pour les assiégeants. Ni attaque de vive force, ni blocus, ne purent faire fléchir le courage de la garnison.

Bientôt, à la prière et par les soins de Jeanne de Valois, sœur de Philippe et mère du comte de Hainaut, de concert avec les légats du pape, une trève fut conclue entre les rois de France et d'Angleterre. Signée le 25 septembre 1340, elle devait durer jusqu'au 25 juin de l'année suivante. Cette trève n'obligeait que les deux armées en présence. Quant aux belligérants d'Ecosse, de Poitou, de Gascogne, de Saintonge, elle ne devait, dit Froissart, commencer pour eux que dans quarante jours, pendant lesquels chacune des parties devait la faire connaître aux siens en les laissant libres ensuite d'y adhérer, ou de la repousser. Mais France, Picardie, Bourgogne, Bretagne et Normandie, la tenaient, sans nulle exception. Le *statu quo* était maintenu.

La trève ainsi conclue fut acceptée de tous et renouvevelée à diverses reprises jusqu'au mois de juin 1342. Les alliés levèrent le siége de Tournay, après être restés soixante-quatorze jours devant la place, et s'en retournèrent dans leur pays.

Philippe, pour témoigner sa reconnaissance aux braves habitants de Tournay, leur rendit leur loi, c'est-à-dire leur charte communale.

La mort du duc de Bretagne fit renaître les hostilités entre les Anglais et les Français, non pas directement et dans toute la France ; mais limitée dans une province. Les deux rois soutinrent en effet, chacun de leurs trésors et de leurs armes, un prétendant différent à la couronne ducale.

Le dernier duc n'avait pas d'enfants. Guy de Penthièvre, l'aîné de ses frères né du même père et de la même mère que lui, était mort, ne laissant qu'une fille, Jeanne que son oncle avait mariée à Charles de Blois, fils du comte Guy de Blois et de la sœur du roi de France. Un autre frère du duc que son père avait eu en deuxième noces vivait encore ; il s'appelait Jean de Montfort et avait épousé Jeanne, sœur du comte Louis de Flandre. Si la loi salique eût été suivie en Bretagne, c'était à ce dernier qu'aurait dû revenir le duché ; mais aucune coutume semblable n'existait chez les Celtes armoricains.

Jean de Montfort n'en résolut pas moins de revendiquer comme sienne la succession de son frère. Il se saisit du trésor amassé par ce dernier et déposé à Limoges ; il s'empara ensuite du château de Brest, de Rennes, de Hennebond, de Vannes, d'Auray et de Guy-la-Forêt. Puis craignant que le roi de France ne soutint contre lui, Charles de Blois, il se rendit en Angleterre, réclama le secours d'Edouard et lui fit hommage du duché de Bretagne. Heureux d'avoir une aussi belle entrée en France, lorsqu'il recommencerait la guerre, le roi d'Angleterre accorda la requête de Jean de Montfort et lui promit son appui. Philippe de Valois et la cour des pairs reconnurent les droits de Charles de Blois. Montfort refusa de se soumettre à cette sentence et bientôt la guerre éclata entre les deux compétiteurs.

Sur la prière de Charles de Blois, le duc de Normandie, le comte d'Alençon, le duc de Bourgogne, le comte de Blois, le duc de Bourbon, Louis d'Espagne, Jacques de Bourbon, le comte d'Eu, connétable de France ; le comte de Guines, son fils et le vicomte de Rohan promirent de l'aider à défendre ses droits.

Les seigneurs alliés de Charles s'assemblèrent à Angers. Leur armée se montait à cinq mille armures de fer sans compter trois mille Génois sous les ordres d'Ayton Doria et de Charles Grimaldi. Le Galois de la Baune commandait aussi beaucoup d'arbalétriers et de bidaux, troupes légères, armées de dards, d'une lance et d'un poignard. Cette armée se divisa en trois batailles ; la première composée de cinq cents lances, marcha sous les ordres de Louis d'Espagne, du vicomte de Rohan, des seigneurs d'Avaugour, de Clisson et de Beaumanoir. La plus forte bataille était celle du duc de Normandie où se trouvaient les plus puissants seigneurs de l'armée et Charles de Blois lui-même. Raoul, comte d'Eu, connétable de France, était à la tête de la troisième bataille qui formait l'arrière-garde.

Les Français s'emparèrent de Champtoceaux et bientôt après de Nantes que leur livrèrent les bourgeois. Ils firent prisonnier dans cette dernière ville, Jean de Montfort qu'ils envoyèrent à Paris. La femme de celui-ci, la comtesse Jeanne, apprenant la captivité de son mari, ne se laissa point abattre. Prenant avec elle son jeune fils, elle encouragea ses partisans, mit des garnisons dans ses places fortes, les pourvut de vivres et de munitions ; puis se retira avec son fils à Hennebond d'où elle sortait fréquemment pour soutenir les siens.

Edouard était occupé en ce moment dans une guerre contre les Ecossais qui avaient pris les armes contre lui. Mais bientôt une trêve de deux ans qu'il conclut avec eux, lui permit de disposer de ses forces pour soutenir son allié de Bretagne.

En été, les Français recommencèrent la guerre en faveur de Charles de Blois et assiégèrent Rennes que la comtesse de Montfort avait bien garnie d'hommes et de vivres et placée sous le commandement de Guillaume de Cadoudal. Jeanne avait aussi fortifié ses autres villes et se disposait à résister avec vigueur à ses nombreux ennemis pour donner aux Anglais le temps de la secourir. Elle envoya vers Edouard le sire Amaury de Clisson et fit proposer au roi d'Angleterre, pour prix de son alliance, le mariage de son fils avec une de ses filles.

Edourd consentit à tout et donna l'ordre à Gautier de Mauny de secourir la comtesse. Le vaillant chevalier prit avec lui trois cents lances et deux mille archers (1) et partit avec Amaury de Clisson. Mais une grande tourmente et les vents contraires les retinrent soixante jours en mer.

Les gens de Rennes, vivement pressés, se rendirent malgré Guillaume de Cadoudal qu'ils mirent en prison, tandis qu'ils capitulaient. L'armée française partit pour assiéger Hennebond et la comtesse qui s'y trouvait.

Après la plus héroïque résistance, Jeanne de Montfort allait être forcée de se rendre, lorsque parut la flotte anglaise. A peine arrivé, Gautier de Mauny résolut d'aller démolir une grande machine de guerre qui incommodait fort les assiégés ; il sortit donc avec les chevaliers et écuyers Bretons de la garnison et trois cents archers.

Les archers par leurs décharges mirent en fuite les gens qui gardaient la machine, la brûlèrent et tuèrent un grand nombre de Français. Les Anglais se précipitèrent ensuite sur les tentes et sur les logis des assiégeants, y mirent le feu et massacrèrent plusieurs ennemis avant que l'armée eût pris l'alarme ; puis ils se retirèrent en bon ordre. Quand les Français eurent pris les armes, ils coururent après leurs ennemis comme des forcenés.

A cette vue, Gautier de Mauny s'écria : « Que je ne sois jamais salué de ma chère amie, si je rentre en château et en forteresse, sans avoir jeté à terre un de ces gens qui arrivent, ou y avoir été jeté moi-même ! » A ces mots, il se retourna, la lance au poing, avec plusieurs chevaliers

---

(1) Froissart. — *Edition Luce.*

anglais et bretons. Ils se précipitèrent sur les premiers ennemis qui accouraient, en renversèrent plusieurs et perdirent aussi quelques-uns des leurs.

Le combat devint très-vif et le nombre des assiégeants augmentait sans cesse.

Les Anglais et les Bretons se retirèrent donc en combattant, vers la ville. Il y eut plusieurs beaux faits d'armes et de belles prouesses, et parmi tous se distingua Gautier de Mauny. La retraite se fit en bon ordre, et les chevaliers tinrent tête aux Français jusqu'à ce que leurs gens fussent rentrés.

Les autres archers qui n'avaient point fait partie de l'expédition, étaient sortis de la ville et rangés sur les bords des fossés ; ils tirèrent si épais et avec un tel ensemble qu'ils firent reculer les assaillants après avoir atteint de leurs traits un grand nombre d'hommes et de chevaux. Les Français vaincus, se retirèrent. La comtesse descendit du château et embrassa deux ou trois fois Gautier de Mauny et ses compagnons les uns après les autres.

Le lendemain, Louis d'Espagne, le vicomte de Rohan, l'évêque de Léon et le maître des arbalétriers Génois, tinrent conseil et, considérant la force d'Hennebond, le secours que les assiégés avaient reçu, l'adresse des archers ; ne voyant aucune chance de succès, ils résolurent de lever le siége et d'aller rejoindre Charles de Blois devant Auray.

Les Français partirent le lendemain. Ceux de la ville sortirent à leur poursuite ; mais ils furent repoussés et perdirent plusieurs de leurs compagnons.

Louis d'Espagne vint avec ses gens d'armes sous Auray. A son arrivée, les seigneurs alliés et les Franco-Bretons tinrent conseil devant cette ville et il fut décidé que Louis et les siens iraient mettre le siége devant Dinan. Le chef espagnol s'en empara bientôt ainsi que de Guérande. Auray et Vannes tombaient également au pouvoir de Charles de Blois.

Les Français, après ces succès, reparurent bientôt devant Hennebond, ravitaillé et bien pourvu de gens d'armes par Gautier de Mauny. L'armée de Charles de Blois que Louis d'Espagne avait rejoint, s'accroissait chaque jour. Les assiégeants avaient dressé quinze ou seize machines qui attaquaient constamment les murs et les maisons d'Hennebond. Mais la garnison ne s'en occupait guère, car elle était bien fortifiée contre elles.

Louis d'Espagne, furieux contre les assiégés qui le bravaient, supplia Charles de Blois de lui accorder un don en récompense de ses services; Charles le lui accorda légèrement; Louis alors demanda au prince de remettre en son pouvoir deux prisonniers, Jean le Bouteiller et Hubert de Fresnay pour qu'il les fit périr en haine de ses ennemis.

Engagé par sa parole, Charles essaya, en vain, de détourner son lieutenant de ce cruel dessein. Les deux chevaliers allaient donc mourir; mais les assiégés avertis, simulèrent une sortie et, pendant que les Français couraient à leur rencontre et leur livraient combat, un corps de soldats conduit par Gautier de Mauny, s'approcha du lieu où étaient gardés les prisonniers et les délivra.

Bientôt après, Charles et ses alliés considérant la force de la place, voyant de plus que tous les jours elle était secourue par mer, prirent le parti de lever le siége et de se retirer, en ayant soin de bien garnir leurs villes d'hommes et de munitions pour les mettre à l'abri de toute attaque. Peu après une trève fut signée entre la comtesse de Montfort et son ennemi. Cette trève ne fut pas de longue durée, et une armée anglaise aux ordres de Robert d'Artois, partit pour la Bretagne. Robert amenait avec lui le comte de Salisbury, le comte de Suffolk, le comte de Pembroke, le comte de Hereford, le baron de Stafford, le seigneur de Bourchier.

Les Anglais rencontrèrent auprès de Guernesey, la flotte Hispano-Génoise au service de la France et commandée par Louis d'Espagne. Le combat fut rude, indécis, il dura jusqu'à la nuit. Une tempête qui assaillit les deux flottes et les éloigna l'une de l'autre, les empêcha seule de recommencer la lutte le lendemain.

Les Anglais débarquèrent auprès de Vannes et renvoyèrent leur flotte à Hennebond. Ils assiégèrent ensuite Vannes et s'en rendirent maîtres par escalade en surprenant, le soir, par une attaque imprévue la garnison qui après avoir combattu toute la journée, ne s'attendait pas à voir les ennemis renouveler si tôt leurs tentatives. La comtesse de Montfort retourna à Hennebond avec Gautier de Manny, Yves de Tresiguidy et plusieurs autres chevaliers anglais et bretons. Le comte de Salisbury, le comte de Suffolk, le comte de Pembroke, le comte de Cornouailles, avec mille hommes d'armes, selon Froissart, trois mille, selon l'histoire de Bretagne, et trois mille archers (1) quittèrent Vannes et vinrent assiéger Rennes d'où étaient partis pour Nantes Charles de Blois et sa femme, en y laissant bon nombre de chevaliers et d'écuyers.

Le sire de Clisson et Hervé de Leon profitèrent du départ des comtes anglais pour attaquer Vannes. Ils s'en emparèrent par assaut, y blessèrent mortellement Robert d'Artois. Celui-ci se sauva à grand peine ainsi que lord Stafford. Le sire Spenser fut aussi frappé à mort et demeura aux mains des vainqueurs.

Désireux de venger Robert d'Artois, Edouard leva une nombreuse armée en Angleterre et, à la tête de deux mille hommes d'armes et de six mille archers (2), il débarqua

---

(1) Froissart. — *Edition de la Société de l'Histoire de France.*
(2) Froissart. — *Société de l'Histoire de France.*

auprès de Vannes qu'il assiégea. Dans cette place, se trouvaient Olivier de Clisson, Hervé de Leon, le sire de Tournemine, Geoffroy de Malestroit et Guy de Lohéac qui avaient garni la ville et le château, de gens d'armes et l'avaient pourvu de munitions de toutes sortes.

Aussitôt que le roi fut venu et se fut logé devant Vannes, il la fit assaillir énergiquement. Pendant cette attaque, les archers, selon leur coutume, tiraient avec ardeur sur la garnison. L'assaut dura une demi-journée; mais les Anglais s'y fatiguèrent inutilement et furent contraints de se retirer.

Dès que la comtesse de Montfort connut l'arrivée du roi Edouard, elle en fut toute réjouie. Elle quitta Hennebond en compagnie de Gautier de Mauny, de plusieurs autres écuyers et chevaliers, et vint rejoindre le prince anglais devant Vannes; puis après y être restée trois ou quatre jours, elle retourna à Hennebond.

Lorsque Charles de Blois eut appris la présence du roi d'Angleterre en Bretagne, il la fit connaître à son oncle le roi de France et réclama son appui. Philippe reçut très-bien les messagers de son neveu, leur promit des secours et envoya en Bretagne son fils le duc de Normandie avec une armée composée de dix mille hommes d'armes et de trente mille gens de pieds qui se rassemblèrent à Angers. Mais ces troupes n'arrivèrent que plus tard et après que les alliés de Montfort eurent fait beaucoup de mal au pays.

Quand Edouard eut reconnu la force de Vannes, il laissa pour l'assiéger le comte de Warvick, le comte d'Arundel, le baron de Stafford, Gautier de Mauny, Yves de Tresiguidy et Girard de Rochefort avec cinq cents hommes d'armes et mille archers. Le roi lui-même, avec le reste de l'armée, se mit en route, brûlant et gâtant le pays de tous côtés. Edouard arriva ensuite devant Rennes où il rejoignit les siens qui déjà assiégeaient cette ville. Puis apprenant que Charles de Blois était à Nantes et y réunissait ses gens d'armes, le roi d'Angleterre se mit en marche de ce côté, abandonnant le soin de prendre la capitale de la Bretagne aux troupes qui l'attaquaient lors de son arrivée. Edouard, avec ses autres soldats, se dirigea sur Nantes et il y bloqua Charles de Blois, autant du moins que le permettait la grandeur de la ville. Ses maréchaux et ses gens coururent le pays avoisinant, commettant partout des ravages. Un jour, les Anglais se rangèrent en ordre de combat, sur une hauteur voisine de Nantes. Ils espéraient bien avoir la bataille ; mais Charles ne sortant pas, les ennemis retournèrent à leur logis. Toutefois ils lancèrent leurs coureurs jusqu'aux barrières de la ville dont ils brûlèrent les faubourgs.

Charles pressait alors l'arrivée des secours de France, et le duc de Normandie était déjà venu jusqu'à Angers ou il réunissait ses gens d'armes.

Pendant ce temps, Edouard se tenait devant Nantes et lui livrait de fréquents assauts ; mais il perdit du monde sans résultat. Voyant que Charles ne voulait pas sortir pour combattre, il laissa devant la ville la plus grande partie de ses gens ; six cents hommes d'armes et deux mille archers, et avec les autres, c'est-à-dire quatre cents lances et deux mille archers, il vint assiéger Dinan dont Pierre Portebœuf était capitaine. C'est ainsi que le roi d'Angleterre attaquait à la fois quatre villes Bretonnes.

Les Anglais qui étaient devant Vannes, lui livraient maint assaut. Un jour, à la suite d'une attaque vaillamment repoussée, les assiégés poursuivirent les soldats d'Edouard avec trop de témérité. Ceux-ci reprirent l'avantage et forcèrent les Bretons à reculer jusqu'aux barrières. Les soldats qui gardaient celles-ci, les ayant trop précipitamment fermées, le sire de Clisson et Hervé de Loen demeurèrent dehors et furent faits prisonniers. De son côté, le sire de Stafford s'étant avancé au-delà des barrières, demeura au pouvoir des Bretons.

La ville de Dinan que Edouard assiégeait en personne depuis deux jours, fut, après une vive résistance, enlevée d'assaut par les Anglais qui l'attaquèrent par eau. Les archers par leur tir redoutable, contribuèrent comme toujours à ce succès.

Louis d'Espagne avec ses Espagnols et les Génois de Ayton Doria, attaqua sur mer la flotte anglaise qui stationnait près de Vannes ; il l'aurait détruite, si les ennemis qui campaient devant cette ville, n'étaient accourus pour la défendre. Ils ne purent toutefois empêcher Louis d'emmener quatre navires chargés de provisions ; trois de ceux-ci coulèrent avec ceux qui les montaient.

On conseilla au roi d'Angleterre de diriger une partie de sa flotte sur le hâvre de Brest et l'autre au havre de Hennebond ; il suivit cet avis. Nantes, Rennes et Vannes continuèrent à être assiégées.

Enfin, le duc de Normandie partit d'Angers avec ses 10,000 hommes d'armes, ses 30,000 autres soldats et marcha sur Nantes (1). Les Anglais qui attaquaient cette ville, en avertirent Edouard et lui demandèrent ses instructions. Le roi d'Angleterre les rappela à lui devant Vannes et laissa encore sous Rennes les soldats qui l'assiégeaient. Ces troupes livrèrent à la ville un violent assaut qui dura un jour. Mais elles ne purent emporter la place vaillamment défendue par le baron d'Ancenis, le baron de Pont, Jean de Malestroit, Yvain Charuel et Bertrand Duguesclin.

Le duc de Normandie quitta Nantes avec son armée et, se dirigea sur Vannes pour secourir la garnison de cette ville plus en danger que celle de Rennes. Lorsqu'il eut appris l'arrivée du prince, Edouard rappela auprès de lui le comte de Salisbury et le comte de Pembroke qui assié-

---

(1) Froissart, édition Luce.

geaient Rennes, afin de pouvoir, s'il le fallait, livrer bataille aux Français avec toutes ses forces.

Le duc de Normandie établit son camp auprès de celui d'Edouard.

Les Anglais et les Bretons de la comtesse de Montfort, réunis sous Vannes, pouvaient être environ 2,500 hommes d'armes, 6,000 archers et 4,000 hommes de pied. Les Français étaient quatre fois plus nombreux. Car ils étaient bien 10,000 hommes d'armes, 10,000 arbalétriers génois et 20,000 bidaux (1).

Les Français se logèrent tout contreval un beau prés grand et ample, y tendirent tentes et pavillons, et firent creuser de grands et beaux fossés autour de leur armée, afin qu'on ne pût les attaquer. Leur maréchal et Robert de Beaumanoir, maréchal de Bretagne, allaient souvent escarmoucher contre les Anglais (2).

Les Anglais se fortifièrent de leur côté et rendirent leurs positions inexpugnables.

Edouard suspendit toute attaque contre Vannes pour ne point fatiguer ses troupes. Français et Anglais restèrent longtemps en présence et demeurèrent là bien avant dans l'hiver. Philippe, d'après plusieurs historiens, vint lui-même rejoindre son fils et envoya un héraut proposer la bataille à Edouard qui la refusa.

Il y avait tous les jours des escarmouches et, les Anglais n'osaient sortir du camp, de crainte des embuscades dressées contre eux. De plus, Louis d'Espagne et sa flotte tenaient la mer et interceptaient de ce côté les communications des ennemis. La disette se mit dans le camp. Les Français tenaient ainsi les Anglais bloqués ; mais le froid et les pluies les tourmentaient eux-mêmes. Ils perdirent beaucoup de chevaux et durent se retirer dans les champs

---

(1) Froissart, *Manuscrit de Rome*.
(2) Froissart, *Manuscrit d'Amiens*.

à cause de l'eau qui s'était répandue au milieu de leur camp. Dans ces conditions, les belligérants acceptèrent une trêve de trois ans, sur la médiation des cardinaux légats du pape.

Cette guerre, non plus que sa précédente invasion en France, n'avait pas produit pour Edouard de grands résultats. Les principales villes de Bretagne, Nantes, Vannes et Rennes repoussaient toutes ses attaques. La prise de Dinan fut loin de contrebalancer ces échecs. Enfin, à l'arrivée du duc de Normandie, bloqué sur terre et sur mer, le prince anglais fut heureux d'obtenir une trêve qui lui permit de regagner son royaume où il arriva à l'époque de Noël. Le sire de Clisson fut alors échangé contre le sire de Stafford. Charles de Blois eût préféré obtenir la liberté de Hervé de Leon ; mais Edouard n'y voulut jamais consentir. Peu de temps après, le sire de Clisson, le sire d'Avaugour, le sire de Malestroit et son fils, le sire Thibaut de Montmorillon et quelques autres seigneurs de Bretagne furent accusés de trahison et exécutés à Paris. Plusieurs chevaliers normands, messire Guillaume Bacon, le sire de la Roche-Tesson, Richard de Percy, également soupçonnés, subirent bientôt le même sort.

Le roi d'Angleterre considéra la mort de ces gentilshommes comme une insulte qui lui était faite, comme la rupture de la trêve conclue. Il voulait d'abord, par représailles, faire périr Hervé de Leon ; mais il céda aux instances du comte de Derby, et se borna pour toute vengeance, à envoyer son prisonnier en France pour y porter un défi à Philippe de Valois.

II

Campagnes du comte de Derby en Guyenne et du roi Édouard en Normandie, en Ile-de-France et en Picardie. — Bataille de Crécy. — Siége et prise de Calais. — Combat auprès de Calais. — Siége de la Roche-Derrien, par Charles de Blois. — Défaite et prise de ce prince.

Les barons et les chevaliers gascons du parti anglais : le sire d'Albret, le sire de Pommiers, le seigneur de Mussidan, le seigneur de Landuras, le seigneur de Curton, le seigneur de Langoyran, le seigneur de Grailli, ainsi que plusieurs autres, et les cités de Bordeaux et de Bayonne députèrent le sire de l'Esparre, le sire de Chaumont et le sire de Mussidan auprès du roi d'Angleterre, pour lui faire observer combien son pays de Gascogne et sa bonne ville de Bordeaux étaient mal soutenus et aidés. Ces trois seigneurs le prièrent d'envoyer un capitaine et des troupes assez nombreuses pour les mettre en état de résister aux Français. Édouard promit de satisfaire à cette demande.

Peu de temps après, l'an 1345, le roi d'Angleterre nomma son cousin, Henri de Lancastre comte de Derby, commandant de l'armée qui devait s'embarquer pour la Gascogne, et choisit les chevaliers chargés de l'accompagner. Ce furent le comte de Pembroke, le comte de Hereford, le baron de Stafford, Gautier de Mauny, messire Franque de Halle, les sires Jean de Lille, Jean de

Grey, Thomas Cook, le seigneur de Ferrières, Hugues de Hastings, Etienne de Thornby, le seigneur du Man, Richard de Haydon, Jean de Norwich, Normand de Finefroide, Robert d'Eltham, Robert de Oxendon, Richard de Radcliffe et beaucoup d'autres. Cette armée comptait bien 300 chevaliers et écuyers, 600 hommes d'armes et 2,000 archers (1). Edouard dit au comte de prendre assez d'or et d'argent pour le distribuer aux chevaliers et écuyers, et l'assura qu'on leur en compterait ce qu'il croirait nécessaire. Le roi d'Angleterre, craignant aussi que Philippe ne portât la guerre en Bretagne, envoya au secours de Jeanne de Montfort Thomas d'Agworth avec 100 hommes d'armes et 200 archers (2), puis il dirigea le comte de Salisbury sur l'Ulster, où les Irlandais s'étaient révoltés.

Le comte de Derby s'embarqua à Southampton et atteignit Bayonne après une heureuse traversée. Les Anglais y furent reçus avec joie et y demeurèrent sept jours. Le huitième, le comte de Derby et ses troupes se dirigèrent sur Bordeaux dont les habitants l'accueillirent avec enthousiasme. Il y demeura pendant quelque temps pour réunir tous ses auxiliaires du pays.

En apprenant l'arrivée des Anglais à Bordeaux, le lieutenant de Philippe, le comte de Lille qui se tenait à Bergerac, à quatre lieues de là, manda auprès de lui le comte de Comminges, le comte de Périgord, le vicomte de Cara-

---

(1) Froissart, *Manuscrit de Rome*, rédaction ordinaire.

(2) Dans ses notes sur Froissart, M. Luce fait au sujet de cette expédition les réflexions suivantes :

« Le 17 mai 1345, des lettres de protection pour passer en Bretagne, furent en effet délivrées à Thomas d'Agworth, mais il servait sous les ordres de Guillaume de Bohun, comte de Northampton, nommé capitaine et lieutenant du roi en Bretagne, par lettres du 24 avril 1345. »

Les *Grandes-Chroniques* donnent ici raison à M. Luce ; car elles mentionnent une expédition du comte de Northampton en Bretagne. Elles lui consacrent deux chapitres où elles racontent la prise par les Anglais de la Roche-Derrien et de Lannyon, et leur échec devant Gunigamp.

man, le vicomte de Villemur, le comte de Valentinois, le comte de Mirande, le seigneur de Duras, le seigneur de Pincornet, le vicomte de Castelbon, le seigneur de l'Escun, le seigneur de Chateauneuf et tous les seigneurs qui se tenaient en l'obéissance du roi de France. Questionnés par le comte de Lille, ces gentilshommes se déclarèrent assez forts pour garder la Dordogne à Bergerac contre les attaques des Anglais. Puis ils appelèrent à eux des gens de tous côtés, se placèrent dans les faubourgs de Bergerac enclos par la Dordogne et y réunirent de grandes provisions.

Ces nouvelles vinrent au comte de Derby. Il résolut de marcher sur Bergerac, et il choisit pour maréchaux de son armée, Gautier de Mauny et Franque de Halle. Ses coureurs vinrent jusqu'à la ville et firent part au prince des dispositions des Français qui leur semblèrent assez simples. Il était matin et les chefs anglais se trouvaient à table quand les éclaireurs leur rapportèrent ces renseignements. Gautier de Mauny regarda alors le comte de Derby et parla ainsi :

« Monseigneur, si nous étions de braves gens d'armes, nous boirions à ce souper des vins de ces seigneurs de France qui se tiennent à Bergerac. » Le comte de Derby approuva ces paroles, et tous leurs compagnons coururent s'armer, sellèrent et montèrent leurs chevaux. Le comte, en voyant tant de bonne volonté chez ses gens, s'écria tout joyeux : « Chevauchons sur les ennemis, au nom de Dieu et de saint Georges ! » Les Anglais marchèrent alors bannières déployées et atteignirent les barrières de Bergerac qui n'étaient pas aisées à prendre ; car la Dordogne les protégeait.

Les seigneurs gascons qui défendaient la ville, furent tout heureux à la vue des Anglais, et sortirent de leur ville en bon ordre. Ils avaient avec eux un assez bon nombre de bidaux et de gens du pays, mal armés, levés à la hâte. Les Français ne pouvaient compter que sur leur chevalerie.

Les Anglais vinrent à portée de trait des gens de la ville. Alors les archers commencèrent à tirer. Dès que l'infanterie française eut reçu ces volées de flèches et eut aperçu ces bannières et ces pennons qu'elle n'avait pas coutume de voir, elle recula effrayée parmi les gens d'armes Les archers recommencèrent à tirer sur cette troupe en désordre ; puis la chevalerie anglaise chargea ces bideaux la lance baissée. Les gens d'armes français ne pouvaient avancer ; car les gens de pied reculaient sur eux en désordre et leur coupaient le passage. Les archers anglais se placèrent des deux côtés du chemin et, par leurs traits bien dirigés, accrurent la confusion des Gascons. Les soldats du comte de Lille furent donc repoussés dans leurs faubourgs. Le premier pont et les barrières furent gagnés par les Anglais qui entrèrent avec les fuyards. Il y eut maints chevaliers et écuyers morts, blessés ou pris de ceux qui s'efforçaient de défendre le passage. Le sire de Mirepoix périt sous la bannière de Gautier de Mauny qui entra le premier dans les faubourgs.

Quand le comte de Lille, le comte de Comminges, le vicomte de Caraman, le vicomte de Villemur, le comte de Périgord, le sire de Tarides, le sire de Duras et les autres barons de Gascogne virent le désastre et comment les Anglais, entrés par force dans les faubourgs, tuaient et abattaient leurs gens sans trève ni merci, ils se retirèrent vers la ville et passèrent le pont à tout risque. Il y eut devant ce pont un fort combat qui dura longtemps.

Les seigneurs gascons que nous avons nommés, y furent très-bons chevaliers. Du côté des Anglais, le comte de Derby, Gautier de Mauny, le sire Franque de Halle, Hugues de Hastings, le sire de Ferrières, Richard de Stafford se distinguèrent entre tous. Ces chevaliers combattirent corps à corps et il y eut maint brillant fait d'armes. Gautier de Mauny s'avançait si avant au milieu des ennemis, qu'à grand peine on pouvait l'en tirer. Le vicomte de Roquentin, le sire de Chateauneuf, le vicomte de Castelbon, le sire de l'Escun restèrent au pouvoir des Anglais. Les vaincus se réfugièrent dans le fort, fermèrent la porte, montèrent aux guérites et commencèrent à lancer des traits et à faire reculer les ennemis.

Cet assaut dura jusqu'au soir. Les Anglais se retirèrent las et fatigués et se logèrent dans les faubourgs qu'ils avaient conquis et où ils trouvèrent toutes sortes de provisions en assez grand nombre pour qu'ils puissent y vivre deux mois s'il le fallait.

Le lendemain, le comte de Derby fit sonner ses trompettes, armer tous ses gens et les rangea en ordre de bataille. Il s'approcha ensuite de la ville, disant qu'il n'était pas venu pour s'arrêter longtemps devant elle.

Les Anglais commencèrent donc à l'assaillir violemment, et cet assaut dura jusqu'à midi; mais il échoua; car il y avait dans Bergerac de braves gens d'armes qui se défendirent vaillamment. Les assiégeants se retirèrent donc. Les seigneurs ennemis tinrent conseil et résolurent d'envoyer chercher des navires et des bateaux, et d'attaquer la ville par eau.

Le maire de Bordeaux, sur l'ordre du comte de Derby, partit pour sa ville d'où il expédia aux Anglais 40 barges et bâtiments qui étaient à l'ancre à Bordeaux. Cette flottille arriva le lendemain au soir devant Bergerac, et les ennemis préparèrent leur attaque pour le lendemain.

Au soleil levant, les Anglais commandés pour assaillir la ville par eau, se tinrent prêts sur leur flottille. Le comte de Hereford était à leur tête ; il avait avec lui plusieurs braves chevaliers et écuyers, ainsi qu'un grand nombre d'archers. Il s'approcha rapidement et vivement jusqu'à une fortification d'arbres et de grosses branches placée devant les palissades, les rompit et les renversa.

Les gens de la ville voyant qu'ils ne pourraient résister à cet assaut, s'effrayèrent et demandèrent au comte de de Lille et à ses chevaliers de rendre la place. Le comte de Lille répondit : « Allons où vous dites le péril si grand ; car nous ne rendrons pas ainsi la ville. » Alors chevaliers et écuyers gascons se rendirent à cette palissade et la défendirent valeureusement. Les archers anglais qui garnissaient les barques, lancèrent des volées de flèches si épaisses, qu'à peine pouvait-on se montrer sans être en danger de mort ou de blessure. La garnison de la ville comptait 200 arbalétriers génois qui, bien garantis par leurs boucliers, firent beaucoup de mal à ces archers. Il y eut bon nombre de blessés de part et d'autre. Enfin les Anglais de la flottille travaillèrent si bien qu'ils rompirent un grand pan de la palissade.

Alors les gens de Bergerac demandèrent aux ennemis une trève pour tenir conseil sur la reddition de la ville. On leur accorda la fin du jour et la nuit jusqu'au soleil levant. Les barons de Gascogne se réunirent, firent seller leurs chevaux, les chargèrent de ce qu'ils possédaient, partirent à minuit et se rendirent à la Réole. Les habitants de Bergerac se soumirent au comte de Derby et reconnurent la domination anglaise.

Arrivés à la Réole, le comte de Lille, les barons et chevaliers Gascons reconnurent qu'ils ne pouvaient tenir les champs contre les Anglais. Ils résolurent de se séparer et de s'enfermer dans les places fortes, en ne gardant hors de ces places que quatre ou cinq cents combattants pour inquiéter le comte de Derby. Le sénéchal de Toulouse fut envoyé à Montauban, le vicomte de Villemur à Auberoche, Bertrand des Prez à Pellegrue, Philippe de Dyon à Montagrier, le sire de Montbrandron à Maduran, Ernoul de Dyon à Lamonzie, Robert de Malemort à Beaumont, Charles de Poitiers à Penne en Agénois et ainsi les autres chevaliers de garnison en garnison. Le comte de Lille demeura à la Réole qu'il fortifia.

Le comte de Derby après s'être reposé pendant deux jours à Bergerac sa conquête, demanda au sénéchal de Bordeaux conseil sur la région où il devait se porter.

Le sénéchal répondit qu'il serait bon d'aller en Périgord et dans la Haute Gascogne. Le prince anglais partit donc pour le Périgord en laissant comme capitaine à Bergerac, messire Jean de la Zouche.

Les Anglais trouvèrent sur la route, le château de Langon (1) que défendait le seigneur de Toulouse, brave guerrier. La bataille des maréchaux livra un assaut terrible d'un jour entier à cette forteresse ; mais les assiégés résistèrent courageusement et repoussèrent les ennemis. Le lendemain, presque toute l'armée prit part à l'attaque ; les fossés furent comblés. Franque de Halle fit sommer les Français de se rendre. Ils demandèrent le temps de prendre conseil, quittèrent la forteresse et se retirèrent à Monsac.

Le comte de Derby mit une garnison dans Langon, s'empara ensuite de la ville du Lac (les lèches), de Maduran, de Lamonzie, de Pinac, de Lalinde, de Laforce, de Pradaire et de Beaumont qui lui résista trois jours. Le lieutenant d'Edouard fit occuper la plupart de ces places. Les Anglais vinrent ensuite devant Montagrée qu'ils emportèrent d'assaut. Après quoi le comte de Derby vint assiéger Lille qui appartenait au comte de ce nom. Philippe et Arnoul de Dyon la défendaient.

Les Anglais environnèrent la place; puis ils firent tirer leurs archers de telle sorte, qu'aucun des gens de la ville n'osait plus paraître sur les remparts. Le premier jour, les ennemis conquirent les barrières et le lendemain, ils recommencèrent l'assaut avec une telle ardeur que les

---

(1) M. Ribadieu (campagnes du comte de Derby) suppose que cette ville est Lanquais.

assiégés pouvaient à peine résister. Enfin la ville se rendit. Les chevaliers et écuyers qui l'avaient défendue eurent la faculté de se retirer.

Le comte de Derby marcha ensuite sur Périgueux qu'occupait le comte de Périgord et son oncle le sire Roger de Périgord, le sire de Duras, cent-vingt chevaliers et écuyers ainsi qu'un grand nombre d'autres gens du pays. Mais en voyant la force de la place, les Anglais se retirèrent sans rien faire et vinrent se loger à deux lieues de là, auprès de Pellegrue.

Les gens d'armes de Périgueux résolurent d'aller surprendre les ennemis. Ils sortirent de la ville au nombre de deux cents cavaliers bien montés, et furent, avant le jour, au camp anglais. Ils se précipitèrent sur lui, tuèrent un grand nombre de soldats, firent prisonnier le comte de Hereford, avant qu'il eût pu s'armer, et se retirèrent à Périgueux où les ennemis les poursuivirent chaudement. Mais dès qu'ils eurent franchi leurs barrières, les Gascons descendirent de chevaux, prirent leurs lances et vinrent vaillamment combattre les Anglais auxquels ils résistèrent sans désavantage. Les soldats du comte de Derby battirent en retraite, retournèrent à leur camp et vinrent ensuite mettre le siége devant Pellegrue. Bertrand des Prez qui commandait la place, la défendit valeureusement. Les Anglais restèrent devant elle pendant six jours et lui livrèrent maint assaut.

Là fut conclu le traité suivant : le comte de Hereford et ses compagnons furent échangés contre le vicomte de Bosquentin, le seigneur de Castelbon, le seigneur de l'Escun et le seigneur de Chateauneuf ; on convint qu'il y aurait une trêve de trois ans pour le Périgord. Les chevaliers et écuyers de cette terre avaient droit de s'armer ; mais le pays lui-même devait être à l'abri de toute hostilité. Les Anglais abandonnèrent donc le siége de Pellegrue ; car cette place appartenait au Périgord. Le comte de

Derby se dirigea ensuite sur Auberoche et s'en empara. Il y laissa en garnison Franque de Halle et Alain de Finefroide. Il prit encore Libourne, ville située non loin de Bordeaux. Puis il envoya le comte de Pembroke à Bergerac; Richard Stafford, Etienne de Thornby et Alexandre Ansel demeurèrent à Libourne avec leurs gens. Le comte de Derby, le comte de Hereford, Gautier de Mauny et les autres chefs anglais se rendirent à Bordeaux.

Le comte de Lille qui se tenait à la Réole, ayant appris que le comte de Derby était retourné à Bordeaux et avait dispersé ses soldats, résolut de réunir ses troupes et de mettre le siége devant Auberoche. Il écrivit aux comtes de Périgord, de Caramun, de Comminges, de Bruniquiel, à tous les barons de Gascogne qui tenaient le parti du roi de France, et leur donna rendez-vous devant Auberoche. Les seigneurs gascons obéirent. Le comte de Lille fit venir de Toulouse quatre machines qui nuit et jour jetaient d'énormes pierres sur le château. La garnison ne pouvait se tenir que dans des chambres voûtées, sous terre.

Le comte de Derby apprit la détresse des assiégés; il envoya des messagers au comte de Pembroke à Bergerac, à Richard Stafford et Etienne de Thornby à Libourne. Quant à lui, il partit de Bordeaux avec ce qu'il avait de soldats et marcha secrètement sur Auberoche. Il vint à Libourne et y séjourna un jour en attendant le comte de Pembroke qui n'arrivait pas. Derby partit alors avec le comte de Hereford, Gautier de Mauny, Richard de Stafford, Hugues de Hastings, Etienne de Thornby, le sire de Ferrières et les autres. Les Anglais chevauchèrent toute la nuit et arrivèrent, le lendemain, à deux petites lieues d'Auberoche. Ils se placèrent en un bois, descendirent de leurs chevaux qu'ils attachèrent aux arbres, attendant toujours le comte de Pembroke, ils restèrent là jusqu'à midi. Ne voyant pas venir le comte, ils se demandèrent ce qu'ils feraient, hésitant à combattre les Français; car ils n'étaient guère plus de trois cents hommes d'armes et sept cents archers, tandis que les Français avaient là entre neuf cents et mille hommes (1). D'un autre côté, s'ils se retiraient, Auberoche était perdu. Alors Gautier de Mauny leur tint ce langage : « Seigneurs, montons à cheval, cotoyons ce bois où nous sommes à couvert, maintenant, jusqu'à son côté qui est près de l'armée française, et quand nous serons là, nous frapperons nos chevaux de nos éperons et nous pousserons nos cris de guerre. Nous arriverons à l'heure du souper et les ennemis seront si surpris qu'ils se débanderont d'eux-mêmes.

Cet avis plut aux chevaliers anglais ; ils montèrent à cheval et vinrent de l'autre côté du bois où les Français étaient logés en un grand val sur une petite rivière. Ils mirent alors au vent leurs bannières et leurs pennons et vinrent tous de front se précipiter sur le camp français. Les seigneurs gascons qui se préparaient à souper furent bien surpris ; car ils ne s'attendaient nullement à cette attaque.

Les Anglais coururent donc dans le camp, frappant et criant : Derby, Derby au comte ! Mauny, Mauny au seigneur ! ils coupèrent et découpèrent tentes et pavillons, renversèrent, tuèrent et blessèrent gens de tous côtés. Les Français ne savaient auquel entendre. Lorsqu'ils tentaient de se mettre sur les champs pour se réunir et se rassembler, ils trouvaient les archers en position qui leurs tiraient dessus et les tuaient sans pitié. Les chevaliers de Gascogne subirent donc un grand désastre, car ils ne purent s'armer et prendre les champs. Le comte de Lille fut surpris dans sa tente et blessé, ainsi que le comte de Périgord et Roger son oncle. Le sire de Duras et le sire Aymeri de Poitiers succombèrent. Bref, on ne vit jamais tant de bons chevaliers perdus en résistant si peu. Il est

---

(1) Froissart. — *Manuscrit d'Amiens*

vrai que le comte de Comminges, les vicomtes de Caraman, de Villemur, de Bruniquiel, le sire de la Barde et le sire de Tarides qui étaient logés de l'autre côté du château, se réunirent, firent flotter leurs bannières et allèrent vaillamment aux champs. Mais les Anglais qui avaient déjà mis en déroute la plus grande partie de l'armée, s'en vinrent sur eux en poussant leurs cris de guerre, et les assaillirent avec ardeur, comme des gens qui voyaient bien qu'à moins de fortune contraire, la journée était à eux. Là il y eut maint exploit, maint chevalier fut pris et secouru.

Quand la garnison anglaise d'Auberoche vit le combat et reconnut les bannières et les pennons de ses compatriotes, elle s'arma, monta à cheval, sortit de la forteresse et se lança au plus fort de la mêlée. Ce renfort rafraîchit et réconforta les Anglais. Les gens du comte de Lille furent déconfits, presque tous morts ou pris et il ne s'en serait pas échappé un seul, si la nuit ne fut venue. Les Anglais firent prisonniers neuf comtes ou vicomtes et une telle foison de barons, chevaliers et écuyers qu'il n'y eut point d'homme d'armes dans leur armée qui n'en possédât deux ou trois.

Froissart prétend à tort que la bataille se livra la nuit de la Saint-Laurent 1344. Le témoignage de Villani qui fixe sa date au 21 octobre 1345, a été adopté. C'est en effet en 1345 qu'eut lieu la campagne du comte de Derby.

La surprise des assiégeants, plus encore que la valeur anglaise, amena la déroute d'Auberoche.

Dans les combats qui se livrèrent lors de l'arrivée du comte de Derby en Gascogne, les Anglais durent leur victoire à la forte discipline de leurs troupes et à l'habileté de leurs incomparables archers. Les Gascons, d'ailleurs, qui comptaient parmi les meilleurs guerriers de la France, sauf à Auberoche où ils furent surpris, résistèrent vaillamment, et par la bravoure du moins, furent dignes de leurs adversaires.

Le comte de Pembroke arriva le lendemain avec 300 lances et 300 archers, et manifesta son regret de n'avoir pu prendre part à la bataille. Le comte de Derby laissa à Auberoche une garnison sous les ordres d'un chevalier gascon, nommé Alexandre de Caumont.

Le lieutenant d'Edouard et le comte de Pembroke vinrent ensuite assiéger Saint-Bazeille qui se rendit. Les Anglais assaillirent encore la Roche-Meilhan qui se défendit avec vigueur et repoussa la première attaque.

Le comte de Derby fit alors retirer ses troupes ; puis il ordonna aux habitants du pays de combler les fossés. Lorsqu'on put arriver jusqu'aux murs, il envoya 300 archers et devant eux 200 brigands, bien garantis par leurs boucliers qui vinrent heurter les murailles avec des pics et des hoyaux de fer. Pendant ce temps, les archers tiraient et empêchaient les défenseurs de paraître. Cela dura une grande partie du jour. Les brigands firent dans le mur un trou si grand, que dix hommes y pouvaient entrer de front. Alors la garnison s'effraya ; un certain nombre de soldats se retirèrent dans l'église ; d'autres se sauvèrent par derrière. La ville fut prise, et tous ceux qui n'avaient pu s'enfermer et se réfugier dans l'Eglise furent tués par les vainqueurs. Les gens qui occupaient l'église se rendirent au comte de Derby qui les reçut à merci. Comme dans toutes les places conquises par lui, le lieutenant d'Edouard établit une garnison à la Roche-Meilhan.

Les Anglais vinrent ensuite devant Montségur. Le chevalier Hugues de Batefol ou de Badefol, placé là par le comte de Lille, résista bravement pendant quinze jours, et y soutint chaque jour un assaut. Le comte de Derby fit venir de Bordeaux et de Bergerac de grandes machines qui rompaient murs, tours et toits ; mais malgré les menaces du comte et les prières des habitants, Batefol refusait de capituler. Derby alors menaça les gens de la ville de les passer au fil de l'épée, s'ils ne se rendaient ; il leur promit au contraire de les bien traiter, s'ils se mettaient en l'obéissance du roi d'Angleterre. Alors ceux de Montségur n'ayant pu faire consentir Batefol à cette capitulation, s'emparèrent de lui, l'enfermèrent et ne lui accordèrent sa liberté qu'à condition qu'il traiterait de la reddition de la place.

Le capitaine français s'en vint donc aux barrières de la ville, fit signe qu'il voulait parlementer. Gautier de Mauny qui n'était pas loin s'avança. Badefol offrit de rendre la place aux Anglais si, dans l'intervalle d'un mois, elle n'était pas secourue par le roi de France ou par le duc de Normandie. Gautier de Mauny rapporta cette proposition au comte de Derby qui l'accepta, et douze des plus riches bourgeois demeurèrent en otage.

Derby continua ses conquêtes. Aiguillon capitula sans résistance. Castelsagrat fut emportée d'assaut. Les Anglais arrivèrent devant la Réole défendue par Agous des Baux.

Après quelques assauts, les habitants effrayés rendirent malgré le gouverneur, la ville au comte de Derby. Agous des Baux se retira dans le château avec la garnison, le remplit de vivres et le défendit vaillamment contre les Anglais qui l'environnaient. Les ennemis dressèrent leurs machines et criblèrent la forteresse, de pierres. Mais les murs étaient hauts et solides. Le comte de Derby voyant le peu de succès de ses attaques, résolut d'agir par la mine. Les mineurs travaillèrent si bien, qu'ils abattirent une des tours du mur d'enceinte du donjon. Agous des Baux, après avoir tenu conseil avec ses chevaliers, résolut de capituler. Il demanda à parler au comte de Derby ou à Gautier de Mauny.

Le comte monta à cheval et s'approcha de la tour avec Gautier de Mauny et Richard de Staffort. Agous des Baux demanda pour la garnison, le droit de sortir saine et sauve avec ce qu'elle possédait ; et sur le refus du comte de

Derby, il lui déclara que leur intention, à lui et aux siens, était de vendre chèrement leur vie plutôt que de souscrire à aucune autre condition.

Les trois chefs anglais tinrent conseil, et admirant la valeur du chevalier, considérant la longueur probable du siége ; car on ne pouvait miner la maîtresse tour ; maçonnée sur une roche dont on ne trouvait point le fond, ils résolurent de permettre la sortie de la garnison ; mais en ne lui laissant que ses armes. Ainsi se rendit le château de la Réole.

Le comte de Derby y laissa un chevalier anglais pour réparer et remettre en état la ville et le château. Quant à lui, il poursuivit sa route et arriva devant Montpesat, il s'en empara par escalade ; mais il y perdit beaucoup d'archers et un gentilhomme du nom de Spinefort, porte-bannière du baron de Staffort. Derby plaça en garnison à Montpesat Thomas de Worcester et 60 archers.

Le comte anglais chevaucha ensuite vers Castelmoron et s'en rendît maître par surprise, en suivant le conseil d'un chevalier gascon, Alexandre de Caumont.

Après s'être approché de cette place, il feignit de se retirer et laissa derrière lui le comte de Hereford et 100 hommes seulement. Avec les autres soldats, il s'éloigna d'une demi-lieue, et plaça une grosse troupe en embuscade en un vallon entre vignes et oliviers.

Ceux de Castelmoron voyant le comte de Derby parti et une poignée de gens d'armes restés en arrière, s'armèrent et sortirent au nombre de 400. Le comte de Hereford à leur vue feignit de prendre la fuite. Les Français le poursuivirent et dépassèrent l'embuscade qui sortit alors aux cris de : Mauny ! Mauny ! car messire Gautier était leur chef. Une partie des Anglais se jeta sur les Français ; une autre courut aux barrières qu'elle trouva ouvertes ainsi que les portes où il ne restait pas plus de dix hommes. Les ennemis s'emparèrent ainsi de la ville. Quant à la garnison, elle fut taillée en pièces par les Anglais qui l'attaquèrent par devant et par derrière.

Le comte de Derby donna la ville et la seigneurie à Alexandre de Caumont, par le conseil duquel il les avait gagnées.

Le chef anglais prit ensuite Villefranche. Depuis sa victoire d'Auberoche, il chevauchait à volonté et personne ne venait à sa rencontre. Derby s'empara ainsi de Miremont, de Tonneins, de Damazan et mit ensuite le siége devant Angoulême qu'il entoura. Les gens de la ville lui livrèrent des otages et promirent de se rendre si, dans un mois, le roi de France n'envoyait une armée assez forte pour les secourir.

Le comte de Derby accepta, retira ses troupes et vint devant Blayes défendue par Guichard d'Angle et Guillaume de Rochechouart ; ces deux chefs refusèrent de se rendre. En même temps, les Anglais attaquèrent Mortaigne en Poitou dont messire Boucicaut était capitaine. Il y eut grand assaut et les ennemis y laissèrent beaucoup de morts et de blessés. Ils se retirèrent et revinrent au siége de Blayes, où tous les jours il y avait quelque fait d'armes.

Pendant ce siége, le terme d'un mois convenu avec les gens d'Angoulême arriva et la ville se rendit aux Anglais qui y placèrent Jean de Norwich pour capitaine. Mais ils ne purent triompher de la résistance de Blayes ; ils levèrent donc le siége et retournèrent à Bordeaux. Le comte de Derby dispersa son armée dans diverses garnisons.

Vers ce même temps, Artewelde promit au roi d'Angleterre de faire obtenir au prince de Galles le comté de Flandre au préjudice du comte Louis. Edouard, sur cette promesse, s'embarqua le 3 juillet 1345 et vint à l'Ecluse avec un grand nombre de barons et de chevaliers ; il amenait avec lui le prince de Galles et passa l'hiver dans cette ville. Ses amis de Flandre venaient le voir et il y eut plusieurs pourparlers entre le roi d'Angleterre et Artewelde d'une part et les conseils des bonnes villes de l'autre. La résolution d'Artewelde déplut à la majorité des députés et il fut assassiné à Gand par le peuple soulevé contre lui.

Cette nouvelle courrouça très-fort le roi d'Angleterre, il partit de l'Ecluse et se rembarqua en faisant de grandes menaces aux Flamands. Les conseils des villes, à l'exception des gens de Gand le suivirent en Angleterre et vinrent s'excuser de la mort d'Artewelde qu'ils regrettaient, disaient-ils. Ils déclarèrent à Edouard que cette mort ne changeait rien à leur sentiment pour lui. Ils ne voulaient pas, ajoutèrent-ils, dépouiller de son héritage le comte Louis leur seigneur; mais ils proposèrent de marier son fils à la fille d'Edouard. L'alliance du roi d'Angleterre et des Flamands se maintint donc malgré la mort d'Artewelde.

Le roi de France était bien informé des chevauchées et des conquêtes du comte de Derby ; il résolut de s'y opposer. Il fit un très-grand mandement de gens d'armes. Les Normands, les Français, les Picards durent se réunir en la cité d'Orléans et y faire leur montre. Les Lorrains, les Barrois et les Bourguignons eurent leur lieu de rendez-vous à Lyon ; les Provençaux et ceux de la langue d'oc à Montpellier.

Le roi donna le commandement de toutes ces troupes au duc de Normandie, son fils, et il plaça en sa compagnie le duc Eudes de Bourgogne, Philippe de Bourgogne fils de celui-ci, le duc de Bourbon, messire Jacques de Bourbon, le comte d'Eu, le comte Dauphin d'Auvergne, le comte de Forez, le comte de Vendôme, le comte d'Auxerre, le comte de Sancerre et grand nombre de chevaliers et barons de tous pays. Lorsque toutes les troupes furent ensemble, elles se montaient à 6,000 hommes d'armes et à 40,000 autres gens à lances et à pavois que l'on appelait gros varlets (1). Cette armée se concentra à Toulouse et s'y

---

(1) Froissart, *Manuscrit de Rome.*

trouva réunie vers Noël 1345. A l'époque des Rois 1346, le duc de Normandie partit de Toulouse et envoya devant lui ses deux maréchaux, le sire de Montmorency et le sire de Saint-Vencant, dont la bataille fut bientôt renforcée par un corps de 500 arbalétriers génois et espagnols aux ordres de Louis d'Espagne. Les Français s'emparèrent de Miramont et de Villefranche.

Le comte de Derby, en apprenant que le duc de Normandie s'avançait avec une grosse armée, comprit l'impossibilité de tenir contre lui la campagne. Il résolut, en attendant les secours d'Angleterre, de renfermer ses troupes dans les places et d'user ainsi par une série de siéges, la nombreuse armée française.

Le comte anglais envoya en garnison à Aiguillon, ville forte, à la conservation de laquelle il tenait particulièrement, le comte de Pembroke, Gautier de Mauny, Franke de Halle, Jean de Lille, Robert de Neufville, Thomas Biset, Jean de la Souche, Richard de Radcliffe et autres gentilshommes, chevaliers et écuyers, au nombre de 300 armures de fer, auxquels il adjoignit une forte troupe d'archers. Les seigneurs anglais trouvèrent encore dans Aiguillon 120 hommes de garnison ; ils pourvurent le château, de provisions de toutes sortes

Pendant ce temps, le duc de Normandie poursuivant le cours de ses succès, emportait d'assaut le château de Damazan, Tonneins sur la Garonne et Port-Sainte-Marie. Enfin, les Français marchèrent sur Aiguillon, et au nombre de 5,000 hommes d'armes, établirent leur camp le long de la Garonne, aux pieds de la ville ennemie.

C'était à Aiguillon, avons-nous dit, que s'était réunie l'élite de la chevalerie anglaise ; la prise de cette place eût donc réduit le comte de Derby à l'impuissance, aussi là garnison était-elle résolue à se défendre jusqu'à la mort.

Le siège d'Aiguillon fut un des plus beaux siéges que l'on ait vu de longtemps au royaume de France et ailleurs.

Tous les jours les assiégés avaient à combattre deux ou trois fois leurs ennemis, et le plus souvent du matin jusqu'au soir, car à chaque instant, il leur survenait de nouveaux adversaires, Génois ou autres.

Quand les seigneurs et barons de France furent devant Aiguillon, ils s'aperçurent qu'ils ne pouvaient venir jusqu'à la forteresse, s'ils ne passaient le fleuve qui est fort large en cet endroit. Il était donc nécessaire de faire un pont; le duc commanda d'en établir un coûte que coûte. Plus de trois cents charpentiers y travaillèrent nuit et jour. Lorsque les chevaliers qui gardaient Aiguillon virent ce pont construit sur la moitié du fleuve, ils équipèrent trois navires, entrèrent dedans, chassèrent gardes et charpentiers et démolirent leur ouvrage. Les seigneurs de France envoyèrent alors d'autres navires contre les embarcations anglaises, les remplirent de gens d'armes, de Génois et de bidaux, et commandèrent aux ouvriers de reprendre leur travail.

Après que les ouvriers eurent travaillé un jour jusqu'à midi, Gautier de Mauny et certains de ses compagnons entrèrent en leurs embarcations, coururent sur eux et leurs gardes. Il y eut grand nombre des uns et des autres morts ou blessés. Les ouvriers durent abandonner le travail et se retirer; le pont fut encore détruit. Ces combats recommençaient tous les jours. Enfin les seigneurs de France vinrent en si grand nombre et gardèrent si bien leurs travailleurs, que le pont fut construit bon et fort. L'armée passa en ordre de bataille et assaillit vigoureusement le château d'Aiguillon. Les Anglais résistèrent vaillamment et l'assaut dura un jour entier sans résultats.

Le lendemain, les seigneurs français s'assemblèrent et résolurent, pour fatiguer davantage leurs ennemis, de diviser leur armée en quatre parties; la première partie, composée des Génois, des Espagnols, des Provençaux, des Savoisiens et des Bourguignons, devait livrer assaut le matin jusqu'à six heures ; puis entrait en lice jusqu'à midi, la deuxième qui comptait dans ses rangs les gens d'armes de Narbonne, de Montpellier, de Béziers, de Montréal, de Limoux, de Capestang et de Carcassonne ; de midi jusqu'au soir, reprenaient les gens d'armes de Toulouse, de Rouergue, du Quercy, de l'Agénois, et du Bigorre ; de vêpres à la nuit combattaient les gens du Limousin, du Vélay, du Gévaudan, de l'Auvergne, du Poitou et de la Saintonge. Cela se passa ainsi pendant cinq ou six jours ; mais les assiégeants n'obtinrent aucun succès et perdirent inutilement beaucoup de gens. Les Anglais se défendirent avec une telle vigueur, que leurs ennemis ne purent même s'emparer du pont qui était devant le château. Le duc de Normandie fit alors venir de Toulouse huit des plus grandes machines qui s'y trouvaient, il en construisit quatre plus grandes encore et il ordonna d'écraser le château sous leurs projectiles. Mais les assiégés étaient si bien guérités, qu'aucune pierre ne leur causa de mal. Leurs machines brisaient les machines françaises ; elles en démolirent six en peu d'heures.

Tous les jours les assiégeants imaginaient quelque nouveau genre d'attaque et les ennemis y répondaient par une nouvelle défense. Gautier de Mauny faisait de fréquentes sorties avec cent ou cent vingt compagnons, et ramenait souvent des provisions dans la ville.

Il arriva un jour que Charles de Montmorency, maréchal de l'armée qui s'était mis en campagne avec 500 cavaliers, conduisait au camp français un grand approvisionnement pour le ravitailler. Gautier de Mauny qui était sorti le même jour, le rencontra, et malgré l'infériorité de ses forces, le chevalier anglais, loin de refuser le combat, s'élança au contraire sur les Français. La lutte fut vive, maint homme fut renversé, tué ou blessé ; les deux chefs combattirent vaillamment. Les Anglais moins nombreux allaient succomber, quand la nouvelle de ce combat vint à la garnison d'Aiguillon. Le comte de Pembroke, Jean de Lille et autres guerriers du château sortirent avec du renfort et accoururent sur le lieu du combat ; ils trouvèrent Gautier de Mauny désarçonné qui faisait des merveilles d'armes. Ils le secoururent et le remontèrent. La bataille reprit alors avec acharnement. A la fin, les ennemis l'emportèrent, et Charles de Montmorency retourna vaincu dans le camp. Les Anglais victorieux rentrèrent dans Aiguillon.

Fréquemment il y avait de pareils combats, sans compter les assauts. Le duc de Normandie avait formé la résolution de ne point quitter Aiguillon, à moins d'être rappelé par son père, sans avoir conquis la place et obligé les Anglais de se rendre à discrétion.

Les Français imaginèrent une nouvelle manière d'assaillir la ville et firent un jour armer toutes leurs troupes. Les seigneurs décidèrent que les gens de Toulouse, de Carcassonne, de Beaucaire et de leurs sénéchaussées livreraient assaut depuis le matin jusqu'à midi, et ceux de Rouergue, de Cahors et de l'Agénois, de midi jusqu'au soir ; ils promirent cent écus à celui qui pourrait gagner le premier le pont de la porte du château. Le duc de Normandie fait réunir sur la rivière beaucoup d'embarcations et de chalands ; les uns entrent dedans, d'autres courent au pont. Les Anglais se préparent à se défendre, et alors commence le plus fort assaut qu'on eut encore vu durant ce siége. Le combat est opiniâtre ; les Français s'efforcent de se devancer l'un l'autre pour gagner les cent écus, et ceux du château résistent vaillamment. Enfin, un certain nombre de soldats se mettent en une nacelle sous le pont, jettent des crocs et des grappins, audit pont-levis, et tirent si fort, qu'ils rompent les chaînes et le font tomber. Les assaillants se précipitent alors dessus, les ennemis leur jettent des pierres, des pots pleins de chaux et de gros morceaux de bois. Toutefois, le pont est conquis; mais les Français perdent beaucoup de monde; ils ne peuvent s'emparer de la porte et se retirent en leur camp; car le soir s'avance. Les Anglais sortent alors et rétablissent le pont plus fort qu'auparavant.

Le lendemain, deux maîtres fabricants de machines vinrent trouver le duc de Normandie et les seigneurs de France et leur dirent que si on voulait leur livrer bois et ouvriers, ils construiraient quatre grands chats (1) sur quatre grandes embarcations qu'on amènerait aux pieds des murs du château et si hauts, qu'ils les dépasseraient. Le duc de Normandie y consentit et commanda de fabriquer ces chats à tout prix. Quand ils furent construits et occupés par les gens qui devaient assaillir le château, les Anglais firent jouer quatre martinets qu'ils avaient nouvellement faits. Ces quatre martinets jetèrent de si grosses pierres, qu'elles brisèrent et froissèrent tellement les chats, que les gens d'armes et les conducteurs ne se purent garantir. Il fallut se retirer avant d'avoir passé la rivière. L'un des chats fut effondré, coulé, et une bonne partie de ses défenseurs fut noyée.

Le duc de Normandie et les seigneurs furent courroucés à la vue de ce désastre; ils firent retirer les autres chats et sortir ceux qui étaient dedans. Les assiégeants ne savaient plus qu'imaginer pour prendre la ville, et cependant ni prince, ni baron n'osait parler de lever le siége, sachant que le duc Jean avait donné sa parole de ne se retirer qu'après s'être rendu maître d'Aiguillon, s'il n'était rappelé par son père.

Les seigneurs alors décidèrent d'envoyer au roi le comte de Guines et le comte de Tancarville qui lui rendraient compte de la situation. Les deux comtes vinrent à Paris où ils trouvèrent Philippe; ils lui racontèrent ce qui

---

(1) Machines à l'aide desquelles les assiégeants pouvaient s'approcher des murs à couvert.

se passait devant Aiguillon. Le roi, loin de rappeler son fils, lui ordonna de rester devant la place afin de la conquérir par la famine, puisque la force n'y pouvait rien.

Mais bientôt des événements d'une haute gravité, une formidable invasion anglaise en Normandie, rendirent nécessaire le rappel de l'armée française de Gascogne et mirent fin à ces inutiles tentatives contre Aiguillon.

C'est ici le moment de donner sur les campagnes du comte de Derby et du duc de Normandie, dans le récit desquelles nous avons jusqu'ici suivi Froissart, le court résumé différent en plusieurs points, que nous ont conservé les *Grandes-Chroniques* de France :

« En celuy an, disent-elles, le roy envoia son ainsné fils Jehan, duc de Normendie, en Gascoigne, contre le conte Derbi pour luy résister et pour garder le droit du roy, lequel conte y estoit venu à grant armée, de par le roy d'Angleterre. Mais avant que le duc de Normendie peust venir en Gascoigne, ledit conte Derbi prist la ville et le chastel de Bergerac, là où estoit, de par le roy de France, monseigneur Aymart de Poitiers, comte de Valentinois, qui fu illec occis. Et y estoit aussi le conte de Lille qui, en l'assaut de la ville, avoit esté pris et grandement navré. Et si avoit pris encore avecques ledit conte Derbi la ville de la Riolle. Et disoient pluseurs que ces deux villes avoient esté pris du consentement à ceux du pays. Et quant le duc de Normendie fu venu en Gascoigne, et il vit que pou ou noïent il y povoit faire, il s'en retourna en France ; pour quoy, quand il vit que le roy, son père, en fu indigné contre luy, si s'en retourna le fils arrière et mist siége devant Aguillon, et y demoura jusques au moys d'aoust. Et quant il oï dire que le roi d'Angleterre guerroiait son père et le royaume, si s'en retourna en France. »

Ainsi qu'on le voit, sur la prise de Bergerac, le seul acte de cette campagne dont elle parle avec quelques détails, les chroniques ne sont pas d'accord avec Froissart.

D'après elles, Aymart de Poitiers, comte de Valentinois, périt à l'assaut de cette ville par les Anglais. Froissart, au contraire, mentionne encore ce seigneur dans le reste de la campagne.

Au sujet du comte de l'Isle, les deux versions ne sont point non plus semblables ; selon les chroniques, il est blessé et pris à Bergerac ; au dire de Froissart, le comte voyant que la situation n'est plus tenable, déloge avec la garnison et s'enfuit à la Réole.

Il est un point sur lequel les deux chroniqueurs émettent à peu près une opinion semblable : c'est sur le peu de dévouement pour la France d'une partie des Gascons de cette époque. Les habitants de Bergerac, en effet, ne songent qu'à rendre leur ville au comte de Derby.

Le roi d'Angleterre avait appris que ses gens étaient assiégés et vivement pressés au château d'Aiguillon. Il savait, de plus, que son cousin, le comte de Derby, qui se tenait à Bordeaux, n'était pas assez fort pour tenir la campagne et forcer le duc de Normandie à lever le siége. Edouard résolut de rassembler une armée et de la conduire en Gascogne ; il commanda donc de préparer les approvisionnements nécessaires et de lever des gens dans son royaume et partout où il pensait en trouver en les payant.

Le prince anglais réunit à Southampton une grande quantité de vaisseaux, et il dirigea sur ce port ses gens d'armes et ses archers.

L'an 1346, à la Saint-Baptiste, le roi se sépara de la reine et la laissa en la garde du comte de Kent son cousin ; puis il confia son royaume aux seigneurs de Percy et de Neuville, aux archevêques d'York et de Cantorbéry, aux évêques de Lincoln et de Durham. Il leur laissa assez de gens pour se défendre au besoin contre les Ecossais. Cela fait, Edouard vint à Southampton et s'y embarqua avec le prince de Galles son fils, et Godefroy d'Harcourt, gentilhomme français, exilé par Philippe et devenu intime conseiller de son rival. L'armée se composait de 9 comtes, 35 barons, 7,000 hommes d'armes, 10,000 archers, sans compter les Irlandais et un certain nombre de Gallois (1) qui suivaient l'armée à pied.

Voici les noms des principaux seigneurs qui accompagnaient le roi :

Humphry Bohun vicomte d'Hereford et d'Essex, **William Bohun** son frère comte de Northampton, Thomas Beauchamp comte de Warwick ; Richard Fitz Alan comte d'Arundel ; John Vere comte d'Oxford, William Clinton comte de Huntingdon ; Robert Hufford comte de Suffolk. Lord Roger Mortimer, depuis comte de la Marche, messires Jean, Louis et Roger de Beauchamp, lord Réginald Cobham, lord John Mowbray, lord William Ross, lord Thomas Lucy, lord William Felton, lord Thomas Bradestan, lord Ralph Basset, lord John Willoughby, le sire de Multon, le sire du Man, le sire de Berkely, le sire John Chandos, lord Pierre Audley, lord James Audley, lord Barthélemy Burgherst le jeune, lord Thomas Holland, lord Fulk-Fitz Warren, sir Richard Pembridge.

Il y avait peu d'étrangers dans l'armée anglaise ; on y voyait le comte de Hainaut, le sire de Ghistelles et cinq ou six chevaliers allemands.

La flotte cingla vers la Gascogne où le roi voulait débarquer ; mais le troisième jour, un vent contraire la rejeta sur les côtes de Cornouailles ; elle y resta six jours à l'ancre. Alors Godefroy d'Harcourt tint au roi ce langage : « Sire, le pays de Normandie est un des plus riches du monde, et je vous promets, sur l'abandon de ma tête, que si vous arrivez là, vous y prendrez terre à votre volonté et

---

(1) Froissart, *Société de l'Histoire de France.* page 130. Le *Manuscrit de Rome* dit 6,000 hommes d'armes, 12,000 archers et 6,000 Gallois. On voit que les archers entrent toujours pour une forte proportion dans les armées anglaises ; il en sera toujours ainsi.

personne ne viendra au devant de vous qui vous puisse résister ; car ce sont gens qui ne furent jamais armés et toute la fleur de la chevalerie du pays est maintenant devant Aiguillon avec le duc. Vous trouverez en Normandie de grosses villes et de belles métairies qui ne sont pas fermées. Nos gens auront si grands profits, qu'ils s'en ressentiront vingt ans après, et votre flotte pourra vous suivre jusque bien près de Caen. Je vous prie de me croire, et soyez certain que vous et nous en vaudrons mieux ; car nous y trouverons or, argent, vivres et tous autres biens en grande quantité. » « Godefroy, lui répondit le roi, si le château d'Aiguillon était en Normandie je suivrais votre conseil ; mais il faut que nous allions le plus diligemment possible secourir sa garnison en péril. » « Sire, répartit Godefroy, comment pouvez-vous lui apporter meilleure aide que d'entrer au royaume de France et de lui faire guerre. Vous chevaucherez avec votre armée jusqu'aux portes de Paris et vous ne trouverez personne pour s'opposer à votre marche, et cette invasion fera lever le siége d'Aiguillon ; car on mandera les gens d'armes de tout le royaume, et le duc de Normandie et tous les grands barons de France qui assiégent Aiguillon ne seront pas oubliés. » Par cette réponse de Godefroy d'Harcourt, que nous empruntons au *Manuscrit de Rome*, la campagne de Normandie est expliquée; c'est une manœuvre stratégique aussi bien qu'une incursion dévastatrice, imaginée par le Français exilé.

Le roi d'Angleterre qui était alors dans la fleur de sa jeunesse et qui ne désirait rien tant que trouver la guerre et des ennemis, suivit volontiers le conseil de Godefroy d'Harcourt qu'il appelait son cousin. Il commanda aux marins de se diriger vers la Normandie. Edouard prit l'enseigne de l'amiral, le comte de Warwick; il voulut être lui-même amiral pour ce voyage et se mit devant, comme chef et patron de toute la flotte.

Les Anglais abordèrent en Cotentin au port de la Hogue-Saint-Vast. Cette nouvelle se répandit dans le pays, et des messagers vinrent jusqu'à Paris, l'annoncer au roi de France. Philippe était bien informé que son ennemi avait levé une grande armée et qu'on l'avait vu sur mer, des landes de Normandie et de Bretagne ; mais il ne savait où les Anglais voulaient débarquer. Cependant, il avait envoyé à Caen les comtes de Guines et de Tancarville qui étaient arrivés nouvellement d'Aiguillon, en leur ordonnant de défendre cette ville ainsi que le pays voisin contre les attaques du roi d'Angleterre. Ces deux seigneurs amenèrent avec eux grand nombre de gens d'armes.

Philippe avait encore envoyé en Cotentin le maréchal Robert Bertrand, avec charge de garder le pays (1).

Le 12 juillet 1346, la flotte anglaise prit terre à la Hogue, s'y arrêta et y jeta l'ancre. Le roi d'Angleterre sortit de son vaisseau ; mais dès qu'il eut mis pied à terre, il tomba si rudement, que le sang lui sortit du nez. Ses chevaliers lui dirent alors : « Cher sire, retirez-vous dans votre vaisseau et ne venez pas aujourd'hui à terre ; car c'est mauvais signe pour nous. » Edouard répondit sans hésiter : « Pourquoi ! mais c'est au contraire très-bon signe pour moi, car la terre me désire. » Ainsi parlèrent, dit-on, César et Guillaume-le-Conquérant dans une semblable circonstance.

Le roi se logea ce jour et, le jour et la nuit suivante, sur le rivage. On déchargea la flotte, des chevaux et de tout leur harnais. Les chefs anglais se consultèrent ensuite sur ce qu'ils devaient faire. Edouard ordonna au comte de Huntingdon de rester sur la flotte avec 100 hommes d'armes et 400 archers. Les Anglais divisèrent le reste de leur armée en trois batailles, dont l'une marcherait à

---

(1) Froissart, *Manuscrit d'Amiens*.

gauche, suivant la mer, tandis que la bataille de l'avant-garde chevaucherait à droite sur le pays, et que le roi se tiendrait au milieu, et chaque nuit, les batailles des maréchaux devaient se réunir à celles du roi. Les ennemis ravagèrent ainsi tout le pays pendant que leur flotte attaquait les côtes; elle s'empara de Barfleur, arriva devant Cherbourg, prit et brûla la ville mais ne put emporter le château qu'elle trouva trop fort et trop bien pourvu. De leur côté, Edouard et ses troupes de terre attaquèrent Valognes, s'en rendirent maîtres et la brûlèrent. Les ennemis assiégèrent ensuite Carentan, ville possédant un bon château, bien garni de soldats. Assaillis avec vigueur, les bourgeois se rendirent malgré les gens d'armes et les soldats ; ceux-ci se retirèrent dans le château que les Anglais attaquèrent avec furie pendant deux jours. La garnison qui n'espérait aucun secours capitula. Les soldats d'Edouard brûlèrent la ville et le château et firent entrer les bourgeois en leur flotte, comme ils avaient fait pour ceux de Barfleur, de Cherbourg et des villes maritimes qu'ils avaient conquises (1).

Le roi d'Angleterre donna à Godefroy d'Harcourt qui connaissait la Normandie, la direction de toute son armée. Le seigneur normand comme maréchal, partit avec 500 armures de fer, 2,000 archers et s'avança bien six et sept lieues en avant d'Edouard, pillant et brûlant le pays. Godefroy d'Harcourt chevauchait ainsi chaque jour sur la droite de la grande armée du roi. Edouard marcha vers Saint-Lô en Cotentin; mais avant d'y arriver, il s'arrêta un jour sur la Vire attendant les troupes qui avaient suivi les côtes. Quand elles furent arrivées et qu'elles eurent mis tout leur butin dans des voitures, le comte de

---

(1) Les Grandes chroniques mentionnent la prise de Montebourg et de Carentan. Cette dernière ville fut d'ailleurs reprise, ajoutent-elles, par les Normands peu de jours après.

Warwich, le comte de Suffolk, Thomas de Holland, Regnault de Cobham reprirent leur chemin à gauche, pillant et brûlant tout ; pendant que Godefroy d'Harcourt en faisait autant sur la droite. Edouard marchait au milieu d'eux et, ainsi qu'il a été dit plus haut, chaque soir ils se réunissaient.

Le roi de France, en apprenant tous les dégâts commis par les Anglais, jura qu'ils ne s'en retourneraient pas sans avoir été combattus. Il leva partout des troupes et envoya des messagers à ses bons amis de l'Empire, au roi de Bohême qu'il aimait beaucoup, à Charles de Bohême fils de celui-ci, et qui s'appelait dès lors roi d'Allemagne. Il les pria instamment de venir avec tous les gens qu'ils pourraient réunir ; car il voulait chevaucher contre les Anglais qui lui brûlaient son pays. Lesdits seigneurs réunirent leurs gens d'armes, Allemands, Bohémiens, Luxembourgeois, et vinrent en France en grande compagnie.

Philippe écrivit aussi au duc de Lorraine qui lui amena 400 lances. Le comte de Salm-Salm, le comte de Sarrebruck, le comte de Flandre, le comte Guillaume de Namur lui conduisirent aussi leurs soldats. Le roi s'adressa encore à Jean de Hainaut qui avait récemment abandonné l'alliance du roi d'Angleterre. Jean de Hainaut se rendit à cet appel avec bon nombre de bacheliers du Hainaut et d'ailleurs. Philippe fut si heureux de son arrivée, qu'il le retint auprès de lui comme son plus intime conseiller. Le roi de France leva ainsi des gens d'armes partout où il pensa en avoir et fit une des grosses assemblées des ducs, comtes, barons et chevaliers qu'on eut vues en France cent ans auparavant (1). Mais ces gens qu'il mandait de si loin, furent longs à venir, et pendant ce temps le roi d'Angleterre continua ses ravages.

Edouard s'empara de Saint-Lô qui lui opposa une faible

(1) Froissart.

résistance; puis il réunit ses batailles et marcha en bon ordre contre Caen; sa flotte le suivit et vint jusqu'à deux lieues de cette ville au havre d'Estreham. Le comte de Tancarville et le connétable de France, le comte d'Eu et de Guines qui commandaient à Caen, étaient d'avis que l'on ne sortît pas de la ville, mais qu'on gardât les portes, le pont et la rivière, en laissant aux Anglais les premiers faubourgs qui n'étaient pas enclos. Encore, pensaient-ils que la garnison aurait assez de peine à défendre le corps de la ville que la rivière seule renfermait. Mais les habitants de Caen répondirent que la chose ne se passerait pas ainsi; qu'ils se mettraient sur les champs et attendraient le roi d'Angleterre; car ils étaient gens à le combattre.

Quand le connétable connut leur bonne volonté, il leur dit: « Ainsi soit-il. Au nom de Dieu, vous ne combattrez pas sans moi et sans mes gens. » Les bourgeois se mirent donc en campagne, se placèrent au commencement en assez bon ordre et firent grand semblant de se bien défendre et de mettre leurs vies en aventure.

Les Anglais se levèrent au jour de bonne heure et se préparèrent à marcher sur Caen. Le roi entendit la messe de grand matin; puis il monta à cheval avec le prince de Galles et Godefroy d'Harcourt. Les ennemis s'avancèrent en bel ordre, leurs batailles bien rangées, les bannières des maréchaux devant; ils approchèrent ainsi de la ville et de ces gens d'armes qui tenaient la campagne et qui faisaient assez bonne contenance. Si tôt que les bourgeois eurent aperçu les Anglais qui venaient en trois batailles compactes et serrés les uns contre les autres; quand ils eurent vu ces bannières et ces pennons qui volaient au vent et qu'ils eurent entendu crier ces archers dont ils n'avaient pas éprouvé l'adresse, ils furent si effrayés et si déconfits, que rien au monde ne put les empêcher de fuir. Chacun se retira en désordre vers la ville, que le connétable le voulut ou non. Cette armée se perdit donc sans avoir rien fait, et tous ceux qui la composaient se sauvèrent vers la ville ; il y eut maint homme renversé et jeté par terre. Les bourgeois effrayés s'embarrassaient les uns les autres dans leur fuite. Les Anglais pénétrèrent dans la ville à la suite des fuyards. Un certain nombre de chevaliers, d'écuyers et de soldats français se retirèrent du côté du château où ils furent recueillis par Robert de Wargnies qui en était capitaine et qui avait sous ses ordres une garnison de 300 Génois. Le connétable et le comte de Tancarville se rendirent aux vainqueurs. Caen fut pillée et beaucoup de bourgeois massacrés après une défense furieuse. Du haut de leur maison, ils jetaient, en effet, sur les assaillants qui s'engageaient dans les rues étroites de la ville, pierres, bancs et mortiers, et en tuèrent et blessèrent le premier jour plus de 500. Le roi d'Angleterre avait ordonné de brûler la ville et d'en passer les habitants au fil de l'épée ; mais Godefroy d'Harcourt obtint la révocation de cet ordre cruel. Édouard chargea sur la flotte les dépouilles de ses ennemis. Il en confia la garde au comte de Huntingdon avec 200 hommes d'armes et 400 archers, puis la renvoya en Angleterre avec les prisonniers qui comptaient plus de 60 chevaliers et 300 riches bourgeois.

Les grandes chroniques de France racontent ainsi la prise de Caen :

« De là le roi d'Angleterre passa par la ville de Thorigny, ardant (brûlant) et gastant le pays ; et manda par ses coursiers et par ses lettres, si comme l'en disoit communément, aux bourgeois de Caen, que s'il vouloient laissier le roy de France et estre sous le roy d'Angleterre, qu'il les garderoit loyaument et leur donroit pluseurs grans libertés, et, en la fin des lettres leues, menaçoit, s'il ne faisoient ce qu'il leur mandoit, que bien briefment il les assaudroit et qu'il en fussent tous certains. Mais ceux de Caen luy contredirent tous d'une volenté et d'un courage, en disant que au roy d'Angleterre il n'obéiroient point. Et quant il oï la response des bourgois de Caen, si leur assigna jour de bataille au juesdi ensuivant; et ceci il fist traitreusement, car dès le jour par avant au matin, qui estoit le mercredi après la Magdaleine vingt-deuxiesme jour de juillet, il vint devant Caen, là où estoient capitaines establis de par le roy, monseigneur Guillaume Bertran, évesque de Baieux et jadis frère de monseigneur Robert Bertran chevalier, le seigneur de Tournebu, le conte d'Eu et de Guines, lors connestable de France, et monseigneur Jehan de Meleun, lors chambellan de Tanquarville. Et quant les Anglois vindrent devant Caen, si assaillirent la ville par quatre lieux, et traoient sajettes par leur archiers aussi menu que sé ce fust grelle. Et le peuple se deffendoit tant qu'il povoit, meismement ès près, sus la boucherie et au pont aussi, pour ce que ylec estoit le plus grant peril. Et les femmes, si comme l'en dit, pour faire secours, portoient à leur maris les huis et les fenestres des maisons et le vin avecques, afin qu'il fussent plus fors à eux combatre. Toutes voies, pour ce que les archiers avoient grant quantité de sajettes, il firent le peuple de soy retraire en la ville et se combatirent du matin jusques aux vespres. Lors, le connestable de France et le chambellan de Tanquarville issirent hors du chastel et du fort en la ville, et ne sçai pourquoy c'estoit, et tantost il furent pris des Anglois et envoiés en Angletterre.

« Mais quant l'évesque de Baieux, le seigneur de Tournebu, le bailli de Rœn et pluseurs autres avecques eux virent qu'il istroient pour noient, et que leur issue pourroit plus nuire que profiter, si se retraistrent au chastel comme sages, et se tenoient aux quarniaux. Entre deux, les Anglois cherchoient (parcouraient) moult diligeamment la ville de Caen et pilloient tout; et les biens qu'il avoient pillés à Caen et ès autres villes le roy d'Angleterre envoia par sa navire tantost en Angleterre, et ardi grant partie de la ville de Caen en soy issant; mais au fort de la ville ne fist-il onques mal né n'i arresta point, car il ne vouloit mie perdre ses gens. Si s'en parti tantost, et s'en ala vers Lisieux. Et tousjours Geffroy de Harecourt aloit devant, qui tout le pays ardoit et gastoit. »

Les Anglais se dirigèrent ensuite sur Falaise, mais ils y trouvèrent une vigoureuse résistance. Ils se tournèrent ensuite contre Rouen, et quand ils surent que le roi de France rassemblait là son armée, ils s'en allèrent à Pont-de-l'Arche; toutefois Philippe l'atteignit avant eux. Quand le roi de France fut arrivé dans cette ville, il manda à son ennemi que s'il voulait avoir bataille, il lui assigna le jour qu'il lui plairait. Edouard répondit qu'il combattrait devant Paris.

Edouard continua sa marche offensive et vint à Vernon qui lui résista vigoureusement; il ne put s'emparer de la ville et se borna à en brûler les faubourgs. De là les Anglais se dirigèrent sur Mantes, et en apprenant que les gens de cette ville étaient disposés à une résistance vigoureuse, ils passèrent outre et s'en vinrent à Meulan. Là les troupes du roi d'Angleterre éprouvèrent un échec et perdirent un certain nombre de gens; il en fut tellement irrité, qu'il fit brûler entièrement les Mureaux, petite ville voisine de Meulan, située sur l'autre rive du fleuve (1).

La tradition de Meulan et des Mureaux a conservé le souvenir de la défaite des Anglais, et leur assigne pour théâtre les bords de la Seine voisins des Mureaux.

Le samedi, 12 août, Edouard vint ensuite à Poissy, et toujours le roi de France le poursuivait de l'autre côté de la Seine, si bien que plusieurs fois les deux armées purent se voir. Le roi d'Angleterre demeura six jours à Poissy et envoya son fils, le prince de Galles, à Saint-Germain-en-Laye. Afin de tromper Philippe sur ses intentions et

(1) Grandes chroniques de France.

d'effectuer sa retraite, Edouard qui ne voulait point livrer bataille si avant dans le territoire ennemi et contre des forces supérieures, fit menacer par le prince de Galles l'ouest et même le sud de Paris, comme si les Anglais eussent voulu passer la Bièvre et la Seine en amont de Paris. De là des incursions où les ennemis brûlèrent Saint-Cloud, Boulogne, Bourg-la-Reine. Philippe tomba dans le piége, et alla se porter avec le gros de ses forces au pont d'Antony, pour défendre le passage de la Bièvre.

Le roi de France, toutefois, sur la nouvelle que son ennemi travaillait à reconstruire le pont de Poissy pour passer sur la rive droite du fleuve, avait envoyé pour s'y opposer, un certain nombre de gens d'armes et les contingents fournis par les villes, notamment la commune d'Amiens. Mais ces troupes furent repoussées par le comte de Northampton, après avoir perdu 500 hommes. Alors, tandis que Philippe trompé gardait le passage d'Antony, Edouard après avoir fait reconstruire le pont de Poissy, franchit la Seine et exécuta un rapide mouvement rétrograde (1). A son départ, le prince de Galles brûla Saint-Germain-en-Laye et Montjoye.

Edouard entra ensuite en Beauvaisis, brûlant et gâtant le pays, ainsi qu'il avait fait en Normandie ; il vint loger à l'abbaye de Saint-Lucien auprès de Beauvais. Puis il continua sa route et passa non loin de la ville sans l'attaquer, pour ne point affaiblir ses troupes ni épuiser son artillerie. Il campa ensuite au bourg de Milly. Les maréchaux de l'armée anglaise passèrent si près de Beauvais et de ses faubourgs, qu'ils ne purent s'empêcher d'aller attaquer les gens qui gardaient les barrières. Ils divisèrent leurs troupes en trois batailles et assaillirent trois portes. Ces assauts durèrent jusqu'après midi, mais sans succès, car la ville de Beauvais est forte et bien fermée ;

(1) **Note de M. Luce sur Froissart.**

elle était gardée par de bons gens d'armes et de bons arbalétriers. Quand les ennemis virent qu'ils ne pouvaient s'en emparer, ils se retirèrent, incendiant les faubourgs jusqu'aux portes, et rejoignirent le soir, la bataille du roi.

Le lendemain, le roi et son armée délogèrent et chevauchèrent à travers le pays, brûlant et détruisant tout derrière eux, et s'en vinrent camper au village de Grandvilliers. Le jour suivant le roi passa devant Argies, et ses coureurs ne trouvant personne qui gardât le château, y pénétrèrent et le réduisirent en cendres. Les Anglais vinrent ensuite devant Poix. Les habitants de la ville et les gens des deux châteaux qui l'avoisinaient, parlementèrent pour se sauver de l'incendie, et se rachetèrent moyennant une somme de florins qu'ils devaient payer le lendemain, lorsque le roi serait parti. Edouard s'éloigna laissant des gens des maréchaux pour recevoir la rançon. Aussitôt qu'ils eurent appris ce départ, les habitants refusèrent de payer et se ruèrent sur les quelques Anglais qui étaient demeurés ; ceux-ci se défendirent vigoureusement et envoyèrent prévenir l'armée. Regnault de Cobham et Thomas de Holland accoururent à leur secours ; ils massacrèrent les gens de Poix, brûlèrent la ville et abattirent les châteaux; puis ils rejoignirent les troupes du roi à Airaines où Edouard voulait passer un jour ou deux, et chercher le moyen de traverser la Somme.

Le roi de France, dont l'armée s'accroissait tous les jours, était parti de Saint-Denis avec un grand nombre de barons, dans l'intention de trouver les ennemis et de les combattre, pour venger la dévastation de son royaume. Il chevaucha ainsi jusqu'à Coppegueule, à trois lieues d'Amiens, s'y arrêta pour attendre ses gens qui venaient de tous côtés, et apprendre les dispositions des Anglais.

Edouard se voyait suivi par Philippe et ne savait comment il pourrait passer la Somme qui est large et profonde. Partout les ponts étaient détruits ou si bien gardés par de bons gens d'armes, que la rivière était impossible à traverser.

Le roi appela ses deux maréchaux, le comte de Warwich et Godefroy d'Harcourt, et leur ordonna de prendre 1,000 hommes d'armes et 2,000 archers, et de s'en aller le long de la Somme en tâtant et en essayant s'ils ne pourraient trouver un passage. Les deux maréchaux partirent, passèrent à Longpré et vinrent à Pont-Remy qu'ils trouvèrent bien garni de chevaliers, d'écuyers et de gens du pays qui s'étaient réunis là pour garder et défendre le passage. Les Anglais se mirent à pied en bon ordre pour attaquer les Français, et leur livrèrent un grand et fort assaut qui dura depuis le matin jusqu'à la première heure du jour. Mais le pont et les défenses étaient si bien bastillés, et la résistance fut si vigoureuse, que les ennemis ne purent s'en emparer et se retirèrent sans avoir rien fait. Ils s'avancèrent ensuite jusqu'à une grosse ville que l'on appelle Fontaine-sur-Somme, ils la pillèrent et la brûlèrent. Cela fait, ils continuèrent leur route et s'avancèrent sur Long-en-Ponthieu ; ils ne purent se rendre maîtres du pont qui était bien garni et fut bien défendu. Ils chevauchèrent ensuite vers Picquigny, mais ils trouvèrent la ville, le pont et le château en tel état de défense, que jamais ils n'auraient pu les prendre. C'est ainsi que le roi de France avait fait garder tous les passages de la Somme ; car il voulait enserrer son ennemi entre l'armée française, la mer, la rivière, afin de le combattre ou de l'affamer en deçà de la Somme, à sa volonté.

Quand les maréchaux eurent ainsi cotoyé la Somme un jour entier, tâtant partout le passage, et qu'ils eurent vu qu'ils ne réussiraient nulle part, ils retournèrent à Airaines auprès du roi, et lui rendirent compte de leur expédition.

Ce même jour, le roi de France vint coucher à Amiens

avec plus de 100,000 hommes, et tout le pays environnant était couvert de gens d'armes.

Edouard après avoir entendu le rapport de ses maréchaux, fut tout triste et pensif ; il commanda que chacun dans l'armée se tînt prêt le lendemain matin de bonne heure et que l'on suivît les bannières des maréchaux. Il fut fait selon cet ordre, et quand vint le matin, le roi entendit la messe avant le lever du soleil. Les trompettes sonnèrent le départ, et tout le monde se mit en route à la suite des maréchaux qui menaient l'avant-garde. Les Anglais traversèrent ainsi le Vimeux en approchant d'Abbeville ; ils s'emparèrent d'Oisemont où s'étaient réfugiés beaucoup de gens du pays. Le roi d'Angleterre se logea au grand hôpital.

Pendant ce temps, Philippe était à Amiens ; ses espions et ses éclaireurs couraient tout le pays et lui rapportaient les dispositions des Anglais. Il apprit ensuite leur départ d'Airaines, leur marche sur Abbeville et les tentatives inutiles des maréchaux pour passer la Somme. Le roi de France fut très-content de ces nouvelles ; car il pensa qu'il enfermerait le roi d'Angleterre entre Abbeville et la Somme, et le prendrait ou le combattrait à sa volonté. Pour assurer ce résultat, Philippe ordonna à un grand baron de Normandie, nommé Godemar du Fay, d'aller par la rive droite garder les ponts et les passages de la Somme, depuis Abbeville jusqu'au Crotoy, et notamment le gué de Blanche-Tache, au-dessous d'Abbeville, seul endroit par où pouvaient passer les Anglais. Godemar du Fay partit avec 1,000 hommes d'armes, 5,000 fantassins en partie génois ; il marcha si bien qu'il vint à Saint-Riquier-en-Ponthieu et de là au Crotoy où se trouve ledit passage, et encore pendant qu'il se dirigeait sur ce point, réunit-il à lui beaucoup de gens du pays. Godemar manda aux bourgeois d'Amiens de se joindre à lui pour garder le ceux-ci vinrent en grand nombre et le baron put opposer 12,000 hommes aux Anglais.

Après cela, le roi Philippe qui désirait beaucoup trouver les Anglais et les combattre, partit d'Amiens avec toutes ses forces et s'avança sur Airaines où il arriva vers midi. Le roi d'Angleterre l'avait quitté à six heures du matin. Les Français y trouvèrent grande quantité de provisions, viandes, pains, pâtés, vins en tonneaux et en barriques et beaucoup de tables mises que les ennemis avaient laissées ; car ils étaient partis de là en grande hâte.

Dès que le roi de France fut arrivé à Airaines, on lui conseilla de s'y arrêter, et on lui dit : « Sire, logez-vous ici et attendez votre baronnie. Il est vrai que les Anglais ne vous peuvent échapper. »

Ce conseil fut fatal aux Français. Philippe, en effet, pouvait en se hâtant, atteindre les Anglais avant qu'ils eussent passé la Somme. Il les aurait rejoints avant leur tentative sur le gué de la Blanche-Tache, ou lors de leur combat contre les troupes qui le gardaient et les aurait attaqués par derrière, sur les bords de la rivière où Godemar du Fay leur tenait tête. Le désavantage d'une semblable position et le nombre de leurs ennemis auraient peut-être contrebalancé la supériorité militaire des Anglais et amené pour eux une défaite désastreuse.

Edouard arrêté à Oisemont savait bien que le roi de France le suivait avec toutes ses forces, en grand désir de le combattre, et il se serait vu volontiers de l'autre côté de la Somme avec son armée. Godefroy d'Harcourt avec grand nombre de gens d'armes et d'archers avait couru jusqu'à Saint-Valery-sur-Somme, et y livra un fort combat ; mais il fut repoussé par le comte de Saint-Pol et Jean de Ligny, capitaines de la garnison. A la suite de cet échec, Edouard réunit son conseil et fit venir plusieurs gens du pays de Ponthieu et de Vimeux que ses soldats avaient emmenés. S'adressant à ces prisonniers, il leur parla ainsi : « Y a-t-il un homme parmi vous qui connaisse un passage au-dessous d'Abbeville, où nous et notre armée puissions passer ? S'il nous l'enseigne, nous le délivrerons avec vingt de ses compagnons pour lui. » Un traître, Gobin Agache, valet de moulin, s'avança et dit : « Sire, je vous promets, sur l'abandon de ma tête, que je vous mènerai à un lieu où vous passerez la Somme sans danger vous et votre armée. Il y a certains endroits où douze hommes la passeraient de front, deux fois entre jour et nuit et n'auraient de l'eau que jusqu'aux genoux. Quand le flux de mer arrive, il remplit tellement la rivière contremont, que nul n'y pourrait passer. Mais quand le flux qui vient deux fois entre nuit et jour est écoulé, la rivière demeure si petite à cet endroit, qu'on la peut traverser à l'aise, à pied et à cheval et on ne le peut ailleurs que là, sauf au pont d'Abbeville qui est une ville forte, grande et bien pourvue de gens d'armes. A ce passage que je vous nomme, il y a un gravier de blanche marne fort et dur sur lequel on peut marcher de pied ferme ; aussi appelle-t-on ce gué la Blanche-Tache. »

Le roi d'Angleterre lorsqu'il entendit les paroles du traître, fut plus joyeux que si on lui eût donné 20,000 écus, et lui dit : « Compère, si je trouve vrai tout ce que tu nous dis, je te renverrai de prison ainsi que tes compagnons pour l'amour de toi, et je te ferai donner cent écus nobles. » Gobin Agache répondit : « Oui, sire, au péril de ma tête ; mais préparez-vous pour être sur la rive au soleil levant. » « Volontiers, dit le roi. » Puis il fit savoir par toute son armée que chacun fut armé et prêt à partir au son de la trompette.

Edouard dormit peu cette nuit, il se leva à minuit et fit sonner la trompette de départ. Chacun fut prêt, les bêtes de somme et les chariots chargés. Les Anglais partirent d'Oisemont au point du jour, guidés par le valet ; ils firent si bien, qu'ils arrivèrent au soleil levant assez près du gué de la Blanche-Tache. Mais le flux de la mer était dans toute sa force et ils ne purent passer. Aussi bien était-il nécessaire que le roi attendît ses gens qui le suivaient. Il demeura à cet endroit jusqu'à ce que le flux s'en fut écoulé, à six heures du matin et pendant ce temps arriva Godemar du Fay avec ses gens d'armes.

Les 12,000 Français se rangèrent sur le bord de la rivière pour garder et défendre le passage. Mais le roi d'Angleterre, sans se laisser arrêter par ces préparatifs menaçants, ordonna à ses maréchaux de s'avancer dans l'eau et à ses archers de tirer vigoureusement sur les Français qui étaient dans la rivière et sur les bords. Les deux maréchaux anglais marchèrent bannières en tête, au nom de Dieu et de saint Georges, et les plus vaillants et les mieux montés s'élancèrent d'un vigoureux élan dans l'eau. Il y eut en la rivière mainte joûte, et maint homme renversé des deux côtés, et une mêlée terrible s'engagea ; car messire Godemar et les siens défendaient vigoureusement le passage. Des chevaliers et écuyers Français, d'Artois et de Picardie, de la charge de messire Godemar, pour se distinguer, s'élancèrent dans le gué et ne voulurent pas attendre l'ennemi dans les champs ; mais aimèrent mieux joûter dans l'eau que sur terre. Il y eut maint combat et maint fait d'armes ; car les guerriers envoyés pour garder et défendre le gué étaient gens d'élite. Ils se tenaient tous bien rangés au passage de la rivière et les Anglais étaient rudement reçus quand ils voulaient prendre terre. Les Génois leur faisaient beaucoup de mal avec leurs traits ; mais les archers d'Angleterre tiraient avec un tel ensemble que c'était merveille, et, pendant qu'ils criblaient les Français de leurs sajettes, les gens d'armes passaient. Les Anglais combattaient vigoureusement ; car ils se savaient poursuivis par le roi de France avec plus de 100,000 hommes, et ses coureurs arrivaient jusqu'à eux.

Au passage de la Blanche-Tache, la bataille fut rude et

grande, et les Français se défendirent bien. Il y eut plusieurs beaux faits de part et d'autre ; mais finalement les Anglais passèrent coûte que coûte, et aussitôt passés se rangèrent sur les champs. Le roi, le prince de Galles et tous les seigneurs traversèrent ainsi la rivière. Le désordre se mit alors parmi les Français. Godemar du Fay, au dire du *Manuscrit d'Amiens*, quitta le champ de bataille sérieusement blessé, ainsi que plusieurs chevaliers et écuyers de sa troupe. Les vaincus s'enfuirent, les uns par la route d'Abbeville, les autres par celle de Saint-Riquier. Les Anglais firent un grand massacre des fantassins qui ne pouvaient fuir assez vite. Les gens de Montreuil, d'Abbeville, de Rue et de Saint-Riquier perdirent ainsi beaucoup de monde en tués et en prisonniers.

D'après Michel de Northburgh, le roi de France avait ordonné 500 hommes d'armes et 3,000 gens des communes pour garder le passage. La bataille fut acharnée, 2,000 gens d'armes français furent tués, beaucoup de chevaliers et d'écuyers furent faits prisonniers. Ce combat eut lieu le 24 août 1346.

Les Anglais n'avaient pas encore complétement passé la rivière, quand certains écuyers de l'armée Française qui voulaient se distinguer, spécialement des écuyers de l'Empire, du roi de Bohême et de Jean de Hainaut, vinrent sur eux, conquirent sur les derniers, chevaux et harnais, tuèrent et blessèrent plusieurs ennemis qui se disposaient à traverser la Somme.

La nouvelle de ce passage arriva au roi de France qui était en marche après avoir quitté Airaines; il en fut tout consterné, s'arrêta sur les champs et demanda conseil à ses maréchaux. Ceux-ci lui dirent : « Sire, vous ne pouvez passer, car le flux de la mer est déjà revenu. » Philippe s'en retourna donc et vint coucher à Abbeville et tous ses gens le suivirent. Les princes et les grands seigneurs logèrent dans la ville et leurs gens aux villages voisins ; car ils ne pouvaient demeurer tous ensemble, tant ils étaient nombreux.

Les Anglais, après avoir forcé le passage, s'avancèrent ensemble en bel ordre et marchèrent ainsi qu'ils avaient fait au pays de Vexin et de Vimeux. Edouard rendit grâces à Dieu et chevaucha jusqu'à Noyelles. Mais apprenant qu'elle appartenait à la comtesse d'Aumale, fille de Robert d'Artois, il la garantit de tout dommage ainsi que les terres de la dame; puis il s'en alla loger auprès du château de la Broye. Les maréchaux anglais s'avancèrent jusqu'au Crotoy, ville située sur la mer, s'en rendirent maîtres et la livrèrent aux flammes. Ils trouvèrent sur le port beaucoup de navires, de barques et de vaisseaux chargés de vins du Poitou; ils s'en saisirent et en apportèrent les meilleurs au roi d'Angleterre qui était à deux petites lieues de là.

Le lendemain, Edouard délogea et chevaucha vers Crécy-en-Ponthieu. Ses maréchaux marchèrent en deux corps; l'un pour couvrir la droite, courut jusqu'aux portes d'Abbeville et puis se tourna vers Saint-Riquier, brûlant et ravageant le pays. L'autre pour couvrir la gauche, s'en vint courir jusqu'à la ville de Rue. Ils chevauchèrent ainsi le vendredi jusqu'à midi, heure à laquelle les trois batailles se réunirent.

Edouard et ses troupes se logèrent assez près de Crécy. Arrivé là, le roi d'Angleterre dit à ses gens: « Prenons place ici. Je n'irai pas plus loin sans avoir vu mes ennemis; car je suis sur l'héritage de ma mère qui lui a été donné en dot, et je veux le défendre contre mon adversaire Philippe de Valois. » Le roi campa en pleins champs avec ses gens. Il avait grand besoin de prendre les meilleures dispositions pour compenser son infériorité numérique. Edouard fit examiner par ses deux maréchaux, le comte de Warwich et Godefroy d'Harcourt, ainsi que par le vaillant Regnault de Cobham et le comte de Suffolk, le lieu et la place où il rangerait ses batailles. Ces quatre chefs se mirent sur les champs, examinèrent bien le pays et les positions avantageuses qu'il offrait. Ils y établirent le roi et ses gens ; puis envoyèrent leurs coureurs jusqu'à Abbeville ; car ils n'ignoraient pas que le roi de France s'y trouvait et y passerait la Somme. Les capitaines anglais voulaient savoir ; si les Français se mettraient en mouvement le vendredi. Les coureurs rapportèrent qu'il n'y en avait nulle apparence.

Le roi d'Angleterre permit donc à tous ses gens de demeurer en leur logis pour ce jour, et leur recommanda de se tenir prêts à marcher au son de la trompette pour venir combattre en la place qu'il avait choisie. Chacun donc se retira, se mit à fourbir ses armes et à se préparer pour le lendemain.

Quant au roi de France, arrivé le jeudi à Abbeville, il s'y reposa le vendredi, attendant ses gens qui, toujours, lui arrivaient de tous côtés, et il en faisait une partie traverser et se mettre sur les champs pour être plutôt prêts le lendemain ; car c'était son intention de combattre les ennemis. Philippe envoya le vendredi ses maréchaux, le sire de Saint-Venant et le sire de Montmorency à la découverte pour apprendre la vérité sur les Anglais. Les maréchaux rapportèrent au roi que les ennemis étaient sur les champs auprès de Crécy-en-Ponthieu, et que leurs dispositions montraient assez qu'ils voulaient combattre. Le roi fut tout réjoui de ce rapport, et dit que le lendemain, s'il plaisait à Dieu, il livrerait bataille. Il invita le vendredi à souper tous les hauts princes qui se trouvaient dans Abbeville, le comte d'Alençon son frère, le comte de Blois son neveu, le roi de Bohême, le comte de Flandre, le duc de Lorraine, le comte d'Auxerre, le comte de Sancerre, le comte d'Harcourt, Jean de Hainaut et beaucoup d'autres. Ils furent tous en grande récréation et parlement d'armes et le roi pria après souper tous les seigneurs qu'ils fussent amis et courtois les uns vis à vis des autres, sans envie, sans haine et sans orgueil; chacun le lui promit. Philippe attendait encore le comte de Savoie et Louis de Savoie son frère qui devaient venir avec 1,000 lances de Savoisiens et Dauphinois; car ils avaient été ainsi mandés, retenus et payés à Troyes en Champagne pour trois mois. Ce même vendredi, comme il a été dit plus haut, le roi d'Angleterre se tint sur les champs avec toute son armée. Les Anglais ne manquaient de rien; car le pays gras et plantureux leur fournissait des vivres, des vins, des viandes en abondance; et afin de pourvoir à tout, de nombreux chariots les suivaient.

Edouard donna à souper aux comtes et barons de son armée; il leur fit grande chère et puis il leur permit d'aller se reposer. Cette même nuit, quand tous ses gens furent partis et qu'il fût demeuré avec les chevaliers de son corps et de sa chambre, il entra dans son oratoire et se tint à genoux et en oraison devant son autel, priant Dieu de le laisser le lendemain, s'il y avait bataille, s'en tirer à son honneur; il s'alla coucher ensuite. Le jour suivant il se leva de bonne heure, entendit la messe avec le prince de Galles; puis ils communièrent tous deux. La plus grande partie des Anglais se confessa et se prépara à bien mourir.

Après la messe, le roi commanda à ses troupes de s'armer, de se mettre sur les champs, à la place qui leur avait été désignée et de se préparer au combat.

L'armée anglaise prit position sur une hauteur, en appuyant son aile droite à Crécy-en-Ponthieu et en étendant sa gauche du côté de Wadicourt. Elle dominait ainsi devant son front un ravin en pente douce, nommé la Vallée-des-Clercs. Cette position défendue, du côté de Crécy, par plusieurs rideaux placés l'un sur l'autre en escalier, devient un peu plus accessible en s'éloignant de ce bourg, et peut être tournée du côté de Wadicourt. Afin d'obvier à cet inconvénient, le roi d'Angleterre barricada la gauche avec des palissades et des chariots, laissant néanmoins une ouverture pour sortir et entrer quand il serait temps, plaça son bagage derrière, dans le bois à gauche du chemin qui conduit de Crécy à Ligescourt; fortifia ce bois avec des abatis, et fit ainsi de son poste un vaste camp retranché que protégeait encore la petite rivière de Maie qui coule dans la vallée de Crécy (1).

Edouard échelonna son armée sur la colline, après l'avoir disposée en trois lignes ou batailles. Le prince de Galles, âgé de quinze ans seulement, eut le commandement de la première. Le roi plaça auprès de lui le comte de Warwich, le comte de Hereford, Godefroy d'Harcourt, sire Regnault, ou Reginald Cobham, sire Thomas Holland, sire Richard Stafford, le sire du Man, le sire de la Ware, Jean Chandos, Robert de Neufville, Thomas Cliffort, les sires de Bourchier et de Latimer et beaucoup d'autres bons chevaliers et écuyers.

Cette bataille se mit avec beaucoup d'ordre sur les champs; chaque sire sous sa bannière ou son pennon et entre ses gens.

En la deuxième ligne ou bataille, étaient les comtes de Northampton et d'Arundel, les sires de Ross, de Lucy, de Willoughby, de Basset, de Saint-Aubin, de Multon et beaucoup d'autres.

Le roi se réserva le commandement de la troisième ligne, située sur la partie la plus élevée; il avait sous ses ordres grand nombre de bons chevaliers et écuyers.

Comme à Halidon-Hill et, selon la nouvelle tactique anglaise, les gens d'armes et les archers à cheval, mirent pied à terre et durent combattre ainsi. Il n'y eut même point, comme à Buironfosse, aucune réserve de cavalerie. Les chevaux de la gendarmerie et des archers à cheval furent placés dans le parc construit dans le bois, derrière l'armée.

(1) *Histoire d'Abbeville*, par Louandre.

Quand ces batailles furent mises en ordre et que chacun sut ce qu'il avait à faire, le roi d'Angleterre monta sur un petit palefroi, et parcourut les rangs un bâton blanc à la main, priant comtes, barons et chevaliers de défendre son honneur et son droit. Il leur parlait à tous d'un air si confiant et si joyeux que quiconque avait perdu courage, le retrouvait, en le voyant et en l'entendant. Edouard enjoignit encore à ses soldats, sous les peines les plus sévères, de rester à leurs rangs et de ne jamais les abandonner sans son ordre exprès, quoi qu'il arrivât. Le roi se retira ensuite en sa bataille et ordonna que tous ses gens mangeassent à leur aise et bussent un coup. Il fut fait selon ses ordres. Les Anglais mangèrent et burent à loisir ; puis reportèrent pots, barils et provisions sur leurs chars et revinrent aux batailles où les maréchaux les avaient placés ; ils s'assirent à terre, leurs bassinets et leurs arcs devant eux, pour être plus frais et plus dispos à l'arrivée de l'ennemi.

Le roi d'Angleterre était décidé à attendre ainsi Philippe de Valois et à combattre contre toutes ses forces.

Le samedi, 26 août, le roi de France se leva d'assez matin et entendit la messe en son hôtel d'Abbeville où il était logé. Ainsi firent le roi de Bohême, le comte d'Alençon, le comte de Blois, le comte de Flandre et tous les grands seigneurs qui se tenaient dans la ville. Au soleil levant, Philippe quitta Abbeville ; il y avait si grand nombre de gens d'armes que c'était merveille. Le roi de France chevaucha tranquillement pour attendre ses gens, en compagnie du roi de Bohême et de Jean de Hainaut.

Quand Philippe et le gros de ses forces se furent éloignés d'Abbeville d'environ deux lieues, on dit au roi : « Sire, il serait bon que vous pensiez à ordonner vos batailles, que vous fassiez passer devant tous les gens de pied, afin qu'ils ne soient point foulés par ceux de cheval, et que vous envoyez trois ou quatre de vos chevaliers devant pour reconnaître vos ennemis et voir en quel état ils sont. » Ces paroles plurent au roi, et il choisit pour cette mission quatre très-vaillants chevaliers : le Moine de Bazeilles de la suite du roi de Bohême, le seigneur de Noyers, le seigneur de Beaujeu et le seigneur d'Aubigny. Ces quatre chevaliers s'avancèrent si loin, qu'ils arrivèrent très près des ennemis et qu'ils purent examiner et comprendre leurs dispositions. Les Anglais virent bien qu'ils étaient venus là pour les observer, mais ils ne firent semblant de rien et les laissèrent revenir tranquilles.

Les quatre chevaliers retournèrent donc vers le roi de France et les seigneurs de son conseil qui chevauchaient à petits pas en les attendant. Questionné par le roi, le Moine de Bazeilles parle ainsi : « Sire, nous avons chevauché et nous avons vu et considéré les dispositions des Anglais. Sachez qu'ils sont rangés en trois batailles, bien et en bel ordre, et ne font nul semblant de fuir, mais nous attendent à ce qu'ils montrent. Je vous conseille donc, pour ma part, sauf meilleur avis, que vous fassiez arrêter tous vos gens sur les champs et camper pour aujourd'hui. Car, avant que les derniers soient arrivés et que vos batailles soient ordonnées, il sera tard, vos troupes seront lasses, fatiguées et sans ordre, et vous trouverez les Anglais frais, dispos et sachant fort bien ce qu'ils doivent faire. Vous pourrez le matin ordonner vos batailles mieux et plus à loisir et aviser tout à l'aise la manière de combattre vos ennemis ; car, soyez sûrs qu'ils vous attendront. »

Le roi adopta ce conseil, et il recommanda de faire ce qu'avait dit le Moine de Bazeilles. Les deux maréchaux chevauchèrent l'un devant, l'autre derrière, disant et commandant aux bannerets : « Arrêtez bannières, de par le roi, au nom de Dieu et de monseigneur Saint-Denis. » Les premiers s'arrêtèrent à cet ordre ; il n'en fut pas ainsi des derniers qui continuèrent à marcher, disant qu'ils ne s'arrêteraient qu'après avoir rejoint les premiers; et quand ceux-ci les virent approcher, ils chevauchèrent en avant. C'est ainsi que les choses se passèrent par orgueil et par vanité ; chacun voulut dépasser son compagnon. Le conseil du vaillant chevalier ne fut ni cru, ni écouté. Le roi ni ses maréchaux ne purent être maîtres de leurs troupes ; car il y avait si grand nombre de grands seigneurs, que chacun, par envie, voulait montrer là sa puissance.

Les Français marchèrent ainsi, sans aucune espèce d'ordre, si avant, qu'ils arrivèrent tout près des ennemis et se trouvèrent en face d'eux. Ce fut une grande occasion de blâme pour les premiers et mieux leur eut valu s'être mis en ordre, selon l'avis du brave de Bazeilles ; car sitôt qu'ils virent les Anglais, ils reculèrent avec un tel désordre, que ceux qui étaient derrière s'en étonnèrent et pensèrent que les premiers avaient engagé le combat et étaient déjà en déroute. Ils eurent alors l'espace d'aller en avant, s'ils le voulaient ; les uns le firent et d'autres se tinrent immobiles. Il y avait sur les champs un si grand nombre de gens des communes qu'on ne pouvait les compter et que la plaine en était couverte entre Abbeville et Crécy ; quand ils furent arrivés à trois lieues des ennemis, ils tirèrent leurs épées et crièrent : A la mort ! à la mort ! et ils ne voyaient personne.

Les Anglais qui étaient assis tranquillement à terre, sitôt qu'ils virent les Français s'approcher, se levèrent en ordre, sans nul effroi, et se rangèrent en leurs batailles. Celle du prince devant, les archers disposés en forme de herse, et les gens d'armes au fond de la bataille. Les comtes de Northampton et d'Arundel qui commandaient la deuxième bataille, se tenaient, sur les ailes en bon ordre, prêts à soutenir le prince, s'il en était besoin. Les seigneurs, rois, ducs, comtes et barons français ne vinrent pas jusque-là tous ensemble, mais l'un devant, l'autre derrière, sans plan ni ordonnance.

Quand le roi Philippe arriva jusqu'à la place où les Anglais étaient arrêtés et rangés et qu'il les vit, son sang bouillonna, car il les haïssait. Il ne fut pas maître de lui et ne put s'empêcher de les combattre ; il dit à ses maréchaux : « Faites passer nos Génois devant et commencer la bataille, au nom de Dieu et de monseigneur saint Denis ! » Il y avait là 15,000 (1) environ de ces arbalétriers Génois qui eussent tout autant aimé ne pas commencer alors la bataille; car ils étaient las et fatigués d'avoir marché ce jour pendant plus de six lieues, tout armés et portant leurs arbalètes. Ils dirent à leurs connétables qu'ils n'étaient pas en état de faire alors aucun grand exploit de guerre. Ces paroles parvinrent aux oreilles du duc d'Alençon qui en fut très-courroucé et qui s'écria : « On doit bien se charger de telle ribaudaille qui fait défaut au moment où on en a le plus besoin. »

Pendant que ces paroles s'échangeaient et que les Génois reculaient et différaient, il tomba une pluie si grosse et si épaisse que c'était merveille, et accompagnée de tonnerre et d'éclairs.

Avant cette pluie, par-dessus les batailles, autant d'un côté que de l'autre, avait volé une innombrable quantité de corbeaux qui avaient fait le plus grand bruit du monde, et plusieurs sages chevaliers disaient que c'était signe de grande bataille et d'effusion de sang. Après cela, le ciel

---

(1) Ce chiffre, dit M. Luce, semble exagéré. Le nombre 6,000 donné par Villani, particulièrement bien informé quand il s'agit des mercenaires italiens au service de la France, est plus vraisemblable. D'après le chroniqueur florentin, on avait fait venir ces Génois de Harfleur, où ils formaient l'équipage de trente-trois galées, ancrées dans ce port; ils étaient sous les ordres de Charles Grimaldi et d'Ayton Doria. L'arme des Génois était l'arbalète à manivelle, machine pesante et d'un maniement assez compliqué qui lançait des quarreaux ou viretons.

vint à s'éclaircir et le soleil à luire. Les Français l'avaient droit dans les yeux et les Anglais par derrière.

Quand les Génois se furent raffermis et mis ensemble ; ils s'avancèrent sur les Anglais et poussèrent de grands cris pour les effrayer. Mais les Anglais se tinrent immobiles et ne firent semblant de rien. Les Génois crièrent une deuxième fois et firent un pas en avant, et les Anglais restèrent tous cois, sans bouger d'un pas. Les Génois crièrent pour la troisième fois très-haut et très-fort, marchèrent sur l'ennemi, tendirent leurs arbalètes et commencèrent à tirer. Les Anglais alors faisant à leur tour un pas en avant, firent voler leurs flèches qui entrèrent et descendirent sur les Génois en quantité si drue et si épaisse que ce semblait neige. Les Génois qui n'avaient pas l'habitude de rencontrer des archers tels que les archers d'Angleterre, quand ils sentirent ces flèches qui leur perçaient bras, têtes et visages, furent bientôt en déroute ; les uns rompirent les cordes de leurs arbalètes et les autres les jetaient à terre ; puis ils se mirent en retraite.

Entre eux et les Français, il y avait une grande haie de gens d'armes montés et parés très-richement qui regardaient l'ordre de bataille des Génois et la façon dont ils combattaient. Et lorsque ceux-ci voulurent se retirer, ils ne le purent ; car en voyant leur pauvre contenance et leur déroute, le roi de France irrité s'écria : « Or tôt tuez toute cette ribaudaille, car ils nous ennuient et nous empêchent la voie sans raison. » Alors les gens d'armes de tous les côtés entrèrent au milieu des Génois et les frappèrent. Plusieurs trébuchèrent et tombèrent parmi eux qui ne purent se relever. Les Anglais tiraient toujours là où la presse était plus grande ; ils ne perdaient aucun trait, car ils perçaient et traversaient le corps et les membres des gens et chevaux qui tombaient, trébuchaient et qui ne pouvaient être relevés qu'avec peine et à l'aide de leurs gens. Ainsi commença la bataille entre La Broye et Crécy en Ponthieu (1).

Le vaillant et gentil roi de Bohême qui s'appelait Jean de Luxembourg, car il était fils de l'empereur Henry de Luxembourg, apprit par ses gens que la bataille était commencée, car quoi qu'il fût là en armes et prêt à combattre, il était aveugle. Il demanda à ses chevaliers quelle était la contenance des Français : « Monseigneur, lui fut-il répondu, les Génois sont en déroute et le roi a commandé de les tuer tous ; et il y a entre eux et mes gens une merveilleuse confusion, car ils tombent et trébuchent l'un sur l'autre et nous embarrassent beaucoup. » « Ah ! dit le roi de Bohême, c'est mauvais signe pour nous. » Il s'informa ensuite du roi d'Allemagne, son fils, et dit : « Où est messire Charles mon fils ? » Ses chevaliers répondirent : « Monseigneur nous ne savons ; nous croyons qu'il combat plus loin. » Alors le roi dit à ses gens : « Seigneurs, vous êtes mes hommes, mes amis et mes compagnons. Aujourd'hui, je vous prie et requiers très-spécialement, que vous me meniez si avant que je puisse frapper un coup d'épée. » Et ses chevaliers qui aimaient son honneur et leur avancement, le lui promirent. Là était le Moine de Bazeilles qui ne l'eût pas quitté, ainsi que plusieurs bons chevaliers du comté de Luxembourg. Pour remplir leur devoir et ne point perdre leur roi dans la mêlée ; ils se lièrent tous ensemble par les rênes de leurs chevaux. Ils mirent le roi leur seigneur tout devant pour mieux accomplir son désir, et ils s'en allèrent ainsi sur leurs ennemis.

La vérité est que de si bons gens d'armes et de si noble chevalerie que le roi de France avait là en telle quantité, il sortit trop peu de grands faits d'armes, car la bataille commença tard et les Français étaient fort las et fatigués

(1) Froissart, *édition Luce.*

en arrivant. Toutefois les vaillants hommes et les bons chevaliers chevauchaient toujours en avant pour leur honneur, et aimaient mieux mourir que de s'entendre reprocher une vilaine fuite. Là se trouvaient le comte d'Alençon, le comte de Blois, le comte de Flandre, le duc de Lorraine, le comte d'Harcourt, le comte de Saint-Pol, le comte de Namur, le comte d'Auxerre, le comte d'Aumale, le comte de Sancerre, le comte de Sarrebruke et une quantité innombrable de comtes, de barons et de chevaliers. Là était messire Charles de Bohême qui s'appelait, déjà roi d'Allemagne et en portait les armes. Il vint avec beaucoup d'ordre jusqu'au lieu du combat; mais quand il vit que les choses allaient mal pour ses alliés, il partit. On ne sait quelle route il prit.

Ainsi ne fit pas le bon roi son père, car il alla si avant sur les ennemis qu'il frappa un coup d'épée, même trois, même quatre, et il combattit vaillamment; ainsi firent les chevaliers qui l'accompagnaient. Ils le servirent si bien et s'avancèrent si loin au milieu des Anglais, qu'ils y demeurèrent tous et que nul n'en revint, sauf deux écuyers, Lambert d'Oupeye et Pierre d'Auvilliers qui parvinrent, on ne sait comment, à se sauver. Les autres furent trouvés le lendemain étendus autour de leurs seigneurs, leurs chevaux liés ensemble.

Grande était l'angoisse du roi de France, en voyant ses gens battus et renversés par une poignée d'Anglais. Il demanda conseil à Jean de Hainaut qui était auprès de lui. Celui-ci lui répondit : « Sire, je ne saurai vous conseiller rien de mieux que de vous retirer et de vous mettre en sûreté ; car je n'y vois pas de remède. Il va être tard, et vous pourriez aussi bien chevaucher parmi vos ennemis, et vous perdre, que parmi vos amis.

Le roi frémissant de colère et de désespoir ne répondit pas, mais chevaucha plus avant. Il voulait rejoindre le comte d'Alençon dont il voyait les bannières sur une petite hauteur. Lequel comte d'Alençon descendit avec beaucoup d'ordre et vint combattre les Anglais. Le comte de Flandre en fit autant. D'autre part, ces deux seigneurs et leurs troupes cotoyant les archers, s'en vinrent jusqu'à la bataille du prince de Galles, et là ils combattirent longuement et vaillamment. Le roi y fut venu volontiers s'il eût pu, mais il y avait une si grande haie de gens d'armes et d'archers devant lui, que jamais il ne put passer, car plus il s'avançait, plus ses troupes s'éclaircissaient.

Le matin de ce jour, le roi avait donné à messire Jean de Hainaut un coursier noir, grand et beau, et Jean de Hainaut l'avait confié à un de ses chevaliers, messire Thomas de Senselles, son porte-bannière. Ce chevalier, la bannière de Jean de Hainaut devant lui, perça toutes les lignes anglaises ; quand il les eut passées et quand il revint, il trébucha dans un fossé, car il était blessé d'une sajette. Il y eut succombé, mais son page qui l'avait suivi autour des batailles, le trouva gisant à terre et ne pouvant se relever. Il n'avait d'autre empêchement que son cheval, car les Anglais ne quittaient pas leurs rangs pour prendre ni frapper personne. Le page descendit, releva et remonta son maître. Le sire de Senselles ne retourna point par le chemin qu'il avait suivi, et à vrai dire, il ne l'aurait pu.

Cette bataille de Crécy fut très-sanglante. Il s'y accomplit plusieurs grands faits qui ne furent connus de personne, car le combat commença tard, et cela fit plus de mal aux Français que tout le reste. Plusieurs gens d'armes, chevaliers et écuyers en effet, sur la nuit, perdaient leurs maîtres et leurs seigneurs. Ils erraient par les champs et tombaient souvent en désordre au milieu des Anglais où ils étaient entourés et tués; car ceux-ci avaient décidé le matin que nul ne serait pris à rançon, à cause du grand nombre d'ennemis qui les suivait.

Le comte Louis de Blois, neveu du roi Philippe, s'en vint avec ses gens, sous sa bannière, combattre les Anglais et se comporta vaillamment et ainsi fit le duc de Lorraine. Beaucoup de gens disent que si la bataille eût été commencée aussi bien le matin que le soir, il y eut eu du côté des Français de beaux faits d'armes que l'heure avancée empêcha. Plusieurs chevaliers, écuyers français ou de leurs alliés allemands et savoisiens, rompirent par force d'armes la bataille des archers du prince et vinrent jusqu'aux gens d'armes combattre aux épées, main à main, et là il y eut plusieurs belles actions.

Réginald de Cobham, Jean Chandos et plusieurs autres se distinguèrent là, du côté des Anglais ; autour du prince se trouvait la fleur de la chevalerie d'Angleterre. Le comte de Northampton et le comte d'Arundel qui commandaient la deuxième bataille et se tenaient sur les ailes, vinrent soutenir les troupes du prince et, elles en avaient bien besoin ; car autrement elles eussent eu à faire. Malgré ce renfort, le danger fut tel à un moment pour les deux batailles engagées, que ceux qui gouvernaient et servaient le prince, envoyèrent un chevalier réclamer l'aide du roi d'Angleterre qui se tenait plus avant sur la motte d'un moulin à vent. « Monseigneur, lui dit le chevalier, le comte de Warwich, le comte de Hereford et Réginald de Cobham qui sont auprès du prince votre fils, ont beaucoup à faire et sont vigoureusement assaillis par les Français. C'est pourquoi ils vous prient que vous et votre bataille, vous veniez les secourir et les aider à sortir de péril ; car si cette attaque augmente de violence, ils craignent que votre fils n'ait beaucoup à faire, quoique la première et la seconde bataille se soient réunies. » Le roi dit au chevalier qui s'appelait Thomas de Norvich : « Messire Thomas, mon fils est-il mort, ou à terre, ou si blessé qu'il ne se puisse aider ? — Non, monseigneur, répartit le chevalier, à Dieu ne plaise ! mais il est engagé dans un si rude combat, qu'il aurait bien besoin de votre secours. — Messire Thomas, dit le roi, retournez vers lui et ceux qui vous ont envoyé, et dites-leur de ma part qu'ils ne m'envoient plus chercher, pour aventure qui leur arrive, tant que mon fils sera en vie. Et dites-leur que je leur recommande de laisser l'enfant gagner ses éperons ; car je veux, si Dieu le permet, que la journée soit sienne et que l'honneur lui en demeure à lui, et à ceux à qui je l'ai confié.

Le chevalier retourna vers ses maîtres et leur rapporta ces paroles. Cette réponse les encouragea beaucoup, et ils se reprochèrent leur démarche. Ils furent meilleurs chevaliers qu'auparavant et firent plusieurs beaux faits d'armes ainsi qu'il apparut bien ; car la place leur demeura.

On doit bien supposer que là où se trouvaient tant de vaillants hommes, une si grande multitude et où tant de Français demeurèrent sur la place, il y eut de brillants faits d'armes. Le comte d'Harcourt que son frère Godefroy ne put sauver, le comte d'Aumale son neveu, le comte d'Alençon et le comte de Flandre succombèrent en combattant bravement sous leurs bannières ainsi que bon nombre de chevaliers et d'écuyers de leur suite. Le comte Louis de Blois et son beau-frère avec leurs gens et leurs bannières, entourés d'une troupe d'Anglais et de Gallois qui ne prenaient personne à merci, se défendirent avec fureur et accomplirent plusieurs actions d'éclat ; car ils étaient vaillants. Mais leur valeur ne les put sauver ; eux et les leurs demeurèrent sur la place, ainsi que le comte d'Auxerre, le comte de Saint-Pol et beaucoup d'autres.

Sur le soir fort tard, alors que le jour tombait, le roi Philippe partit tout déconforté, et il y avait bien de quoi, avec cinq barons seulement : C'étaient messire Jean de Hainaut, le premier et le plus proche du roi, le sire de Montmorency, le sire de Beaujeu, le sire d'Aubigny et le sire de Montsault. Le roi chevaucha jusqu'au château de la Broye; se lamentant et plaignant ses gens. Il le trouva fermé et le pont levé, car il faisait nuit et la brume était épaisse. Le roi fit appeler le châtelain. Celui-ci vint sur les guérites, et demanda tout haut : « Qui est là ? qui frappe à cette heure ? » Philippe qui l'entendit répondit : « Ouvrez ! ouvrez ! châtelain, c'est l'infortuné roi de France. » Le châtelain qui reconnut la voix du roi et qui avait appris la défaite par les fuyards, abaissa le pont et ouvrit la porte. Philippe entra avec sa suite et resta jusqu'à minuit au château, mais il se garda bien d'y demeurer et de s'y enfermer. Il but un coup ainsi que les siens, puis ils montèrent à cheval et partirent, chevauchèrent jusqu'au point du jour et vinrent à Amiens. Le roi s'y arrêta, se logea en une abbaye, et déclara qu'il n'irait pas plus loin sans avoir des nouvelles de ses gens, sans connaître qui était mort, qui était sauvé.

La perte des Français fut très-grande, et la mort de tant de vaillants hommes, comtes, barons et chevaliers affaiblit beaucoup le royaume, d'honneur, de puissance et de conseil. Si les trois batailles anglaises se fussent réunies ensemble et eussent poursuivi les vaincus, ainsi que cela se fit plus tard à Poitiers, l'armée de Philippe aurait encore bien plus souffert, et le roi lui-même eut été pris. Mais les vainqueurs ne quittèrent pas leurs rangs pour la poursuite et, gardant le terrain qu'ils occupaient, se bornèrent à repousser les assaillants. Cela seul sauva le roi de France ; car il demeura fort tard assez près de ses ennemis et n'ayant pas à son départ plus de 60 hommes auprès de lui.

Alors Jean de Hainaut qui restait auprès de lui pour le garder et le conseiller et qui l'avait déjà remonté une fois, car le cheval de Philippe avait été tué par une sajette, prit la bride du roi et lui dit :

« Sire, venez, il est temps, ne vous perdez point si simplement. Si vous avez perdu cette fois, vous regagnerez une autre. » Et il l'emmena presque par force.

Les archers d'Angleterre furent d'un grand secours à

leur armée, car beaucoup disent que ce fut par leurs flèches que la victoire fut décidée, bien qu'il y eût de vaillants chevaliers de leur côté, qui combattirent bravement à l'arme de main et qui accomplirent de beaux faits d'armes. Mais on doit bien sentir et reconnaître que les archers y fixent un grand fait, car par leur trait, les Génois qui étaient bien 15,000 furent déconfits dès le commencement. Ce qui fut un grand avantage, car beaucoup de gens d'armes richement armés, parés et bien montés, ainsi qu'on se montait alors, furent déconfits et perdus par les Génois qui trébuchèrent parmi eux et s'embarrassaient tellement, qu'ils ne se pouvaient lever ni retirer. Et parmi les Anglais, il y avait pillards et ribauds, Gallois et Cornouailliens qui suivaient gens d'armes et archers et portaient de grands couteaux. Ils venaient entre leurs gens d'armes et leurs archers qui leur faisaient passage, et trouvaient dans cet embarras, comtes, barons et chevaliers, et les tuaient sans merci, si grands sires qu'ils fussent. De cette façon grand nombre périrent malheureusement, et le roi d'Angleterre regretta qu'on ne les eût pris à rançon.

Cette bataille fut livrée le samedi 26 août 1346.

Nous avons reproduit, en suivant M. Luce, et d'après la rédaction ordinaire de Froissart qu'il croit la première en date et qu'il a adoptée pour texte de son ouvrage, les chiffres de l'armée anglaise en cette campagne et le récit de la bataille de Crécy. Mais dans les deux autres rédactions connues sous les noms de *Manuscrits d'Amiens et de Rome*, Froissart nous donne sur cette bataille certains détails différents et souvent contradictoires de ceux que nous avons rapportés. Nous allons citer quelques passages de ces manuscrits et les comparer avec la première rédaction.

Voyons d'abord le nombre des Anglais à Crécy. La rédaction ordinaire de Froissart évalue ainsi les batailles anglaises. D'après elle, la bataille du prince comprenait 800 hommes d'armes, 2,000 archers et 1,000 brigands gallois ; celle du comte d'Arundel 500 hommes d'armes et 1,200 archers ; et enfin la bataille du roi 700 hommes d'armes et 2,000 archers ; ce qui nous donne un total de 2,000 hommes d'armes, 5,200 archers et 1,000 brigands gallois.

Ces chiffres, évidemment, sont d'une faiblesse exagérée ; il suffit de les comparer à ceux fixés par la même rédaction, lors de l'embarquement de l'armée anglaise pour la France. Nous comptons alors dans les troupes d'Edouard : 7,000 hommes d'armes, 10,000 archers, sans compter les Irlandais et les Gallois.

Ainsi donc, dans cette campagne où l'armée anglaise ne rencontra qu'au siége de Caen une sérieuse résistance qui lui coûta 500 hommes, où elle ne livra ensuite que quelques assauts sans importance et quelques insignifiants combats, sauf celui du gué de la Blanche-Tache, 5,000 hommes d'armes, 4,800 archers auraient disparu ; des Irlandais il n'est plus question. Tout cela est peu vraisemblable et porte à croire que Froissart, qu'engageaient en ce moment les liens les plus forts avec l'Angleterre, que séduisait d'ailleurs la gloire de cette nation, a voulu augmenter encore par ses exagérations, l'éclat des brillantes victoires d'Edouard. Aucun historien anglais même n'a osé reproduire ici les chiffres de Froissart.

Prenons maintenant le *Manuscrit d'Amiens*, nous allons le traduire en français moderne, ainsi que nous avons fait pour la rédaction ordinaire :

« Après la messe, le roi commanda à tous ses gens de s'armer, de sortir de leurs logis et de se placer sur les champs. Il fit établir un grand parc près d'un bois, avec tous les chars et charrettes de l'armée, lequel parc n'eut qu'une seule entrée ; puis il fit mettre tous les chevaux dedans ce parc. Il ordonna ensuite bien et sagement trois batailles. Il donna la première à son fils aîné le prince de Galles avec 1,200 armures de fer, 4,000 archers et 4,000 Gallois. Il mit son fils en la garde du comte de Warwich, du comte de Kenfort, du comte de Kent, de Godefroy d'Harcourt, de Regnault Cobham, de Richard Stafford, de Jean de Beauchamp, de Thomas Holland, de Jean Chandos et de plusieurs autres bons chevaliers et écuyers.

« Le roi donna la deuxième bataille aux comtes de Northampton, de Suffolk, à l'évêque de Durham, à monseigneur Louis de Beauchamp, au seigneur de la Ware, au sire de Willoughby et à plusieurs autres bons chevaliers et écuyers, avec 1,200 armures de fer et 3,000 archers. Il retint pour lui la troisième qui devait être entre ces deux batailles avec 1,500 ou 1,600 armures de fer, 4,000 archers et le reste des piétons. Tous étaient Anglais ou Gallois. Il n'y avait que six chevaliers d'Allemagne et messire Oulphars de Ghistelles de Hainaut. »

Ainsi, d'après ce manuscrit, nous avons 3,900 ou 4,000 armures de fer, 11,000 archers, 4,000 Gallois, sans compter le reste des piétons anglais, gallois ou irlandais.

Le *Manuscrit de Rome* nous donne encore une troisième évaluation. Selon lui, la première bataille anglaise comptait 1,200 hommes d'armes, 4,000 archers et 1,000 Gallois ; la deuxième 1,200 hommes d'armes, 4,000 archers ; et enfin la troisième, 1,500 hommes d'armes et 6,000 archers. Ces chiffres, on le voit, se rapprochent assez de ceux du *Manuscrit d'Amiens* et sont plus vraisemblables que ceux de la première rédaction. On pourrait donc accepter de préférence la version du *Manuscrit de Rome*, le dernier des trois. Mais comment garantir l'authenticité de ces évaluations, en présence de tant de contradictions du même chroniqueur.

Autre contradiction du *Manuscrit d'Amiens*. Après la déroute des Génois, il raconte d'abord les décharges des archers anglais sur la cavalerie française. Les paroles dont il se sert, sont si expressives, que nous maintenons le texte original :

« Et d'autre part li archier traioient si espessement et si ouniement à chiaux qui estoient devant et d'encoste, que li cheval qui sentoient les saiettes barbues, faisoient merveillez. Li ung ne volloient avant aller, li autre salloient contremont, li pluisseur regettoient fort, li autre se retornoient les culz pour les saiettez qu'ils sentoient, par deviers les ennemis, maugret leurs mestres, et chil qui sentoient la mort, se laissoient cheoir. »

Jusque-là tout est bien ; mais le manuscrit ajoute :

« Et les gens d'armes englès qui estoient rengiet à piet s'avanchoient et se freoient entre ces seigneurs et ces gens qui ne se pooient aidier de leurs chevaux, ne d'iaux meismes, et tenoient daghes, haces et cours espios de gue[r]re, durs et roys, et ocioient gens à leur aise, sans contredit et à peu de fait et de deffensce. »

Tandis que la rédaction ordinaire dit ceci :

« Il y avait parmi les Anglais, des Gallois à pied qui ont coutume de suivre l'armée ; on les appelle pillards et ribauds. Ils portaients de grandes coustilles, et s'en venaient, tout en rampant, tout coiement entre leurs archers et les gens d'armes, etc. »

Ceci semble plus vraisemblable. Tout paraît indiquer qu'à Crécy, ainsi que le dit plus loin le manuscrit ordinaire, les solides et disciplinées batailles de gens d'armes à pied anglais, selon le commandement donné par Edouard, sur peine de la tête, attendirent en bon ordre et sans se déranger, l'attaque de la cavalerie française qui n'était qu'en partie ébranlée. Seuls les légers Gallois et Irlandais, au contraire, vinrent selon la coutume des coustiliers du temps, frapper de leurs couteaux, les ennemis renversés.

Au milieu de ces contradictions, les chroniques de

France nous seront d'un faible secours ; nous donnons cependant leur version :

« Le roy, disent-elles, vint à la Braye, une ville assez près de la forest de Crécy, et ilec luy fu dit que l'ost des Anglois estoit bien à quatre ou cinq lieues de luy, dont ceux mentoient faussement qui telles paroles luy disoient, car il n'avoit pas plus d'une lieue entre la ville et la forest, ou environ. A la parfin, environ heure de vespres, le roy vit l'ost des Anglois, lequiel fu espris de grant hardiesse et de courroux, désirant de tout son cuer combatre à son anemi. Si fist tantost crier : A l'arme ! et ne voult croire au conseil de quelconque qui loyaument le conseillast, dont ce fu grant doleur ; car l'en luy conseilloit que celle nuit luy et son ost se reposassent ; mais il n'en voult riens faire. Ains s'en ala à toute sa gent assembler aux Anglois, lesquels Anglois giettèrent trois canons dont il avint que les Génevois arbalestiers qui estoient au premier front tournèrent le dos et laissièrent à traire ; si ne scet l'en sé ce fu par traïson, mais Dieu le scet. Toutes voies l'en disoit communément que la pluie qui chéoit avoit si moilliées les cordes de leur arbalestes que nullement il ne les povoient tendre ; si s'en commencièrent les Génevois à enfuir et moult d'autres, nobles et non nobles. Et si tost qu'il virent le roy en péril, si le laissièrent et s'enfuirent.

« Quant le roy vit ainsi faussement sa gent ressortir et aler, et meismement les Génevois, le roy commanda que l'en descendist sur eux. Adonques, les nostres qui les cuidoient estre traitres les assaillirent moult cruellement et en mistrent pluseurs à mort. Et le roy désiroit moult à soy combatre main à main au roy d'Angleterre ; mais bonnement il ne povoit, car les autres batailles qui estoient devant se combatoient aux archiers, lesquels archiers navrèrent moult de leur chevaux et leur firent moult d'autres dommages, en tout que c'est pitié et doleur du recorder, et dura ladite bataille jusques à soleil couchant. Finablement tout le fais de la bataille chéi sus les nos et fu contre eux.

En icelle journée, toute France et confusion telle qu'elle n'avoit onquesmais par le roy d'Angleterre soufferte, dont il soit mémoire à présent; car par pou de gens, et gens de nulle value, c'est assavoir, archiers, furent tués le roy de Boesme, fils de Henri jadis empereur, le conte d'Alençon, frère du roy de France, le duc de Lorraine, le conte de Bloys, le conte de Flandres, le conte de Harecourt, le conte de Sancerre, le conte de Samines et moult d'autres nobles compaignies de barons et de chevaliers, desquels Dieu veuille avoir merci!

« En celui lieu de Crécy, la fleur de la chevalerie chéi. »

Le Père Daniel fondant ensemble les récits de Froissart, du deuxième continuateur de Guillaume de Nangis et des Grandes Chroniques de Saint-Denys, attribue notre défaite aux causes suivantes :

« La première, dit-il, c'est que les troupes françaises étaient fort fatiguées de la marche qu'elles avaient faite ce jour-là ; la deuxième qu'elles arrivèrent très en désordre ; la troisième que l'on changea l'ordonnance de l'armée en présence de l'ennemi et que l'on fit passer les Génois au travers de l'armée pour former la première ligne, contre ce qui avait été résolu d'abord ; la quatrième qu'une très-grosse pluie étant survenue, la corde des arbalètes des Génois s'était lâchée, et que par cet accident, ils ne furent nullement en état de soutenir la décharge des archers anglais et de leur répondre par des décharges pareilles ; la cinquième fut que les Génois commençant à lâcher pied, le comte d'Alençon, au lieu de leur faciliter leur retraite, ou de prévenir les désordres qu'elle pouvait causer, les fit charger par des soldats de sa ligne comme des traîtres, et que durant ce temps-là, non-seulement les archers anglais tiraient sans cesse, mais encore que leur gendarmerie vint charger la gendarmerie française qui, étant fort dérangée, ne put soutenir l'effort. » (1)

On peut objecter ceci à la troisième cause que le savant Père assigne à notre désastre. S'il est vrai, en fait, que l'on exécutât en présence de l'ennemi, un mouvement qui eut pour résultat de faire passer aux premiers rangs les arbalétriers génois, il n'est pas exact de dire que l'on avait résolu d'abord de faire commencer la bataille par d'autres troupes que ces gens de trait italiens. On était jusqu'alors en ordre de marche, et non en ordre de combat. Si ce deuxième ordre n'avait pas été adopté plus tôt, c'est que premièrement, au dire des Grandes Chroniques, le roi de France étant à la Braye, on lui dit que l'ennemi se tenait à quatre ou cinq lieues de là et, ajoutent les chroniques, ceux qui telles paroles lui dirent, mentaient faussement, car il n'y avait pas plus d'une lieue environ, entre la ville et la forêt de Crécy, auprès de laquelle se trouvaient les Anglais. D'ailleurs, à la vue de l'ennemi, Philippe ordonna aux bannières de s'arrêter, et si elles continuèrent à avancer, ce ne fut qu'au mépris de cet ordre royal. On ne peut donc attribuer qu'à leur indiscipline et non à la volonté de leurs chefs leur arrivée en première ligne en face des Anglais. Quand Philippe commanda aux Génois de s'avancer et de commencer la bataille, il ne changea aucun plan, il suivit l'usage généralement admis depuis les Anciens, qui consistait à faire engager l'action par des gens de trait.

A Crécy, on n'eut aucunement l'intention de modifier la tactique habituelle. On ne peut avoir aucun doute à ce sujet, en lisant les récits de Froissart et cette phrase si claire du deuxième continuateur de Guillaume de Nangis. « Les arbalétriers génois ne purent tirer à ce moment,

---

(1) *Histoire de la Milice française.*

quoique, selon la coutume, ils eussent dû engager les premiers la bataille. »

Quant à la dernière raison de la cinquième cause, attribuée par Daniel à notre défaite, et formulée ainsi : « Non-seulement les archers anglais tiraient sans cesse, mais encore la gendarmerie anglaise vint charger la gendarmerie des Français qui, étant fort dérangée, ne put soutenir l'effort. » Nous avons dit que la gendarmerie anglaise à pied ne bougea pas, que gardant ses rangs et maintenant ses positions, elle croisa ses lances contre la cavalerie française, attendit son choc et ne le prévint pas. Les coustiliers gallois seuls, eurent le rôle attribué par Daniel aux gens d'armes anglais. Quant à ceux-ci, ils restèrent absolument sur la défensive, se bornant à repousser les attaques, et même après la déroute des Français, à cause sans doute de leur petit nombre et de l'obscurité de la nuit qui couvrait le champ de bataille, ils ne rompirent point leurs rangs pour se livrer à la poursuite des vaincus.

A toutes les causes énumérées par le Père Daniel, il faut ajouter les suivantes :

La grande supériorité de l'archer anglais sur l'arbalétrier génois. Soldat d'élite, appartenant aux classes moyennes, exercé depuis son enfance, le yeoman surpassait moralement le mercenaire italien, et son grand arc de six pieds, était pour la rapidité et la sûreté de ses traits, bien supérieur à l'arbalète de son ennemi.

L'arme des archers était l'arc simple ou arc à main qui lançait la flèche ou saiette (sagitta). D'après Villani, les archers anglais, pour un quarreau d'arbalète que les Génois avaient lancé, leur décochaient trois saiettes. Les Anglais, au XIVe siècle, s'étaient si bien approprié le maniement de l'arc à main que Gaston Phœbus, comte de Foix, dans son *Traité de la chasse*, l'appelle arc turquois ou anglais et renvoie à l'école des Anglais ceux qui veulent s'y perfectionner. (1)

Secondement : il faut mentionner encore l'habile tactique des chefs anglais, qui surent, par le choix de fortes positions, diminuer les chances que donnait aux Français l'avantage écrasant du nombre.

Et troisièmement enfin, la supériorité de l'infanterie sur la cavalerie.

Pour le choix des positions, pour la tactique que les Anglais y employèrent, Crécy peut être considérée, en quelque sorte, comme une répétition de la bataille de Halidon-Hill. A Crécy encore, la gendarmerie anglaise ne fut qu'une grosse infanterie de rang, dont les batailles hérissées de lances présentèrent une barrière infranchissable aux gens d'armes français, déjà mis en désordre et sérieusement ébranlés par les redoutables flèches des yeomen.

Crécy consacra donc ce qu'avait commencé Halidon-Hill. C'en était fait, le vainqueur de William Douglas et de Philippe de Valois, et les capitaines anglais servant sous lui, avaient abandonné les traditions du moyen âge. Ils revenaient à la tactique de Brémule, aux anciens principes des Grecs et des Romains. Pour eux, la cavalerie ne fut plus que secondaire dans les batailles ; ils regardèrent le soldat à pied comme le guerrier par excellence. Aussi, dans les actions générales, allons-nous voir quelquefois la totalité et toujours au moins la plus grande partie de la gendarmerie anglaise combattre à pied et en masse.

L'armée anglaise eut désormais deux infanteries : la yeomanry, son infanterie légère, et la gendarmerie, son infanterie de rang. Celle-ci d'ailleurs gardant auprès d'elle ses chevaux, redevenait cavalerie au besoin, ainsi qu'elle le fit à Halidon-Hill, lorsqu'il fallut poursuivre les vaincus. A ces corps, il faut ajouter les Gallois, armés de

---

(1) Luce, *notes sur Froissart.*

lances, et les Irlandais qui grossissaient les rangs des batailles anglaises. Ces deux troupes plus mobiles, remplissaient aussi le rôle de coustiliers et massacraient les gens d'armes ennemis renversés. Nous venons de voir les Gallois à l'œuvre, et l'on se rappelle qu'à Halidon-Hill, les Irlandais de lord Darcy furent très-utiles à Edouard dans la poursuite des Ecossais.

Faut-il ajouter aux causes de notre défaite, la présence d'un certain nombre de canons dans l'armée anglaise?

La question a été très-controversée. Le Père Daniel, se fondant sur le silence de la plupart des manuscrits de Froissart, se prononce pour la négative dans son *Histoire de la Milice française*. Mais plus tard dans son *Histoire de France*, il émet une opinion contraire et nous dit que les Génois commencèrent à lâcher pied, accablés par les flèches, foudroyés par les canons. M. de Saulcy, dans son article sur l'artillerie, *Moyen âge et Renaissance*, fait observer que le poids énorme des bouches à feu alors en usage, leur construction grossière en rendaient le transport difficile. Leur forme se rapprochait plus, ajoute-t-il, des mortiers que des canons modernes; aussi n'étaient-ils employés que pour l'attaque et la défense des places.

M. Boutaric est d'une opinion tout à fait opposée. « Les premiers canons, dit-il, étaient portatifs et de très-petite dimension; on en plaçait plusieurs sur un affût monté sur des roues; cet appareil s'appelait ribaudequin. Les Anglais s'en servirent à la bataille de Crécy. » L'existence de ces petits canons, à cette époque, est constatée par un grand nombre d'auteurs. M. Boutaric appuie son opinion, sur des passages du *Manuscrit d'Amiens*. Ces passages existent en effet, mais nous laissons à ce sujet la parole à M. le général Susane:

« Arrêtons-nous, dit-il, un instant sur ce fait de Crécy, qui a donné lieu à de nombreuses et persistantes controverses, et dont la légende a si profondément pénétré dans les têtes françaises.

Froissart ne parle de la canonnade anglaise que d'une manière très-obscure. Villani est plus explicite. Ni l'un ni l'autre n'autorisent les modernes à croire qu'il y ait eu là un emploi du canon présentant quelque analogie, même éloignée, avec ce que l'on entend aujourd'hui par canon.

Voici les passages relevés dans Froissart : « Et les « Angles descliquèrent aucuns canons qu'ils avoient en « la bataille pour esbahir les Genevois. » C'est-à-dire les arbalétriers génois auxiliaires.

Ailleurs : « Puys firent voler les sagettes de grand « randon tant vivement que ce sembloit neige. En jet- « tèrent les Anglois trois canons. »

On trouve encore, dans les *Chroniques de France*, cette confirmation du récit de Froissart : « Ainsy s'en alla le « Roy à toute sa gent assemblée aux Anglois, lesquelx « Anglois giettèrent trois canons, dont il avint que les « Genevois arbalestriers, qui estoient au premier front, « tournèrent le dos. »

« Le continuateur des *Chroniques de Guillaume de Nangis* dit aussi : « Si furent les arbalestiers genevois mis « devant les gens de cheval de la bataille du Roy. Sy « commencièrent à traire les Anglois aux nostres et get- « tèrent trois canons, sy que les diz arbalestriers furent « espoventez et commencèrent à tourner le dos. »

Tous ces textes expriment un fait identique, et sont des reproductions de celui de Froissart. Malgré le peu de précision qu'on y trouve dans l'emploi du mot *canon*, qui, alors comme aujourd'hui, possédait beaucoup de significations différentes, on admettra sans difficulté que les Anglais pouvaient avoir à Crécy de petits canons lançant des garrots, comme cela était déjà en usage dans tous les pays du nord de la France. Froissart était ami de cœur des Anglais, et peut-être n'a-t-il pas voulu, en appuyant trop sur le fait de l'emploi de ces canons, diminuer la gloire de ses amis.

L'italien Villani, au contraire, était sympathique à la France, et par son récit très-explicite, pourrait avoir voulu, de son côté, chercher à atténuer les fautes de la chevalerie française, en représentant l'ennemi combattant cette chevalerie : « Con bombarde che saeettavano pallotolle di-« ferro con fuoco per impaurire e disertare i cavalli dei « francese. »

Les controverses que nous entendons tous les jours sur les causes de nos récents désastres nous donnent la clef des controverses ou des contradictions des anciens. Chacun parle suivant le sentiment qui le possède, suivant la thèse qu'il a intérêt à soutenir. Un fait domine la question de Crécy. Les armes à feu existaient, très-imparfaites, très-incommodes, mais exerçant sur le moral des troupes et sur les chevaux un effet considérable. Pourquoi les Anglais n'en auraient-ils pas employé à Crécy ? Le passage de Villani, bien que cet historien fût absolument contemporain, puisqu'il est mort en 1348, contient peut-être des erreurs et surtout des exagérations ; peut-être fait-il les Anglais plus savants et plus riches qu'ils ne l'étaient en réalité, aussi riches que pouvaient l'être en ce moment les Italiens, en leur mettant dans les mains des armes à feu et tirant de petites balles de plomb ; il n'en reste pas moins ceci, c'est que les Anglais se sont servis à Crécy d'armes à feu, et que les Français, avec leurs idées obstinément héroïques, ont négligé volontairement de le faire (1).

Le fait est donc certain. Il y avait à Crécy de l'artillerie nouvelle. Mais ces trois petites petites pièces qui, d'après les versions les plus sérieuses, semblent seules avoir été employées, eurent-elles sur la bataille un effet aussi con-

---

(1) Général Susane, *Histoire de l'artillerie*.

sidérable que le croit M. le général Susane? La chose est peu probable. C'est donc, ainsi que le dit avec raison M. Henri Martin, devant l'infanterie et non devant l'artillerie, que succomba la chevalerie française.

La gendarmerie de Philippe de Valois fut surtout vaincue en cette journée par les flèches des archers et par les lances que les gens d'armes anglais à pied croisèrent contre ses charges tumultueuses.

La victoire d'Edouard doit être attribuée à l'habileté des dispositions de ses capitaines, à l'adresse des yeomen et à la ténacité des solides gens d'armes, aussi bien qu'au décousu des attaques ennemies.

Dans son appréciation de Crécy, M. le capitaine Rocquancourt (1) exprime ainsi son opinion sur les agissements des Anglais en cette journée :

« Les Anglais, dit-il, montrèrent plus que nous, à cette époque, cette sorte d'instinct de la guerre, qui, dans les temps d'ignorance et de barbarie, tient la place de la tactique. Ce fut, en effet, de leur part, une preuve certaine de jugement et de réflexion, que d'avoir songé à tirer parti des positions pour compenser leur infériorité numérique. On n'est pas éloigné de croire, en voyant continuellement leurs gens d'armes combattre à pied et en masse, que dès lors les Anglais avaient entrevu la nécessité d'une infanterie propre à recevoir et à donner le choc. »

On peut dire qu'à la suite de Bruce, au moins, si ce n'est déjà à Brémule, les Anglais n'avaient pas seulement entrevu, mais parfaitement compris cette nécessité.

Les Anglais firent preuve à Crécy des qualités guerrières que nous retrouvons dans tout le cours de leur histoire. Divisés en trois batailles en échelons, disposés en amphithéâtre sur le versant d'une colline assez élevée, ils

(1) *Cours d'art et d'histoire militaires*, à l'usage des élèves de l'école spéciale militaire de Saint-Cyr.

résistent avec la plus indomptable valeur aux charges désespérées de leurs impétueux adversaires. Dans cette action où leurs ennemis étaient si supérieurs en nombre, deux des batailles de l'armée anglaise, celle du prince de Galles et celle des comtes d'Arundel et de Northampton seules, furent successivement engagées. Edouard conserva sa bataille en réserve durant toute la journée.

Quant aux soldats de Philippe, l'américain Jamison (1) fait à bon droit avec Froissart, sur leur conduite à Crécy, les réflexions suivantes :

« En ce champ de bataille, nulle part on ne voit de l'ordre du côté des Français ; nulle part la moindre discipline, le moindre mouvement organisé. Rois, ducs, comtes, barons français, ne vinrent mie, tous ensemble, mais l'un devant, l'autre derrière, sans arroy et sans ordonnance (2). Bien des traits de valeur mal dirigés et d'héroïsme individuel se produisirent en ce jour désastreux ; mais de tels efforts ne pouvaient refaire ce qui avait été perdu par le défaut de discipline et l'absence de la plus ordinaire tactique. »

Crécy fut la dernière grande bataille où la gendarmerie française combattit en masse à cheval dans la guerre de Cent-Ans, alors du moins que des forces considérables furent engagées. Nous allons voir, dans les actions générales, la gendarmerie française mettre pied à terre, à l'exemple des Anglais, et ainsi que l'avaient fait, les gens d'armes écossais à Malton et à Halidon-Hill.

La bataille de Crécy eut pour la France les plus funestes conséquences. Elle lui fit perdre un sang généreux et affaiblit ainsi beaucoup ses armées ; elle convainquit les Anglais de leur supériorité militaire ; elle raffermit les projets d'Edouard ébranlés par le peu de succès de ses pre-

---

(1) *Histoire de Duguesclin et de son temps.*
(2) Froissart.

mières tentatives ; enfin elle encouragea ses alliés et réunit sous sa bannière les plus braves aventuriers de l'Europe, heureux de suivre un prince qui leur assurait victoire et butin dans un pays aussi riche que la France.

Les résultats immédiats de cette victoire des Anglais ne tardèrent pas à se faire sentir.

Retournons au champ de bataille.

Quand la nuit fut venue et qu'on n'entendit plus les voix de ceux qui cherchaient à rejoindre leurs enseignes et leurs seigneurs, les Anglais se félicitèrent d'avoir obtenu la place et vaincu leurs ennemis. Ils allumèrent une grande quantité de falots et de flambeaux, à cause de l'obscurité. Le roi Edouard qui, de tout ce jour, n'avait mis son bassinet, s'en vint avec toute sa bataille en bel ordre trouver le prince son fils, et lui dit : « Beau fils, Dieu vous accorde de bien continuer votre carrière. Vous êtes mon fils, car vous vous êtes loyalement conduit, et vous êtes digne de tenir terre. » Le prince à cette parole s'inclina très-bas et rendit humblement honneur à son père.

Les Anglais louèrent et remercièrent de leur victoire leurs sages chefs qui les avaient si bien conduits, et rendirent plusieurs actions de grâces à Dieu qui leur avait accordé ce triomphe.

Ainsi se passa cette nuit, sans nulle réjouissance, car le roi ne voulut que personne s'y livra. Le dimanche matin il fit une grande brume et à peine pouvait-on voir à un arpent de distance. Par l'ordre d'Edouard et des maréchaux, 500 hommes d'armes et 2,000 archers environ partirent en reconnaissance, pour savoir s'ils ne trouveraient aucun Français qui se fût rallié. Ce même dimanche, les communes de Rouen, de Beauvais et d'Amiens, ne sachant rien de la défaite, étaient parties d'Abbeville et de Saint-Riquier. Pour leur malheur, elles tombèrent au milieu des ennemis et se heurtèrent contre eux, croyant que c'étaient de leurs gens. Les Anglais leur coururent sus ; un grand combat s'engagea. Les milices françaises furent bientôt battues et mises en fuite ; plus de 7,000 hommes furent tués en fuyant dans les champs, dans les haies, dans les buissons.

Bientôt après, les Anglais rencontrèrent l'archevêque de Rouen et le grand prieur de France qui ignoraient les événements et avaient entendu dire que le roi ne combattrait que le dimanche. Les Français prirent les ennemis pour leurs compatriotes et marchèrent auprès d'eux. Les Anglais les attaquèrent avec ardeur ; la bataille fut acharnée, car ces deux seigneurs étaient accompagnés de braves gens d'armes. Mais ceux-ci ne purent longtemps résister, ils furent écrasés et presque tous tués.

Les Anglais chevauchèrent ainsi, cherchant aventure et rencontrèrent plusieurs Français qui s'étaient égarés le samedi et avaient erré la nuit sur les champs. Ils les passèrent au fil de l'épée, et il périt ce dimanche matin tant de gens du commun que de gens de pied, des cités et bonnes villes de France quatre fois plus de monde que le samedi, jour de la bataille (1).

Le même dimanche, les gens d'armes et les archers qui avaient été envoyés pour éclairer le pays et savoir si les Français ne se ralliaient point, rejoignirent l'armée anglaise, rendirent compte au roi de ce qu'ils avaient vu, et lui dirent qu'on ne voyait plus d'ennemis nulle part.

Alors Edouard résolut de chercher parmi les morts, pour savoir quels seigneurs étaient demeurés là.

Il choisit deux vaillants chevaliers, Regnault de Cobham et Richard de Stafford ; il leur adjoignit trois hérauts pour reconnaître les armes et deux clercs pour enregistrer et écrire les noms. Voici les noms des principaux seigneurs qui succombèrent en ce jour : Le roi de Bohême, le duc de Lorraine, le comte d'Alençon, le comte de Flandre, le

---

(1) Froissart, édition Luce.

comte d'Harcourt et ses deux fils, le comte d'Aumale, le comte de Blois, les comtes de Salm-Salm, d'Auxerre, de Sancerre, le comte de Nevers, l'archevêque de Nîmes, l'archevêque de Sens, le grand prieur de l'hôpital de France.

Les Anglais passèrent encore cette nuit sur le champ de bataille, le roi fit relever et porter au monastère de Maintenay, voisin du lieu du combat, les corps des grands seigneurs qui avaient succombé ; puis il informa les gens du pays qu'il accordait une trêve de trois jours pour ensevelir les morts.

Le lundi matin, Edouard se dirigea vers Montreuil-sur-Mer. Ses maréchaux coururent vers Hesdin, brûlèrent Waben et Beaurain, mais échouèrent devant le château de cette ville. Les Anglais furent aussi repoussés devant Montreuil, dont ils ne purent qu'incendier les faubourgs. Ils se logèrent le lundi sur la Canche, du côté de Blangy ; le lendemain ils continuèrent leur route et chevauchèrent du côté de Boulogne, brûlant en leur chemin Saint-Josse, Neufchâtel, Etaples. Ils passèrent entre les bois de Boulogne et la forêt de Hardelot, et vinrent jusqu'à la grosse ville de Vissant. Le roi, le prince et toute l'armée y logèrent ; le jeudi 31 août, ils la quittèrent et arrivèrent devant la forte ville de Calais. Edouard depuis le commencement de la campagne avait résolu de s'emparer de cette ville, port naturel, protégé par deux grosses tours et qui devait lui servir de lieu de débarquement, de point d'appui et de refuge au besoin pour les opérations que nécessitaient la conquête de la France, plus que jamais résolue dans son esprit.

Pendant ce temps, le roi Philippe, après avoir quitté la Broye, s'était réfugié à Amiens où il s'arrêta plusieurs jours. Là il apprit la gravité de ses pertes, et dans sa colère, il voulait faire pendre Godemar du Fay, pour avoir, disait-il, mal gardé le passage de la Blanche-Tache. Mais

Jean de Hainaut qui dans toute la retraite n'avait pas quitté le roi, sauva le baron normand, en faisant observer à Philippe que ce gentilhomme n'avait pu, avec douze mille hommes, repousser une armée devant laquelle venait de succomber la fleur de la chevalerie Française.

Le roi se calma, fit faire les obsèques de ses proches, partit d'Amiens, donna congé à ses gens d'armes et revint à Paris. Il écrivit ensuite à son fils, le duc de Normandie qui bloquait toujours Aiguillon, lui apprit le désastre de Crécy, et lui ordonna de venir avec ses troupes, l'aider à garder son royaume. Le duc après avoir tenu conseil, délogea et leva son camp à la grande joie et au grand étonnement des assiégés. Ceux-ci, sous la conduite de Gautier de Mauny, firent une sortie, se précipitèrent sur les dernières troupes de l'armée Française qui n'avaient pas encore décampé, renversèrent bon nombre de soldats et firent plus de soixante prisonniers.

A la fin du mois de septembre, ajoutent les grandes chroniques, quand le comte de Derby qui résidait alors à Bordeaux, vit que le duc de Normandie, fils du roi de France, avait levé le siége d'Aiguillon et qu'il était retourné en France, il dirigea son armée vers Saintes en Poitou et vint à Saint-Jean-d'Angely, brûlant, pillant le pays. Il prit la dite ville de Saint-Jean-d'Angely, sans grande difficulté, car il y rencontra point ou très-peu de défense, et là il trouva de grands biens et de grandes richesses qu'il emporta avec lui.

De là, le comte se dirigea sur Poitiers sans trouver rien qui l'arrêta, car chacun fuyait devant lui. Il prit Poitiers sans bataille et sans peine, et s'empara des trésors et des richesses qu'il y trouva ; puis il brûla la plus grande partie de la ville, le palais du roi et s'en alla avec toutes ses richesses. Assez tôt après, il repassa en Angleterre. Nous le retrouverons bientôt à Calais et en Bretagne, mais cette dernière fois avec le titre et le nom de duc de Lancastre.

A cette époque, le roi David d'Ecosse, excité par son allié le roi de France qui espérait faire ainsi lever le siége de Calais, résolut d'envahir l'Angleterre. L'occasion semblait favorable aux Ecossais pour se venger des maux que leur avaient infligés leurs anciens ennemis. L'élite des archers et gens d'armes anglais étaient en France.

Les forces de David s'élevaient, selon Froissart, à trois mille armures de fer, sans compter trente mille autres gens montés, pour la marche, sur de petits chevaux nommés Galloways.

Le roi d'Ecosse entra en Angleterre par la frontière occidentale, s'empara d'une forteresse appelée le fossé de Liddel; puis se dirigea à l'Est vers Hexham. L'armée de David, suivant l'usage, marquant sa route par de barbares dévastations, qui furent d'autant plus censurées à cette époque, que le patrimoine de Saint-Cuthbert n'éprouva ni faveur ni respect. Les grands barons du Nord de l'Angleterre, Percy et Neville, Musgrave, Scrope et Hastings, réunirent des forces suffisantes pour montrer que, quoique le vainqueur de Crécy fût encore en France avec son armée victorieuse, assez d'Anglais étaient demeurés dans leurs foyers pour garantir de toute violation les frontières de son royaume. Les archevêques de Cantorbery et d'York, les prélats de Durham, de Carlisle et de Lincoln, envoyèrent leurs vassaux au rendez-vous, et s'y rendirent eux-mêmes pour ajouter l'enthousiasme religieux au zèle patriotique des barons. Dix mille soldats qui avaient été dirigés sur Calais pour renforcer la troisième armée d'Edouard, furent contremandés dans cette critique circonstance, et allèrent rejoindre les guerriers septentrionaux. D'après une lettre de Thomas Samson, clerc du diocèse d'York, l'armée anglaise, composée de mille hommes d'armes, de mille hobiliers ou cavaliers armés à la légère, de dix mille archers et de vingt mille gens des communes, fut divisée en trois corps ou échelles : la première sous les ordres des seigneurs de Percy et de Neville, la seconde que commandait l'archevêque d'York en personne, la troisième, qui formait l'arrière-garde sous la conduite du seigneur de Mowbray.

Dès que le chevalier de Liddesdale apprit cette formidable réunion de forces, il conseilla au roi d'Ecosse de faire retraite, et d'éviter une bataille rangée ; mais les autres seigneurs, s'imaginant avoir sous la main une magnifique occasion de pillage, ne voulurent rien entendre à un semblable conseil, et l'imputèrent à l'égoïsme de Douglas, qui, après s'être enrichi aux dépens des Anglais, désirait maintenant, croyaient-ils, abréger à d'autres le temps de prendre leur part des dépouilles anglaises. Le roi David s'avança donc jusqu'au parc de Beaurepaire, par corruption Bear-Park, près Durham, et quoique le terrain fût tellement coupé d'enclos, qu'il était difficile aux chefs de ranger leurs troupes en ordre et impossible aux divisions de se soutenir convenablement les unes les autres, il y établit ses quartiers.

Pendant la matinée du 17 octobre 1346, le chevalier de Liddesdale s'était porté en avant avec quatre cents gens d'armes pour ramasser des provisions et du fourrage ; soudain, à Ferry-sur-le-Mont, ils se trouva en présence de toute l'armée anglaise qui s'était réunie dans l'évêché d'Auckland et marchait alors vers Sunderland. Le chef écossais à qui ses forces ne permettaient nullement d'en venir aux mains, essaya, mais sans succès, de faire retraite ; il fut attaqué, chargé, mis en déroute et éprouva de grandes pertes ; lui et les restes de sa division n'eurent que le temps de galoper jusqu'aux quartiers écossais et d'y donner l'alarme ; les ennemis y arrivèrent presque aussitôt qu'eux.

L'armée écossaise reçut immédiatement l'ordre de se ormer en trois divisions, et l'exécuta aussi bien que la nature des lieux, brisés et rompus qu'ils étaient, le permit.

L'aile droite fut commandée par le comte de Moray, le centre par le roi en personne, et l'aile gauche par le chevalier de Liddesdale, le grand sénéchal d'Ecosse, et le comte de Dunbar. Ces dispositions étaient à peine finies, que les archers anglais, au nombre de dix mille, commencèrent à se montrer. Un chef plein d'expérience, sir John de Graham, prévoyant les suites fatales de ce qui allait arriver, demanda instamment au roi la permission de fondre sur les archers avec un corps de cavalerie. « Ne me donnez que cent chevaux, dit-il, et je réponds d'en venir à bout, de les disperser. »

« — Mais pour parler véridiquement, écrit le vieil historien Fordun, de Graham ne put obtenir un seul cavalier. » Peut-être la raison en fut-elle que la perte du matin même avait principalement porté sur les gens d'armes écossais, et qu'alors ils n'étaient plus bons à rien ; mais en général, on l'attribue plutôt au caprice et à l'obstination du jeune roi. Graham tenta avec les gens de sa propre suite d'exécuter la manœuvre qu'il proposait, mais en beaucoup trop petit nombre pour produire sur les archers l'impression nécessaire, ils furent battus, et lui-même ne s'échappa qu'avec peine. L'impitoyable pluie de flèches commença alors, et tomba sans interruption, aussi serrée que de la grêle, entre les Ecossais qui furent en même temps chargés par les gens d'armes et les lanciers. Les nombreux enclos anéantirent en le gênant leur système de défense, et enfin leur aile gauche, que le comte de Moray commandait pourtant, se mit à fuir ; la cavalerie anglaise donna en ce moment, et compléta leur déroute ; bientôt le désordre fut au comble parmi eux et rien n'arrêta plus leur fuite, ce dont les Anglais profitèrent pour attaquer à la fois la division royale et du côté gauche alors découvert et de front. Au milieu de charges réitérées et du massacre horrible qui résultait de la continuelle décharge des flèches anglaises, David montra qu'il avait hérité du courage, sinon des talents de son père ; il fut deux fois blessé grièvement par des flèches, mais continua jusqu'au bout d'encourager par son exemple les quelques-uns de ses pairs et de ses officiers qui combattaient encore autour de lui. A la fin, dans une horrible mêlée, un chevalier northumbrien, du nom de Copland, lutta corps à corps avec David et le fit prisonnier, mais ce ne fut pas sans que le roi lui brisât d'un coup de gantelet deux dents de devant.

Lorsque le grand-sénéchal et le comte de March virent la bannière royale tomber, désespérant, quoiqu'ils n'eussent pas encore souffert beaucoup, de pouvoir délivrer le roi ou ressaisir la victoire, ils quittèrent le champ de bataille en assez bon ordre et reconduisirent en Ecosse leur division, ainsi que les soldats qui se rallièrent sous leurs étendards (1).

Revenons aux événements de France :

Edouard arrivé devant Calais le 2 septembre 1346, poussait le siége de cette place. Elle était commandée par un brave chevalier de Bourgogne nommé Jean de Vienne. Avec lui se trouvaient plusieurs bons chevaliers d'Artois et du comté de Guines, tels que messires Arnoul d'Audrehen ou d'Audeneham, Jean de Surie, Beaudoin de Belleborne, Geoffroy de la Motte, Pepin de Wiere et plusieurs autres chevaliers et écuyers qui s'acquittèrent bravement de leur devoir.

Dès que le roi d'Angleterre fut devant Calais, montrant sa décision de la conquérir à tout prix, il en fit le siége en règle. Il construisit entre la ville, la rivière de Hem et le pont de Nieuley, hôtels et maisons, en solide bois et couverts de paille, comme s'il devait demeurer là dix ou douze ans ; car son idée était de ne pas abandonner le siége ni hiver, ni été, avant d'avoir conquis Calais, quelque temps et quelque peine qu'il dût y mettre. Edouard appela v.l-

---

(1) Froissart, Walter-Scott, *Histoire de l'Ecosse.*

leneuve-la-Hardie, le camp ou plutôt la ville ainsi élevée. Elle contenait toutes choses nécessaires à une armée et plus encore qu'il n'était besoin ; elle possédait une place pour tenir marché le mercredi et le samedi. Là se trouvaient merceries, boucheries, halles de drap, de pain et toutes autres choses utiles ; on y achetait tout aisément pour son argent. Ces objets arrivaient par mer, d'Angleterre et de Flandre. De plus, les gens du roi d'Angleterre couraient souvent sur le pays, au comté de Guines, en Thérouenais, jusqu'aux portes de Saint-Omer et de Boulogne. Ils conquéraient et ramenaient au camp beaucoup de butin et se ravitaillaient ainsi. Contrairement à l'usage de ce temps, Edouard ne faisait point assaillir Calais, car il savait bien qu'il y perdrait sa peine et se fatiguerait en vain. Il épargnait ses gens et son artillerie et disait qu'il affamerait la ville, n'importe quel temps il dût y mettre, si Philippe ne venait le combattre, et le forcer à lever le siége.

Quand Jean de Vienne vit que le roi d'Angleterre se disposait à bloquer sérieusement la ville, il publia une ordonnance enjoignant à tous les pauvres gens qui n'avaient pas de provisions, de quitter la ville sans délai. Ceux-ci partirent, un mercredi matin, au nombre de 1,700 hommes, femmes et enfants, et traversèrent le camp anglais. On leur demanda pourquoi ils sortaient, ils répondirent qu'ils n'avaient pas de quoi vivre. Le roi leur permit de passer et de s'en aller en sûreté à travers son armée. Il leur fit donner à tous un bon repas, et après dîner, deux schellings à chacun.

Le siége dura longtemps devant Calais, et il advint beaucoup de belles aventures et de belles prouesses de côté et d'autre, sur terre et sur mer ; car le roi de France avait placé de bons gens d'armes aux forteresses des Marches, aux comtés de Guines, d'Artois, de Boulogne et autour de Calais. Il avait de plus réuni tant de Génois, de Normands et d'autres mariniers sur mer, que les Anglais qui voulaient sortir à cheval ou à pied, ou par eau, pour aller fourrager ou tenter aventure, n'avaient pas toujours l'avantage, mais trouvaient parfois de dures et fortes rencontres. Il se produisait souvent aussi des combats et des escarmouches autour des portes et sur les fossés, et ils ne se terminaient pas sans morts ni blessés ; un jour perdaient les uns, l'autre jour perdaient les autres. Aussi le roi d'Angleterre et son conseil s'étudiaient nuit et jour à construire des machines et des instruments pour mieux accabler et contraindre les Calaisiens, et ceux-ci faisaient tous leurs efforts pour empêcher ces machines et ces instruments, de leur nuire. Rien ne tourmentait, ni ne pouvait tant tourmenter les assiégés que la famine. Aucune provision ne leur arrivait que par surprise et par deux mariniers maîtres et conducteurs de tous les autres, dont l'un se nommait Marant, l'autre Mestriel qui tous deux demeuraient à Abbeville. Ces mariniers ravitaillaient souvent par ruse les Calaisiens. En s'aventurant hardiment, ils se mirent plusieurs fois en grand danger. Ils furent souvent poursuivis et presque pris et attrapés entre Boulogne et Calais; mais ils s'échappaient toujours et firent mourir et noyer maint Anglais durant ce siége.

Le roi de France qui savait ses gens de Calais étroitement bloqués et réduits aux dernières extrémités, et qui voyait qu'Édouard ne partirait point sans avoir conquis la place, était fort tourmenté. Il prit le parti de secourir la ville et de combattre les Anglais pour les forcer à lever le siége, s'il pouvait. Philippe fit, dans ce but, un grand mandement pour tout son royaume. Nous reproduisons textuellement les termes significatifs de Froissart dans son *Manuscrit de Rome* :

« Et avint que, sus l'espoir de reconforter ceuls de Calais et lever li siège, li rois de France fist un très grant mandement de chief en qor (*sic*) son roiaulme, et dist que il ne voloit fors guerriier des gentils hommes dou roiaume de France, et que des communautés amener en bataille, ce n'est que toute perte et empecemens, et que tels manières de genz ne font que fondre en bataille, ensi comme la nive font au solel ; et bien avoit apparu à la bataille de Crechi, à la Blanqe Tage, à Kem en Normendie et en tous les lieus où on les avoit menés, et que plus il n'en voloit nuls avoir, fors les arbalestriers des chités et des bonnes villes. Bien voloit lor or et lor argent pour paiier les coustages et saudées des gentils hommes, et non plus avant ; il demorassent as hostels et gardaissent lors femmes et lors enfans, il devoit souffire, et fesissent leur labeur et marceandise, et les nobles useroient dou mestier d'armes, dont il estoient estruit et introduit. »

Ainsi le roi de France ne veut plus de ces inutiles gens des communautés, et n'accepte plus que les arbalétriers des cités et des bonnes villes (1).

Toutes ces troupes se réunissent en la cité d'Amiens. A leur tête se trouvent Jacques de Bourbon, comte de Ponthieu, connétable de France par intérim en l'absence du comte d'Eu, prisonnier en Angleterre, les seigneurs de Beaujeu et de Montmorency, maréchaux de France, le seigneur de Saint-Venant, maître des arbalétriers. Dans cette armée, on ne compte pas moins de 12,000 heaumes, ce qui fait 60,000 hommes, car chaque heaume suppose au moins 5 hommes, et en outre 24,000 arbalétriers génois, espagnols et hommes des cités et bonnes villes. (2)

Quand tout ce monde fut rassemblé, le roi de France tint plusieurs conseils, pour savoir de quel côté il pourrait se diriger et combattre les ennemis. Il aurait vu volontiers

---

(1) Froissart, édition Luce. M. Luce proteste avec raison en ce qui concerne la conduite des vilains à Caen.

(2) Froissart, *édition Luce.*

que les pas de la Flandre lui eussent été ouverts, et eût envoyé par Gravelines une partie de ses gens pour secourir les Calaisiens ; mais il ne put rien obtenir des Flamands, alliés des Anglais. Philippe ne voulut point néanmoins abandonner son entreprise, et résolut de se diriger du côté de Boulogne. Le roi d'Angleterre qui assistait au siége, et demeurait devant Calais, à grands frais pour lui, travaillait nuit et jour à savoir comment il pourrait plus accabler et tourmenter les assiégés ; car il savait que son adversaire, le roi Philippe, réunissait beaucoup de gens d'armes et voulait le combattre. Il voyait la ville de Calais si forte, que ni combats, ni assauts, ne pouvaient la réduire ; mais ce qui le rassurait, c'est qu'il n'ignorait pas que la famine décimait les habitants.

Pour fermer le passage de la mer, Edouard fit construire un château grand et haut, si fort et si bien crénelé, qu'on ne pouvait lui faire de dommages. Ce château était sur la rive de la mer, et le roi le fit pourvoir d'espingoles, de bombardes, d'arcs à tour et autres instruments. Il y établit 60 hommes d'armes et 200 archers qui gardaient le havre et le port de Calais de si près, que rien n'y pouvait entrer ni sortir. C'est ce qui fit le plus de tort aux assiégés.

Edouard exhorta si bien les Flamands avec lesquels le roi de France voulait traiter, qu'ils sortirent de Flandre au nombre de 100,000, mirent le siége devant Aire et brûlèrent tous les environs jusqu'aux portes de Saint-Omer et de Thérouanne. Philippe s'en vint camper à Arras et envoya beaucoup de gens d'armes tenir garnison en Artois et spécialement à Saint-Omer, Charles d'Espagne son favori. Devant ces préparatifs de défense, les Flamands se retirèrent.

Philippe résolut alors de marcher sur Calais avec son armée, car il savait Jean de Vienne et les siens vivement pressés, et avait bien entendu dire qu'on leur avait fermé la mer ; ce qui pouvait entraîner la perte de la ville. Il partit donc d'Arras et prit le chemin de Hesdin, où il s'arrêta pour attendre ceux de ses gens d'armes qui ne l'avaient pas encore rejoint ; puis il passa à Blangy, à Fauquembergue, à Thérouanne, traversa le pays qu'on appelle l'Alequine, et s'en vint camper sur la hauteur de Sangattes, entre Calais et Wissant. Les Français chevauchaient armés comme pour combattre, bannières déployées. Quand les Calaisiens les virent apparaître sur les hauteurs de Sangattes, bannières et pennons au vent, ils eurent grande joie et pensèrent qu'ils seraient bientôt délivrés. Mais quand ils virent que l'on campait, ils furent plus désolés qu'avant. Cela leur sembla mauvais signe.

Les Français ne pouvaient approcher les Anglais ou la ville que par trois côtés, ou par le grand chemin qui va tout droit à Calais, ou par les Dunes qui bordent le rivage de la mer, ou par Guines, Mark et Oye, à travers beaucoup de fossés, de fondrières et de marais. Il n'y avait sur ce chemin qu'un seul pont par où l'on put passer, le pont de Nieuley. Edouard fit ranger en ligne ses vaisseaux sur la grève, et chargea les bombardiers, arbalétriers et archers de la flotte de défendre les Dunes, de façon à empêcher les Français de passer. Il envoya son cousin le comte de Derby garder le pont de Nieuley avec beaucoup de gens d'armes et d'archers, afin d'interdire à ses ennemis toute autre route que les marais qui sont infranchissables, entre le mont Sangattes et la mer, de l'autre côté vers Calais. En même temps, à l'appel d'Edouard, les Flamands du Franc, de Bruges, de Courtrai, d'Ypres, de Gand, de Grammont, d'Oudenarde, d'Alost et de Termonde passèrent la rivière de Gravelines, et se postèrent entre cette ville et Calais.

Il y avait une haute tour défendue par 32 archers anglais. Ils tenaient ainsi le passage des Dunes et s'étaient fortifiés de grands doubles fossés (1). Quand les Français

---

(1) Luce.

se furent campés sur le mont Sangattes, les gens des communes aperçurent cette tour, et 1,500 Tournaisiens s'avancèrent contre elle avec fureur. Les archers anglais leur tirèrent dessus et en blessèrent plusieurs. Mais les Tournaisiens pleins d'ardeur s'élancèrent à l'assaut, traversèrent les fossés et vinrent jusqu'à la butte de terre et au pied de la tour avec des pics et des hoyaux. Le combat fut fort et dur, beaucoup de Tournaisiens tombèrent, mais ils ne reculèrent pas et firent tant, qu'ils conquirent la tour, massacrèrent ses défenseurs et la renversèrent.

Le roi de France envoya ses maréchaux, les seigneurs de Beaujeu et de Saint-Venant, pour examiner par où son armée pourrait approcher les Anglais et les combattre. Ces deux seigneurs allèrent partout considérant les passages et les détroits ; puis ils retournèrent vers le roi et lui dirent qu'il ne pouvait approcher des Anglais sans perdre son armée.

Tout combat, en effet, avec les vainqueurs de Crécy ainsi postés, n'aurait pu qu'amener pour la France un nouveau et terrible désastre.

Le lendemain, d'après l'avis de son conseil, le roi de France envoya des messagers au roi d'Angleterre. Ces messagers passèrent le pont de Nieuley par la permission du comte de Derby ; c'étaient Geoffroy de Charny, Eustache de Ribemont, Guy de Nesle et le sire de Beaujeu. Les quatre chevaliers considérèrent combien le passage était fortifié, le pont bien gardé, et admirèrent beaucoup l'ordonnance et les bonnes dispositions du comte de Derby. Ils arrivèrent jusqu'au roi, et Eustache de Ribemont prenant la parole, lui dit : « Sire, le roi de France nous envoie vers vous, pour vous signifier qu'il est venu et arrêté sur le mont Sangattes afin de vous combattre. Mais il ne peut trouver chemin ni voie pour venir jusqu'à vous. Il a fait examiner et regarder par ses maréchaux comment il pourrait parvenir, mais c'est chose impossible, et il verrait volontiers que des gens de votre conseil et du sien cherchassent place où l'on se put combattre. Tel est l'objet de notre mission. »

Le roi d'Angleterre répondit : « Seigneur, j'ai bien entendu ce que vous me requérez de la part de mon adversaire qui tient à tort mon héritage. Dites-lui de ma part que je suis ici depuis près d'un an. Il l'a su et eût pu venir plutôt s'il l'eût voulu ; mais il m'a laissé demeurer ici si longtemps, que j'y ai beaucoup dépensé du mien, et je pense avoir tant fait, que je serai bientôt maître du château et de la ville de Calais. Je ne suis pas d'avis de tout faire à sa guise et pour son avantage, ni de retarder ce que j'ai tant désiré et gagné. Dites-lui que lui et ses gens cherchent comme ils le voudront, une voie pour me combattre. »

Puis il congédia les messagers et leur fit donner une escorte jusqu'au pont de Nieuley.

Cette réponse affligea beaucoup Philippe qui vit bien qu'il perdrait Calais.

D'après certains historiens anglais, Edouard aurait, au contraire, accepté le défi de Philippe, et celui-ci aurait reculé devant la bataille, effrayé par le souvenir de Crécy. Cette version est moins vraisemblable. Edouard, en effet, devait hésiter à sacrifier les avantages qu'il avait pris tant de peine à se procurer, et Philippe venu avec une immense armée pour sauver une ville importante, ne pouvait rien tant désirer qu'une bataille en rase campagne, qui seule lui eût permis de la délivrer. Un semblable refus l'aurait d'ailleurs couvert de honte aux yeux de ses comtes, barons et chevaliers, et lui eût aliéné beaucoup d'entre eux.

Deux légats envoyés par le pape Clément, essayèrent en vain d'amener la paix entre les rois rivaux. Les pourparlers qui s'entamèrent à ce sujet furent même fatals aux Calaisiens, en permettant à Edouard de se fortifier encore davantage. Les négociations n'aboutirent point, car Edouard voulait avant tout que Calais lui fût cédée, et Philippe demandait à conserver cette ville.

Enfin, le roi de France voyant qu'il ne pouvait sans se perdre, songer à attaquer les Anglais, décampa, ordonna la retraite et se dirigea vers Amiens où il licencia ses troupes.

Quand les Calaisiens virent ce départ, ils en furent abattus et désespérés. Quelques Anglais se jetèrent sur les derniers Français qui se retiraient et s'emparèrent de chars, de sommiers, de chevaux, de vins et de prisonniers qu'ils amenèrent en triomphe à leur camp.

Après que Philippe eut quitté le mont Sangattes, les gens de Calais virent bien que le secours dans lequel ils avaient placé leur confiance leur faisait défaut. La famine les avait réduits à une telle extrémité, que le plus grand et le plus fort pouvait à peine se soutenir. Ils tinrent conseil, et il leur sembla qu'il valait mieux se rendre au roi d'Angleterre, s'ils pouvaient espérer de lui quelque merci, que de se laisser mourir de faim l'un après l'autre. Ils prièrent tant leur gouverneur de vouloir traiter, qu'il y consentit. Jean de Vienne monta aux créneaux des murs de la ville, et fit signe à ceux du dehors, qu'il voulait leur parler. Quand le roi d'Angleterre connut cela, il envoya Gautier de Mauny et le seigneur de Basset. Jean de Vienne leur parla ainsi : « Chers seigneurs, vous êtes très-vaillants chevaliers et hardis dans la guerre, et savez que le roi de France notre seigneur nous a envoyés ici et commandé que nous gardions cette ville et ce château, de façon à ce que nous n'eussions, nous, pas de blâme et lui, point de dommage. Nous avons fait notre possible. Le secours nous manque, et vous nous avez si étreints, que nous n'avons pas de quoi vivre. Il nous faudra mourir ou devenir enragés par la faim, si le gentil roi, votre sire, n'a point pitié de nous. Chers seigneurs, priez-le qu'il nous reçoive en sa merci, qu'il nous laisse aller tous tant que nous sommes, et qu'il veuille se contenter de prendre la ville, le château et tout ce qu'ils renferment. »

Gautier de Mauny lui répondit : « Messire Jean, messire Jean, nous savons une partie de l'intention du roi notre seigneur, car il nous l'a dite. Sachez que ce n'est point sa volonté que vous puissiez vous en aller ainsi que vous l'avez dit. Mais il veut que vous vous mettiez tous en sa discrétion, pour rançonner ou faire mourir ceux qu'il voudra ; car les Calaisiens lui ont causé tant de dommages, lui ont occasionné tant de dépenses et ont fait périr tant de ses gens, qu'il ne faut pas s'étonner s'il en est irrité. »

Jean de Vienne répondit : « Ce serait trop dur pour nous, si nous consentions à ce que vous dites. Nous sommes ici un petit nombre de chevaliers et d'écuyers qui avons servi loyalement le roi de France selon notre pouvoir, comme vous serviriez votre roi en pareil cas, et nous avons enduré mainte peine et maint malaise. Mais nous souffrirons plus que jamais personne n'a enduré, avant que nous consentions à ce que le plus petit garçon et valet de la ville eût un autre mal que le plus grand de nous. Nous vous prions que vous vouliez retourner devant le roi d'Angleterre, et le prier qu'il ait pitié de nous. Vous nous ferez courtoisie, et nous espérons de sa gentillesse qu'il nous recevra en merci. »

« Par ma foi ! répondit Gautier de Mauny, je le ferai volontiers, et je voudrais, si Dieu m'en aide, qu'il m'en voulût croire, car vous vous en trouveriez mieux. »

Le sire de Mauny et le sire de Basset se retirèrent, laissèrent Jean de Vienne aux créneaux attendant leur retour et s'en vinrent rejoindre à son hôtel le roi d'Angleterre qui avait grand désir d'avoir des nouvelles des gens de Calais. Avec Edouard se trouvaient le comte de Derby, le comte de Northampton, le comte d'Arundel et plusieurs autres barons d'Angleterre.

Gautier de Mauny s'adressa au roi en ces termes :
« Monseigneur, nous venons de Calais et nous avons trouvé le capitaine messire Jean de Vienne qui nous a longuement parlé. Il me semble que lui, ses compagnons et la communauté de Calais sont en grande volonté de rendre la ville, le château et tout ce qu'il y a dedans, pourvu qu'ils puisssent sortir sains et saufs. »

Le roi reprit : « Messire Gautier, vous savez la meilleure partie de notre volonté à ce sujet. Que leur avez-vous répondu ?

« — Que vous n'accepteriez pas cela, monseigneur, que vous vouliez qu'ils se rendissent simplement, pour vivre et mourir à votre volonté. A ces paroles, Jean de Vienne m'avoua qu'ils étaient pressés par la famine, mais qu'avant d'accepter ces conditions, ils se rendraient plus chers que ne le fit jamais personne. « Je ne ferai point autrement que je n'ai dit, répondit Edouard. » — « Monseigneur, reprit Gautier de Mauny, vous pourriez bien avoir tort, car vous nous donnez un mauvais exemple. Si vous nous envoyez en quelqu'une de vos forteresses, nous n'irons plus si volontiers, au cas où vous feriez mettre ces gens à mort comme vous le dites ; car ainsi ferait-on de nous en pareil cas. »

Cet exemple fit réfléchir le roi d'Angleterre, car presque tous les barons Anglais soutinrent Gautier de Mauny.

« Seigneurs, dit-il, je ne veux pas être tout seul contre vous tous. Gautier, allez à Calais, et dites au capitaine que la plus grande grâce que je puisse faire aux habitants, c'est qu'ils envoient de la ville six des plus notables bourgeois, têtes nues, déchaussés et la corde au cou, les clefs de la ville et du château en leurs mains. De ceux-ci je ferai à ma volonté, et prendrai les autres en merci. — Monseigneur, répondit Gautier, je le ferai volontiers. »

A ces paroles, Gautier de Mauny quitta le roi, et retourna vers Calais où Jean de Vienne l'attendait. Il lui rapporta toutes les paroles échangées, et l'assura que c'était tout ce qu'il avait pu obtenir. Jean de Vienne répondit : « Je vous crois, messire Gautier, et je vous prie de demeurer ici le temps que j'aie expliqué cette affaire à la communauté de la ville, car je suis leur envoyé, et c'est à eux de décider, ce me semble. » — « Volontiers, reprit Gautier de Mauny. » Jean de Vienne quitta les créneaux, vint au Marché et fit sonner la cloche pour assembler tout le monde en la halle. A ce son, accoururent hommes et femmes, désireux d'avoir des nouvelles, ainsi que gens qui ne pouvaient plus supporter la famine. Quand ils furent réunis, Jean de Vienne leur rapporta tout ce qui avait été dit, les assura que les choses ne pouvaient se passer autrement, et les engagea à donner là-dessus leur avis et une prompte réponse.

A ce récit, ils commencèrent tous à crier et à pleurer tellement et si amèrement, qu'il n'est si dur cœur au monde qui n'ait eu pitié, en les voyant et en les entendant. Ils ne purent, sur le moment, répondre et parler, et Jean de Vienne lui-même en avait telle pitié, que lui-même pleurait aussi.

Un instant après, le plus riche bourgeois de la ville que l'on appelait Eustache de Saint-Pierre se leva et dit : « Seigneurs, ce serait grand mal et grande pitié de laisser mourir de famine ou autrement un tel peuple, quand on y peut trouver remède, et ce serait une grande charité et une grande grâce auprès de Notre-Seigneur de le préserver d'un tel malheur. J'ai si grande espérance d'avoir grâce et pardon de Notre-Seigneur, si je meurs pour sauver ce peuple, que je veux être le premier à me dévouer, et je me mettrai volontiers en chemise, tête nue et la corde au cou, à la merci du roi d'Angleterre. »

Quand Eustache de Saint-Pierre eut ainsi parlé, hommes et femmes se jetèrent à ses pieds, pleurant de reconnaissance.

Un autre bourgeois très-honnête et très-considérable

qui avait deux belles demoiselles pour filles, se leva et dit qu'il ferait compagnie à son compère Eustache de Saint-Pierre ; on l'appelait sire Jean d'Aire.

Après eux, se leva un troisième nommé Jacques de Wissant, homme riche qui se déclara prêt à accompagner ses cousins. Ainsi fit Pierre de Wissant son frère. Jean de Fiennes et André d'Ardres imitèrent ce généreux exemple (1).

Les six bourgeois se mirent en hauts de chausses et en chemises, la corde au cou, selon l'ordre, et prirent les clefs de la ville et du château. Chacun en tenait une poignée. Quand ils furent prêts, Jean de Vienne monté sur une petite hacquenée, car il était tellement faible, qu'il ne pouvait aller à pied, se mit devant eux, prit le chemin de la porte, et vint à messire Gautier de Mauny qui l'attendait : « Messire Gautier, lui dit-il, je vous délivre comme capitaine de Calais, par le consentement du pauvre peuple de la ville, ces six bourgeois que voici, et je vous jure que ce sont les plus honorables et les plus notables de corps, de fortune et d'ancêtres de Calais. Ils portent avec eux, toutes les clefs de la ville, et je vous prie, gentil sire, que vous veuilliez prier le roi d'Angleterre que ces bonnes gens ne soient mis à mort. » — « Je ne sais, répondit le sire de Mauny, ce que monseigneur le roi en voudra faire, mais je vous promets que je ferai tous mes efforts pour les sauver. »

Les six bourgeois partirent avec Gautier de Mauny, et Jean de Vienne rentra dans Calais.

Le roi était alors dans sa chambre en grande compagnie de comtes, de barons et de chevaliers. Quand il apprit que les bourgeois s'avançaient en l'équipage qu'il avait ordonné, il sortit et vint devant son hôtel, et tous les seigneurs avec lui. Une grande foule les suivit, et la reine

---

(1) Froissart, édition Luce.

d'Angleterre elle-même qui était enceinte, accompagna le roi son seigneur. Gautier de Mauny survint avec les bourgeois qui le suivaient ; il s'approcha du roi et lui dit : « Sire, voilà selon votre ordre, les représentants de la ville de Calais. » Le roi se tint tout coi, en les regardant avec colère, car il haïssait beaucoup les Calaisiens pour les grands dommages qu'ils lui avaient faits sur mer.

Les bourgeois se mirent à genoux devant Edouard et lui parlèrent ainsi : « Nous voilà six qui sommes d'anciens bourgeois de Calais et de grands marchands ; nous vous apportons les clefs de la ville et du château et les rendons à votre plaisir. Nous nous mettons, tels que vous nous voyez, à votre discrétion pour sauver le reste du peuple de Calais qui a souffert beaucoup de maux. Veuillez avoir pitié de nous, par votre très-haute noblesse. » Il n'y eut sur la place, seigneurs et chevaliers qui pussent s'abstenir de pleurer. Le roi regarda encore les bourgeois, en colère ; car il était tellement irrité qu'il ne put d'abord parler ; puis il commanda qu'on leur coupât, sur le champ, les têtes.

Tous les barons et chevaliers priaient le roi d'accorder la grâce de ces bourgeois, mais il ne voulut les entendre. Gautier de Mauny lui dit alors : « Ha, gentil sire, veuillez réprimer votre colère. Vous avez la renommée de souveraine gentillesse et de noblesse ; veuillez ne pas faire une chose qui l'amoindrira. Si vous n'avez pitié de ces gens, si vous êtes si dur que de faire mourir ces honnêtes bourgeois qui, de leur propre volonté, se sont mis en votre merci pour sauver les autres, tout le monde dira que c'est cruauté. » Le roi alors grinça des dents et dit : « Messire Gautier, taisez-vous ; il en sera ainsi. Qu'on fasse venir le coupe-tête ! Ceux de Calais ont fait mourir tant de nos hommes, qu'il est juste que ceux-ci meurent. » Alors, avec grande humilité, la noble reine d'Angleterre, qui était bien près d'accoucher, se jeta aux pieds du roi et lui dit :

« Ha, gentil sire, depuis que j'ai traversé la mer en grand danger, comme vous savez, je ne vous ai rien demandé. Aujourd'hui, je vous prie humblement, et vous réclame comme don, que, pour l'amour du Fils de sainte Marie, et pour l'amour de moi, vous veuillez avoir pitié de ces hommes. »

Le roi se tut un instant, et regarda la reine sa femme qui pleurait de compassion à ses genoux. Cela lui amollit le cœur, car il l'eût avec peine chagrinée, dans la situation où elle était, et il lui dit : « Ha, dame, j'aimerais mieux que vous fussiez autre part qu'ici. Vous me priez si ardemment, que je n'ose vous refuser ; et bien que je le fasse malgré moi, tenez, je vous les donne : faites en ce que vous voudrez. » La bonne dame répondit : « Monseigneur, grand merci. »

Alors Philippa de Hainaut se leva, et fit lever les six bourgeois, ordonna de leur ôter les cordes du cou, les emmena avec elle dans sa chambre, les revêtit, leur donna à dîner à leur aise ; puis elle distribua six nobles à chacun d'eux, et les fit conduire hors de l'armée, en toute sûreté.

Le roi d'Angleterre envoya ensuite Gautier de Mauny et ses deux maréchaux, le comte de Warwick et le baron de Stafford prendre la saisine et possession de la ville. Jean de Vienne, Jean de Surie, Beaudouin de Belleborne restèrent prisonniers. Les soldats mercenaires furent désarmés et renvoyés.

Edouard expulsa tous les habitants, sauf un prêtre et deux autres personnes âgées et expérimentées, dont il pouvait avoir besoin pour se renseigner sur les propriétés, lois et ordonnances.

Le vainqueur distribua les plus beaux hôtels de la ville à ses chevaliers, Gautier de Mauny, le baron de Stafford, Reginald Cobham et autres.

Calais, assiégée depuis le 3 septembre 1346, se rendit aux Anglais le 3 août 1347.

Edouard nomma capitaine de Calais Jean de Montgommery et non Aimeri de Pavie, ainsi que le dit Froissart. Jean de Montgommery fut remplacé le 1ᵉʳ décembre de cette même année par Jean de Chivereston. C'est seulement le 24 avril 1348, qu'Edouard nomme conduiseur de ses galées et de tous les arbalétriers et mariniers montant lesdites galées, Aimeri de Pavie, chargé sans doute comme capitaine des galées de défendre les approches de Calais du côté de la mer. Remplit-il en outre par intérim ou autrement les fonctions de gouverneur de cette ville ? on en est réduit sur ce point à des suppositions (1).

Philippe fit ce qu'il put pour secourir les Calaisiens bannis de leur ville. Il leur accorda l'exemption de certains impôts partout où ils se trouveraient, la possession de tous les biens et héritages qui pourraient lui échoir pour quelque cause que ce fut, et concéda enfin, tous les offices vacants à ceux d'entre eux qui voudraient s'en faire pourvoir.

Le 24 septembre 1347, une trêve de dix mois fut conclue entre les deux rois. Cette trêve fut mal observée par les Anglais et les Français en Gascogne, en Poitou et en Saintonge. C'était une foule de petites escarmouches, de prises et de reprises de villes et de châteaux, où un jour les uns gagnaient, le lendemain les autres.

Les hostilités continuèrent également entre les Anglais et les Ecossais après la prise du roi David. Les deux peuples ne tinrent aucun compte des trêves que conclurent ensemble Philippe et Edouard.

L'an 1349, se trouvait en la ville de Saint-Omer un vaillant chevalier, nommé Geoffroy de Charny, chargé par le roi de France de la garde des frontières. Ce Geoffroy était encore irrité de la prise de Calais, et la supportait avec plus de peine qu'aucun autre chevalier de Picardie,

---

(1) Luce, sur Froissart.

il employait toute son imagination à savoir comment il pourrait la reprendre.

Aymery de Pavie, le commandant de Calais (1), était un homme d'extraction vulgaire et n'appartenant pas à la nation anglaise ; il était Lombard. Geoffroy essaya de le séduire pour de l'argent et profita de la facilité de communication que lui donnait la trève, pour ouvrir des négociations à ce sujet. Aymery s'engagea à livrer le château pour 20,000 écus.

Or, il arriva que le roi d'Angleterre connut ce traité. Il manda ce Lombard à Londres. Celui-ci qui n'eût jamais pensé qu'Edouard eût appris son marché, obéit à cet ordre, et se rendit à Westminster.

Quand il arriva devant le roi, ce dernier lui dit : « Viens ici, Aymery. Je t'ai donné en garde la chose que j'aime le plus au monde après ma femme et mes enfants : le château et la ville de Calais ; tu l'as vendue aux Français et tu veux me trahir ; tu as mérité la mort. » Aymery fut tout ébahi. Il se jeta aux genoux du roi et s'écria : « Ah ! gentil sire, grâce, pour Dieu ! Ce que vous dites est vrai, mais le marché peut se rompre, car je n'ai reçu aucun denier. »

Le roi d'Angleterre eut pitié du Lombard qu'il avait beaucoup aimé ; il lui dit : « Aymery, si tu veux faire ce que je te dirai, je te pardonnerai. » — « Monseigneur, reprit ce dernier, je le ferai à tout prix. » — « Je veux, dit le roi, que tu poursuives ton marché, et je me rendrai avec de telles forces, en la ville de Calais, que les Français ne l'auront pas ainsi qu'ils le pensent ; et sache pour t'aider à t'excuser, que Dieu m'aide ! J'en sais plus mauvais gré à messire Geoffroy de Charny qu'à toi, lui qui pendant la trève a tramé tout cela. » — « Certes, répondit Aymery, c'est à son instigation que cela s'est fait, car je n'y aurais

---

(1) Nous avons vu plus haut la réflexion de M. Luce à ce sujet.

point pensé. » — « Va, dit le roi, fais ce que je t'ai dit ; et le jour où tu devras livrer le château, préviens-moi. »

Aymery retourna dans Calais et ne fit semblant de rien. Geoffroy de Charny qui se croyait sûr d'avoir le château, se pourvut d'argent. De tout cela, le chevalier ne parla point au roi de France, car celui-ci n'eût pas consenti à cette trahison, à cause de la trève. Mais il s'en ouvrit à quelques chevaliers de Picardie, tels que le seigneur de Fiennes, messire Eustache de Ribemont, messire Jean de Landas, Pepin de Wierre et Henri Du Bos, et à plusieurs autres. Il réunit 500 lances ; mais la majeure partie de ses gens d'armes ne savaient où il voulait les mener.

La nuit du 31 décembre 1349, selon Froissart, la tentative fut résolue, et Aymery s'engagea à livrer le château selon sa promesse. Il fit prévenir par son frère, Edouard de la convention qu'il venait de conclure.

A cette nouvelle, le roi manda Gautier de Mauny et plusieurs autres chevaliers et écuyers ; puis il raconta au sire de Mauny pourquoi il l'avait appelé, et lui déclara qu'il désirait l'amener à Calais.

Le roi d'Angleterre quitta Londres avec 300 hommes d'armes, 600 archers, et s'en vint à Douvres amenant le prince de Galles son fils avec lui. Il débarqua, sur le soir à Calais. Edouard et les siens se tinrent si secrètement en embuscade que nul ne connut leur présence. Les gens du roi se placèrent dans le château, dans les tours et dans les chambres. Edouard dit à Gautier de Mauny : « Messire Gautier, je veux que vous soyez chef de cette entreprise, car moi et mon fils, nous combattrons sous votre bannière. » — « Dieu y ait part, répondit Gautier ; c'est un grand honneur que vous me faites. »

Le jour convenu, Geoffroy de Charny réunit à Saint-Omer, ses gens d'armes et ses arbalétriers ; puis il partit le soir et chevaucha si bien avec sa troupe, qu'il arriva vers minuit assez près de Calais où ils s'arrêtèrent, s'attendant les uns les autres. Geoffroy envoya ensuite deux écuyers, pour s'informer auprès du châtelain, s'il était temps qu'ils se portassent en avant. Aymery répondit : « Dites à messire Geoffroy d'approcher. Qu'il tienne sa promesse, j'accomplirai la mienne. » Geoffroy s'avança donc, mit en bon ordre ses gens d'armes et ses arbalétriers, leur fit passer le pont de Nieuley, dont il confia la garde à Moreau de Fiennes, au sire de Crésecques et aux arbalétriers de Saint-Omer ; puis il marcha vers Calais. Le chevalier envoya devant lui, deux chevaliers et 100 armures de fer pour prendre la saisine du château, car il savait bien que s'il avait le château, il aurait la ville. Il fit délivrer 20,000 écus à Oudart de Renty qui était chef de cette troupe. Quant à lui, il demeura immobile avec ses gens, sa bannière devant lui, en dehors de la ville et du château. Son intention était de n'entrer dans Calais que par la porte.

Aymery de Pavie avait abaissé le pont-levis du château qui donnait sur les champs, et laissa entrer ceux qui voulurent. Une fois dedans, ces derniers s'imaginèrent qu'il leur appartenait. Aymery demanda à messire Oudart de Renty où étaient les florins. On les lui donna, et on lui dit : « Ils sont bien comptés. Comptez-les encore si vous voulez.

« — Je n'en ai pas le loisir, car il sera bientôt jour, reprit le Lombard, Je crois bien qu'ils y sont. » Puis il les jeta en une chambre et la referma. Il ajouta ensuite : « Attendez-moi avec vos compagnons. Je vais vous ouvrir cette maîtresse tour, afin que vous soyez plus assurés d'être maîtres d'ici. » A ces mots, il se dirigea de ce côté, et tira le verrou. En cette tour était le roi d'Angleterre, le prince de Galles son fils, Gautier de Mauny et bien 200 combatants qui sortirent, les épées et les haches à la main, en s'écriant : « Mauny ! Mauny ! à la rescousse ! » Et en disant : « Ces Français croient avoir reconquis à si peu de frais, le château et la ville de Calais. »

Les Français furent ébahis, et voyant toute résistance inutile, ils se rendirent. On les fit entrer dans la tour d'où étaient sortis les Anglais, et on les y renferma. Puis les soldats d'Edouard se mirent en bon ordre, sortirent du château, réunirent toutes leurs forces sur la place, et montèrent sur leurs chevaux, car ils savaient que les Français avaient les leurs. Ils mirent leurs archers devant, et se dirigèrent vers la porte de Boulogne. Là, était messire Geoffroy de Charny s'impatientant du retard apporté à la reddition de la ville. Alors le roi et son fils, sous la bannière de Gautier de Mauny, le comte de Stafford, le comte d'Oxford, Jean de Montagu, frère du comte de Salisbury, le sire de Beauchamp, le sire de la Ware et les leurs firent ouvrir la grande porte, et sortirent en criant : « Mauny ! Mauny ! à la rescousse ! »

A cette vue, Geoffroy de Charny dit à messire Eustache de Ribemont et à Jean de Landas : « Seigneurs, la fuite ne nous servirait à rien, car si nous fuyons, nous sommes perdus davantage. Mieux vaut nous défendre de bonne volonté contre ceux qui viennent, que d'être pris et mis en déroute, en nous sauvant comme des lâches. Espérons que la victoire nous restera. — Par saint Denis ! reprirent les chevaliers, vous dites vrai sire ! maudit soit qui fuira. »

Alors tous les Français se réunirent, se mirent à pied, et renvoyèrent leurs chevaux qu'ils sentaient trop fatigués. Quand le roi d'Angleterre vit cela, il fit arrêter la bannière sous laquelle il se trouvait, et dit : « Je voudrai m'arrêter ici et combattre. Qu'on dirige la plus grande partie de nos gens vers la rivière et le pont de Nieuley, car j'ai entendu dire qu'ils sont là beaucoup à pied et à cheval. »

Cet ordre fut exécuté. Six bannières et 300 archers se détachèrent de sa troupe, et vinrent au pont de Nieuley que gardaient Moreau de Fiennes, le sire de Crésecques et les leurs. Les arbalétriers de Saint-Omer et d'Aire étaient entre Calais et le pont. Le combat s'engagea. Les Anglais menèrent rudement les arbalétriers, les repoussèrent jusqu'à la rivière, en tuèrent et noyèrent plus de cent vingt. Les chevaliers de Picardie, le sire de Fiennes et autres, défendirent longtemps le pont, et il y eut là de beaux faits d'armes de part et d'autre. Mais les Français virent bien qu'à la fin, ils ne pourraient tenir contre les Anglais, car le nombre de ces derniers sortant de Calais augmentait toujours, et le leur diminuait, au contraire. Ceux qui avaient des chevaux les montèrent, et s'enfuirent poursuivis par les ennemis.

Il y eut en cette affaire un fort combat et maint homme renversé. Le sire de Fiennes, le sire de Crésecques, le sire de Sempy, le sire de Longviliers, parvinrent à s'échapper. Beaucoup d'autres, par excès de vaillance, furent pris, qui se seraient enfuis, s'ils eussent voulu. Mais quand le jour se fut levé et qu'ils purent se reconnaître, certains chevaliers et écuyers se réunirent et combattirent très-vaillamment les Anglais si bien, qu'il y eut des Français qui firent de bons prisonniers parmi les Anglais qui les poursuivaient.

Revenons au roi d'Angleterre, qui se trouvait, à l'insu de ses ennemis, sous la bannière de Gautier de Mauny. Il s'en vint avec ses gens à pied et en bon ordre, attaquer les Français qui se tenaient serrés, leurs lances coupées à la longueur de cinq pieds et baissées devant eux. Au premier choc, il y eut une rude rencontre et une forte poussée. Le roi s'adressa à Eustache de Ribemont, fort et hardi chevalier. Celui-ci le reçut bravement sans savoir à qui il avait à faire, mais le roi le reconnaissait à ses armoiries. Edouard était, lui, armé simplement comme un autre chevalier. Il était toutefois entouré de chevaliers et d'écuyers qui lui servaient de gardes-du-corps, afin qu'il ne fût pas trop en danger. Le roi et Ribemont se combattirent longuement. Leur duel fut interrompu par deux grosses troupes des uns et des autres qui vinrent à cet endroit et les séparèrent. Il y eut un choc dur et fort. Anglais et Français furent chacun de leur côté bons chevaliers. Là, se firent plusieurs actions d'éclat, et le roi d'Angleterre ne s'y épargna point. Il était toujours au plus fort de la mêlée, et il eut surtout pour adversaire messire Eustache de Ribemont. En ce combat, le prince de Galles se montra aussi très-vaillant chevalier. Le roi fut deux fois abattu par le susdit Eustache de Ribemont, mais il fut relevé par messire Gautier de Mauny et Regnault de Cobham. Là, se distinguèrent Geoffroy de Charny, Jean de Landas, Hector et Gauvain de Bailleul, le sire de Créqui et bien d'autres ; mais Eustache de Ribemont les surpassait tous.

Enfin, il sortit tant de gens d'armes anglais de Calais, que les Français, qui étaient sur les sables, et reculés en la place où l'année d'avant le roi Edouard avait établi son siége, ne purent supporter leur choc. La victoire se déclara pour Edouard. Geoffroy de Charny demeura aux mains des Anglais, et tous ses compagnons furent morts ou pris. Henri du Bais et messire de Wierre succombèrent. Le dernier pris fut Eustache de Ribemont, qui remit son épée au roi sans le connaître, le regardant comme compagnon de Gautier de Mauny, et parce qu'il l'avait constamment combattu. Voyant la résistance inutile, Eustache dit à Edouard : « Chevalier, je me rends à vous. »

Le roi d'Angleterre rentra dans Calais avec ses prisonniers, et se fit connaître d'eux. Il invita les Français à souper cette nuit. Pendant le souper, il s'adressa ainsi à messire Eustache de Ribemont : « Messire Eustache, vous êtes le chevalier du monde que j'ai jamais vu attaquer le mieux et le plus vaillamment ses ennemis, et se défendre lui-même. Et je n'ai jamais trouvé, en aucune bataille où j'ai assisté, ennemi qui me donnât tant à faire, corps à corps, que vous aujourd'hui. Je vous donne le prix. Ainsi font les chevaliers de ma cour, par juste sentence.

Le roi prit alors une belle et riche chaîne qu'il portait sur sa tête, et la plaça sur la tête d'Eustache, en lui disant : « Messire Eustache, je vous donne cette chaîne comme au meilleur combattant de toute la journée, de ceux du dedans et de ceux du dehors, et vous prie que vous la portiez cette année pour l'amour de moi. Je sais bien que vous êtes gai et amoureux, et que volontiers vous vous trouvez entre dames et demoiselles. Dites partout où vous irez que je vous l'ai donnée. Et puisque vous êtes mon prisonnier, je vous délivre de votre prison. Vous pouvez partir demain si vous voulez. Le lendemain matin, le roi lui fit donner deux roncins et vingt écus, puis il emmena les autres prisonniers en Angleterre (1).

A la même époque, les hostilités se continuaient également en Bretagne. L'an 1347, Charles de Blois vint mettre le siége devant la Roche-Derrien, conquise en 1345, ainsi que nous l'avons dit, par Guillaume de Bohun comte de Northampton. Charles avait sous ses ordres grand nombre de gens français, bretons et d'autres nations. Le prince divisa son armée en plusieurs compagnies ; une partie fut mise en une place qu'on appelle la Place-Verte, en la paroisse de Languet, de l'autre côté de la rivière que l'on appelle Jaudi.

Charles ordonna et commanda à ceux qu'il plaça en ce lieu, que pour aucun cri ou pour quelque autre signal que ce fut, ils ne quittassent leur poste pour venir se joindre à une autre compagnie. Le duc pensait que Thomas d'Agworth, chevetaine (capitaine) des Anglais, qui à ce moment se trouvaient en Bretagne, devait attaquer cette place où étaient lesdits Bretons, Français et autres. La compagnie de l'armée en laquelle se tenait le duc, occupait la place entre l'église de Notre-Dame et la porte qui est appelée la porte de Jument. Les autres compagnies

---

(1) Froissart, édition Luce, rédaction ordinaire et *Manuscrit de Rome*.

campaient autour de la ville. Mais les deux compagnies susnommées étaient les plus fortes.

Autour de la ville étaient neuf grands engins, parmi lesquels il y en avait un qui lançait des pierres pesant 300. Tous tiraient sur la ville de telle façon, qu'ils rompaient les maisons, tuaient les gens, les chevaux et les autres bêtes. Un coup entre autres dudit grand engin, frappa sur une maison ou château, dans lequel se trouvait, en mal d'enfant, la femme du capitaine de la ville. Le coup de pierre rompit plus de la moitié de la maison. La femme du capitaine eut grand peur, se leva tout épouvantée et vint à son mari, sir Richard Toutesham et le pria de rendre le château. Mais il ne voulut point y consentir. De rechef fut lancée une autre pierre partant du côté où le duc tenait son siége, et celle-ci fit un trou à la tour où se trouvaient le capitaine et sa femme. Mais cela ne le décida point davantage à se rendre.

Il arriva que les bonnes gens de cette terre qui, auparavant étaient en la subjection des Anglais, s'armèrent de fronde et commencèrent à assaillir la ville avec de merveilleux efforts, car ils étaient une grande quantité. Ils firent logements, ville et rues au camp, et l'on y portait tout en telle abondance, que les vivres y étaient à bon marché. Tous les jours il y avait assaut à la ville et au château, de telle façon que les assiégés ne savaient que faire.

Les nôtres eussent pris la place s'ils l'eussent voulu, car ceux de la ville et du château étaient résolus à se rendre, leur corps et leur vie saufs. Il arriva que le duc fut déçu, par mauvais conseil, et ne voulut se rendre maître de la ville, jusqu'à ce que Thomas d'Agworth vint au secours de celle-ci et se fit prendre. Mais plusieurs de l'armée du duc promirent aux gens de la ville qu'ils seraient reçus dans les huit jours, en la forme et manière qu'ils requéraient.

Sur ces entrefaites, Thomas d'Agworth vint vers la ville de Carhaix avec une grosse armée, par sentiers et par bois, le plus secrètement qu'il pût, et se logea cette nuit en l'abbaye de Begar, en laquelle, il n'était plus demeuré aucun moine, depuis que les Anglais étaient venus à la Roche-Derrien. Il y trouva certains serviteurs qui gardaient l'abbaye, et il entra là cette nuit, sans que ceux du pays ou peu le sussent. Il y soupa ainsi que ses troupes, et ne fit aucun mal à ceux qu'il y trouva.

Après qu'il eut soupé, d'Agworth entra en l'église, y fit son oraison, et veilla jusqu'à minuit. Il expliqua ensuite à ses troupes comment il attaquerait l'armée du duc, et il leur donna, pour signe de ralliement, un mot qu'ils devaient se dire l'un à l'autre, tout bas durant la bataille pour se reconnaître. Les Anglais devaient tuer quiconque ne leur répondrait pas par ce mot.

Quand ces choses furent par lui ordonnées, d'Agworth partit à minuit environ, et s'en vint par une autre route que l'on ne pensait à la Roche-Derrien. En effet, le corps d'armée qui était en la Place-Verte s'était préparé à combattre vigoureusement le capitaine anglais. Mais celui-ci qui apprit sa force, par aventure, se tourna vers le corps du duc.

Le duc et les siens croyant qu'il attaquerait de l'autre côté, ne se gardaient pas de lui.

Thomas d'Agworth vint au pont d'Aziou sur le Jaudi, par la grande route de la Roche-Derrien, près du gibet de la ville de la Roche. Cette nuit veillaient au corps d'armée du duc, Robert Arael, le seigneur de Beaumanoir, le seigneur de Deral et beaucoup d'autres seigneurs, desquels plusieurs ne faisaient pas leur devoir, car ils ne veillaient pas bien. On dit que lorsque Thomas d'Agworth s'approcha du campement du duc, il savait fort bien où se trouvait celui-ci. Il mit plusieurs charrois et plusieurs varlets entre le moulin et la maladrerie. Il était environ entre minuit et le point du jour; et la nuit était très-obscure.

Les varlets qui étaient entre le moulin et la maladrerie, commencèrent à pousser un cri terrible. Quand ceux qui veillaient en cette partie entendirent ce cri, ils voulurent aller voir ce que c'était ; mais ils eurent bientôt l'armée ennemie sur eux. Ils lui livrèrent combat et mandèrent aux troupes du duc qu'elles s'armassent sur-le-champ. Avant que celles-ci fussent tout à fait armées, les ennemis les assaillirent. Il y eut là bataille dure et forte, et messire Thomas d'Agworth fut pris.

Il arriva que lorsque les vainqueurs voulaient le mener aux tentes du duc, ils se trouvèrent en présence d'une nouvelle bataille qui secourut ledit sire Thomas. Le combat recommença. Le jour n'était pas encore levé ; il faisait très-sombre, et les nôtres s'entretuaient, se prenant pour ennemis, tandis que les Anglais, avec leur mot de ralliement, se reconnaissaient entre eux.

En cette bataille fut pris de nouveau Thomas d'Agworth de la propre main du duc. Il y avait en ce lieu beaucoup de combats divers, les uns auprès des autres, et on se battait à la clarté des cierges et des torches. En différents lieux et places, combattaient le vicomte de Rohan et le seigneur de la Vauguyon. Quand les Anglais virent que Thomas d'Agworth était pris de rechef, un certain nombre d'entre eux partirent de l'armée et s'en vinrent à ceux de la Roche-Derrien, et les requirent de les venir aider et secourir. Alors les gens de la ville et du château sortirent armés d'une espèce de haches tranchantes, montées sur manches de bois de deux pieds et demi environ.

Ils étaient à peu près 500 hommes, forts et délibérés, tant du château que de la ville ; Ils se jetèrent sur l'armée du duc et des autres qui combattaient en ce moment, secoururent de nouveau messire Thomas, et avec leurs haches, mirent à mort beaucoup de soldats de Charles.

Or, ceux que le duc avait ordonné pour être au lieu dit la Place-Verte, ainsi qu'il a été raconté plus haut, ne savaient rien de ce qui se passait au corps d'armée de Charles, car ils en étaient assez loin. La rivière et la ville de la Roche-Derrien les séparaient, et ils attendaient toujours de pied ferme, Thomas d'Agworth qui devait, croyaient-ils, attaquer de leur côté. A cause de cela, le duc leur avait recommandé de ne quitter à aucun prix le lieu où il les avait postés, en leur disant : « Si Thomas d'Agworth vient par devers nous, nous pourrons bien en venir à bout sans l'aide de personne ; mais s'il vient par devers vous, à peine pourrez-vous lui résister sans aide. »

Pendant que combattaient le duc, le vicomte et plusieurs autres Bretons bretonnants qui étaient avec eux, Charles ne sut rien de la bataille des siens et de ceux qui étaient sortis du château et de la ville de la Roche-Derrien, jusqu'à ce qu'il y eut beaucoup de soldats de son parti renversés. Les gens de la ville donnèrent haches et armes aux Anglais qui avaient été deux fois déconfits, avec lesquelles haches et armes ceux-ci tuèrent plus de la moitié de l'armée bretonne.

Parmi les barons, moururent : le vicomte de Rohan, l'un des plus riches hommes de la Bretagne, le seigneur de Derval, le seigneur de Quintin, Guillaume son fils ; Jean son autre fils eut le nez coupé. Le seigneur de Château-de-Brieuc, le seigneur de Rougé, Geoffroy de Tournemine, Geoffroy de Rosdranen, Thomas Biaulised, le seigneur de la Vauguyon et beaucoup d'autres barons furent morts, et les autres pris. Mais il y eut plus de tués que de prisonniers.

Il advint, à l'aube du jour environ, après que la bataille eut duré le quart de la nuit, et que pendant tout ce temps, le duc eut constamment combattu, qu'il sut que ses barons ou chevaliers étaient pour la plupart morts ou pris. Alors Charles commença à faire retraite et se retira jusqu'à la Montagne des Mesiaux, qui était loin de la place où le combat avait commencé. Charles avait à dos un moulin à vent, et il était toujours poursuivi de gens qui le combattaient, car ils pensaient bien que c'était le duc. Ils le lui demandèrent, et il le nia, croyant leur échapper. Finalement, les ennemis surent que c'était lui, et lui crièrent de se rendre. Charles répondit que jamais il ne se rendrait à un Anglais, qu'il aimait mieux mourir. Il était à ce moment atteint de sept blessures, dont plusieurs très-graves. Alors survint un chevalier, nommé Bernard Du Chastel qui dit au duc de se rendre à lui. Charles lui demanda son nom, le chevalier se fit connaître, et le duc se rendit.

Quand ceux de ses gens qui s'étaient échappés surent que leur seigneur était pris, ils s'en allèrent désespérés.

Nous avons traduit mot à mot, sur le siége de la Roche-Derrien, le récit des *Grandes Chroniques*. La version de Froissart en diffère sur quelques points :

La comtesse de Montfort, dit-il, charge Thomas de Dagworth, Jean de Hartsel et Tannegui du Châtel de marcher au secours des assiégés à la tête de 1,000 armures de fer et de 8,000 hommes de pied. Une première rencontre entre l'armée de Charles de Blois et la moitié des forces de Dagworth a lieu au milieu de la nuit. Thomas Dagworth y est grièvement blessé et fait prisonnier. Au moment où Jean de Hartsel, Tannegui du Châtel et le reste des Anglo-Bretons se préparent à effectuer leur retraite, Garnier, sire de Cadoudal, arrive avec un renfort de 100 armures de fer, et les décide à recommencer le combat. L'armée de Charles de Blois est surprise endormie, et taillée en pièces.

Quelques temps après, les Bretons du parti de Charles de Blois, soutenus par des troupes françaises et génoises, aux ordres du sire de Craon et d'Antoine d'Avré, assaillirent vigoureusement la Roche-Derrien et s'en rendirent maîtres après une furieuse résistance (1).

Mais ce succès ne put contrebalancer la prise de Charles de Blois et les nombreux échecs de ses partisans.

De tous côtés, on le voit, la fortune de la guerre avait trahi les Français.

Dans le Midi, battus à Bergerac par le comte de Derby, ils avaient vu après une foule de désastres, leur armée anéantie devant Auberoche, et son chef, le comte de Lille-en-Jourdain, prisonnier avec la plupart des seigneurs qui l'accompagnaient.

Le duc de Normandie, arrivé au secours des Gascons français, avait échoué devant Aiguillon. A son départ, le comte de Derby avait repris les villes et châteaux dont le prince s'était rendu maître, et avait étendu fort loin ses conquêtes.

En Bretagne, la Roche-Derrien s'était rendue aux Anglais. L'armée de Charles de Blois avait été écrasée devant cette place, et ce prince lui-même avait été pris.

Enfin, Edouard débarqué en Normandie, avait dévasté cette province, battu et pris à Caen les lieutenants de Philippe, poussé ses ravages jusqu'aux portes de Paris. Puis continuant sa marche et suivant partout le pays, il avait forcé le passage de la Somme, mis en fuite Godemar du Fay, et enfin remporté sur son rival la victoire de Crécy, si désastreuse pour Philippe de France.

La France était entamée de trois côtés. Au nord par la prise de Calais qui assurait aux Anglais un pied dans notre pays ; dans le midi et dans l'ouest, par les conquêtes que le comte de Derby poussa jusqu'en Poitou ; enfin dans la Bretagne, l'avantage demeurait à Jean de Montfort et à ses alliés, et là comme à Calais, comme

(1) Ces épisodes de la guerre de Bretagne, sont entièrement empruntés aux *Grandes Chroniques*.

en Aquitaine, les Anglais pouvaient débarquer leurs armées.

L'indiscipline des Français, leur imprudence, leur funeste habitude de ne point se garder, cause principale, sinon la seule des désastres identiques d'Auberoche et de la Roche-Derrien, étaient pour beaucoup dans le succès de leurs ennemis.

Quoi qu'il en fût, la supériorité était à ce moment acquise à l'armée anglaise. Sa confiance devint extrême.

Au mois d'août 1350, un petit succès en Bretagne vint, au dire des *Grandes Chroniques*, relever le courage ébranlé des partisans de Charles de Blois. 120 hommes d'armes franco-bretons attaquèrent sir Thomas Dagworth, le battirent et le tuèrent, ainsi que 100 hommes d'armes environ qu'il commandait.

Le 23 août 1350, Philippe de Valois mourut à Nogent-le-Roi.

III

Jean-le-Bon. — Combat des Trente. — Escarmouche d'Ardres. — Expéditions d'Édouard dans le Nord de la France, du prince de Galles dans le Midi et du duc de Lancastre en Normandie et en Bretagne. — Deuxième expédition du prince de Galles. — Bataille de Poitiers.

—

Après la mort du roi Philippe, Jean, son fils aîné, lui succéda, et fut couronné en l'église de Reims, le 26 septembre 1350.

Jean était un prince très-vaillant, mais prodigue, faible, violent, adonné à ses favoris, peu capable de gouverner le royaume en un pareil moment, et de tenir tête à des adversaires tels que les deux Édouard.

Au mois de janvier 1351, Charles d'Espagne à qui le roi avait donné le comté d'Angoulême, fut créé encore connétable de France. Le nouveau connétable à la tête d'une forte armée, vint, peu de temps après, mettre le siège devant Saint-Jean-d'Angely, en Saintonge. Durant ce siège, Guy de Nesle, maréchal de France, envoyé en détachement, pour garder le pont de Taillebourg, rencontra le 1er avril 1351, une nombreuse troupe d'Anglo-Gascons, qui, sous les ordres du sire d'Albret, s'avançaient au secours des assiégés. Le combat s'engagea ; les Français furent défaits. Le maréchal, Guillaume son frère, Arnoul d'Audeneham et plusieurs autres demeurèrent prisonniers. Malgré ce succès, les Anglo-Gascons, désespérant de sauver la ville, regagnèrent Bordeaux, avec leur butin et leurs prisonniers.

Au mois de septembre 1351, Saint-Jean-d'Angely capitula. Le 27 mars 1351, quatrième dimanche de carême, sur le territoire de la commune de la Croix-Helléan (en Bretagne), il arriva un très-beau fait d'armes qu'on ne doit pas oublier. La guerre, en effet, durait toujours dans cette province entre les deux dames, et leurs partis guerroyaient par garnisons, qui se tenaient dans les châteaux et dans les villes fortes.

Il arriva un jour que messire Robert de Beaumanoir, chevalier vaillant, et du plus haut lignage de Bretagne, châtelain de Chatel-Josselin, qui avait avec lui beaucoup de gens d'armes de sa parenté et d'autres soldats, s'en vint par devant la ville et le château de Ploermel, dont était capitaine un anglais nommé Bramborough. Ce dernier, avait sous lui, un grand nombre de soudoyers Allemands, Anglais et Bretons, au service de la comtesse de Montfort. Robert et ses gens coururent devant les barrières, et auraient vu volontiers une sortie de ceux du château, mais ils n'en firent rien.

Robert alors s'approcha davantage et fit appeler le capitaine. Celui-ci vint à la porte, et ils se donnèrent toute assurance de part et d'autre. « Bramborough, dit messire Robert, n'y a-t-il là dedans aucun homme d'armes, vous ni autre, deux ou trois, qui voulussent joûter du fer de glaive contre autres trois, pour amour de leurs amies ? » Bramborough répondit, que leurs amies ne voudraient pas qu'ils se fassent tuer si misérablement que d'une seule joûte, car c'est une aventure de fortune trop tôt passée, ce qui est plutôt renommée de folie que renommée d'honneur.

« Mais, ajouta-t-il, je vous dirai ce que nous ferons, s'il vous plaît. Vous prendrez vingt ou trente de vos compagnons de votre garnison, et j'en prendrai autant de la nôtre. Nous irons en un beau champ, là où personne ne puisse nous empêcher, ni nous troubler, et nous commanderons sous peine de corde à nos compagnons de part et d'autre et à tous ceux qui nous regarderont, que nul ne fasse à un combattant renfort ni aide. Et là, nous nous éprouverons et nous ferons tant, qu'on parlera de nous au temps à venir, dans les salles, dans les palais, dans les places et autres lieux de monde. Que la fortune et l'honneur du combat reviennent à ceux à qui Dieu les aura destinés. »

« Par ma foi ! dit Robert de Beaumanoir, j'y consens, et vous parlez très-vaillamment. Soyez-donc trente et nous serons trente aussi. Je vous en donne ma foi. » — « Je vous donne aussi la mienne, dit l'Anglais. Et le vainqueur y acquerra plus d'honneur, qu'à une joûte. »

Ainsi fut la chose convenue, et la journée prise pour le mercredi suivant.. Dans l'intervalle, chacun choisit ses trente champions, comme bon lui sembla. Les soixante guerriers élus se pourvurent de bonnes armes.

Quand le jour fut venu, les trente compagnons de Bramborough entendirent la messe, se firent armer, et s'en allèrent au lieu du combat. Ils se mirent tous à pied, et défendirent à ceux des leurs qui étaient venus avec eux, que nul ne s'entremit, quel que fût le malheur qu'il vit arriver à ses compagnons. Ainsi firent les compagnons de Robert de Beaumanoir. Les trente guerriers que nous appellerons Anglais (ils étaient vingt Anglais, quatre Bretons et six Allemands ou Flamands), attendirent longtemps les trente français.

Quand ceux-ci furent venus, ils descendirent de cheval et firent à leurs compagnons le commandement dessus dit. Certains disent que cinq des leurs, demeurèrent à cheval à l'entrée de la place, et que les vingt-cinq autres se mirent à pied comme les Anglais. Quand ils furent l'un devant l'autre, ils parlementèrent ensemble un peu tous les soixante. Ils se retirèrent ensuite en arrière, les uns d'un côté, les autres de l'autre, et ordonnèrent à tous leurs gens de s'en aller bien loin de la place. Puis l'un d'eux fit un signe, alors ils se coururent sus et se combattirent fortement tout en un tas. Ils se secouraient bellement l'un l'autre, quand ils voyaient leurs compagnons en danger.

Assez tôt après qu'ils en furent venus aux mains, un des Français fut tué, mais les autres ne cessaient point pour cela de combattre. Ils se conduisirent très-vaillamment de part et d'autre aussi bien que si tous eussent été des Rolands et des Oliviers. Je ne peux dire : Ceux-ci se tinrent le mieux et ceux-ci firent le mieux. Je n'en entendis jamais estimer plus l'un que l'autre. Mais ils se combattirent si longuement, que tous perdirent force, haleine et pouvoir entièrement.

Il leur fut nécessaire de s'arrêter et de se reposer. Ils le firent d'un commun accord, les uns d'un côté, les autres de l'autre, et se donnèrent trêve jusqu'à ce qu'ils fussent reposés, et que le premier relevé rappellerait les autres. A ce moment, il y avait quatre Français et deux Anglais morts. Ils se reposèrent longuement de part et d'autre. Et il y en eut qui burent du vin qu'on leur apporta en bouteilles. Ils resserrèrent leurs armures qui étaient défaites, et pansèrent leurs plaies.

Quand ils furent ainsi rapprochés, le premier qui se releva fit signe et rappela les autres. La bataille recommença aussi forte qu'auparavant et dura très-longtemps. Les combattants avaient de courtes épées de Bordeaux, raides et aiguës, des épieux, des dagues, et plusieurs, des haches. Ils s'en donnaient merveilleusement de grands horions. Un certain nombre se prenaient au bras, à la lutte et se frappaient sans s'épargner. Il y eut maint beau fait d'armes, gens pour gens, corps à corps, et mains à mains. On n'avait point, depuis cent ans, entendu raconter une chose semblable.

Ils se combattirent ainsi comme bons champions, et se conduisirent très-vaillamment à ce deuxième combat. Mais finalement les Anglais eurent le dessous, car un Français qui était demeuré à cheval, Guillaume de Montauban, les rompait et les renversait. Bramborough leur capitaine, fut tué ainsi que huit de ses compagnons. Les autres se rendirent, quand ils virent que la défense leur était inutile; car ils ne pouvaient, ni ne devaient fuir. (1)

On raconte, que dans la chaleur du combat, Beaumanoir blessé grièvement, mourant de fatigue et de soif, aurait demandé à boire : « Bois ton sang, Beaumanoir, lui répondit un de ses Bretons, Geoffroy de Bois, suivant quelques-uns, de Tinteniac, d'après les autres. » Ces paroles devinrent, après le combat, le cri de guerre de la famille Beaumanoir. Messire Robert de Beaumanoir et ses compagnons qui avaient survécu au combat, amenèrent leurs prisonniers au Chatel-Josselin et les rançonnèrent depuis courtoisement, quand ils furent tous guéris, car il n'y en avait aucun qui ne fut blessé, et aussi bien des Français que des Anglais. Et depuis, ajoute Froissart, je vis seoir à la table du roi Charles de France, un chevalier Breton qui avait assisté à ce combat, messire Yvain Charuel. Mais il avait le visage si entaillé et si découpé, qu'il montrait bien que la besogne avait été bien combattue, et aussi y fut messire Enguerrand de Hesdin, bon chevalier de Picardie qui montrait bien qu'il y avait été. Et un autre bon écuyer qui s'appelait Hugues de Raincenaux. Cette aventure fut contée et rapportée en plusieurs lieux. Les uns la tenaient pour une grande pauvreté, d'autres pour une grande outrecuidance. (2)

Le combat des Trente demeura célèbre en Bretagne et dans toute la France. Il prouva que les Français pouvaient

---

(1) Froissart, édition Luce.
(2) Froissart, édition Luce.

combattre à armes égales, et même avec avantage, les gens d'armes anglais dans les luttes corps à corps, et dans les petits combats où la discipline de leurs ennemis devenait inutile, et où ceux-ci n'étaient pas soutenus par les flèches de leurs archers. On voit que l'usage du combat à pied se généralisait, et que les chevaliers et écuyers commençaient à combattre ainsi, même dans les petites affaires. Et cependant ici c'est, encore selon Froissart, à un cavalier que les Français doivent la victoire. La même année, 1351, eut lieu un autre fait d'armes, en la marche de Saint-Omer, tout près de la bastille d'Ardres.

Messire Jean de Beauchamp, capitaine anglais de Calais, sortit de cette ville avec trois cents armures de fer et deux cents archers. Le chef Anglais chevaucha si bien de nuit, que le matin, au lever du soleil, il fut devant Saint-Omer, et rangea ses troupes en ordre de bataille, sur un tertre assez près de là. Beauchamp envoya ensuite ses coureurs éclairer le pays, et s'emparer des bestiaux qui étaient sortis de Saint-Omer et des villages voisins.

Quand ils eurent couru et fait leur entreprise, les Anglais commencèrent à se mettre très-sagement en retraite. Ils prirent leurs gens de pied qui les suivaient, vingt hommes d'armes et soixante archers et leur dirent : « Retirez-vous en bon ordre vers Calais ; chassez ces bestiaux devant nous; nous les suivrons et les conduirons. Tous ceux qui reçurent cet ordre, se disposèrent à l'exécuter. Les chevaliers et écuyers se remirent ensemble, et chevauchèrent en bon ordre.

Ces nouvelles étant venues au sire Edouard de Beaujeu, gouverneur du pays pour le roi de France, et résidant à Saint-Omer, qui couchait en la porte de Boulogne, il fut très-irrité, fit sonner sa trompette et parcourir la ville pour réveiller les chevaliers et écuyers qui couchaient en leurs hôtels. Ceux-ci ne furent pas de si tôt armés et rassemblés. Mais le sire de Beaujeu ne les voulut pas tous attendre. Il pàrtit, lui centième, bien monté, fit porter sa bannière devant lui, et sortit de la ville avec ses compagnons. En ce jour étaient à Saint-Omer : le comte de Porcien, messire Guillaume de Bourbon, messire Beaudoin Dennekins, messire Regnaut de Roie, Guillaume de Craon, Oudart de Renty, Guillaume de Bailleul, Hector Quieret, Hugues de Longval, le sire de Sains, Beaudoin de Belleborne, le sire de Saint-Dizier, le sire de Saint-Sauffrin, messire Robert de Barentin, Beaudoin de Cuvillers, ainsi que plusieurs bons chevaliers et écuyers d'Artois et de Vermandois.

Le sire de Beaujeu, le premier, suivit les Anglais rudement ; car il avait grande crainte qu'ils ne lui échappassent. Tous les gens d'armes et les brigands, dont il y avait bien cinq cents à Saint-Omer, n'étaient pas encore avec leur capitaine. Celui qui le suivait de plus près derrière, était messire Guichart son frère qui n'était point parti avec lui, ni sa troupe. Ainsi chevauchaient-ils, les Anglais devant, les Français derrière. Les Anglais approchaient toujours de Calais ; mais leurs chevaux commençaient à se fatiguer beaucoup ; car ils avaient déjà longtemps marché la nuit d'avant.

Après avoir dépassé de quatre lieues Saint-Omer et traversé l'Ausque, les Anglais regardèrent derrière eux. Ils virent le seigneur de Beaujeu et sa bannière, que ne suivaient pas plus de cent hommes d'armes. Ils se dirent : « Nous nous faisons poursuivre par ces Français qui ne sont qu'une poignée, arrêtons-nous et combattons, aussi bien nos chevaux sont durement fatigués. »

Tous approuvèrent ce conseil, entrèrent en un pré, et s'abritèrent derrière un large fossé qui l'environnait. Ils se mirent à pied, les lances croisées, et en bon ordre.

Le seigneur de Beaujeu arriva monté sur son coursier, sa bannière devant lui, et s'arrêta sur le bord du fossé, en présence des Anglais qui lui faisaient face, et tous ses gens s'arrêtèrent aussi. Quand il vit qu'il ne passerait point facilement, il commença à tourner autour du fossé pour chercher l'endroit le moins large. Il finit par le trouver. Mais à cette place, le fossé était naturellement relevé et le bord était trop raide pour qu'un coursier pût le franchir, et si le sien l'eût fait, tous les autres n'eussent pu l'imiter. Beaujeu prit le parti de descendre de cheval, ainsi firent tous ses gens. Quand ils furent tous à pied, le seigneur Français mit sa lance au poing, se prépara pour sauter et dit à celui qui portait sa bannière : « En avant, bannière, au nom de Dieu et de saint Georges ! » A ces mots, il sauta le fossé et franchit le rebord. Mais le pied lui glissa, et il se découvrit ; alors un homme d'armes anglais le frappa de sa lance et le blessa mortellement. Le sire de Beaujeu fit deux tours sur lui-même, et s'arrêta sur son côté. Deux chevaliers de son hôtel survinrent qui se placèrent auprès, et le défendirent très-vaillamment. Les autres compagnons chevaliers et écuyers qui voyaient leur seigneur gisant à terre, furent si forcenés qu'ils semblaient avoir perdu les sens. L'attaque et la mêlée s'engagèrent de toutes parts, et les gens du sire de Beaujeu se tinrent quelques temps en bon ordre. Mais finalement ils ne purent supporter le choc, furent déconfits et pris pour la plupart. Messire Beaudoin de Cuviliers perdit là un œil, et fut fait prisonnier. Si les Anglais eussent eu leurs chevaux, ils seraient partis sans dommage ; mais il n'en était rien, et cela les perdit.

Voici qu'arrivent messire Guichart de Beaujeu et sa compagnie qui dépassait les autres d'un trait d'arc au plus. Quand ce gentilhomme vit les siens défaits et son frère à terre, il fut saisi de stupeur, frappa son cheval des éperons, et sauta le fossé. Tous les siens suivirent son exemple. Le premier mot de Guichart de Beaujeu fut pour son frère, à qui il demanda comment il se trouvait. Le sire de Beaujeu parlait encore, et le reconnut bien ; il lui dit :

« Beau-frère, je suis blessé à mort, je le sens bien. Je vous prie de relever la bannière de Beaujeu qui jamais ne fut prise, et que vous me vengiez ; si vous partez en vie de ce champ, prenez soin d'Antoine mon fils que je vous donne en garde. Faites porter mon corps en Beaujolais, car je veux reposer à Belleville, où j'ai depuis longtemps fait préparer ma sépulture. »

Messire Guichart promit au mourant de faire ce qu'il lui demandait, puis il s'en vint à la bannière de son frère, la prit par la lance, la releva et la donna à un de ses écuyers, vaillant homme d'armes : tous les gens d'armes à cheval étaient déjà venus et avaient franchi le fossé, et se trouvaient dans le pré d'au-delà. Ils étaient très-irrités de la mort de leur capitaine, et criant Beaujeu, ils s'en vinrent fièrement chercher les Anglais, qui s'étaient reculés et mis ensemble, en bon ordre, pour supporter le choc de la forte troupe qui s'avançait contre eux.

A pied, en tête des autres, s'avança messire Guichart de Beaujeu, glaive au poing ; il y eut un fort combat de lances, avant qu'ils pussent entrer les uns dans les autres, et quand ils y furent entrés, il se fit plusieurs beaux faits d'armes. Les Anglais combattirent si vaillamment que ce serait merveille de le raconter. Guichart de Beaujeu s'en vint tout droit s'adresser à la bannière de messire Jean de Beauchamp, et il y accomplit mainte prouesse, car c'était un bon guerrier, hardi, entreprenant, et son courage était doublé par le désir de venger son frère. Le chevalier s'abandonna si follement, qu'il faillit lui en mal advenir, car il fut entouré par les Anglais et si fort assailli, qu'il fut atteint et gravement blessé ; mais à son aide arrivèrent le comte de Porcien, Guillaume de Bourbon, Beaudoin Dennekins et plusieurs autres bons chevaliers et écuyers : Guichart fut secouru et mis hors de la presse, pour qu'il pût se reposer un peu.

Les Anglais combattirent si bien et si vaillamment,

qu'ils auraient encore déconfit cette deuxième troupe, n'eussent été plus de cinq cents brigands armés de lances et de boucliers, qui vinrent à son secours. Les ennemis ne purent tenir contre leur charge, car ils étaient fatigués et épuisés : là furent pris Jean de Beauchamp, Louis de Cliffort, Philippe de Beauvert, Alexandre Hussey, Louis Thornton et bien vingt chevaliers, tous de nom, et tous les écuyers.

Les prisonniers français furent délivrés. Les vainqueurs rapportèrent à Saint-Omer le corps de leur capitaine et son frère Guichart, si blessé, qu'il ne pouvait se tenir à cheval.

Pendant ce temps, le sire de Bouvelinghem, les trois frères de Hames et les garnisons de Guines, de Hames et de la Montoire, s'étaient mis en embuscade avec bien trois cents armures de fer ; ils rencontrèrent les Anglais qui amenaient le butin et leur coururent sus. Les Anglais se défendirent tant qu'ils purent, mais à la fin ils furent déconfits et tous tués ou pris, et leur butin enlevé.

Jean de Boulogne fut en juillet 1351, envoyé à Saint-Omer, comme successeur d'Edouard de Beaujeu. Robert de Herle fut nommé capitaine de Calais, le 20 juin 1351, en remplacement de Jean de Beauchamp, prisonnier. (1)

Le 16 novembre 1351, le roi fonda un ordre de chevalerie composé de trois cents membres; ceux qui en faisaient partie portaient chacun une étoile d'or, d'argent doré, ou de perles au chaperon par devant, ou au manteau. Les membres de l'ordre devaient à toutes les fêtes solennelles se réunir à la noble maison de Saint-Ouen, construite à cet effet. On ne pouvait être reçu chevalier de l'ordre que de l'assentiment du roi et de la majorité des compagnons. On faisait serment de ne jamais fuir dans une bataille, plus loin que quatre arpents, au risque d'être tué ou fait

---

(1) Froissart, édition Luce.

prisonnier. Si un chevalier de l'Etoile se trouvait sans ressources, sur ses vieux jours, la noble maison lui offrait un asile, où il était assuré d'un train de vie honorable pour lui et pour deux de ses varlets.

Durant cette fête de l'Etoile, la ville et le château de Guines furent pris par les Anglais, malgré la trêve qui existait alors.

Peu après la fondation de l'ordre de l'Etoile, là guerre redoubla en Bretagne où le roi d'Angleterre, allié de la comtesse de Montfort, expédia des forces considérables. Gui de Nesle, sire d'Offémont, et plus de quatre-vingt-dix chevaliers de l'Etoile, envoyés par le roi de France au secours de la comtesse de Blois, trouvèrent la mort dans une embuscade que les Anglais leur avaient tendue; ils auraient pu se sauver, mais ils venaient de s'engager par serment, en vertu des statuts de la nouvelle confrérie, à ne jamais fuir (1).

Le 17 février 1354, une troupe d'Anglais s'approcha de la ville de Nantes, et cinquante-deux environ escaladèrent le château à l'aide d'échelles, et s'en emparèrent. Mais Guy de Rochefort, capitaine du château qui se trouvait en la ville, fit si bien qu'il le recouvra par assaut, la nuit même, et les cinquante-deux Anglais furent tués ou pris (2).

Vers cette époque le roi de Navarre, Charles le Mauvais, gendre du roi de France, fit assassiner le connétable Charles de Bretagne, qui avait obtenu de Jean, des terres réclamées par Charles. Le roi de France indigné, envoya des gens d'armes en Normandie, et s'empara d'une partie des possessions appartenant à son gendre; d'un autre côté il fit envahir la Navarre par le comte d'Armagnac et plusieurs seigneurs Gascons, mais le comte de Foix, beau-

---

(1) Luce.
(2) *Grandes Chroniques.*

frère du roi de Navarre, vint à son secours, et obligea le comte d'Armagnac à renoncer à son entreprise.

Charles le Mauvais leva des troupes, et s'allia avec les Anglais.

Quelque temps avant ces événements, sur les instances du Pape Innocent, des négociations eurent lieu à Avignon dans le but de rétablir la paix entre la France et l'Angleterre. Pierre duc de Bourbon et l'archevêque de Rouen furent envoyés pour représenter le roi Jean, et le duc Henry de Lancastre et plusieurs autres négociateurs représentèrent le roi d'Angleterre. Edouard demandait que l'Aquitaine et le comté de Ponthieu lui fussent cédés en pleine souveraineté, sans aucune condition d'hommage, et que la Bretagne demeurât presque indépendante. Jean repoussa ses prétentions, et la trêve étant expirée, la guerre recommença.

Excité par le roi de Navarre son allié, le roi d'Angleterre résolut d'envahir la France avec trois armées, et de diriger l'une sur la Normandie, l'autre sur la Bretagne, et la troisième sur la Gascogne, car les barons de ce pays alliés des Anglais, priaient le roi d'Angleterre de leur envoyer son fils le prince de Galles, promettant de l'aider à faire bonne guerre. Edouard le leur accorda. Le duc de Lancastre reçut ordre de partir pour la Bretagne, avec 500 hommes d'armes et 1,000 archers, car messire Charles de Blois, rançonné à 400,000 écus, était retourné dans son duché, laissant comme ôtages ses fils Jean et Guy, et faisait grande guerre au comte de Montfort.

Le roi d'Angleterre fit faire de grands et forts approvisionnements pour suffire à toutes ses expéditions, et manda des gens d'armes partout où il en put trouver. Les trois armées quittèrent séparément l'Angleterre, et arrivèrent en trois ports à la même saison. Le prince de Galles s'en alla vers Bordeaux avec 1,000 hommes d'armes, 2,000 archers, et toute la fleur de la chevalerie avec lui. Il avait sous ses ordres le comte de Suffolk, le comte d'Oxford, le comte de Warwick, le comte de Salisbury, Regnault de Cobham, le baron de Stafford, Jean Chandos qui avait la réputation d'être un des meilleurs chevaliers d'Angleterre comme sens, comme force, comme bonheur et fortune ; le roi avait mis son fils spécialement sous sa garde. Avec eux étaient encore les sires de Berkeley, James et Pierre Audley, le sire de la Ware, Guillaume Felton, le sire de Basset, messire Edouard Spencer, le sire de Willougby, Eustache d'Aubrechicourt, Jean Goistelles et bon nombre d'autres.

Quand le roi d'Angleterre eut fait tous ses préparatifs, il se mit lui-même en mer avec la troisième armée, au havre de Southampton. Ses troupes comptaient 2,000 hommes d'armes et 4,000 archers. Il y avait en sa compagnie le comte d'Arundel, le comte de Northampton, le comte de Hereford, le comte de Stafford, le comte de la Marche, le comte de Huntingdon, le comte de Cornouailles, l'évêque de Lincoln et l'évêque de Winchester, messire Jean Beauchamp, Gautier de Mauny, le sire du Man, le sire de Mowbray, le sire de Ross, le sire de Percy, le sire de Neufwille, Jean de Montaigu, le sire Richard de Pembroke, le sire de Clifford, le sire de Graystoke et plusieurs autres. La flotte royale se dirigea sur la Normandie, pour prendre terre à Cherbourg, où le roi de Navarre l'attendait. Le vent contraire la retint à l'île de Wight, le même vent l'empêcha ensuite d'aborder à Cherbourg. Les Anglais prirent donc terre à Guernesey, où ils restèrent longtemps.

Le roi de France était informé des levées de son ennemi ; il savait que le roi de Navarre s'était allié à Edouard et voulait le recevoir dans ses forteresses. Son conseil lui fit sentir à quels dangers pouvait l'exposer une pareille guerre, il lui persuada de dissimuler et de traiter avec Charles-le-Mauvais.

Jean suivit cet avis et obtint, non sans peine, que son gendre renoncerait à l'alliance anglaise ; mais quant à Philippe de Navarre, frère du roi, rien ne put le détacher d'Edouard.

A la nouvelle de ce traité, le roi d'Angleterre se rembarqua et reconduisit sa flotte à Southampton ; il permit à ses gens d'armes et à ses archers de se reposer un peu et de renouveler leurs vêtements et leurs armes. Mais il ne leur donna pas autrement congé, son intention étant d'envahir la France par Calais. Edouard réunit ensuite et fit stationner à Douvres sa nombreuse flotte.

Après quinze jours de repos, l'armée anglaise se dirigea sur Sandwich et s'embarqua pour Calais : Edouard amenait avec lui deux de ses fils Lionel duc de Clarence, et Jean comte de Richmont ; l'armée anglaise, grâces à de nouvelles levées, était forte de 3,000 hommes d'armes, 2,000 archers à cheval, et un grand nombre d'archers à pied, sans compter les Gallois. Après avoir séjourné quelques jours en cette ville, les ennemis envahirent la France. Le roi fit connétable de son armée le comte de la Marche, et prit pour maréchaux le seigneur de Beauchamp et le seigneur de Neufville. Les Anglais marchèrent ensuite vers Saint-Omer, passèrent devant Ardres et la Montoire, et s'établirent sur l'Aushe ; le lendemain les maréchaux coururent sur Saint-Omer dont Guillaume de Namur était capitaine ; ils vinrent jusqu'aux barrières, mais ne firent rien autre chose.

Le roi de France envoya des gens d'armes dans toutes les forteresses de Picardie et d'Artois, et manda en la ville d'Amiens tous les chevaliers et écuyers de son royaume, entre dix-huit et soixante ans, car il voulait aller au-devant des Anglais.

En ce temps était connétable de France Gautier comte de Brienne et d'Athènes, et maréchaux messire Arnoul d'Audeneham et Jean de Clermont. Jean envoya aussi vers ses bons amis de l'Empire, et spécialement vers Jean de Hainaut ; celui-ci vint bien accompagné rejoindre l'armée qui se formait à Amiens sous les ordres du roi.

Avec Jean étaient ses quatre fils : Charles duc de Normandie et dauphin de Vienne, Louis comte d'Anjou et du Maine, Jean comte de Poitiers, et Philippe, tous les quatre encore très-jeunes ; venaient ensuite le roi de Navarre, le duc d'Orléans frère du roi, le duc de Bourbon, messire Jacques de Bourbon comte de Ponthieu son frère, le comte de Forez, messire Jean de Boulogne comte d'Auvergne, le comte de Tancarville, le comte d'Eu, messire de Dammartin, le comte de Saint-Pol et bien d'autres comtes, barons et chevaliers.

Le roi réunit 12,000 hommes d'armes à Amiens, sans compter 30,000 hommes des communautés. Malgré cela, Edouard continuait à s'avancer en France, car personne ne marchait contre lui. Il s'approcha de Hesdin, et jeta la terreur dans Arras.

A cette époque, William Douglas, aidé de l'argent de la France, et soutenu par le baron de Garancières à la tête de 50 gens d'armes français, attaqua les forteresses que les Anglais occupaient en Ecosse ; puis passant la frontière, il assaillit sans succès Roxburgh, mais s'empara du château de Berwick.

Le roi d'Angleterre était alors devant Blangy à deux lieues de Hesdin, et ses soldats couraient le pays jusque dans le comté de Saint-Pol et en Artois. Edouard envoya le chevalier Boucicaut, qu'il avait fait prisonnier, défier le roi de France à une bataille, et le tint quitte de toute rançon à cette condition. Jean répondit au prince anglais qu'il combattrait quand bon lui semblerait, et non au bon plaisir et à la convenance de l'ennemi. Edouard voyant que les Français dévastaient le pays devant lui, et affamaient son armée sans vouloir en venir à une bataille, inquiet des nouvelles reçues d'Ecosse, se mit en retraite après avoir attendu le roi de France le temps fixé par le défi. Jean poursuivit ses ennemis, mais il ne put les atteindre avant leur retour à Calais ; Arnoul d'Audeneham, capitaine pour le roi de France, de Picardie, d'Artois et de Boulonnais, qui se tenait en ce moment à Ardres, se jeta sur l'arrière-garde anglaise et lui fit quelques prisonniers. Jean prit alors l'avis de ses barons sur ce qu'il convenait de faire. Ceux-ci lui conseillèrent d'envoyer à Calais, où se trouvait Edouard, Boucicaut et le maréchal d'Audeneham, pour demander au roi d'Angleterre combat de cent à cent, de mille à mille ou de puissance à puissance, en lui offrant l'emplacement nécessaire au choix de six chevaliers de chaque armée.

Edouard répondit à ses envoyés : « Du temps que j'ai chevauché en France et bien demeuré six jours devant Blangy, j'ai mandé au roi de France, ainsi que vous le savez, que je ne désirais autre chose que la bataille. Or, me sont venues autres nouvelles, qui font que je ne combattrai pas au bon plaisir de mes ennemis, mais à la volonté de mes amis. »

Sur cette réponse, le roi de France congédia ses gens d'armes et les gens des communes, laissant toutefois bon nombre de gens d'armes en Picardie. Arnoul d'Audeneham demeura en la forteresse d'Ardres pour garder les frontières.

Pendant que ces événements se passaient dans le Nord, la guerre se poursuivait dans le Midi. Le prince de Galles débarqua vers la Saint-Michel à Bordeaux, avec ses 1,000 hommes d'armes et 2,000 archers. Il appela aux armes tous les barons et chevaliers de Gascogne, ses alliés. Le seigneur d'Albret, les trois frères de Pommiers, Aymon de Tarse, le seigneur de Mussidan, le seigneur de Courton, le seigneur de Langoyran, le seigneur de Rosem, le seigneur de Landuras, messire Bernard d'Albret, le seigneur de Gironde, Jean de Grailly captal de Buch, le Souldich de l'Estrade et tous les autres.

Lorsqu'ils furent réunis, le prince de Galles leur dit qu'il n'était pas venu pour séjourner longtemps à Bordeaux, mais pour chevaucher en France. Les seigneurs lui déclarèrent qu'ils étaient prêts à le suivre, et lui conseillèrent de marcher sur Toulouse, de passer la Garonne sous cette ville au pont Sainte-Marie, car ce fleuve était bas et la saison belle et sèche.

Les Anglais suivirent ce conseil, et le prince sortit de Bordeaux avec 1,500 lances, 2,000 archers et 3,000 bidaus, sans compter les valets que les Gascons menaient avec eux. Ces gens d'armes n'attaquèrent aucune forteresse jusqu'à ce qu'ils eussent passé la Garonne au pont Sainte-Marie entre Aiguillon et Agen.

Les Anglais ravagèrent ensuite les comtés d'Astarac et de Comminges, et restèrent sur la rive gauche de la Garonne, jusqu'à une lieue en amont de Toulouse, où ils passèrent le fleuve non loin de son confluent avec l'Ariége. Dans Toulouse se trouvait alors le comte d'Armagnac qui releva le courage des habitants, il fit démolir les faubourgs, et se tint prêt à combattre.

Après le passage de la Garonne, les Anglais campèrent dans un beau vignoble, et leurs coureurs vinrent jusqu'aux barrières de la ville, où ils escarmouchèrent avec les gens du comte d'Armagnac. Le lendemain le prince et tous les barons de l'armée et leurs suivants s'armèrent, montèrent à cheval et s'approchèrent de Toulouse, en ordre de bataille et bannières déployées. Ceux de Toulouse voyant les Anglais s'approcher, pensèrent bien avoir l'assaut, et se rangèrent en bon ordre aux portes et aux barrières, par métiers et par connétables. Ils étaient bien 40,000 gens de la communauté en grande volonté de combattre. Mais le comte d'Armagnac leur défendit d'aller au-devant des Anglais, leur disant que s'ils sortaient, ils seraient tous perdus, car ils n'avaient pas l'habitude des armes comme les Anglais et les Gascons, et ne pouvaient mieux faire que de garder leur ville.

Le prince de Galles et ses batailles vinrent tout près de Toulouse ; voyant à l'attitude des habitants qu'ils se défendraient si on les attaquait, ils passèrent outre sans rien dire, et prirent le chemin de Carcassonne. La première ville qu'ils rencontrèrent fut Montgiscard. Les Anglais et les Gascons se logèrent assez près de là sur une petite rivière, et le lendemain ils s'approchèrent de la forteresse qui n'était fermée que de murs et de portes de terre, car la pierre manque en ce pays.

Ceux de Montgiscard firent bonne contenance et se mirent en défense sur les murs et sur les portes.

Les Anglais et les Gascons s'arrêtèrent, devant cette ville, l'attaquèrent fortement et vivement de tous les côtés ; il y eut un grand et rude assaut, et plusieurs hommes blessés du trait et du jet des pierres. Enfin la place fut prise, le mur rompu et abattu, et les ennemis entrèrent dans la ville.

Le prince de Galles marcha ensuite vers Castelnaudary, grosse ville commerçante, les Anglais assaillirent vigoureusement cette ville et s'en rendirent maîtres, et vinrent sur Villefranche, bonne et grosse ville, bien située.

Ce pays parcouru par les Anglais était auparavant un des plus riches du monde, habité par des gens bons et simples, qui ne savaient ce que c'était que la guerre, mais les soldats du prince de Galles le dévastèrent complétement.

Villefranche fut prise, et le lendemain les Anglais s'avancèrent sur Carcassonne.

Cette ville était située au milieu d'une plaine sur les bords de l'Aude, à droite en venant de Toulouse. La cité dont les remparts étaient hérissés de tours, couronnait le sommet d'une haute falaise et dominait la ville. Les habitants y avaient placé la plus grande partie de leurs biens ainsi que leurs femmes et leurs enfants. Les bourgeois se tenaient en la ville, qui n'était en ce temps fermée que de chaînes, mais il n'y avait rue où il n'y en eut dix ou douze, et on les avait toutes levées ; outre ces chaînes et bien rangés par batailles, se tenaient des bidauds armés de lances et de pavois, et tous en ordre pour attendre les Anglais.

Quand les maréchaux virent cette grosse ville, ils s'arrêtèrent et délibérèrent, pour savoir comment ils lui livreraient assaut. Tout considéré, ils se mirent tous à pied, gens d'armes et autres, et s'en vinrent le glaive en main, chaque sire sous sa bannière ou son pennon, livrer bataille à ces bidauds qui les reçurent bravement avec leurs lances et leurs pavois. Il y eut là maint beau fait d'armes, car de jeunes chevaliers anglais et gascons, pour se distinguer, sautaient entre ces chaînes et se précipitaient sur leurs ennemis. Eustache d'Aubrechicourt fut un des premiers qui franchit la première chaîne ; quand il fut de l'autre côté, les autres le suivirent et se mirent entre ces chaînes ; ils en conquirent une, puis deux, puis trois, puis quatre. Car à mesure que les gens d'armes s'avançaient pour passer, les archers tiraient si fort et avec un tel ensemble, que les bidauds ne savaient auquel entendre ; il y en avait dont le bouclier était si chargé de flèches, que c'était merveille ; enfin les gens de Carcassonne furent enfoncés, leurs chaînes enlevées, et eux-mêmes rejetés de la ville. Plusieurs se sauvèrent par derrière, passèrent l'Aude et vinrent en la cité.

Le prince et ses troupes se rafraîchirent à Carcassonne où ils trouvèrent encore de grosses provisions. Après avoir considéré la force de la cité, ils renoncèrent à l'attaquer, traversèrent l'Aude sur le pont de Carcassonne à un trait d'arc de là, criblés de projectiles par la garnison, trouvèrent sur leur route les villes de Homps et de Trèbes qui se rançonnèrent, puis ils arrivèrent devant Capestang qui traita aussi avec eux. Enfin les Anglais vinrent camper devant Narbonne, grosse ville ayant cité et bourg ; les habitants du bourg avaient envoyé leurs femmes, leurs enfants et une partie de leurs biens dans la cité, où se trouvaient grand nombre de chevaliers du pays narbonnais et d'Auvergne, que le comte Aimeri de Narbonne avait fait venir pour l'aider à défendre sa ville. Les Anglo-Gascons s'emparèrent du bourg et tuèrent ou blessèrent beaucoup de Narbonnais ; puis ils campèrent sur l'Aude, bien approvisionnés de tout, et il ne se passait pas de jour qu'ils ne livrassent à ceux de la cité cinq ou six assauts si grands, si forts et si durs, que c'est merveille qu'ils ne l'aient point conquise. Mais les gentilshommes qui la défendaient se comportèrent si bien, que les ennemis ne purent rien gagner, et que le prince de Galles dut lever le siége. Les Anglais retournèrent sur Carcassonne, pillant et brûlant, ils avaient si grand butin, qu'ils étaient résolus à le mettre en sûreté et à finir la campagne pour cette saison. Sur leur route ils trouvèrent Limoux, ville mal fermée, dont ils s'emparèrent. A leur départ ils brûlèrent plus de quatre cents maisons et beaux hôtels, en repassant ils incendièrent encore Carcassonne et emportèrent d'assaut Montréal.

C'est ainsi que le Narbonnais, le Carcassonnais et le Toulousain furent ravagés par les Anglais. Le comte d'Armagnac réunissait à Toulouse des gens d'armes à cheval et à pied pour les combattre, et se mit enfin sur les champs avec 30,000 hommes, mais ce n'était plus temps. La cause donnée par le comte à son retard, fut qu'il attendait Jacques de Bourbon, qui rassemblait ses troupes à Limoges pour cerner avec lui les Anglais. A la nouvelle des armements de ces deux seigneurs, les ennemis se mirent définitivement en retraite, et revinrent tranquillement passer la Garonne sous Toulouse au pont Sainte-Marie. Le prince de Galles regagna ensuite Bordeaux, et donna congé à une partie de ses gens, aux Gascons spécialement ; mais son intention était à l'été, de recommencer la campagne dans une autre partie de la France.

Ainsi, des trois expéditions anglaises, la première, celle du Nord, commandée par Edouard en personne avait complétement échoué ; la deuxième, celle du Midi, aux ordres du prince de Galles, avait rapporté beaucoup de butin aux envahisseurs et ravagé un pays riche et jusqu'alors à l'abri des attaques de l'ennemi, mais elle n'avait pas au point de vue de la conquête, amené de grands résultats. Le jeune Edouard aussi dût s'arrêter en présence des forces supérieures qui lui furent opposées. Nous verrons plus tard ce que firent le duc de Lancastre et les troupes envoyées en Bretagne.

Le roi d'Angleterre s'apercevait déjà que la conquête de la France était une entreprise fort difficile pour lui, malgré ses brillantes victoires.

A cette époque, les gens de Rouen et d'Evreux, sur le conseil du roi de Navarre et du comte d'Harcourt, se refusèrent à payer la gabelle sur le sel, que le roi établit en France. Jean irrité, arrêta lui-même Charles-le-Mauvais, le comte d'Harcourt et plusieurs autres seigneurs, que son fils le duc de Normandie avait invités au château de Rouen. Il fit sur le champ décapiter sans confession le comte d'Harcourt, Jean de Graville, Maubué et Colinet de Bléville, compagnons du roi de Navarre.

A cette nouvelle, Philippe de Navarre et Godefroy d'Harcourt oncle du comte, envoyèrent leur défi au roi de France ; cet exemple fut bientôt suivi par Louis de Navarre, par Guillaume fils du comte d'Harcourt, le sire de Graville, Pierre de Saquinville, et bien vingt autres chevaliers.

Les rebelles pourvurent leurs châteaux, et passèrent en Angleterre afin de s'allier à Edouard. Celui-ci fut tout joyeux de leur arrivée et leur promit son appui. « Et comme, leur dit-il, votre fait demande une prompte expédition, et que voici la saison qu'il fait bon de guerroyer, j'écrirai à mon beau cousin le duc de Lancastre, qui est sur les frontières de Bretagne, et lui manderai de venir à vous avec tout ce qu'il y a de gens, et encore vous en enverrai-je pour faire bonne guerre à vos ennemis. Vous commencerez à guerroyer cette saison, et toujours vous croîtra et vous viendra sous la main force, aide et puissance. » Edouard leur donna ensuite 100 hommes d'armes et 200 archers, aux ordres du sire de Rass et du sire de Newille, avec lesquels les seigneurs révoltés débarquèrent à Cherbourg.

Peu de temps après, le duc de Lancastre qui se tenait à Pontorson, reçut l'ordre de soutenir les nouveaux alliés du roi son maître ; il réunit 500 lances et 800 archers et se mit en route pour la Normandie et pour Cherbourg. Bientôt accourut de Carentan avec 300 hommes d'armes et 500 archers Robert Knowles, vaillant et habile chevalier anglais. Les deux chefs opérèrent leur jonction avec Philippe de Navarre, Godefroy d'Harcourt et les autres seigneurs normands, le sire de Ross et le sire de Newill. Les confédérés réunirent à Evreux leurs troupes fortes de 900 hommes d'armes et 1,400 archers. Ils chevauchèrent sur Vernon, passèrent à Acquegni et à Passy, pillant et ravageant le pays et se dirigèrent sur Rouen..

En apprenant ces choses, le roi de France fit son mandement, aussi fort que s'il s'agissait de combattre le roi d'Angleterre lui-même, et s'en vint à Saint-Denis où se réunissaient ses troupes. Le duc de Lancastre, pendant ce temps, prit et brûla Vernon, Verneuil et les faubourgs de Rouen. Jean s'avança sur Pontoise avec ses deux maréchaux, Jean de Clermont et messire d'Audeneham et suivi de tous ses gens d'armes, il gagna ensuite Mantes et Rouen. Il avait sous ses ordres plus de 8,000 hommes d'armes et bien 40,000 combattants de sorte ou d'autre. Il resta trois jours à Rouen, et déclara qu'il ne retournerait pas à Paris sans combattre les Anglais, s'ils l'osaient attendre.

A la nouvelle de l'arrivée du roi, le duc de Lancastre et ses alliés prirent le parti de se retirer tranquillement. Ils décidèrent qu'ils ne s'enfermeraient point dans les forteresses de Normandie et du Cotentin, mais prirent le chemin de l'Aigle pour regagner Pontorson et Cherbourg. Jean les poursuivit si ardemment, que ses coureurs rencontrèrent ceux de l'ennemi au pont de l'Aigle, où campaient les Anglo-Navarrais, qui feignirent de vouloir combattre. « Le roi de France, dit Robert de Awesbury, au lieu de tomber sur les Anglais, envoya deux hérauts offrir la bataille au duc de Lancastre, qui profita de cet avertissement pour s'échapper. »

En même temps, des gens du pays apprirent à Jean la retraite des ennemis.

Le roi tint alors conseil avec ses cousins de Bourbon, d'Artois, et ses deux maréchaux. Il fut résolu d'abandonner la poursuite des Anglais, et de faire le siége d'Evreux. Jean s'en retourna vers Rouen, réunit toutes les machines de guerre qu'il put trouver, et vint attaquer Evreux. Cette ville, défendue par Jean Carbonnel, avait un bourg, une cité et un château. Le roi s'empara de tous les trois après une vigoureuse résistance. Puis il attaqua le château de Breteuil occupé par l'élite des chevaliers de Charles-le-Mauvais, aux ordres de Samson Lopin, Radigot et Frank Hennequin.

Devant cette place, Jean reçut dans son camp le comte de Douglas, auquel il donna une terre en France, et Henry de Castille, bâtard d'Espagne et comte de Transtamare ; celui-ci lui amena une grosse troupe d'Espagnols qui passèrent aux gages du roi de France.

Pendant ce siége, après avoir fait de grands préparatifs, car il voulait chevaucher très-avant en France, peut-être même jusqu'en Normandie et sur les frontières de Bretagne pour secourir les Navarrais, le prince de Galles quitta Bordeaux avec 2,000 hommes d'armes, 6,000 archers et brigands (1). Tous les barons et chevaliers qui avaient fait la chevauchée de Carcassonne et de Languedoc étaient avec lui. L'armée anglaise passa la Garonne à Bergerac, traversa la Dordogne, entra dans le pays de Rouergue, et commença à guerroyer, à rançonner, piller, brûler villes et châteaux, laissant le pays dévasté derrière elle. Le prince de Galles pénétra ensuite en Auvergne, passa et repassa plusieurs fois l'Allier, et ne rencontrant aucun adversaire, prit sa route vers le Limousin pour venir au bon et gras pays de Berri, et traverser ensuite la Loire.

Ces nouvelles vinrent au roi de France, aussi pressa-t-il tellement le siége de Breteuil, qu'il força ses défenseurs à lui remettre la ville. La garnison obtint la vie sauve, la faculté de se retirer à Cherbourg, et le droit pour chaque guerrier de sortir avec ce qu'il pourrait emporter devant lui. Jean retourna ensuite vers Paris, mais sans donner congé à ses gens d'armes, qui demeuraient avec lui depuis l'invasion du duc de Lancastre en Normandie.

Le roi fit ensuite un mandement à tous nobles et tenans fiefs de lui, défendant que nul, sans forfaire s'excusât et s'abstînt de venir vers lui sur les marches de Blois et de Touraine ; car il voulait combattre les Anglais.

Tous les gentilshommes appelés prirent les armes, et le roi pour avancer ses affaires quitta Paris, et marcha sur Chartres avec les troupes qu'il avait sous la main. Il s'arrêta en cette ville, où il séjourna du 28 août aux premiers

---

(1) Il y a au sujet des chiffres de l'armée anglo-gasconne, durant cette campagne, un désaccord complet entre la rédaction ordinaire et le *Manuscrit d'Amiens*. Nous reproduisons les deux évaluations.

jours de septembre 1356, pour apprendre les dispositions et les manœuvres des Anglais. Toujours lui venaient gens d'armes d'Auvergne, de Berri, de Bourgogne, de Lorraine, de Hainaut, de Vermandois, de Picardie, de Bretagne et de Normandie. Et à mesure qu'ils venaient, ils passaient outre, faisaient leur montre (revue), et campaient sur le pays, selon l'indication des maréchaux Jean de Clermont, et messire Arnoul d'Audeneham. Le roi faisait pourvoir et rafraîchir de bons gens d'armes les forteresses et garnisons d'Anjou, de Poitou, de Maine et de Touraine, sur les marches et frontières par où l'on supposait que passeraient les Anglais.

Malgré cela, le prince et ses soldats, tout chargés de butin, continuaient leur dévastation en Berri, en Touraine, en Anjou et au Maine. Les Anglais passèrent auprès de Bourges, brûlèrent ses faubourgs, assaillirent sans succès Issoudun, furent repoussés par les gentilshommes renfermés dans cette ville, et s'emparèrent de Vierzon, où ils demeurèrent trois jours. Dans cette ville, le prince de Galles apprit que le roi de France était à Chartres avec une nombreuse armée, et que toutes les villes et passages de la Loire étaient si bien gardés, qu'il ne pourrait franchir ce fleuve. Il lui fut donc conseillé de battre en retraite, et de regagner Bordeaux par la Touraine et le Poitou, en ravageant le pays. Les Anglais quittèrent Vierzon, et chevauchèrent sur Romorantin. Trois grands barons, braves chevaliers, furent alors envoyés en Berri par le roi de France pour garder les frontières et examiner les dispositions des ennemis.

C'étaient le sire de Craon, messire Boucicaut, et l'Hermite de Chaumont. Ces trois seigneurs et leur suite, composée de 300 lances, cotoyaient les ennemis et ne trouvaient aucune occasion de les assaillir, car ceux-ci se gardaient si bien, et marchaient en si bon ordre, qu'on ne pouvait les attaquer d'aucun côté avec avantage.

Un jour cependant les Français se mirent en embuscade auprès de Romorantin, sur un passage difficile, par où les Anglais devaient passer. Ce même jour, s'étaient séparés du prince et des maréchaux, messire Barthélemy Burghersh, le sire de Mussidan, le sire de Curton, le sire de la Ware, le sire de Basset, Richard de Pontchardon, Daniel Paselle, le jeune sire Spencer, Edmond de Basset et messire Eustache d'Auberchicourt ; tous ces gens d'armes bien montés, et au nombre d'environ 200, couraient devant Romorantin, et passèrent au milieu de l'embuscade française sans s'en apercevoir.

Sitôt qu'ils l'eurent dépassée, les Français piquèrent des deux et leur coururent sus. Les Anglais, au bruit des chevaux, se retournèrent, et voyant les ennemis, ils s'arrêtèrent pour les attendre ; les Français se précipitèrent sur eux, lances baissées. Les Anglais s'ouvrirent et les laissèrent passer, et il n'y en eut pas plus de cinq ou six renversés par le choc ; puis ils refermèrent leurs rangs et revinrent sur les Français. Il s'ensuivit forte mêlée à cheval et de grands coups de lance, maints chevaliers et écuyers y firent de part et d'autre de beaux faits d'armes, et l'on ne pouvait discerner quel serait le vainqueur, lorsque survint la bataille des maréchaux du prince de Galles. Les Français voyant qu'ils ne pourraient résister à leurs nombreux ennemis, se sauvèrent à qui mieux mieux vers Romorantin, poursuivis par les Anglais. Toutefois, plus de la moitié se réfugia dans le château ; de ce nombre furent les trois barons. Le reste fut tué ou pris ; la ville elle-même fut facilement enlevée, car elle n'était guère fortifiée.

Le prince de Galles, à la nouvelle de ce qui s'était passé, s'avança avec son armée auprès du château de Romorantin, et fit sommer, par Jean Chandos, les seigneurs français qui s'y trouvaient, de se rendre à lui. Sur le refus de ceux-ci, il fit assaillir la place ; cet assaut dura toute une journée, les Français résistèrent vigoureusement et repoussèrent leurs ennemis ; le lendemain, l'attaque recommença et les Anglais n'obtenaient pas un plus grand succès, lorsqu'ils réussirent à l'aide de bombardes, de canons et de feu grégeois, à incendier les toits des tours qui étaient recouvertes de paille ; le feu prit une telle force, que les assiégés durent se rendre pour ne pas être consumés.

Après la prise de Romorantin, le prince et ses gens chevauchèrent comme devant, brûlant et gâtant le pays et s'approchèrent d'Anjou et de Touraine. Le roi Jean qui était à Chartres, apprenant comment le prince de Galles ravageait ses provinces, quitta cette ville, marcha vers Blois, commanda à ses maréchaux de faire avancer rapidement ses gens d'armes et passa la Loire. Le roi ensuite gagna Blois, suivi de toutes ses troupes, puis il atteignit Amboise et Loches, où il s'arrêta pour apprendre les dispositions des Anglais, dont tous les jours il avait des nouvelles, car de vaillants chevaliers de France et de Bourgogne, côtoyaient et poursuivaient l'armée du prince de Galles ; ils annoncèrent au roi que les ennemis étaient en Touraine, et se disposaient à revenir par le Poitou.

Jean quitta Loches, et vint à la Haie sur la Creuse ; ses gens avaient passé la Loire au pont d'Orléans, à Mehun, à Saumur, à Blois et à Tours ; l'armée était composée de 20,000 hommes d'armes, sans compter les autres ; il y avait bien 120 ducs et comtes, et plus de 140 bannières. Le roi amenait avec lui ses quatre fils alors fort jeunes, Charles, duc de Normandie ; Louis, depuis duc d'Anjou ; Jean, depuis duc de Berri, et Philippe le plus jeune, qui fut plus tard duc de Bourgogne.

En ce temps-là, Mgr Talleyrand, cardinal de Périgord, et Mgr Nicolas Cappochi, évêque d'Urgel, avaient été envoyés par le pape Innocent pour traiter de la paix entre la France et la Navarre ; il y avait eu à ce sujet plusieurs pourparlers durant le siége de Breteuil; mais les négociations ayant échoué, le cardinal de Périgord s'était retiré à Tours ; en apprenant la marche de Jean contre les Anglais et, dans un but de conciliation, il se dirigea sur Poitiers, où il supposait que les deux armées devaient se rencontrer.

Le roi de France apprit que le prince de Galles se hâtait de retourner en Gascogne, et il craignait qu'il ne lui échappât ; il quitta donc la Haie et s'avança vers Chauvigny sur la Vienne, où il arriva le 15 septembre. Il croyait les Anglais devant lui, mais il n'en était pas ainsi. Le vendredi suivant le roi passa la rivière, et prit avec toutes ses troupes le chemin de Poitiers.

Le prince de Galles ne savait rien de la marche des Français, bien qu'il eût entendu dire qu'ils étaient sur les champs : il pensait qu'ils ne se trouvaient pas loin, car ses coureurs ne pouvaient trouver à fourrager, la disette se faisait sentir à son armée.

Or, il arriva que le vendredi où le roi quitta Chauvigny, trois grands seigneurs de France, le comte d'Auxerre (1), le comte de Joigny, le comte de Châtillon-sur-Marne, grand maître de l'hôtel du roi, et plusieurs autres chevaliers et écuyers dudit hôtel, demeurèrent en la ville ce jour-là pour éviter la presse. Le samedi ils délogèrent, passèrent le pont et suivirent l'armée du roi qui pouvait être à trois lieues de là, ils prirent les champs et les chemins de bruyère, en dehors d'un bois pour venir à Poitiers.

Ce samedi matin, le prince et ses gens avaient décampé d'un village assez près de là, et avaient envoyé à la découverte 60 armures de fer, parmi lesquels deux chevaliers de Hainaut, messire Eustache d'Auberchicourt et messire Jean de Goistelles ; en dehors du bois et entre les

---

(1) Les *Grandes Chroniques* disent le comte de Sancerre.

bruyères dont il a été parlé plus haut, les coureurs du prince rencontrèrent les seigneurs français qui avaient bien sous leurs ordres 200 armures de fer ; les Anglais se mirent en retraite, et les Français en les poursuivant imprudemment, vinrent tomber au milieu du corps d'armée du prince, arrêté entre des bruyères et de grandes ronces et attendant des nouvelles de ses compagnons.

Raoul de Coucy poursuivit si vivement les fuyards, qu'il arriva droit sur la bannière du prince. Il y eut là un grand combat, le chevalier y fit assez de prouesses et s'y défendit valeureusement, il fut pris toutefois, ainsi que le comte de Joigny et le vicomte de Brioude, peu s'échappèrent, et le prince de Galles apprit ainsi que le roi de France les avait devancés avec sa nombreuse armée.

Quand Edouard et son conseil surent que Jean de France et ses troupes étaient devant eux, et avaient le vendredi, passé le pont de Chauvigny, lorsqu'ils virent qu'il était impossible à l'armée anglaise de quitter le pays sans combat, ils se réunirent sur les champs, et il fut commandé, de par le prince, que nul sur sa tête ne courût ni ne chevauchât sans ordre devant les bannières des maréchaux. Cet ordre fut exécuté, et les Anglais marchèrent le samedi depuis la première heure jusqu'au soir, et arrivèrent à deux petites lieues de Poitiers. Alors le captal de Buch, messire Aymon de Pommiers, messire Barthélemy Burghersh, et Eustache d'Auberchicourt reçurent l'ordre d'aller à la découverte pour savoir où se trouvaient les Français. Ces chevaliers partirent avec 200 armures de fer et vinrent si avant, qu'ils aperçurent la grosse bataille du roi et la campagne couverte de gens d'armes. Les éclaireurs ennemis tombèrent sur la queue des Français, en renversèrent quelques-uns, et en firent plusieurs prisonniers. Les soldats de Jean prirent alors l'alarme, et la nouvelle de ce qui se passait arriva au roi de France sur le point d'entrer à Poitiers.

Jean apprit ainsi que ses ennemis étaient derrière et non devant lui, il fut réjoui de cette nouvelle. Il ordonna à ses troupes de rebrousser chemin, et les fit camper non loin de Poitiers. Les coureurs du prince lui rapportèrent le nombre et les projets des Français. Edouard ne fut nullement effrayé, et il dit : « Dieu y ait part, il nous faut avis et conseil comment nous les combattrons à notre avantage. »

Cette nuit les Anglais se logèrent en assez fort lieu entre haies, vignes et buissons, et leur camp fut bien gardé et surveillé ; il en fut ainsi de celui des Français.

Le dimanche, 18 septembre, le roi de France fit dire la messe en son pavillon, et communia avec ses quatre fils. Après la messe se rendirent auprès de lui le duc d'Orléans, le duc de Bourgogne, le comte de Ponthieu, Jacques de Bourbon, le duc d'Athènes connétable de France, le comte d'Eu, le comte de Tancarville, le comte de Sarrebruke, le comte de Dammartin, le comte de Ventadour, Jean de Clermont et Arnoul d'Audeneham maréchaux de France, le sire de Saint-Venant, Jean de Landas, Eustache de Ribemont, le sire de Fiennes, Godefroy de Charny, le sire de Châtillon, le sire de Sully, le sire de Nesle, Robert de Duras et beaucoup d'autres. Le conseil dura longtemps, il fut décidé que tous les gens se mettraient sur les champs, que chaque seigneur déploierait sa bannière au nom de Dieu et de saint Denis, et qu'on se placerait en ordre de bataille, ainsi que pour combattre. Cet avis plut au roi, les trompettes sonnèrent. Chacun s'arma, monta à cheval, et vint sur les champs, où s'agitaient es bannières royales et spécialement l'oriflamme portée par Geoffroy de Charny (1).

Là furent ordonnées, par l'avis du connétable de France, trois grosses batailles, et chacune avait 16,000 hommes,

(1) Froissart, édition Luce.

dont tous étaient passés et montrés pour hommes d'armes. La première bataille était aux ordres du duc d'Orléans, elle comptait 36 bannières et deux fois autant de pennons ; la deuxième avait pour chefs le duc de Normandie et ses deux frères messires Louis et Jean ; le roi de France devait conduire la troisième, et il y avait en cette dernière grand nombre de bons et nobles chevaliers.

Pendant que ces batailles s'organisaient et se mettaient en ordre, le roi de France appela Eustache de Ribemont, Jean de Landas, Guichart de Beaujeu et Guichart d'Angle, et leur dit : « Chevauchez avant plus près des lignes anglaises, avisez et regardez leurs dispositions, comment ils sont, et de quelle manière nous les pouvons combattre, soit à pied, soit à cheval. — Sire, volontiers, répondirent lesdits seigneurs. » Les quatre chevaliers s'avancèrent si près des ennemis, qu'ils aperçurent une partie de leurs dispositions, et les rapportèrent au roi qui, monté sur un grand cheval blanc, les attendait aux champs, regardait de temps à autre ses gens, louait Dieu de ce qu'ils étaient si nombreux, et leur parlait ainsi : « Entre vous, quand vous êtes à Paris, à Rouen, à Chartres ou à Orléans, vous menacez les Anglais, et vous souhaitez d'être devant eux, le bassinet en tête. Or, vous y êtes, je vous les montre, faites-leur voir votre haine et vengez-vous des ennuis et des dépits qu'ils vous ont causés ; car sans faute nous les combattrons. » Ceux qui l'avaient entendu répondirent : « Dieu y ait part, nous verrons de ce volontiers. »

Pendant que Jean disait ces paroles à ses gens pour les encourager, les chevaliers susnommés revinrent, fendirent la presse et arrivèrent devant le roi. Là se trouvaient le connétable de France, les deux maréchaux, et grand nombre de bons chevaliers, tous venus et arrêtés là pour savoir comment on combattrait. Le roi s'adressa en ces termes aux chevaliers : « Seigneurs, quelles nouvelles ? — Sire, répondirent-ils, bonnes, s'il plaît à Dieu, vous aurez une bonne journée sur vos ennemis. — Telle l'espérons-nous par la grâce de Dieu, reprit le roi. Or, dites-nous les dispositions de l'ennemi et comment nous pourrons le combattre. »

Alors Eustache de Ribemont, parlant au nom de tous, s'exprima en ces termes : « Sire, nous avons vu et considéré les Anglais ; ils peuvent être, autant que nous estimons, 2,000 hommes d'armes, 4,000 archers et 1,500 brigands (1). — Et comment sont-ils placés ? dit Jean. — Sire, en très-fort lieu, et ne pouvons voir ni imaginer qu'ils aient fait qu'une bataille ; mais ils l'ont organisée très-bien et très-sagement, ils ont pris le long d'un chemin de haies et de buissons, et ont bordé cette haie de part et d'autre de leurs archers, de telle sorte qu'on ne peut entrer ni chevaucher en leur chemin que parmi eux, et il faut suivre cette route si on veut les combattre. En cette voie il n'y a qu'une seule entrée et issue, où quatre hommes d'armes, ainsi qu'au chemin, pourraient chevaucher de front. Au côté de cette haie, entre vignes et épinettes, où on ne peut aller ni chevaucher, sont leurs gens d'armes, tous à pied, et ces gens d'armes ont placé devant eux leurs archers en forme de herse, ce qui est sage, ce nous semble. Car, qui voudra et pourra venir par fait d'armes jusqu'à eux, n'y entrera que parmi ces archers qui ne seront pas faciles à renverser. »

Alors le roi s'adressant au chevalier, lui dit : « Messire Eustache, comment nous conseillez-vous d'y aller. — Sire, tous à pied, répondit le chevalier, excepté 300 armures de fer des vôtres, des plus adroits et des plus hardis, forts et entreprenants de votre troupe, bien armés et bien montés sur fleur de coursiers, pour rompre et ouvrir ces archers, et puis ordonnez à vos batailles et à vos gens d'armes de

(1) Voir à la suite de ce récit la reproduction que nous faisons du *Manuscrit d'Amiens*.

suivre vivement tous à pied, de venir sur ces gens d'armes, main à main et de les aborder vigoureusement. C'est tout le conseil que je puis donner, et si quelqu'un trouve mieux qu'il le dise. »

Ce conseil plut au roi de France et il résolut de le suivre.

Par le commandement du roi, les maréchaux chevauchèrent de bataille en bataille, trièrent et élurent jusqu'à 300 chevaliers et écuyers, les plus forts et les plus adroits de toute l'armée, montés chacun sur fleur de coursiers et armés de toutes pièces. Aussitôt après fut ordonnée la bataille des Allemands, ils devaient également demeurer à cheval pour soutenir les maréchaux; ils étaient commandés par le comte de Sarrebruke, le comte de Nidau, le comte Jean de Nassau. Quand les batailles furent disposées et rangées en ordre, chaque sire sous sa bannière et entre ses gens, et que chacun sut ce qu'il avait à faire, on commanda de par le roi, à tous, de mettre pied à terre, excepté les 300 gens d'armes qui devaient, avec les maréchaux, ouvrir et culbuter les archers et les batailles des Anglais. Il fut ordonné à tous les autres qui portaient des lances, de les couper à la longueur de cinq pieds (1), pour s'en servir plus facilement. Tous les gens d'armes qui mirent pied à terre, durent également ôter leurs éperons.

Sur ces entrefaites, survint le cardinal de Périgord qui, au nom de Dieu, supplia le roi à mains jointes de s'arrêter, et de lui donner le temps de lui parler.

Jean y consentit, et le cardinal lui proposa d'aller trouver le prince, et de l'engager à se rendre sans bataille. Sur la permission du roi, le cardinal se rendit auprès du prince de Galles, lui exposa le danger de sa situation, et en obtint cette réponse : « Sauf mon honneur et celui de

---

(1) On sait que c'était la longueur réglementaire pour les gens d'armes devenus fantassins.

mon armée, je suis prêt à écouter toutes conditions raisonnables. — Beau fils, dit le cardinal, vous parlez bien, et je vous accorderai, si je puis. » Le légat retourna vers le roi de France, et lui demanda une trêve. Jean l'accorda avec peine, car ses conseillers, Eustache de Ribeaumont et Jean de Landas surtout, y étaient opposés ; mais le cardinal fit tant, qu'il obtint cette trêve, qui devait durer tout le dimanche et le lendemain jusqu'au soleil levant. Le cardinal annonça au prince ce qu'il avait obtenu. Edouard en fut très-heureux, espérant bien mettre ce temps à profit.

Le roi de France fit placer son pavillon sur les champs et permit à tous ses gens de se retirer dans leurs tentes, sauf la bataille du connétable et des maréchaux. Jean avait auprès de lui ses enfants et les plus grands de son lignage, ses conseillers. Le cardinal courut d'une armée à l'autre pour convertir cette trêve en traité. Edouard offrit, dit-on, de rendre au roi de France tout ce qu'il avait conquis en ce voyage, villes, châteaux et prisonniers, et de s'engager, sous la foi du serment, à ne point s'armer pendant sept ans. Mais Jean et son conseil exigeaient que le prince et 100 de ses chevaliers se constituassent prisonniers.

Pendant que le cardinal négociait et que la trêve durait, certains jeunes et vaillants chevaliers, tant anglais que français, chevauchaient ce jour en cotoyant les batailles, afin de connaître les dispositions de leurs ennemis ainsi que cela se passe.

Jean Chandos fut du nombre, il s'approcha de l'armée française pour l'examiner, et la vue d'un si grand nombre de nobles chevaliers, loin de l'effrayer, l'avait au contraire fort réjoui. « A Dieu ne plaise, se disait-il, que nous partions sans combattre, car si nous sommes pris et déconfits par de si beaux et de si nombreux gens d'armes que je vois ici contre nous, nous n'y devons point avoir de blâme, et si la journée était pour nous, et que fortune le veuille consentir, nous serions les plus honorés gens du monde. »

Pendant le dimanche que durèrent ces pourparlers, les Français se reposèrent dans l'abondance, les Anglais, au contraire, ne pouvant fourrager, de crainte de leurs ennemis qui les enserraient, étaient réduits à une grande disette.

Ils employèrent toutefois cette journée à faire creuser des fossés et élever des retranchements par leurs archers. Le lundi matin, le prince et ses gens furent tout prêts et rangés en ordre comme devant, sans s'intimider ni s'effrayer, et ainsi firent les Français. Au soleil levant, le cardinal de Talleyrand tenta de renouer les négociations, mais il lui fut répondu par les Français, qu'il retournât à Poitiers ou ailleurs, et s'y tînt tranquille, qu'autrement il pouvait lui en mal advenir. Il prit alors congé du roi Jean, et se rendant vers le prince de Galles, il lui dit : « Beau fils, faites ce que vous pourrez, il vous faut combattre, et je ne puis vous accorder avec le roi de France. » Le prince répondit : « C'est bien l'intention de moi et des miens, et Dieu veuille aider le droit. » Il se disposa ensuite au combat.

Les dispositions des Anglais étaient telles que les quatre chevaliers l'avaient rapporté au roi de France, sauf que depuis, ils avaient ordonné à un certain nombre de braves chevaliers de demeurer à cheval pour combattre le corps des maréchaux français. Ils avaient de plus à leur droite, sur une hauteur pas trop raide, 300 gens d'armes à cheval et autant d'archers, tous à cheval, pour la côtoyer à la dérobée, et venir autour tomber sur le flanc du duc de Normandie, dont la bataille était à pied sous cette hauteur (1), c'était là tout ce qu'ils avaient fait de nouveau (2).

(1) Au dire de Hume, le Captal de Buch commandait ces 600 cavaliers.
(2) Voir à la suite de ce récit la version du *Manuscrit d'Amiens*.

le prince et sa grosse bataille se tenaient au fond de ces vignes, tous armés, leurs chevaux assez près d'eux pour qu'ils pussent les monter s'ils en avaient besoin. Au plus faible côté, ils s'étaient fortifiés et enclos de leur charroy et de leurs bagages, et on ne pouvait les approcher.

Avec le prince de Galles se trouvaient le comte de Warwick, le comte de Suffolk, maréchaux de l'armée, le comte de Salisbury et le comte d'Oxford, Jean Chandos, Richard de Stafford, Regnault Cobham, Edouard Spencer, Jacques et Pierre Audley, le seigneur de Berkeley, le seigneur de Basset, Guillaume Fitz-Warren, le seigneur de la Ware, le sire du Man, le seigneur de Willougby, Barthélemy Burghersh, le seigneur de Felton, Richard de Pembroke et d'autres. Parmi les Gascons : Le sire d'Albret, Helsi et Aymon de Pommiers, le sire de Langoyran, Jean de Grailly captal de Buch, Jean de Chaumont, le sire de l'Esparre, le seigneur de Mussidan, le seigneur de Curton, le seigneur de Rosem, les seigneurs de Condom, de Montferrant, de Landuras, le Souldich de l'Estrade et beaucoup d'autres. Puis comme Hainuyers, Eustache d'Auberchicourt et Jean de Goistelles ; enfin deux autres bons chevaliers étrangers Daniel Pasele et Denis de Morbecke.

Quant le prince de Galles vit qu'il lui fallait combattre, et que le cardinal de Périgord se retirait sans avoir rien obtenu, il s'affermit lui-même et encouragea très-sagement ses gens, il leur dit : « Beaux seigneurs, si nous sommes si peu contre nos ennemis, ne nous effrayons pas à cause de cela, car la vertu et la victoire ne sont pas dans le nombre, mais là où Dieu veut les envoyer. S'il advient que la journée soit pour nous, nous serons les plus honorés gens du monde. Si nous sommes morts, j'ai encore monseigneur mon père et deux beaux frères, et vous avez aussi de bons amis qui nous vengeront. Je vous prie que vous veuillez aujourd'hui songer à bien combattre, car, s'il plaît à Dieu et à saint Georges, vous me verrez bon chevalier. »

Auprès du prince, pour le garder et le conseiller, était messire Jean Chandos, qui ne le quitta pas durant la bataille. Edouard avait eu longtemps à ses côtés James Audley, par le conseil duquel, l'armée avait été en grande partie disposée le dimanche. Ce dernier demanda au prince la faveur de porter les premiers coups, Edouard la lui accorda, et Audley se mit au front de toutes les batailles, accompagné seulement de quatre très-vaillants écuyers.

Le 19 septembre 1356, la bataille s'engagea dans les champs de Maupertuis auprès de Poitiers. Les gens d'armes des maréchaux qui doivent rompre les archers, entrent tous à cheval dans ce chemin que bordait une haie forte et épaisse. Les archers anglais commencèrent à tirer et à enfiler les coursiers, de leurs sajettes. Les chevaux qui sentaient et redoutaient le fer de ces flèches, ne veulent plus avancer et se retournent l'un de travers, l'autre de côté, ou bien ils trébuchent sur leurs maîtres que leurs lourdes armures empêchent de se relever, et le corps des maréchaux ne peut approcher les lignes du prince. Il y eut, il est vrai, quelques chevaliers et écuyers bien montés qui, par force de chevaux, passèrent outre, rompirent la haie, et espérèrent arriver jusqu'aux batailles ennemies et aux bannières, mais ils ne réussirent point.

Messire James Audley, accompagné de ses quatre écuyers, était au premier front de cette bataille et en avant de tous les autres ; il faisait merveilles d'armes et s'en vint par grande vaillance, sous la bannière de monseigneur Arnoul d'Audeneham maréchal de France. Ils combattirent longtemps ensemble, et messire Arnoul fut grièvement blessé. Le corps des maréchaux fut vaincu et mis en déroute par le trait des archers avec l'aide des hommes d'armes, qui se jetaient entre les Français, quand ils étaient renversés, et les prenaient ou tuaient à volonté. Arnoul d'Audeneham fut pris.

D'autre part, le maréchal Jean de Clermont, brave et vaillant chevalier, combattait sous sa bannière et y accomplit plus d'un brillant fait d'armes, mais il fut abattu et tué. On vit rarement arriver en si peu de temps si grand désastre sur des gens d'armes et de bons combattants, qu'il arriva aux gens des maréchaux, car ils fondaient l'un sur l'autre et ne pouvaient avancer. Ceux qui étaient par derrière et voyaient la débâcle, reculaient et venaient sur la bataille du duc de Normandie qui était grande et épaisse par devant, mais qui fut éclaircie par derrière, quand ceux qui la composaient, apprirent la défaite des maréchaux ; beaucoup montèrent à cheval et s'en allèrent. Les gens d'armes et les archers anglais à cheval, abrités par la hauteur, complétèrent le désordre de cette bataille, en fondant sur elle et en la chargeant en flanc.

A vrai dire, les archers anglais furent d'un grand secours à leurs gens, car ils tiraient si épais et si dru, que les Français ne savaient où aller pour ne pas être frappés, et les Anglais avançaient toujours et gagnaient du terrain.

Quand les gens d'armes ennemis virent que les maréchaux étaient en déroute, que la bataille du duc de Normandie s'ébranlait et commençait à s'ouvrir, leur force, leur ardeur et leur courage s'accrurent. Ils montèrent sur leurs chevaux qu'ils avaient conservés auprès d'eux ; ils se mirent en ordre, et crièrent tous ensemble pour effrayer leurs ennemis : « Saint Georges ! Guyenne ! »

Jean Chandos alors donna au prince un excellent conseil : « Sire, sire, dit-il, marchez en avant, la journée est vôtre. Dieu sera aujourd'hui en votre main, adressons-nous à votre adversaire le roi de France, car là sera le fort de l'affaire ; je suis sûr que par vaillance il ne fuira pas et demeurera votre prisonnier, s'il plaît à Dieu et à saint

Georges, mais qu'il soit combattu. Vous avez dit à l'instant qu'on vous verrait bon chevalier. »

Ces paroles émurent le prince qui répondit tout haut : « Jean, allons, allons, vous ne me verrez pas aujourd'hui reculer, mais toujours aller de l'avant. » Puis s'adressant à son porte-bannière : « En avant ! s'écria-t-il, bannière, au nom de Dieu et de Saint Georges. » Le chevalier exécuta l'ordre d'Edouard. A cet endroit, la presse et le combat furent grands et périlleux, et maint homme fut renversé, et celui qui tombait ne pouvait se relever sans aide.

Après que les maréchaux eurent été repoussés et mis en déroute, après que la bataille du duc de Normandie eut commencé à se rompre et à s'ouvrir et que plusieurs de ceux qui en faisaient partie se furent enfuis, les Anglais ayant repris leurs chevaux qui étaient là tout prêts, s'adressèrent premièrement au corps du duc d'Athènes connétable de France. Il y eut grand choc, grand combat et maint homme à bas, certains chevaliers et écuyers de France qui combattaient par groupes, s'écriaient : « Montjoye et saint Denis ! » Les Anglais : « Saint Georges et Guyenne ! » Le prince et Jean Chandos eurent devant eux les Allemands du comte de Sarrebruke, du comte de Nassau et du comte de Nidau ; mais ceux-ci ne tinrent pas longtemps, ils furent vite repoussés et mis en fuite.

Les archers d'Angleterre étaient prompts à tirer, si raide et si vite, que personne n'osait se trouver sous leurs flèches. Ils blessèrent et tuèrent beaucoup de gens de cette manière. Les trois comtes allemands furent pris, ainsi que maints chevaliers et écuyers de leur troupe, il y eut aussi beaucoup de morts.

Quand la bataille du duc de Normandie vit approcher les ennemis qui avaient vaincu les maréchaux et les Allemands, et commençaient la poursuite, le trouble s'empara d'elle, et presque tous les gens qui la composaient pensèrent à se sauver, et à sauver avec eux les enfants du roi. Le duc de Normandie, le comte de Poitiers, le comte de Touraine, fort jeunes, et hors d'état de donner un avis, crurent ceux qui les gouvernaient.

Toutefois, Jean de Saintré et Guichart d'Angle refusèrent de s'en aller et de fuir, mais se jetèrent au plus fort de la bataille. Les enfants du roi quittèrent le champ de bataille et avec eux plus de 800 lances intactes et entières, qui n'approchèrent pas les ennemis, et prirent le chemin de Chauvigny.

Cependant, messire Jean de Landas, Thibaut de Vodenay qui, ainsi que le sire de Saint-Venant, étaient chargés de la garde des princes, après avoir marché avec eux durant une lieue, prièrent le sire de Saint-Venant de continuer à escorter les princes ; quant à eux, dirent-ils, ils voulaient retourner à la bataille. Les deux chevaliers revinrent donc et ils rencontrèrent le duc d'Orléans et sa nombreuse bataille, elle aussi intacte et entière, qui était partie et s'était reculée derrière les troupes du roi. Il est vrai que plusieurs bons chevaliers et écuyers, quoique leurs seigneurs se retirassent, ne voulurent point les imiter, mais préférèrent mourir que de s'entendre reprocher leur fuite.

Ce fut donc la bataille du roi qui eut à supporter tout le choc des vainqueurs ; Jean de France ne s'effraya pas, mais demeura et fut toujours bon chevalier et bien combattant, il ne montra aucun désir de fuir ni de reculer, au contraire il cria à ses gens : « A pied ! à pied ! » Il fit descendre tous ceux qui étaient sur leurs chevaux, et se mit lui-même à pied devant tous les siens, une hache de guerre en ses mains. Le roi ordonna ensuite de porter en avant ses bannières, dont messire Geoffroy de Charny portait la souveraine, et ainsi la grosse troupe du roi s'en vint en bon ordre combattre les Anglais.

Il y eut un choc rude et sanglant, là furent donnés et

reçus maints coups de haches, d'épées et d'autres armes. Le roi de France et son fils Philippe en vinrent aux mains avec les troupes des maréchaux du prince de Galles, le comte de Warwick et le comte de Suffolk. Il y avait là des Gascons, le captal de Buch, le seigneur de Pommiers, Aymeri de Tarse, le seigneur de Langoyran, le Souldich de l'Estrade.

Jean avait bien le sentiment que ses gens étaient en péril, car il voyait ses batailles s'ouvrir et s'ébranler, bannières et pennons trébucher, reculer et être repoussées par la force de leurs ennemis; mais il espérait bien par sa vaillance, rétablir ses armes. Là crient les Français: « Montjoye et saint Denis! » Et les Anglais : « Saint Georges! Guyenne! »

Les deux chevaliers qui avaient laissé la troupe du duc de Normandie, Jean de Landas et Thibaud de Vodenay, revinrent alors, se mirent à pied dans la bataille du roi et y montrèrent leur valeur.

D'autre part, combattait le duc d'Athènes connétable de France et ses gens.

Un peu au-dessus le duc de Bourbon entouré de bons chevaliers de Bourbonnais et de Picardie. Ailleurs, sur le côté, étaient les Poitevins, le sire de Pons, le sire de Parthenay, le sire de Poiane, le sire de Tonnay-Bouton, le sire de Surgères, messire Jean de Saintré, Guichart d'Angle, le sire d'Argenton, le sire de Linières, le sire de Montendre, le vicomte de Rochechouart, le vicomte d'Ausnay et beaucoup d'autres. Il y eut maints faits d'armes, car, à cet endroit, se trouvait la fleur des deux chevaleries.

Là combattirent vaillamment Guichard de Beaujeu, le sire de Château-Vilain et plusieurs bons chevaliers et écuyers de Bourgogne.

D'autre part, étaient le comte de Ventadour et de Montpensier, Jacques de Bourbon, Jean et Jacques d'Artois, messire Regnault de Cervoles dit l'Archiprêtre.

Il y avait aussi d'Auvergne plusieurs grands barons et bons chevaliers : le seigneur de Mercœur, les seigneurs de la Tour, de Chalencon, messire Guillaume de Montagu, les seigneurs de Rochefort, d'Apchier et d'Apchon ; du Limousin, les seigneurs de Malval, de Mormel et de Pierre Buffière ; de Picardie, messire Guillaume de Nesle et Raoul de Rayneval, messire Geoffroy de Saint-Dizier, le seigneur de Helly, le seigneur de Morsault, le sire de Hangest et plusieurs autres.

Le comte William de Douglas était aussi dans le corps de bataille du roi, il y combattit quelque temps assez vaillamment, mais quand il vit la défaite des Français, il se sauva, car s'il eut été pris, les Anglais ne l'auraient pas mis à rançon. Et d'autre part, on vit chevaliers d'Angleterre s'aventurer très-hardîment, chevaucher et avancer sur leurs ennemis en si bon ordre, que ce serait merveilleux à raconter, et il leur fallut beaucoup de peine avant qu'ils pussent entrer dans la bataille du roi. Aux côtés du prince se trouvaient Jean Chandos et Pierre Audley.

Le roi de France fut très-bon chevalier, et si le quart de ses gens lui eussent ressemblé, la journée eut été pour eux. A ses côtés se trouvait le jeune Philippe, son fils, âgé de quatorze ans, qui ne l'abandonna pas et qui lui répétait à chaque instant : « Père, gardez-vous à droite ! père, gardez-vous à gauche ! » Les chevaliers de l'Etoile, les ducs, les comtes, les barons, les chevaliers et écuyers qui demeurèrent, s'en acquittèrent à leur pouvoir, bien et loyalement, et combattirent jusqu'à ce qu'ils fussent tous morts ou pris, peu s'en sauvèrent de ceux qui mirent pied à terre à côté du roi. Là périrent le duc Pierre de Bourbon, et près de lui Guichard de Beaujeu et Jean de Landas ; là furent pris l'Archiprêtre grièvement blessé, Thibaut de Vodenay et Beaudoin d'Ennequin, le connétable d'Athènes et l'évêque de Châlons furent tués, les comtes de Vaudemont, de Vendôme, de Ventadour et de Montpensier, tombèrent aux mains de l'ennemi.

Un peu plus au-dessus, succombèrent Guillaume de Nesle, Eustache de Ribemont, le sire de la Tour, Guillaume de Montagu, et furent pris, le sire de Maleval, le sire de Pierre Buffière et le sire de Serignac. Il y eut en ce choc plus de 200 chevaliers morts et pris.

Ailleurs, plusieurs bons chevaliers normands combattaient une troupe d'Anglais. Là furent tués messire Grimonton de Chambli, le Baudrain de la Heuse et plusieurs autres qui, dispersés, combattaient par troupes et compagnies, comme ils se trouvaient et pouvaient réunir.

Le prince s'avançait toujours, et s'adressait à la bataille du roi. Jean fit de sa main des merveilles d'armes, et la hache à la main, se défendait héroïquement. Près de lui, furent pris le comte de Tancarville, Jacques de Bourbon comte de Ponthieu, et Jean d'Artois comte d'Eu ; Geoffroy de Charny tomba mort l'oriflamme entre les mains. Il y eut grande presse et grande foule autour du roi Jean pour le prendre. Ceux qui étaient près et le reconnaissaient, lui criaient : « Rendez-vous ! rendez-vous ! autrement vous êtes mort. » Là se trouvait un chevalier de Saint-Omer, nommé Denis de Morbeke, il s'approcha et dit en un bon français qui frappa le roi : « Sire, sire, rendez-vous ! »

Jean qui se vit en dur parti et trop entouré des ennemis, demanda en le regardant : « A qui me rendrai-je, à qui ? où est mon cousin le prince de Galles, si je le vois je parlerai. » — Sire, répondit Morbeke, il n'est pas ici, mais rendez-vous et je vous mènerai à lui. — Qui êtes-vous, dit le roi ? — Sire, je suis Denis de Morbeke, un chevalier d'Artois, mais je sers le roi d'Angleterre, parce que je ne puis demeurer en France, y ayant forfait tout le mien. — « Je me rends à vous, dit le roi », et il lui donna son gantelet droit. Le chevalier le prit ; il y eut grande presse autour du roi, Jean et son fils ne pouvaient avancer.

Bientôt, Anglais et Gascons enlevèrent le roi prisonnier à Denis de Morbeke, et les plus forts criaient : « Je l'ai pris ! je l'ai pris ! » Le roi de France, pour éviter le danger, leur disait : « Seigneurs, menez-moi courtoisement et mon fils aussi, vers le prince de Galles, et ne vous disputez plus ainsi sur ma prise, car je suis grand assez pour vous faire tous riches. »

Là-dessus survinrent les deux maréchaux, le comte de Warwick et le comte de Suffolk, envoyés par Edouard pour chercher des nouvelles du roi.

Voyant de loin cette foule, ils frappèrent leurs chevaux des éperons, arrivèrent jusqu'au groupe qui entourait Jean, et demandèrent : « Qu'est cela ? qu'est cela ? » Il leur fut dit : « C'est le roi de France qui est pris, et plus de dix chevaliers et écuyers le veulent avoir. » Alors, sans plus parler, les deux barons rompirent la foule à force de chevaux, firent reculer tous ces gens, et leur commandèrent, de par le prince et sur la tête, que nul n'approchât le roi. Jean fut tout joyeux de leur arrivée, car ils le délivrèrent d'un grand danger. Alors les maréchaux amenèrent au prince de Galles le roi prisonnier et son fils Philippe. La poursuite continua jusque sous les murs de Poitiers. Les Français eurent en cette journée 17 comtes prisonniers, sans parler des barons, chevaliers et écuyers, 33 bannerets, 6 ou 700 hommes d'armes, 5 à 6,000 autres soldats restèrent sur le champ de bataille. Les pertes des Anglais sont évaluées à 1,900 gens d'armes et 1,500 archers. Les vainqueurs firent un nombre considérable de prisonniers.

Nous avons donné sur la bataille de Poitiers le récit de la première rédaction de Froissart, la plus favorable aux Anglais ; le *Manuscrit d'Amiens* contient sur cette bataille, des détails parfois très-différents et souvent plus complets.

C'est cette seconde version qu'adopte M. Luce dans son sommaire. Nous en reproduisons les principaux passages, en les traduisant en français moderne.

Parlant de la reconnaissance exécutée par Ribemont et les quatre chevaliers français et des renseignements qu'ils rapportèrent au roi Jean sur les dispositions des Anglais, le *Manuscrit d'Amiens* s'exprime ainsi :

« Les quatre chevaliers susnommés dirent au roi qu'ils avaient vu les Anglais, et qu'ils pouvaient être environ 12,000 hommes : 3,000 hommes d'armes, 5,000 archers et 4,000 bidaus à pied, car ils les avaient vus entrer en leur ordonnance et mettre en conroy de bataille ; les ennemis avaient pris position, ajoutaient-ils, le long d'une haie, et placé leurs archers d'un côté et de l'autre. Il n'y avait en toute cette haie qu'une seule entrée, où quatre hommes d'armes pouvaient chevaucher de front, et cette entrée était trop bien gardée d'archers et de gens de pied. Après se tenaient au fond de ce chemin les gens d'armes en bon ordre, deux haies d'archers devant eux en forme de herse. Tous étaient à pied, les chevaux derrière eux, et on ne pouvait aller à eux d'aucun côté, si ce n'est par le chemin bordé par la haie. Ils avaient encore l'avantage d'une petite hauteur, sur laquelle ils avaient placé leurs chevaux et leurs bagages ; de l'autre côté, à gauche, était une petite plaine, mais ils l'avaient fortifiée de fossés et de chariots, et on ne pouvait les attaquer de ce côté.

« Alors le roi s'arrêta et demanda aux chevaliers de quel côté ils conseillaient d'assaillir les Anglais. Ils se regardaient l'un l'autre, et hésitaient à répondre, car il leur semblait que le roi leur faisait une grosse demande. Ils restèrent ainsi un moment, mais le roi reprit la parole, et ordonna à Eustache de Ribemont de dire son avis. Alors Eustache parla, et dit que les Anglais, selon lui, étaient en forte place.

« Il faudra, ajouta Eustache, prendre trois cents des

nôtres, preux chevaliers, hardis, tous bien armés, et montés sur fleur de coursiers, qui chargeront vigoureusement, sans épargner ni eux ni leurs montures ; ces trois cents gens d'armes devront fondre, ouvrir et dérompre les archers d'Angleterre, et puis nos batailles qui sont grandes et grosses, et bien étoffées de bons gens d'armes, devront suivre vivement à pied, car il y a tant de vignes, que les chevaux ne pourraient s'en tirer. — C'est le meilleur conseil que je sache, par l'âme de mon père ! répondit le roi de France. Messire Eustache, vous avez bien parlé, il sera fait comme vous l'avez dit, et nous nous conformerons à votre plan. »

Alors furent choisis 300 hommes, chevaliers et écuyers, les plus preux et les plus hardis de toute l'armée, et le connétable de France et les deux maréchaux les devaient conduire et gouverner. Là ne fut pas mise en oubli la fleur de la chevalerie, premièrement : Jean de Clermont, Arnoul d'Audeneham, Eustache de Ribemont, Jean de Landas, Robert de Duras, les Ecossais William et Archibald Douglas, Guichart de Hangest, Guillaume de Nesle, Guillaume de Montagu en Auvergne, le Poitevin de Pons, le sire de Parthenay, Guichart d'Angle, l'Archiprêtre, armé sur un coursier couvert de parures, Pierre d'Alençon, Château Vilain, Grancey, le vicomte de Thouars, et beaucoup d'autres, au nombre de trois cents, qui défilèrent tous devant les maréchaux.

Encore étaient ordonnés avec eux, et en cette première bataille, une grosse route de chevaliers allemands, parmi lesquels le comte de Sarrebruke, le comte de Nassau, le comte de Nido, et plusieurs autres, tous bien armés et bien montés.

Pendant qu'ils marchaient droit aux Anglais, les trois autres batailles s'ordonnèrent.

La première était sous les ordres du duc de Normandie, fils aîné du roi Jean et se composait de 3,000 hommes d'armes et de 9,000 autres gens. Avec le jeune duc, pour le gouverner et le conseiller, étaient les sires de Saint-Venant et Thomas de Vodenay ; en cette bataille se trouvait grand nombre de bons chevaliers.

La deuxième bataille obéissait au duc d'Orléans, frère du roi ; il avait sous lui une grosse route de gens d'armes, et elle comptait bien 15,000 hommes des uns et des autres. Ensuite venait la grosse bataille du roi, où l'on voyait foison de comtes, de barons et de chevaliers.

Plus loin, parlant d'Eustache de Ribemont, le *Manuscrit d'Amiens* ajoute : Messire Eustache de Ribemont était tout près du roi, monté sur un fort coursier ; il était armé de toutes pièces, et s'occupait d'ordonner les batailles de par le roi. Il chevauchait vers les Anglais pour voir et apprendre leurs dispositions, et puis il revenait vers le roi.

Ribemont remplissait, on le voit, auprès du roi Jean, le même rôle que James Audley et Chandos auprès du prince de Galles.

Le *Manuscrit d'Amiens* parle ensuite des nouvelles dispositions prises par les Anglais.

Vous avez entendu ci-dessus, dit-il, comme les 300 cavaliers français étaient bien montés et ce qu'ils devaient faire. D'autre part, je vous ai peu parlé des dispositions des Anglais, sauf ce qu'en avaient rapporté les quatre chevaliers envoyés par le roi de France, selon ce qu'ils en avaient pu voir et considérer. Il est bien vrai que les Français étaient cinq fois autant que les Anglais, mais les gens d'armes anglais et gascons étaient tous gens d'élite, et aussi l'étaient, en vérité, pour la plupart, les Français, et tels ils se montrèrent.

Quand le prince de Galles et les seigneurs de Gascogne et d'Angleterre virent qu'il leur fallait combattre, ils s'encouragèrent les uns les autres, et ordonnèrent trois batailles ; il y avait en chacune d'elles 1,000 hommes d'armes,

2,200 archers, et 1,500 brigands à pied, que beaucoup de gens appellent ribauds, car ils suivent les gens d'armes et se mettent entre les batailles, et si tost qu'on a abattu des gens d'armes ennemis, ils viennent sur eux et les tuent sans pitié (1).

La première bataille des Anglais était aux ordres des deux maréchaux, les comtes de Warwick et de Suffolk. Là étaient les Gascons, le sire d'Albret, le sire de Pommiers et ses frères, le sire de Montferrand, le sire de l'Esparre, le sire de Mussidan, le sire de Condom, Jean de Grailly captal de Buch, Aimery de Tarse et plusieurs autres bons chevaliers et écuyers de Gascogne et d'Angleterre, et les archers devant eux en manière de herse.

Le prince conduisait la deuxième bataille ; il avait sous lui 1,000 hommes d'armes, 2,500 archers et 1,600 brigands, et étaient auprès du prince et pour son corps garder, deux bons chevaliers, Jean Chandos et James Audley. Il y avait en la bataille du prince : Regnault Cobham, Richard Stafford, le sire de la Ware, Edouard Spencer, Pierre Audley, Barthélemy Burghersh, et Thomas Spencer, Thomas Granson, Richard de Pontchardon, le sire de Felton et plusieurs bons chevaliers ; ils étaient très-bien ordonnés et mis en bon convenant, chaque baron et chevalier sous sa bannière et son pennon, et les archers devant eux.

La troisième bataille, qui formait arrière-garde, était aux ordres de deux comtes d'Angleterre, très-vaillants chevaliers, Salisbury et Oxford. Là se tenaient Guillaume Fitz-Warin, Etienne de Consenton, le sire de Braseton, le sire de Multon, Beaudoin de Fraville, le sire de Basset, le sire de Willoughby, le sire de Berkeley, Daniel Pasèle, Denis de Morbeke et plusieurs autres bons chevaliers et écuyers, chaque seigneur sous sa bannière et les archers devant eux.

(1) Voir à Crécy nos réflexions sur les ribauds.

Plus loin, après la défaite des maréchaux français, le *Manuscrit d'Amiens* ajoute encore :

« Quand les gens d'armes d'Angleterre virent que cette première bataille était déconfite, et que la bataille du duc de Normandie s'ouvrait et branlait, il leur revint force et courage, ils montèrent tous à cheval, ceux qui chevaux avaient. Et quoique d'abord ils se fussent mis en trois batailles, ils se remirent en un instant en une seule et chevauchèrent en avant, criant très-haut et très-clair : « Saint Georges et Guyenne ! »

Ainsi la division en trois batailles est affirmée souvent dans le *Manuscrit d'Amiens* qui, dans le plan général de la bataille, s'accorde avec la rédaction primitive, bien qu'il en diffère dans beaucoup de détails.

On a pu voir combien pour les nombres, il est impossible de s'en rapporter à Froissart.

D'abord, dans le même manuscrit, il vient de nous dire que les quatre chevaliers français estiment l'armée anglo-gasconne à environ 12,000 hommes, soit 3,000 gens d'armes, 5,000 archers et 4,000 bidauds ; puis il porte le total des troupes anglaises à 14,100 hommes, qu'il répartit en trois batailles, comprenant chacune 1,000 hommes d'armes, 2,200 archers et 1,500 brigands.

Jusqu'ici, rien à dire. Froissart admet sans doute que dans leur appréciation à vue d'œil, les quatre Français n'ont pu qu'évaluer approximativement les forces ennemies. Mais bientôt, après avoir, ainsi que nous venons de le dire, divisé en trois parts égales l'armée anglaise, il évalue à 1,000 hommes d'armes, 2,500 archers et 1,600 brigands la bataille du prince de Galles qu'il augmente ainsi de 300 archers et de 100 brigands, sans se soucier des premiers chiffres donnés plus haut.

Quoi qu'il en soit, admettons ici avec M. Luce les chiffres du *Manuscrit d'Amiens*, et disons que l'armée anglo-gasconne était divisée en trois batailles, comptant chacune

20*

1,000 hommes d'armes, 2,200 à 2,500 archers, et 1,500 à 1,600 brigands. On voit combien cette version diffère de la première rédaction, qui ne porte qu'à 7,500 hommes les forces anglaises à Poitiers, et les réunit en une seule bataille. Froissart parle donc différemment, selon qu'il lui convient d'exalter plus ou moins les Anglais, d'ailleurs si grands à cette époque, et l'on peut dire, à la suite de ces contradictions, que Froissart n'a pas de plus grand adversaire que lui-même. Aussi, avec lui plus qu'avec tout autre, si le plan général de cette histoire est possible, si on peut suivre toujours la tactique des deux armées, il est juste de dire que les détails sont souvent insaisissables : nous n'y reviendrons donc que dans les circonstances où il sera indispensable de les discuter.

Le héraut Chandos est complétement d'accord avec le *Manuscrit d'Amiens* au sujet des dispositions de l'armée anglaise.

A ce plan général que le chroniqueur nous donne sur ces dispositions, il faut ajouter à la droite le détachement de 300 hommes d'armes et de 300 archers à cheval, qui a pour mission de contourner la hauteur où il est campé, et de prendre en flanc la bataille du duc de Normandie échelonnée au bas de cette hauteur. Un certain nombre de cavaliers anglais sont encore restés à cheval entre chaque bataille pour s'opposer aux cavaliers français (1). Il faut ajouter également les archers distribués derrière les deux côtés de la haie, que nous voyons à l'œuvre dans le récit de la bataille. D'où sont-ils tirés ? Froissart n'en dit rien, mais on peut conclure, d'après le héraut Chandos, qu'ils faisaient partie de l'arrière-garde, car, selon ce héraut, l'armée anglaise fut attaquée sur ses derrières, au moment même où elle se mettait en mesure de passer le Miausson, et où l'avant-garde, commandée par le comte

(1) Luce, Froissart.

de Warwich, était déjà de l'autre côté de cette rivière. Les passages suivants, qui mettent ce fait hors de doute, doivent être cités textuellement.

Le prince de Galles dit au comte de Warwich :

> « Primers, passerés le passage
> « Et garderés nostre carriage,
> « Je chevacherai après vous. »

Et plus loin :

> « Et li princes se desloga,
> « A chivacher se chimina,
> « Car celui jour ne quidoit pas
> « Combattre, je ne mente pas. »

Aussi le héraut Chandos a bien soin de faire remarquer que ce fut l'arrière-garde, placée sous les ordres du comte de Salisbury, qui eut à soutenir le choc des maréchaux de France et de leurs 300 chevaliers d'élite, et qui les mit en déroute. Il ajoute que cette déconfiture eut lieu

> « Devant que poist estre tournée
> « L'avaunt-garde et repassée,
> « Car ja fuist outre la rivière (1). »

Hume admet également la division de l'armée anglaise en trois batailles qui est, pensons-nous, la véritable. Aussi, adoptons-nous, en ceci au moins, la version du *Manuscrit d'Amiens* ; quant au nombre des Anglais, la version de ce manuscrit est la plus vraisemblable.

Dans le récit de la bataille même, le *Manuscrit d'Amiens* évalue à 1,600 et non à 800 lances, le nombre des troupes

---

(1) Note de M. Luce, Froissart, tome V, page 11.

qui abandonnèrent le champ de bataille à la suite des jeunes princes français.

Voyons maintenant la narration des *Grandes Chroniques* :

« Le lundi ensuivant dix-neuviesme jour dudit moys de septembre, rapportent-elles, l'an cinquante-six dessus dit, entre prime et tierce ou environ, l'ost du roy de France fu logié devant l'ost dudit prince, à moins du quart d'une lieue. Et vint le cardinal de Pierregort qui avoit esté envoié en France par le Saint-Père, pour traitier de la pais entre lesdis roys de France et d'Angleterre ; lequel cardinal ala pluseurs fois de l'un ost à l'autre, pour savoir sé il pourroit trouver aucun bon traictié ; mais il ne pot. Et pour ce s'en alla à Poitiers qui estoit à deux petites lieues du lieu où ledit roy de France et son ost estoient d'une part et ledit prince et son ost d'autre part, lequel lieu estoit assez près d'un chastel de l'évesque de Poitiers, appelé Chauvigny. Et estoit l'ost dudit prince logié en un fort pays de haies et de buissons. Et néantmoins le duc d'Athènes, lors connestable de France, monseigneur Arnoul d'Odenehan et monseigneur Jehan de Clermont lors mareschal, et leur batailles coururent sus à l'ost dudit prince d'une part, et monseigneur le duc de Normendie, ainsné fils du roy de France, qui avoit une bataille, le duc d'Orléans, frère du roy, qui en avoit une autre, et ledit roy qui avoit la tierce, s'approchièrent de l'ost dudit prince. Mais il estoient en si forte place que il ne porent entrer en eux, et pluseurs desdites batailles de la partie du roy de France, tant chevaliers comme escuiers, s'enfuirent vilainement et honteusement. Et dient aucuns que pour ce fu l'ost dudit roy de France desconfit, et les autres dient que la cause de la desconfiture fu pour ce que on ne povoit entrer auxdis Anglois ; car il s'estoient mis en trop forte place, et leur archiers traioient si dru que les gens du roy de France ne povoient demourer en leur trait. Finablement, la place demoura audit prince de Galles et à ses gens, jasoit ce que le roy de France eust autant de gens comme ledit prince. »

Jean de Venette donne peu de détails sur Poitiers.

Mentionnons seulement la phrase où il indique la nouvelle tactique adoptée par la gendarmerie française en cette journée.

« Le roi Jean de France, dit-il, résolut de combattre à pied avec les siens, et ayant renvoyé les chevaux, il en vint aux mains, et assaillit vaillamment et audacieusement les ennemis. »

Le même chroniqueur rend hommage à la vaillance du roi sur ce funeste champ de bataille.

M. le capitaine d'état-major F. Vinet, a fait sur le champ de bataille de Poitiers les études suivantes :

« La bataille gagnée le 19 septembre 1356 sur le roi Jean-le-Bon par le prince de Galles est, dit-il, connue dans l'histoire sous le nom de bataille de Poitiers. En effet, d'après Froissart, le seul historien dont les chroniques fassent autorité, elle fut livrée à deux petites lieues de cette importante cité, dans les champs de Maupertuis.

« On a ignoré longtemps la position de cette dernière localité ; mais il est maintenant hors de doute que c'est une ferme de la commune de Mignaloux, située sur le chemin de grande communication de Poitiers à Noaillé, et à deux kilomètres environ de ce dernier village. Quant à l'emplacement exact de la position choisie par le prince Noir, c'est seulement il y a quelques années que l'on a eu à cet égard des données que l'on puisse regarder comme certaines.

« On raconte dans le pays, que deux Anglais sont venus, il y a une cinquantaine d'années, dans les environs de la Cardinerie (Maupertuis), et ont demandé des renseignements sur la position de certains lieux dits. Le lendemain les deux voyageurs avaient disparu, et un paysan trouva au fond d'un trou creusé pendant la nuit, au pied de la croix dite Croix-de-la-Garde, un petit tonneau défoncé renfermant encore quelques pièces d'or. On supposa naturellement que les deux visiteurs avaient enlevé un trésor caché là à l'époque de la bataille, ce qui s'accordait d'ailleurs avec les traditions locales.

« Un habitant de Poitiers a eu depuis entre les mains un manuscrit où il est fait mention de trois trésors enfouis par les Anglais, avant le jour de la bataille, en certains lieux désignés. Il a supposé que le premier avait été enlevé par les deux voyageurs inconnus. Soit dans l'espoir de trouver les deux autres, soit par un autre motif, il a fait creuser tout près de la Cardinerie (Maupertuis), dans un endroit appelé Champ-de-la-Bataille, qui fait partie de la pièce dite des Grimaudières, commune de Saint-Benoît, un trou conique de 10 à 12 mètres de profondeur, et de 12 à 15 mètres d'ouverture, qu'il a fait revêtir en pierres sèches. En creusant ce trou, on a trouvé un ancien fossé large de 4 mètres et d'une profondeur moyenne de 3 mètres. Pour connaître la direction de ce fossé, on l'a déblayé sur une longueur de 30 à 40 mètres. Au fond, on a trouvé de la cendre et des charbons. Ce fossé n'a donc pas été creusé pour l'écoulement des eaux, et nul doute, dès lors, que ce n'ait été une des défenses accessoires destinées à couvrir le front des Anglais. D'autres raisons d'ailleurs viennent appuyer cette opinion.

« En allant de Poitiers à Noaillé par le chemin de grande communication qui suit presque exactement le tracé de l'ancien chemin, on trouve à sa gauche, après avoir fait cinq à six kilomètres, une ferme appelée la Modurerie. Le chemin qui va de cette ferme à la route se prolonge de l'autre côté, et, à l'angle de ce chemin et de la route, se trouve le dé en pierre d'une ancienne croix, connue dans le pays sous le nom de Pierre du roi Jean. La tradition veut que ce soit en cet endroit que le roi ait été fait prisonnier. C'est à environ 700 mètres plus loin, et à 50 mètres à droite du grand chemin, que se trouve le grand trou conique. A 180 mètres en deçà du trou, on voit, à environ 40 mètres à droite du grand chemin, un espace circulaire de 20 mètres de diamètre, compris entre deux petits arbres, et vers le centre duquel le sol est déprimé ; puis à environ 120 mètres au-delà, sur la gauche du grand chemin, une fosse très-profonde formant un rectangle de 8 à 10 mètres sur une vingtaine. Les débris qu'on y a trouvés, font penser que c'est en ces deux endroits que la plupart des morts ont été enterrés. De plus, l'endroit où a été creusé le grand trou conique est connu de temps immémorial dans le pays sous le nom de Champ-de-la-Bataille, et il est constant que tout le terrain situé au sud était autrefois couvert de vignes. On y a trouvé récemment des souches annonçant plusieurs siècles d'existence, et, d'après les renseignements fournis par les vieillards du pays, les restes de ces vignes ont été arrachés il y a environ cinquante ans.

« Il y a donc à peu près certitude que le fossé qui couvrait le front des Anglais passait par l'emplacement actuel du grand trou conique ; mais on ne pourra connaître exactement sa direction qu'en faisant de nouvelles fouilles. Cependant, d'après les habitudes défensives des Anglais, qui s'établissaient toujours sur des plateaux dont les pentes descendaient vers leurs ennemis, et d'après le récit très-circonstancié de Froissart, on ne peut guère donner qu'une seule position à l'armée du prince Noir. Elle devait s'appuyer à droite sur le grand chemin de Poitiers à Noaillé, qui est encore bordé de petits chênes et de fortes haies en beaucoup d'endroits, et s'étendre à gauche jusqu'au chemin de la Minière aux Bordes. Son front était alors protégé par des haies et un large fossé, son flanc gauche par des bois, et son flanc droit d'abord par les haies qui bordent le chemin de Noaillé, ensuite par des chariots, et enfin plus à droite, par un corps de 300 gens d'armes et autant d'archers. Leur front se serait ainsi développé sur une largeur d'environ 1,200 mètres, occupant le bord d'un large plateau dont les pentes descendaient au nord vers l'armée ennemie. Les Français ne pouvaient entrer dans ce camp retranché, et les Anglais n'en pouvaient sortir aisément que par le chemin qui va de Poitiers aux Bordes. Ce chemin est encore fort large aujourd'hui et pourrait aisément donner passage à quatre cavaliers de front. Il était alors bordé naturellement et artificiellement de haies très-épaisses et de fossés, derrière lesquels les archers anglais pouvaient tirer en toute sécurité.

« A environ 400 mètres en arrière, et presque parallèlement au front, se trouve un chemin qui conduit à la Cardinerie (Maupertuis), et qui suit l'autre crête du plateau. C'est en avant et en arrière de ce chemin que se trouvaient les trois lignes des Anglais. La première devait être à environ 150 mètres du front. Pour rompre cette première ligne formée de gens d'armes ayant devant eux des archers, la bataille des maréchaux dut s'engager dans le chemin des Bordes sur quatre cavaliers de front, et c'est là qu'elle fut culbutée par les archers anglais, qui tiraient à bout portant des deux côtés.

« Après avoir passé devant la Modurerie, la route de Noaillé descend dans un petit vallon parallèle au front des Anglais, et à environ 500 mètres. C'est au fond de ce vallon qu'était la deuxième ligne des Français, celle du duc de Normandie; car Froissart la place au pied de la montagne, ou plutôt de la pente au haut de laquelle était le corps des 300 gens d'armes et 300 archers anglais. La première, celle du duc d'Orléans, devait être à 2 ou 300 mètres en avant sur les pentes de la position anglaise, et la troisième, celle du roi, à 200 mètres en arrière sur les pentes opposées, à hauteur de la Modurerie. Le corps des 300 gens d'armes et 300 archers, destinés à opérer contre le flanc gauche de la deuxième ligne des Français, devait se trouver entre la Cardinerie (Maupertuis) et Beauvoir, sur la voie romaine de Limoges. Il y a encore aujourd'hui assez de bois, d'arbres et de haies pour dérober la marche de ce petit corps, et lui permettre de descendre à couvert les pentes du vallon au fond duquel se trouvait le duc de Normandie.

« Cet emplacement des troupes du prince Noir et de celles du roi Jean, s'accorde tellement avec la topographie des lieux décrits par Froissart, qu'on ne peut guère en admettre un différent. En tout cas, on peut considérer comme à peu près certain, d'après ce qui vient d'être dit, que la bataille de 1356 a eu lieu, sinon à l'est, du moins sur le chemin de grande communication de Poitiers à Noaillé, entre la ferme de la Modurerie et celle de la Cardinerie, anciennement nommée Maupertuis. »

Quelle que soit l'évaluation que l'on admette au sujet des forces anglaises, elles étaient certainement fort inférieures en nombre aux troupes françaises, que les calculs les plus modérés portent à 40,000 hommes.

On a beaucoup reproché au roi Jean d'avoir été assaillir les ennemis dans les lieux inexpugnables qu'ils occupaient, au lieu de profiter de la supériorité de ses forces pour les bloquer, et les obliger ou à prendre l'offensive, ou à se rendre sans combattre. Cette dernière tactique, au dire du héraut Chandos, aurait même été proposée et débattue dans l'entourage royal. Le maréchal Jean de Clermont aurait tenté de la faire prévaloir. L'autre maréchal, Arnoul d'Audeneham qui assurait que les Anglais essayaient de fuir, émit l'avis de les attaquer coûte que coûte. Une altercation s'en suivit entre les deux maréchaux, et, ainsi qu'il arriva, dit-on, à Courtray, entre Raoul de Nesle et Robert d'Artois, le plus prudent, exaspéré, devint le plus ardent au combat. « La pointe de votre lance ne viendra pas au cul de mon cheval, s'écria Jean de Clermont. » On sait s'il tint parole. Le conseil le plus téméraire l'emporta.

Le moment n'était pas encore venu où de successives défaites avaient abattu l'orgueil de la noblesse. Malgré quelques améliorations dont nous parlerons plus loin, l'esprit féodal et chevalereux dominait encore trop dans les armées françaises. Le roi n'était point encore Charles-le-Sage, ni le connétable, Bertrand Duguesclin, et ce que ces deux grands hommes pouvaient faire après Poitiers, et avec des soudoyers rompus au service militaire, le brave mais peu capable roi Jean, l'aurait peut-être difficilement obtenu de ses nombreux gentilshommes avant ce désastre. Il faut dire, d'ailleurs, que lui-même partageait au plus haut point les préjugés militaires des chevaliers de son époque. La tactique recommandée par Jean de Clermont eut difficilement convenu aux chevaliers de l'Etoile, et au vaillant fondateur de l'ordre.

Les deux capitaines anglais, James Audley et Jean Chandos montrèrent dans cette bataille de grandes qualités militaires : habileté dans le choix des positions et la distribution des troupes, de la part du premier, et sans doute aussi un peu du deuxième ; sûreté de coup d'œil et promptitude de décision dans l'action, de la part de ce dernier. Audley et Chandos ne se contentent pas de résister de front à l'ennemi, mais ils le font encore charger en flanc par la cavalerie, à l'aide d'une habile manœuvre.

Les Anglais, à Poitiers, emploient contre leurs ennemis un mélange de défensive et d'offensive ; on les voit tour à tour résister et attaquer.

Lors de la charge des maréchaux français, les archers postés de chaque côté de la haie, accueillent d'abord par leurs traits les cavaliers ennemis, et jettent le désordre dans leurs rangs, puis James Audley et ses quatre écuyers viennent combattre corps à corps avec leurs ennemis dans le défilé qu'ils occupent. Ces cinq guerriers sont bientôt suivis de bien d'autres ; les maréchaux sont battus, leurs gens d'armes jonchent le sol, et les débris de leur colonne vont jeter le désordre parmi les Allemands et dans les rangs des batailles à pied. Alors les 600 gens d'armes et archers montés, masqués jusque-là par la colline, exécutent leur attaque en flanc sur la bataille du duc de Normandie, déjà ébranlée par la vue du désastre des maréchaux.

Jean Chandos voit l'hésitation des Français, il comprend qu'il ne faut pas leur laisser le temps de se reconnaître, et conseille au prince de Galles de prendre vigoureusement l'offensive. Toute la gendarmerie anglo-gasconne reprend ses chevaux sur son ordre, les trois batailles anglaises se reforment, archers et gens d'armes franchissent le défilé et se précipitent en avant ; la bataille des Allemands est renversée par ce torrent de cavaliers ; vers ce moment 800 lances, ou selon la deuxième version, 1,600 lances, appartenant à la bataille du duc de Normandie, quittent le théâtre de l'action pour mettre en sûreté les jeunes princes. Le reste fuit ou se réunit à la grosse bataille royale. Le corps du duc d'Orléans recule également, et le roi Jean avec les troupes placées directement sous ses ordres, auxquelles se sont joints les plus braves des deux autres batailles en déroute, se trouvent seuls en face de toute l'armée anglaise, les archers les accablant de traits, et la gendarmerie les chargeant à cheval.

C'est donc à tort que M. le capitaine Rocquancourt avance, d'après le Père Daniel (1), que 600 cavaliers anglais suffirent pour achever la déroute et faire prisonniers le roi Jean et l'un de ses fils ; le corps de 600 cavaliers ne jeta le désordre que parmi les troupes du duc de Normandie. La victoire fut remportée par toute l'armée anglo-gasconne.

(1) *Histoire de la Milice française.*

Donc, aussitôt après la défaite des maréchaux, et alors que la bataille du duc de Normandie chargée en flanc par les 600 cavaliers était ébranlée, nous voyons tous les gens d'armes anglo-gascons reprendre leurs chevaux et continuer ainsi la bataille.

Plusieurs raisons déterminèrent, sans doute, Chandos et les autres capitaines anglais à donner cet ordre. Ils voyaient les Français démoralisés et à demi vaincus, deux batailles sur trois plus prêtes à fuir qu'à résister. Il s'agissait moins ici de courir les risques d'un combat incertain, que de compléter une victoire qui semblait assurée, et la cavalerie, par son formidable choc, était plus propre que l'infanterie à convertir en une déroute complète le désordre qui se manifestait de toutes parts chez les soldats du roi Jean. Les Anglais, dans leur mouvement offensif, devaient franchir à leur tour cet étroit défilé si fatal aux maréchaux ; la rapidité que demandait cette manœuvre, en présence de l'ennemi, convenait mieux à des cavaliers qu'à une lourde et pesante infanterie. Celle-ci aurait pu, avant d'avoir repris ses rangs, être chargée par les Allemands auxiliaires à cheval, et par d'autres troupes françaises.

Il faut ajouter que pour la première fois en une grande bataille, les gentilshommes français allaient combattre à pied. Dans l'emploi de cette tactique si nouvelle pour eux, ils ignoraient toute manœuvre d'ensemble, et la gendarmerie anglaise ne devait rencontrer dans la bataille du roi Jean, qui seule faisait bonne contenance, ni la phalange disciplinée des piquiers d'Écosse, ni les solides bataillons qu'elle opposait elle-même, à Crécy, aux cavaliers du duc d'Alençon et aux autres gens d'armes français, savoisiens et allemands.

Bien plus, les Anglais transportaient en rase campagne le théâtre de l'action, et ils trouvaient pour leurs cavaliers, un terrain aussi favorable que celui sur lequel on avait jusqu'alors combattu, était désavantageux à la cavalerie française. Surpris par cette brusque offensive, alors qu'il croyait n'avoir qu'à forcer des ennemis acculés, le roi Jean n'avait point, comme les Anglais le faisaient d'habitude, choisi un champ de bataille favorable à ses gens d'armes à pied. Il allait combattre où et comme il pourrait, à la tête des braves accourus à sa défense, et aussi ignorants que lui de toute espèce de tactique.

Une autre raison détermina encore les gens d'armes anglo-gascons à combattre à cheval, lors de cette vigoureuse marche en avant, conseillée à Edouard par Jean Chandos, et dans laquelle il ne cessait de l'exciter. Les Anglais, avons-nous dit, comprenant la nécessité d'une infanterie de rang, destinée à soutenir leurs archers, transformèrent leurs gens d'armes en gros bataillons de lanciers. Ils créèrent ainsi une troupe extrêmement solide, très-capable de recevoir le choc, mais beaucoup moins capable de le donner. Les gens d'armes à pied étaient de bien lourds fantassins ; accablés par le poids de leurs armures, ils s'essoufflaient vite ; ils étaient obligés de se reposer souvent dans leur marche offensive ; aussi les capitaines d'Edouard avaient-ils admis en principe qu'il fallait attendre l'ennemi et non aller à sa rencontre. Ils choisissaient presque toujours une position défensive, peu accessible à la cavalerie, et d'un abord difficile à la gendarmerie à pied, qui, pour la gravir, se mettait déjà hors d'haleine. A Halidon-Hill, à Crécy, les gens d'armes anglais soutenus par les traits de leurs archers, employèrent avec succès cette tactique, si appropriée d'ailleurs à leur caractère national, à la froide et flegmatique valeur qu'ils tenaient du sang norwégien et du sang anglo-saxon. En ces journées, ils n'eurent d'ailleurs qu'à compléter la victoire bien préparée par leurs archers. A Poitiers, ils commencèrent l'action de la même manière ; puis Chandos sentant les siens vainqueurs, voyant chez ses ennemis les signes certains de la plus complète déroute, jugea qu'il ne fallait point comme à Crécy, se borner à un succès défensif. Le jour était dans son plein, et le temps ne manquait point pour tirer de la victoire toutes ses conséquences. Le capitaine anglais se détermina donc à l'offensive, il fallait achever par un coup de foudre le désastre de l'ennemi. Une attaque de la lente et lourde gendarmerie à pied ne pouvait suffire. Les Français se seraient reconnus. Les gens d'armes anglo-gascons à pied, dans leur course, à travers le défilé ou ailleurs, eussent perdu leurs rangs; ils n'eussent pu se former à temps, trop peu nombreux et en désordre ; ils eussent été une proie trop facile pour les cavaliers ennemis. L'habile chevalier se détermina donc à faire remonter à cheval toute sa gendarmerie, et la massa en un seul corps, pensant avec raison qu'une charge furieuse exécutée par sa cavalerie, fondant sur les Français comme une trombe de fer, bien soutenue d'ailleurs par ses archers, serait le plus sûr moyen d'écraser un ennemi ébranlé, démoralisé, et encore trop peu habitué à combattre en masse à pied, pour opposer à cette violente attaque, des rangs compacts, un mur de piques et de lances.

A Poitiers donc, le gros de l'armée anglaise, divisée en trois batailles, combat d'abord à pied, sauf certains apperts chevaliers ordonnés entre les batailles pour demeurer à cheval contre les 300 gens d'armes des maréchaux et le corps auxiliaire allemand, sauf encore 300 gens d'armes et 300 archers montés, placés en embuscade derrière la hauteur à droite. Puis vient la période offensive : alors tous les gens d'armes montent à cheval, et les Français attaqués en flanc par les 600 cavaliers embusqués, sont chargés de front par le reste de l'armée, réuni en seul corps.

Archers anglais, gens d'armes anglo-gascons rivalisèrent de bravoure dans les champs de Maupertuis. Froissart rend aux Gascons le témoignage suivant :

« Et vous dy que ly Gascons, qui là estoient grant foison, furent bonnes gens en tout estat. Là furent bon chevalier de leur costé, et grant grace y acquirent, le captaus de Beus, le sire de Muchident, le sire de Caumont, le sire de Labreth, le sire de Rosem, le sire de Pumiers, le sourdic de l'Estrade, le sire de Montfort, le sire de Petiton de Courton, messire Perducas de Courton, messire Perducas de Labreth, messire Aimeri de Tarche, le sire de Longoren, le sire de Landuras, messire Seguin de Batefol. Et en portèrent chil barons et chevaliers de Gascongne grant confort as Englès et embellirent et coulourèrent leur besongne grandement, car il estoient là ossy fort ou plus que les Englès, excepté des archiés qui portèrent grant damaige as Franchois, ensy qu'il y parut.

« Du costé des Englès, fu le mieuldre chevalier, pour la journée, messire Jamez d'Audelée, et puis après messire Jehan Candos, et le tierch messire Renault de Gobehem. »

Certainement, dans la bataille, James Audley se montra le plus brave des Anglais, mais ce ne fut qu'un paladin ; durant l'action au contraire, Chandos fut la tête qui dirigea l'armée. Aussi l'aurait-il de beaucoup emporté sur Audley, si Froissart n'attribuait à ce dernier l'honneur d'avoir si bien disposé l'armée anglaise. En tout cas, Chandos partage au moins avec lui la gloire de cette journée, et peut-être même devant l'histoire éclipse-t-il son rival.

Parlant du prince de Galles, le *Manuscrit d'Amiens* ajoute :

« Vray est que l'onneur on le donnoit au prinche de Galles, et che fu raison, car il estoit chief de l'armée, et ung jounes, et qui fut che jour en tous estas trop grandement confortez et qui toudis chevauchoit avant ; ne oncques ne retourna ne recula ne genchy à destre ne à senestre tant que tout furent desconfis. »

Les Français, Froissart leur rend cette justice, attaquèrent à Poitiers avec beaucoup plus d'ordre qu'à Crécy. Jean fit soigneusement reconnaître le terrain par quatre chevaliers renommés entre tous. Ribemont, le véritable chef de l'armée en cette journée, donna aux troupes une organisation dont on ne voit guère de traces à Crécy. Malgré l'imprudence avec laquelle le brave chevalier engagea les 300 cavaliers d'élite des maréchaux, dans cet étroit défilé bordé d'archers anglais, on constate, au commencement de l'action, un plan suivi, une sorte de direction, que l'on ne rencontre pas lors de la grande défaite de Philippe de Valois.

Mais après la défaite des maréchaux, tout n'est plus que désordre et confusion, absence de commandement. Si le roi de France montra à Poitiers toute la valeur d'un soldat héroïque, il fit preuve, comme général, d'une incapacité absolue, et Ribemont, de son côté, à partir de ce moment, soit qu'il crût sa mission terminée, soit qu'il eût été troublé par la vue du désastre, ne paraît avoir rien fait non plus pour suppléer à l'insuffisance militaire de son roi.

D'ailleurs, le désarroi fut immense. « A aucune époque, dit Jamison, les Français ne furent aussi malheureux en guerre, et ne montrèrent moins de connaissance de l'art militaire que sous Philippe de Valois et son fils Jean. Les Anglais leur furent partout supérieurs en tactique. »

Il faut ajouter que si les cavaliers des maréchaux, si la bataille du roi Jean et des groupes de gens d'armes des deux autres batailles firent preuve de la plus éclatante valeur, le reste de l'armée ne les imita point. 800 ou 1,600 lances du duc de Normandie entre autres, quittèrent le champ de bataille, sous prétexte d'escorter les jeunes princes, le corps du duc d'Orléans recula sans coup férir, et sauf d'honorables exceptions, les deux troupes s'enfuirent abandonnant leur roi.

Alors que la gendarmerie anglo-gasconne chargeait à cheval, et transportait le combat sur un terrain plus favorable, on peut s'étonner de voir le roi Jean réitérer à sa bataille l'ordre de mettre pied à terre. N'y a-t-il pas à lui reprocher d'avoir ainsi perdu l'avantage que donnait à sa noblesse le long exercice du cheval? d'avoir eu recours, dans les plus mauvaises conditions et sans nécessité, à une nouvelle tactique, inconnue jusque-là de ses gens d'armes?

Le roi voulut sans doute, pour éviter la confusion entre deux ordres contradictoires, à un moment où l'ennemi ne lui laissait pas le temps de se reconnaître, maintenir le premier plan adopté. Il voyait de plus sa bataille inondée par les flots des fuyards; il craignait le désordre que ces derniers auraient pu jeter dans les rangs de ceux qui étaient résolus à combattre. Jean n'ignorait pas non plus que beaucoup de gens d'armes ne reprenaient leurs chevaux que pour s'enfuir, et il voulait leur ôter ce prétexte. De plus, sur ces champs où régnait tant de désordre, où les trois batailles françaises avaient été accumulées pour un assaut, la place manquait sans doute aux manœuvres de grandes masses de cavalerie. Le roi craignait aussi les sajettes barbues, qui avaient anéanti le corps des maréchaux, et enfin surtout, en leur rendant toute fuite impossible, il était résolu à forcer les siens à vaincre ou à mourir.

Ainsi, à Poitiers, par les conseils d'Eustache de Ribemont, l'ancienne tactique française fut tout à fait modifiée.

Nous avons vu à Hastings comment se livrait généralement une bataille à cette époque. Les gens de trait commençaient l'action; venaient ensuite les fantassins, porteurs d'armes de main, et enfin, en troisième ligne, la chevalerie achevait la victoire en chargeant l'ennemi ébranlé, ou combattait comme dernière ressource si l'infanterie était repoussée. A Bouvines, à Courtray, les choses se passèrent ainsi; dans la dernière de ces batailles,

Robert d'Artois fit retirer ses gens de trait beaucoup trop tôt, mais ils n'en avaient pas moins porté les premiers coups. A Crécy, les arbalétriers génois entamèrent le combat.

A Maupertuis, tout change, les Anglais possèdent des gens de trait sans égaux, abrités derrière des retranchements naturels, qui les rendent encore plus redoutables ; ni archers, ni arbalétriers ne peuvent rien contre eux (1). Ribemont supprime donc ces inutiles fantassins ; c'est à la cavalerie, aux plus apperts et vaillants gens d'armes armés de pied en cap, qu'il appartient de disperser les yeomen. La nature du terrain ne permettant pas un grand déploiement de cavalerie, sauf 300 gens d'armes d'élite, confiés aux maréchaux pour charger les archers, sauf encore la bataille des Allemands qui doit soutenir cette attaque, toute la cavalerie française met pied à terre. Le reste de l'armée est divisé en trois batailles, toutes à pied, qui s'ajoutent aux deux troupes à cheval que nous venons de citer.

Voici donc la gendarmerie française qui devient infanterie à son tour. Cette mesure que la nécessité impose en ce jour à Ribemont, deviendra une règle générale pour cette gendarmerie qui, à l'exemple des gens d'armes anglais, ne conservera dans les combats que de petits corps de cavalerie, ou même n'en conservera pas du tout.

Les gens d'armes anglais à pied de Crécy ont-ils appris aux gens d'armes français ce que les piquiers de Bruce avaient rappelé aux fils des vainqueurs de Brémule ? Crécy a-t-il donné à nos guerriers cette leçon que Courtray n'avait pas suffi à leur enseigner ? Comprennent-ils alors qu'une bonne infanterie qui lui oppose résolument ses longues armes, doit voir mourir devant elle tous les efforts de la

---

(1) On se rappelle comment à l'Ecluse et à Crécy, dans des conditions bien moins favorables, les yeomen traitèrent les Génois.

cavalerie? ou bien la nouvelle tactique leur est-elle imposée par la crainte des flèches anglaises qui, à défaut du cavalier, frappent et blessent sa monture, les chevaux couverts eux-mêmes? Nous avons vu, en effet, déjà sous Henri Ier, comment les archers d'Odon Borleng démontèrent le comte Galeran et les siens. Depuis, Crécy avait encore montré la puissance des sajettes barbues. En un mot, la tactique française fut-elle modifiée par les archers ou par les gens d'armes lanciers? Chacune de ces deux milices, la *yeomany* surtout, plus encore que la gendarmerie, contribua à ce changement. A Crécy, les impétueux mais peu disciplinés gens d'armes français, mis en désordre, en partie vaincus par les archers, étaient venus définitivement se briser contre les lances des deux premières batailles des gens d'armes anglais. A Poitiers, les 300 gens d'armes à cheval voient leurs chevaux tomber percés par les flèches, entraînant avec eux leurs cavaliers dans leur chute, ou bien s'enfuir effrayés, emportant leurs maîtres loin du lieu du combat, sans que ceux-ci pussent les arrêter. A l'arme de jet comme à l'arme de main, le fantassin anglais avait battu le cavalier français.

Enfin, une troisième cause, et peut-être la principale, amena ce changement de tactique des Français.

A Poitiers, en tout cas, cela ne saurait être contesté, les positions choisies par les ennemis, plus encore que leur exemple, déterminèrent les gens d'armes français à mettre pied à terre. Ces positions, en effet, rendaient presque toujours très-difficile, sinon impossible, l'emploi d'une grande masse de cavalerie, surtout si l'on considère la manière dont combattait alors la cavalerie féodale. La gendarmerie ignorant toute manœuvre d'escadron, chargeait en haie, les chevaliers tous sur la première ligne, de façon à ce qu'un chevalier ne pût servir de bouclier à un autre chevalier; puis, sur une deuxième ligne, venaient les écuyers. On comprend qu'avec cette disposition tactique, il fallait de vastes plaines, un terrain bien uni au moins. Or, nous avons dit souvent, que les Anglais, à l'exemple des Ecossais, excellaient à choisir un terrain favorable, qui put dissimuler et compenser leur petit nombre.

Pour annuler la nombreuse et brillante cavalerie qui faisait la force des armées françaises, nous avons vu, et nous verrons presque constamment, les épaisses et serrées batailles anglaises, les archers rangés en herse qui les flanquent, ou les précédent, s'établir dans des positions escarpées, coupées souvent même d'obstacles naturels, ou défendues par des retranchements artificiels. A Poitiers, des cavaliers d'élite, choisis entre tous, montés sur chevaux couverts et revêtus eux-mêmes d'armures à l'épreuve, obligés de plus, par le terrain, de renoncer à cette incommode manière de charger en haie, ne purent même arriver à joindre les batailles de gens d'armes ennemis. Plus tard, les Anglais ajoutèrent aux difficultés du terrain et y suppléèrent par des retranchements mobiles, formés avec leurs charroy, leurs chevaux liés les uns aux autres, ou surtout par de longs pieux, aiguisés et fichés en terre. L'usage de la cavalerie était donc, en masse du moins, presque toujours impossible contre les Anglais, et la nécessité imposait le combat à pied à la noblesse française ; mais ce combat, dans lequel, ainsi que nous l'avons fait remarquer, la gendarmerie avait tout avantage à garder la défensive, convenait bien moins à l'impétueuse bravoure des Français qu'à la froide vaillance anglaise. En outre la gendarmerie française n'était pas comme la gendarmerie anglaise, appuyée par d'excellents gens de trait, qui usaient l'ennemi, avant qu'il pût arriver au combat corps à corps.

Aussi allons-nous voir longtemps les Français, obligés, souvent par la nécessité de mettre un terme aux décharges meurtrières des *yeomen* en les abordant, poussés en d'autres circonstances, par leur impétuosité naturelle, alllourdis par leurs pesantes et incommodes armures, s'élancer à l'attaque des positions occupées par leurs habiles ennemis. Les rangs rompus par leur course, fatigués, sans aucune ordonnance, criblés par les archers de traits dont garantissent à peine les cuirasses les mieux trempées ou les plus solides boucliers, nos gens d'armes viendront, comme les Ecossais à Halidon-Hill, échouer devant les batailles des gens d'armes ennemis. Quelquefois encore, mais plus rarement, les Français, mieux dirigés, sauront par d'adroites manœuvres, obliger les Anglais à quitter ces positions qui sont, en quelque sorte, le complément de leur nouvelle tactique, et qui rendent encore plus formidables leurs nombreux corps d'habiles archers et leurs solides et grosses batailles de gens d'armes.

Ainsi, à cette époque, la supériorité de l'armée anglaise était manifeste. Les Valois cependant, il faut leur rendre cette justice, s'étaient efforcés de donner à leurs troupes une meilleure organisation, et d'introduire parmi elles une discipline semblable à celle des soldats d'Edouard. Par une ordonnance de 1351, le roi Jean avait établi plus d'ordre et de cohésion dans la composition de la gendarmerie.

Voici les principaux fragments de cette ordonnance :

« Et avons ordonné et ordonnons que toutes les gens d'armes soient mis par grosses routes (compagnies), c'est assavoir, au moins la route, de 25 hommes d'armes, de 30, de 40, de 50, de 60, de 70, de 75, de 80, selont ce que les chevetaines et les seigneurs d'icelles routes seront. Et avons ordené et ordenons que noz conestable, mareschaus, maîstre des arbalétriers, maîstres d'ostel ou autres ausquiez il appartient, reçoivent les monstres, et au cas où ils n'y pourront entendre, députent de par eulz bonnes personnes et convenables, etc. »

L'ordonnance ajoute que : « Les gens d'armes devront prêtrer souvent de ne pas quitter leur capitaine, sans la permission du connétable, du maréchal, du maître des arbalétriers ou de celui à qui il appartiendra, sous peine d'être cassés du livre où leur monstre aura été écrite. » Elle dit aussi que les chefs de bataille jureront qu'ils tiendront gens d'armes et haubergeons au complet, armés et montés comme ils les ont présentés aux montres. Les bannerets qui étaient sous les chefs de bataille, et les chevaliers et écuyers qui servaient sous les bannerets prêtaient le même serment. Les bannerets devaient connaître par nom et surnom leurs gens d'armes et haubergeons (1).

La même ordonnance contient encore les passages suivants :

« Voulons encore et ordenons que autel monstre et serement se fasse des haubergeons comme des gens d'armes. Et que se aucuns gens d'armes viennent par mesmes parties, qui n'aient point de maistre ou de chevetaines, Nous voulons et ordenons que par nostre connestable, mareschaus, maistre des arbalestriers ou autres, à qui il appartiendra, soit regardé et quis un chevalier souffisans qui leur soit aggréable, auquel soit baillée et accomplie une route de 25 ou 30 hommes d'armes, et en ceuls de cette route, soit commandé expressément de par nous, qu'ils obéissent et compaignent ledit chevalier aux champs et à la ville, en la manière que on doit faire chevetaine et que il facent monstre avec ledit chevalier, armés et désarmés en la manière dessus dite, et que ledit chevalier prengne garde à son pouvoir, que en sa dite compagnie, on ne truit (trouve) aucun deffaut. Et voulons que icelui chevalier qui tel compaignie aura, ait pennoncel à queue de ses armes et prengne semblables gaiges de bannerez. »

---

(1) On appelait haubergeon, valet armé de haubergeon, les jeunes gens non encore enrôlés dans les troupes et suivant les armées pour apprendre le métier de la guerre ; ils portaient le casque, le bouclier, et les armes de l'homme d'armes.

Plus loin :

« Avons ordené et ordenons que tous les seigneurs et chevetaines qui auront routes de gendarmes, jurent devant Nous, nos lieutenans, conestable, mareschaus, ou leurs capitaines, ou ceux que nous y deputerons, qu'il nous serviront bien et loyaument et sans faire pactes et qu'il auront continuellement audit service le nombre de gens d'armes pour qui il prendront gaige. Et ce mesme serement feront par devant Nous ou ceuls que nous y députerons, nos diz officiers, etc. »

Les bannerets continuent, on le voit, à être les chefs de la plupart de ces routes ; ce n'est encore que par exception que d'autres chevaliers exercent un commandement semblable, et l'ordonnance en beaucoup de points assimile ceux-ci aux bannerets. Mais le temps n'est pas bien loin où de hardis partisans lèveront des bandes d'aventuriers tout à fait distinctes des milices féodales, et sous la bannière française aussi bien que sous la bannière anglaise, ravageront et ruineront le pays.

Les chefs de bataille dont il est parlé dans l'ordonnance, étaient de puissants seigneurs qui réunissaient sous leurs ordres des routes nombreuses, des petits corps d'armée.

L'ordonnance, sans la modifier d'une manière complète, introduit plus de régularité dans l'organisation de la gendarmerie. Ce n'est plus seulement au moment du combat que les gens d'armes sont séparés des autres troupes, et mis par groupes plus ou moins nombreux. Dans les montres ou revues, avant de rejoindre l'armée, ils sont divisés en compagnies, dont la moindre ne peut être au-dessous de 25 hommes. Les gens d'armes isolés venant par menues parties, sont également réunis par routes, sous les ordres d'un chevalier ayant tous les droits d'un chevetaine, et touchant des gages à peu près semblables à celui du banneret. Ce qui nous montre une fois de plus, que selon l'opinion du Père Daniel, le banneret était encore le type du chevetaine ou capitaine de ces routes. On voit du reste, qu'à ce moment les chevetaines n'étaient point nommés par le roi et ses officiers, puisque l'ordonnance autotorise seulement les chefs de l'armée à choisir un capitaine pour les gens d'armes venant par menues parties, et encore ce capitaine doit-il leur être agréable.

L'ordonnance contient trois grandes innovations, qui ont pour but de resserrer les liens de la discipline, et de modifier les anciennes armées féodales.

Premièrement : Serment de fidélité et de loyauté que les seigneurs et chevetaines doivent prêter au roi.

Deuxièmement : Serment que doivent prêter les mêmes personnages, d'avoir toujours au complet le nombre de gens d'armes pour qui ils prendront gages.

Troisièmement : Serment exigé des gens d'armes de ne pas quitter leur capitaine, sans la permission des principaux chefs de l'armée.

L'ordonnance de 1351 décide que les gens de pied, arbalestriers et pavesiers, seront mis par connétablies (la connétablie est une sorte de compagnie à pied, comme la route, une compagnie de cavalerie) de 26 ou 30 hommes.

Poitiers interrompit ces réformes que devait reprendre Charles V.

Malgré ces grandes améliorations dans nos armées, le temps n'était pas encore venu où l'on pouvait lutter à armes égales avec l'Angleterre.

Reprenons le récit des événements qui suivirent Poitiers.

Le désastre de Poitiers plongea le royaume de France dans la consternation, et excita le mécontentement des gens des communes contre les nobles.

Les États-Généraux, composés des députés du clergé, de la noblesse et des bonnes villes se réunirent à Paris, et prirent en main non-seulement le gouvernement, mais encore l'administration qu'ils confièrent à trente-six délégués élus, douze par le clergé, douze par la noblesse et douze par la bourgeoisie. En même temps, les États prohibèrent l'ancienne monnaie, et en firent forger une nouvelle, dont les pièces furent de fin or, et se nommèrent moutons. Ils ordonnèrent des poursuites contre les principaux conseillers du roi Jean, et remplacèrent les receveurs des subsides en fonctions, par d'autres qu'ils instituèrent (1).

Sur ces entrefaites, Godefroy d'Harcourt fit des incursions aux environs de Saint-Lô, de Coutances, d'Avranches, et jusqu'aux faubourgs de Caen.

Le duc de Normandie, régent du royaume, et les États, envoyèrent en Cotentin, Raoul de Raineval, à la tête de 300 ou 400 lances et de 500 armures de fer. Français et Anglo-Normands se livrèrent un combat acharné où Godefroy fut vaincu et tué (2). Vers ce temps-là, le royaume fut ravagé de toutes parts. Des compagnies de gens d'armes et de brigands se répandirent dans le pays entre Seine et Loire, et y commirent toutes sortes d'excès; elles infestèrent surtout les routes de Paris à Orléans, à Chartres, à Vendôme et à Montargis.

Les États-Généraux ne dirigèrent que de nom l'administration. Tout se fit sous l'influence d'Etienne Marcel, prévôt des marchands, et d'un certain nombre de bourgeois de Paris. Le prévôt envahit, à la tête d'une multitude armée, la chambre du duc de Normandie, et fit massacrer sous les yeux de celui-ci, Robert de Clermont, maréchal de Normandie, Jean de Conflans, maréchal de Champagne et un avocat nommé Regnault d'Azy. Jean de Picquigny enleva par surprise le roi de Navarre, de sa prison d'Arleux, et l'amena à Paris.

A la même époque, les paysans nommés Jacques Bons-

---

(1) Luce, sommaire.
(2) Luce.

hommes se soulevèrent dans le Beauvaisis, l'Ile-de-France, la Brie et les évêchés de Laon, de Noyon et de Soissons, et mirent à leur tête comme roi, un paysan originaire de Clermont en Beauvaisis. Ils assiégèrent dans la forteresse du Marché de Meaux, les duchesses de Normandie, d'Orléans et une foule de nobles dames. Mais les gentilshommes se réunirent pour tenir tête aux Jacques, leur firent la chasse, et les exterminèrent sans pitié. Le roi de Navarre en tua un jour 3,000 dans les environs de Clermont.

A ce moment, le duc de Normandie quitta Paris et réunit une armée pour faire la guerre au prévôt des marchands et à son allié le roi de Navarre. Sur ces entrefaites, les Jacques qui assiégeaient Meaux furent écrasés par le comte de Foix et le captal de Buch. Enguerrand de Coucy acheva la ruine des révoltés. Peu après la défaite des Jacques, le régent, duc de Normandie, vint assiéger Paris à la tête de 3,000 lances. Le prévôt des marchands réduit au désespoir, allait livrer la ville aux soudoyers anglo-navarrais de Charles-le-Mauvais, lorsqu'il fut tué par Jean Maillart, partisan du régent, qui ouvrit à celui-ci les portes de la capitale.

A la nouvelle de la mort de Marcel, le roi de Navarre quitta Saint-Denys, après avoir défié le régent, et vint tenir garnison à Melun, qui lui fut livré par surprise.

Les Anglo-Navarrais s'établirent fortement à Eu, Saint-Valery, Creil, la Herelle et Mauconseil, d'où ils sortaient le plus souvent la nuit pour tenter sur une ville, un château ou une forteresse, un coup de main qui réussissait presque toujours. Dames, chevaliers, marchands, prêtres et abbés ou prieurs, tout leur était bon, et nul ne put se vanter de se tirer de leurs mains sans rançon. Ainsi, Fodrynghey, l'un des capitaines anglo-navarrais, qui occupa Creil pendant assez longtemps, fit 100,000 fr. de recette, rien que pour les sauf-conduits qu'il délivra pendant quelques mois aux gens allant de Paris à Noyon, ou à Compiègne, et de Compiègne à Laon ou Soissons. Les villes, et les villages du plat pays, étaient forcés de se racheter, et de conclure avec les bandes des traités de paix qu'on nommait *apatis*. De pareils abus ne pouvaient se tolérer longtemps, et le jeune régent avait intérêt à y porter au plus tôt un remède énergique. Il envoya requérir toutes les cités et bonnes villes de Picardie et de Normandie de lui fournir leur contingent ordinaire de gens à pied et à cheval, pour mettre fin absolument aux ravages des Anglo-Navarrais.

Les bonnes villes le firent volontiers, et chacune selon son pouvoir, leva des gens d'armes à pied et à cheval, des archers et des arbalétriers. Ces troupes se réunirent à Noyon et vinrent mettre le siège devant Mauconseil qui leur semblait le fort le plus facile à prendre, de ceux occupés par les Navarrais. A la tête de ces gens étaient l'évêque de Noyon, Raoul de Coucy, le sire de Raineval, le sire de Cauny, le sire de Roye, Mathieu de Roye son cousin et messire Beaudouin de Ennequin maître des arbalétriers. Ils livrèrent plusieurs assauts au château et contraignirent durement ceux qui le gardaient. La garnison réclama alors le secours de Jean de Picquigny qui se tenait en la Herelle ; celui-ci réunit secrètement les garnisons de Creil et des environs, puis il s'avança sur Mauconseil, surprit et mit en déroute les assiégeants dont beaucoup furent tués ou faits prisonniers. L'évêque de Noyon, Raoul de Raineval et bien 100 chevaliers et écuyers demeurèrent au pouvoir des vainqueurs. 1,500 morts, dont 700 soudoyers de Tournay restèrent sur le champ de bataille.

Peu de temps après, Jean de Picquigny entra dans Amiens par trahison, et s'en serait rendu maître sans l'arrivée du connétable Morel de Fiennes et du comte de Saint-Pol son neveu, qui accoururent au secours de la ville et repoussèrent les assaillants.

Vers ce temps-là le sire de Pinon fut surpris avec 60 armures de fer, par les garnisons anglaises de Vailly et de Roucy, non loin de Craonne en Laonnais. Les Français inférieurs en nombre, essayèrent d'échapper par la fuite à leurs ennemis, mais ceux-ci mieux montés, allaient les rejoindre, lorsque le sire de Pinon trouva sur les champs un fossé large et profond, entouré de haies à l'un des côtés, n'offrant qu'un passage étroit par où l'on pût chevaucher. Le chevalier profita de l'avantage de ce terrain, il fit mettre pied à terre à ses gens, et se disposa à se défendre vigoureusement. Les ennemis arrivèrent au nombre de 300 environ, descendirent de chevaux, et se préparèrent à assaillir les Français. Alors un écuyer de la troupe du sire de Pinon ordonna à son valet de courir au château de Pierrepont, situé à cinq lieues de là, et de prier le chanoine de Robertsart, brave chevalier qui s'y trouvait, de venir à leur secours. Le valet partit au galop. Pendant ce temps, le sire de Pinon et les siens résistèrent avec la plus grande vigueur ; mais ils allaient succomber, lorsque le chanoine apparut avec 120 gens d'armes. Son arrivée changea la face des choses. Par sa vaillance, les Navarrais furent enfoncés, plus de 150 périrent, et le reste des fuyards, rencontré par les gens de Laon, laissa encore un grand nombre de morts sur le terrain.

Vers cette époque, Saint-Valery, assiégée par le connétable de France et le comte de Saint-Pol, fut forcée de se rendre ; la garnison obtint la faculté de se retirer sans armes, en emportant ce qu'elle pourrait avec elle. Philippe de Navarre qui gouvernait pour son frère le comté d'Evreux, avait réuni environ 3,000 soldats et s'avançait pour secourir les assiégés ; mais il apprit en route la reddition de la place, et poursuivi lui-même par le connétable et le comte de Saint-Pol, il leur échappa à grand peine.

Pierre Audley, capitaine navarrais, qui occupait Beaufort en Champagne, surprit Châlons-sur-Marne. Malgré la résistance des habitants, les Anglais s'étaient emparés de toute la première ville jusqu'aux ponts. Les gens de la cité avaient en hâte défait le premier pont, mais les archers ennemis s'avancèrent sur les jetées, et tiraient si épais, que nul n'osait se tenir à portée de leur trait. Châlons eût été pris, si le sire de Grancey, informé la veille de la chevauchée des Anglais, ne fût venu à son secours. Aussitôt entrés dans la ville, ses gens mirent pied à terre et vinrent en ordre de bataille ; le sire de Grancey fit alors développer sa bannière. A cette vue, Pierre Audley comprit que son entreprise était manquée, et se retira sur Beaufort.

De son côté, Eustache d'Auberchicourt, le vaillant chevalier de Hainaut, faisait sa résidence habituelle à Pont-sur-Seine et à Nogent-sur-Seine ; il occupait encore Damery, Lucy, Saponay, Troissy, Arcis-sur-Aube, Plancy, et étendait au loin ses ravages.

Robert Knowles, avec deux ou trois mille combattants, tenait garnison à Châteauneuf-sur-Loire, il pillait et gâtait au loin le pays. Il s'empara un jour d'Auxerre et la saccagea. Ce capitaine possédait quarante châteaux, et se vantait de ne faire la guerre que pour lui-même.

Désireux de forcer ses ennemis à la paix, le duc de Normandie réunit 2,000 lances et vint mettre le siége devant Melun, que commandaient pour Charles-le-Mauvais, Martin de Navarre et le sire de Mareuil. La ville se défendit avec courage. Le roi de Navarre réunit des troupes pour aller à son secours, et le Dauphin, à cette nouvelle, fit lever partout des soldats. Une bataille semblait imminente, mais le cardinal de Périgord et le cardinal d'Urgel s'entremirent entre les deux princes, et les décidèrent à conclure un traité, dans lequel fut compris le jeune comte d'Harcourt. Philippe de Navarre, tout dévoué aux intérêts d'Edouard, refusa au contraire de déposer les armes. Les capitaines d'un grand nombre de compagnies anglaises continuèrent également la guerre, bien que les deux rois, sous les ordres desquels elles avaient combattu, eussent suspendu les hostilités.

En quittant le siége de Melun, l'évêque de Noyon, le comte de Vaudemont, le comte de Joigny, Jean de Châlons et Brocard de Fenétrange de la maison de Lorraine, résolurent de chasser de Champagne les bandes anglaises qui la ravageaient. Ils réunirent bien 1,000 lances et 1,500 brigands, se rendirent devant le château de Hans, s'en emparèrent après trois assauts, et mirent à mort les 80 soldats qui l'occupaient.

Les vainqueurs retournèrent ensuite se rafraîchir à Troyes, puis ils résolurent de venir assiéger Pont-sur-Seine, Nogent, et de ne pas s'arrêter avant d'avoir réduit Eustache d'Auberchicourt qui causait de si grands maux en Champagne, était maître des deux rives de la Marne, avait à ses gages environ 2,000 combattants, et occupait dix ou douze forteresses. Les gentilshommes français partirent donc de Troyes avec 1,200 lances et 900 brigands, et marchèrent sur Nogent-sur-Seine. Ces nouvelles vinrent à Eustache d'Auberchicourt, et lui causèrent grande joie, car il ne désirait rien tant que combattre ses ennemis. Il sortit de Pont-sur-Seine avec tout ce qu'il avait de gens d'armes et d'archers, manda toutes les garnisons voisines qui lui obéissaient, et leur signifia de se réunir à telle heure sur les champs ; elles obéirent, et les Anglais se trouvaient bien 400 lances et 200 archers. Quand messire Eustache les vit, il s'écria : « Nous sommes assez de gens pour combattre tout le pays de Champagne ; chevauchons au nom de Dieu et de saint Georges! » Les Anglais ne s'avancèrent pas bien loin sans avoir des nouvelles des Français, et les éclaireurs des deux partis revinrent bientôt annoncer qu'ils avaient aperçu les ennemis. Les Anglais ne savaient pas les Français si nombreux, car autrement messire Eustache aurait réclamé l'aide de Pierre Audley et d'Albrecht, écuyer allemand du parti d'Edouard qui lui eussent bien amené 300 ou 400 combattants.

Sitôt que Eustache connut où se trouvaient ses ennemis, il s'établit en une vigne sur un tertre, au dehors de Nogent, tous ses soldats en une seule bataille, ses archers devant. Les Français survinrent à ce moment. Quand ils virent les Anglais en ordre de combat, ils s'arrêtèrent tout cois, sonnèrent leurs trompettes, se réunirent et se placèrent en trois batailles de 400 lances chacune. Jean de Châlons, et messire Brocard commandaient la première; le comte de Vaudemont et le comte de Joigny la deuxième; la troisième avait pour chef l'évêque de Troyes. Les brigands n'étaient pas encore venus, car, marchant à pied, ils n'avaient pu suivre assez vite les gens d'armes. Les seigneurs de France déployèrent leurs bannières et délibérèrent pour savoir s'ils attendraient ou non leur infanterie.

De la hauteur qu'il occupait, Eustache voyait les Français au-dessous de lui, mais sans s'effrayer de leur nombre, il disait aux siens : « Seigneurs, seigneurs, combattons de bon courage, cette journée sera nôtre et nous serons tous seigneurs de Champagne; j'ai plusieurs fois ouï dire qu'il y a eu un comté de Champagne. Je pourrai rendre tant de services au roi d'Angleterre que je tiens pour roi de France, car il réclame l'héritage et la couronne, qu'il me donnera ce comté après la conquête. » Il fit ensuite chevaliers Courageux de Mauny, Jean de Paris, Martin d'Espagne; puis il ordonna à ses gens de mettre pied à terre, et de couper leurs lances à la longueur de cinq pieds, pour s'en servir plus aisément.

Les Français désiraient beaucoup combattre, mais ils attendaient leurs brigands pour leur faire assaillir les archers et escarmoucher avec eux, espérant attirer Eustache hors de sa forte position. Celui-ci ne l'entendait point ainsi; il se tenait franchement sur la hauteur, ses pennons devant lui.

Quand Brocard de Fenétranges, hardi et courageux chevalier, vit que Auberchicourt et ses soldats ne descendaient point de leurs positions, il dit : « Allons vers eux, il nous les faut combattre à tout prix. » Il s'avança avec sa bataille ainsi que Jean de Châlons, et ils arrivèrent sur les ennemis. Les Français piquent leurs chevaux des éperons, baissent leurs lances et chargent avec fureur les Anglais. Les yeomen lancent alors leurs sajettes, et frappent hommes et chevaux. Toutefois, les cavaliers approchent malgré ces traits, mais ils sont accueillis fièrement et vaillamment par Auberchicourt et ses gens d'armes à pied qui croisent solidement leurs lances devant eux. Les Français n'osent se jeter sur ce bataillon, et qui le fait, est mort ou abattu. Plus de soixante cavaliers sont renversés à ce premier choc, et la bataille des Français est vigoureusement repoussée. Le comte de Joigny et le comte de Vaudemont chargèrent alors avec toutes leurs troupes. Eustache et ses gens d'armes les reçoivent hardiment, les repoussent du premier choc, abattent et transpercent les plus vaillants cavaliers, et font de nombreux prisonniers. Alors surviennent l'évêque de Troyes et les gens d'armes de sa bataille, tous bien montés. Ces cavaliers commencent à tournoyer autour des fantassins anglais, et ceux-ci tournent en même temps, de manière à leur présenter toujours la pointe de leur fer. Enfin les Français chargent à fond, lances baissées, pour enfoncer et rompre les ennemis, et les Anglais les reçurent rudement sur leurs glaives (1) raccourcis.

Il y eut là un choc violent, et l'engagement fut des plus disputés. Gens d'armes français à cheval, gens d'armes anglais à pied, combattaient avec une égale vaillance, une égale ténacité.

Les Anglais avaient beaucoup à faire, car les Français

---

(1) Lances.

étaient bien trois contre un. Les nouveaux chevaliers durent se distinguer, afin d'accomplir leur devoir. Eustache se signala par de brillants exploits et, renversa avec son glaive jusqu'à quatre des plus vigoureux ennemis. Nul n'osait plus l'approcher, quand Brocart de Fenétranges qui était un fort chevalier, voyant ce qui se passait, prit son glaive dans ses mains, et le lança par-dessus la tête de tous ceux qui étaient entre messire Eustache et lui. Il visa si bien celui-ci, que le glaive vint tomber droit sur la visière du chevalier, et descendit si raide, que le fer lui rompit trois dents. En voyant venir ce coup, celui-ci jeta ses bras au-devant, et la lance vola par-dessus sa tête. Eustache était si échauffé qu'il ne tint aucun compte de sa blessure. On vit rarement chevalier accomplir de telles prouesses.

Les Anglais avaient l'avantage de la position qui leur fut très-utile. Ils étaient tous tellement serrés l'un contre l'autre, qu'on ne pouvait entrer dans leurs rangs. D'autre part, un peu plus en avant, les archers s'étaient réunis ensemble, formaient un corps à part, et avec leurs traits, tourmentaient beaucoup les Français, dont ils frappèrent et blessèrent plusieurs.

On n'avait vu de longtemps gens de pied résister aussi fièrement que les Anglais, ni cavaliers assaillir avec autant d'acharnement que les Français. Le combat dura longtemps de cette manière, et les Français eussent été repoussés sans l'arrivée des 900 brigands. Ceux-ci, par une charge furieuse, rompirent les archers fatigués, dont les traits ne pouvaient rien contre eux, couverts comme ils l'étaient, de grands et forts boucliers. Quand Jean de Châlons et les siens virent les archers enfoncés et en fuite, ils se tournèrent sur eux, et les poursuivirent à cheval. Les yeomen ne savaient alors où fuir où se cacher, et les gens d'armes les tuaient et les abattaient sans pitié; aucun n'échappa. Jean de Châlons et ses cavaliers coururent ensuite sur les valets qui gardaient les chevaux de leurs maîtres, après que ceux-ci eurent mis pied à terre, et les taillèrent en pièces. Pendant ce temps, le reste des cavaliers français attaquait les gens d'armes d'Eustache, d'un côté, tandis que les brigands les abordaient de l'autre. Enfin, après la plus vive résistance, les Anglais furent rompus et dispersés, de telle sorte qu'ils ne purent se rallier. Le pennon d'Auberchicourt fut conquis et déchiré ; le chevalier, assailli de tous côtés fut grièvement blessé. A ce choc qui ouvrit les ennemis, beaucoup d'entre eux furent renversés, et les Français en prirent tant qu'ils voulurent. Eustache d'Auberchicourt tomba aux mains de messire Henri Kevillard, chevalier du comte de Vaudemont. Jean de Paris, Martin d'Espagne et plusieurs autres chevaliers, demeurèrent captifs. Courageux de Mauny fut laissé pour mort sur le terrain. La rencontre eut lieu la veille de la Saint-Jean, l'an 1359 (1).

Jamais peut-être, dans ces guerres, la solidité de la gendarmerie à pied anglaise n'apparut plus brillamment. Ici, le rôle des archers est secondaire, leurs décharges ne peuvent arrêter la fougue des cavaliers français ; la lance croisée des gens d'armes à pied est le seul obstacle qui contienne nos vaillants guerriers. L'acharnement de l'attaque n'est égalé que par l'impassible bravoure de la défense. En vain les cavaliers français, avec une bravoure que rien n'ébranle, renouvellent leurs charges furieuses, tournoient autour du bataillon anglais ; ils rencontrent partout une forêt de lances qu'ils ne peuvent franchir. Il semble voir sur le Mont-Saint-Jean, les indomptables soldats de Wellington résistant aux héroïques cuirassiers de Ney.

L'ancienne et la nouvelle manière de combattre de la

---

(1) La plus grande partie du récit de ce combat, et les noms des chefs de bataille, sont empruntés au *Manuscrit d'Amiens*.

chevalerie sont ici aux prises, et malgré la valeur des cavaliers français, malgré leurs efforts désespérés, les gens d'armes fantassins anglais, trois fois moins nombreux, vont l'emporter, par la supériorité de leur tactique, lorsqu'apparaissent les 900 brigands pavesiers, et le secours de l'infanterie détermine seul le triomphe de la cavalerie française sur l'infanterie anglaise.

En ce combat aussi, les archers anglais furent culbutés par des gens de pied armés de longues piques et garantis contre les sajettes, par de grands et forts boucliers. Il est vrai que les yeomen étaient peu nombreux, que Froissart ajoute, qu'ils étaient fatigués, et furent attaqués par des troupes fraîches. Dans d'autres circonstances, en une grande bataille, des pavesiers, plus heureux que les gens d'armes à pied ou à cheval, eussent-ils triomphé des archers armés, outre leurs arcs, de haches, de massues et de maillets, comme à Azincourt et à Verneuil? La chose est possible. Bien garantis par le pavois contre les traits, opposant aux maillets et aux plommées des yeomen, de longues armes à pointe, les fantassins basques et gascons eussent eu, sans doute, contre les archers, de bien plus grandes chances que les lourds gens d'armes couverts de leurs gênante armures.

A la nouvelle de la défaite d'Auberchicourt, les garnisons des places qu'il occupait, abandonnèrent ces diverses forteresses, et se retirèrent en d'autres plus éloignées. Pierre Audley ne partit point pour cela de Beaufort, ni Jean de Ségur, de Nogent, ni Albrecht, de Gyé-sur-Seine.

C'est ainsi qu'Anglais et Français se livraient de continuels combats, sans observer ni paix ni trêve. Les populations étaient souvent appelées à prendre elles-mêmes les armes contre les envahisseurs.

Nous allons emprunter au deuxième continuateur de Guillaume de Nangis, la narration d'un exploit des paysans picards, qui fut longtemps populaire en France :

« Je raconterai, dit Jean de Venette, un de ces incidents tel qu'il s'est passé dans mon voisinage et que j'en ai été véridiquement informé. La lutte y fut soutenue vaillamment par des paysans, Jacques Bonhomme, comme on les appelle. Il y a un lieu assez bien fortifié dans une petite ville nommée Longueil, non loin de Compiègne, diocèse de Beauvais et près des bords de l'Oise ; ce lieu touche au monastère de Saint-Corneille de Compiègne. Les habitants reconnurent qu'il y aurait péril si l'ennemi occupait ce point ; et après en avoir obtenu l'autorisation du seigneur régent de France et de l'abbé du monastère, ils s'y établirent, se pourvurent d'armes et de vivres, et nommèrent un capitaine pris parmi eux, promettant au régent qu'ils défendraient ce lieu jusqu'à la mort. Beaucoup de villageois des environs vinrent s'y mettre en sûreté, et ils choisirent pour capitaine un grand et bel homme nommé Guillaume aux Alouettes. Il avait pour domestique et tenait comme par un frein un certain paysan d'une haute taille, d'une merveilleuse force de corps, d'une audace égale, et qui joignait à ces mérites une extrême modestie ; on l'appelait le Grand Ferré. Ces gens s'établirent sur ce point, au nombre d'environ deux cents hommes, tous laboureurs et soutenant leur pauvre vie par le travail de leurs mains. Les Anglais campés à Creil, entendant dire que ces gens étaient là et décidés à résister, les prirent en mépris et vinrent vers eux en disant : « Chassons de là « ces paysans et emparons-nous de ce point bien fortifié « et bien pourvu. » Ils y vinrent au nombre de deux cents ; les gens du dedans ne s'en doutaient pas et avaient laissé leurs portes ouvertes. Les Anglais entrèrent hardiment dans la place, tandis que les paysans étaient dans les cours intérieures et aux fenêtres, stupéfaits de voir pénétrer des hommes si bien armés. Le capitaine Guillaume aux Alouettes descendit aussitôt avec quelques-uns des siens et engagea vivement le combat ; mais il eut du dessous, fut entouré par les Anglais et frappé lui-même d'un coup mortel. A cette vue, ceux de ses gens qui étaient encore dans les cours, le Grand Ferré en tête, se dirent : « Descendons et vendons chèrement notre vie ; « autrement, ils nous tueront sans miséricorde. » Se rassemblant prudemment, ils descendirent par diverses portes et frappèrent à grands coups sur les Anglais, comme s'ils avaient battu leur blé dans l'aire ; leurs bras s'élevaient, s'abattaient, et chaque coup faisait une blessure mortelle. Le Grand Ferré, voyant son capitaine abattu et déjà presque mort, gémit amèrement, et s'avançant sur les Anglais, il les dépassait tous, comme ses propres hommes, des épaules et de la tête. Elevant sa hache, il frappait des coups mortels, si bien que devant lui la place fut bientôt vide ; il jetait à terre tous ceux qu'il atteignait ; à l'un il cassait la tête, à l'autre il abattait les bras ; il se conduisait si vaillamment qu'en une heure il en tua de sa main dix-huit, sans compter les blessés ; à cette vue, ses compagnons furent pleins d'ardeur. Qu'en dirai-je de plus ? Toute cette troupe d'Anglais fut contrainte de tourner le dos et de s'enfuir ; les uns sautaient dans les fossés pleins d'eau ; les autres tâchaient, en chancelant, de regagner les portes. Le Grand Ferré s'avançant vers le lieu où les Anglais avaient planté leur drapeau, le prit, en tua le porteur, et dit à l'un des siens d'aller le jeter dans un fossé où le mur n'était pas encore terminé : « Je ne puis pas le faire, dit l'autre, tant il y a « encore d'Anglais de ce côté. — Suis-moi avec le dra- « peau, » lui dit le Grand Ferré ; et marchant devant lui en frappant avec sa hache à droite et à gauche, il ouvrit et dégagea le chemin jusqu'au point indiqué, si bien que son compagnon put librement jeter le drapeau dans le fossé. Après s'être un moment reposé, il revint au combat et tomba si rudement sur les Anglais qui restaient que tous ceux qui pouvaient fuir se hâtèrent d'en profiter. On dit que ce jour-là, avec l'aide de Dieu et de Grand Ferré qui, de sa main, à ce qu'on assure, en abattit plus de quarante, la plupart des Anglais qui étaient venus à cette affaire n'en revinrent pas. Mais le capitaine des nôtres, Guillaume des Alouettes, y fut frappé à mort; il n'était pas encore mort quand le combat finit; on le transporta sur son lit; il reconnut tous ceux de ses compagnons qui étaient là, et succomba peu après à ses blessures. Ils l'ensevelirent en pleurant, car il était sage et bon. »

« A la nouvelle de ce qui s'était passé ainsi à Longueil, les Anglais se désolèrent fort, disant que c'était une honte que tant et de si braves guerriers eussent été tués par de tels rustres. Le lendemain, ils se rassemblèrent de tous leurs camps voisins et vinrent attaquer vigoureusement, à Longueil nos gens qui ne les craignaient plus guère et qui sortirent de leurs murs pour les combattre. Au premier rang était le Grand Ferré, dont les Anglais avaient tant entendu parler. Quand ils le virent et quand ils sentirent le poids de sa hache et de son bras, beaucoup de ceux qui étaient venus à ce combat auraient bien voulu n'y pas être. Beaucoup s'enfuirent ou furent grièvement blessés ou tués. Quelques-uns des nobles anglais furent pris. Si les nôtres avaient voulu les rendre pour de l'argent, comme font les nobles, ils auraient eu beaucoup d'argent; mais ils ne voulurent pas. Le combat fini, le Grand Ferré, accablé de chaleur et de fatigue, but une grande quantité d'eau froide et fut aussitôt saisi de la fièvre. Il se mit au lit sans se séparer de sa hache, qui était si pesante qu'à peine un homme de force ordinaire pouvait la soulever de terre à deux mains. Apprenant que le Grand Ferré était malade, les Anglais se réjouirent fort, et de peur qu'il ne se guérît, ils envoyèrent secrètement autour du lieu où il logeait, douze de leurs hommes, chargés de tâcher de les en délivrer. En les apercevant de loin, sa femme accourut auprès de son lit où il était couché, lui disant : « Mon cher Ferré, les Anglais approchent, et je « crois bien que c'est toi qu'ils cherchent ; que feras-tu ? » Oubliant son mal, Grand Ferré s'arma en toute hate, prit sa hache qui avait déjà frappé à mort tant d'ennemis, sortit de sa maison et, entrant dans sa petite cour, il cria aux Anglais quand il les vit : « Ah ! brigands, vous venez me « prendre dans mon lit ; vous ne m'aurez pas. » Il se mit contre un mur pour être en sûreté par derrière, et se défendit virilement avec sa bonne hache et son grand cœur. Les Anglais l'assaillirent, ardents à le tuer ou à le prendre ; mais il leur résista si admirablement, qu'il en coucha cinq par terre très-blessés et que les sept autres prirent la fuite. Grand Ferré, revenu triomphalement dans son lit et réchauffé par les coups qu'il avait donnés, but encore abondamment de l'eau froide, et retomba dans une fièvre plus violente. Peu de jours après, succombant à son mal et après avoir reçu les saints sacrements, Grand Ferré sortit de ce monde et fut enseveli dans le cimetière de son village. Tous ses compagnons et sa patrie le pleurèrent amèrement, car tant qu'il aurait vécu, les Anglais n'auraient pas approché de ce lieu. »

Le continuateur de Guillaume de Nangis a probablement exagéré les exploits du Grand Ferré. Quoi qu'il en soit, le nom de ce paysan resta populaire, comme celui d'un des héros de cette première partie de la guerre de Cent-Ans. Par sa force et sa vaillance du moins, on put admirer le Grand Ferré comme le Hereward de la France.

Le brillant fait d'armes de Longueil est cité comme une des preuves du patriotisme naissant en France. Partout en effet, sauf en Gascogne, commençait à se montrer au milieu des populations foulées, la haine de la domination anglaise. Plusieurs auteurs ont même reproché aux rois et à la noblesse de n'avoir point, profitant de ce mouvement patriotique, appelé aux armes la nation entière. Mais qu'eût fait un peuple qui n'avait pas encore repris ses qualités militaires, contre une armée telle que l'armée anglaise? contre les gens des grandes compagnies, rompus depuis leur jeunesse aux exercices de la guerre? Il fallait longtemps encore pour rendre à la masse de la nation son antique énergie guerrière, pour constituer l'infanterie française. Si ces levées en masse, alors comme toujours, eussent été peu redoutables à l'ennemi extérieur, elles eussent été au contraire, fort dangereuses pour la tranquillité publique, surtout après Poitiers, qui déconsidéra beaucoup la chevalerie française, et lui ôta une partie de sa force en répandant le plus pur de son sang. Impuissant contre les archers et les gens d'armes d'Edouard, le peuple se fût servi de ses armes pour s'affranchir de la supériorité de la noblesse affaiblie, et ce moment ne pouvait convenir à des revendications qui auraient établi sans doute, avec la guerre civile, la domination anglaise en France. La Jacquerie montre suffisamment et l'usage que les populations auraient fait de leurs armes, et le peu de résistance qu'elles auraient opposé aux armées d'Edouard. L'insurrection d'Etienne Marcel à Paris, prouve aussi que ces réformateurs inopportuns n'eussent pas hésité à réclamer au besoin l'aide et l'appui de l'étranger. Plus tard, lors de ses défaites, l'Angleterre nous offrira, sous Richard et sous Henri VI, avec Tyler et avec Cade, les mêmes exemples d'insurrections populaires. Les Anglais vaincus feront entendre les mêmes cris de trahison contre leurs chefs les gentilshommes, et à deux périodes différentes, deux rois paieront même de leur vie, l'impopularité résultant de leurs échecs en France.

La trêve avec l'Angleterre étant expirée le lendemain de la Saint-Jean 1359, à partir de ce moment, les Anglais qui occupaient les forteresses de France, reprirent la guerre au nom de leur roi. Vers la fin d'avril 1359, le roi Jean avait, il est vrai, signé avec Edouard un traité qui cédait à l'Angleterre la Normandie, l'Agénois, le Périgord, le Limousin, et en un mot, la France occidentale de Calais à Bayonne, et exigeait le paiement de quatre millions d'or comme rançon du roi de France. Ce projet de traité fut apporté par le comte de Tancarville et messire Arnoul d'Audeneham. Le duc de Normandie manda le 19 mai à Paris, la plus grande partie des nobles et des prélats du royaume de France et le conseil des bonnes villes. L'assemblée refusa de consentir à ces conditions, et déclara qu'elle préférait supporter encore de plus grands maux, plutôt que de consentir à un tel amoindrissement du royaume de France. Jean reçut avec colère cette réponse que lui apportaient le comte de Tancarville et le maréchal d'Audeneham. « Ha, Charles, beau fils, dit-il, vous êtes conseiller du roi de Navarre qui vous deçoit et décevrait soixante tels que vous ! »

Le roi d'Angleterre fut très-irrité du refus de ces conditions ; il commanda les plus grands préparatifs qu'on eût jamais faits en Angleterre, et appela sous ses drapeaux les aventuriers étrangers qui désiraient la guerre. La nouvelle de ces préparatifs fut connue partout, et on vit de tous côtés chevaliers, écuyers et gens d'armes se pourvoir de chevaux et d'armures, et se diriger sur Calais. Chacun espérait gagner assez en France pour n'être jamais pauvre, et spécialement les Allemands plus convoiteurs que personne. Tous ces aventuriers accoururent à Calais pour se réunir à l'armée anglaise ; mais les préparatifs du roi d'Angleterre furent longs, et toutes les provisions étaient si chères à Calais, qu'à peine pouvait-on s'en procurer pour or et pour argent.

Edouard voyant réunis un si grand nombre de gens dont il n'avait pas demandé le quart, envoya vers eux, le duc de Lancastre, qui débarqua le 1er octobre 1359, à Calais, avec 300 armures de fer, 2,000 archers et Gallois. Le seigneur anglais excusa le roi, et offrit à ces gentilshommes de les conduire en France. Ils acceptèrent, et se dirigèrent vers Saint-Omer; ils pouvaient bien être 2,000 armures de fer, sans les archers et les gens de pied. Ces troupes s'avancèrent devant Saint-Omer, mais ne l'attaquèrent point; elles passèrent devant Béthune et se logèrent à l'abbaye du Mont-Saint-Eloi, à deux lieues d'Arras. Elles y demeurèrent quatre jours, se retournèrent vers la Somme et vers Bapaume pour venir sur Péronne; elles ne faisaient que deux ou trois lieues par jour, brûlant et gâtant le pays le long de la rivière. Les Anglais arrivèrent ensuite devant Bray-sur-Somme, s'arrêtèrent et se mirent en devoir de l'assaillir. L'assaut dura un jour entier, et les ennemis perdirent beaucoup de monde, car les gens de la ville se défendirent vaillamment, grâce à l'aide du comte de Saint-Pol, du seigneur de Raineval et d'autres chevaliers et écuyers du pays qui vinrent par derrière se jeter dans la place avec bien 200 lances. Les Anglais se retirèrent, et suivant la rivière, en grande disette de pain et de vin, ils marchèrent jusqu'à Cerisy; ils traversèrent la Somme, et passèrent dans ce village le jour de la Toussaint. Là vint au duc de Lancastre l'ordre de revenir sur Calais où était débarqué le roi. Il obéit, aussi bien ne pouvait-il mieux faire.

A son retour, le duc rencontra l'armée royale à quatre lieues de Calais; il y avait si grand nombre de gens d'armes, que tout le pays en était couvert. On voyait partout armes qui reluisaient, bannières qui s'agitaient au vent. Tous ces soldats s'avançaient dans le meilleur ordre du monde. Les seigneurs étrangers allemands, brabançons, bohémiens, qui suivaient le duc de Lancastre, remontrèrent alors au roi leur pauvreté, lui disant qu'ils manquaient de tout, qu'ils avaient dépensé le leur en chevaux et en armures; ils ne possédaient pas, ajoutaient-ils, de quoi payer ce qu'ils devaient et retourner en leur pays. Le roi leur répondit: « Allez vous reposer à Calais pendant deux ou trois jours. Je me conseillerai aujourd'hui et demain, et je vous rendrai réponse telle qu'il vous devra suffire, et selon mon pouvoir. »

Les gentilshommes étrangers attendirent deux jours à Calais la réponse d'Edouard ; elle ne leur fut pas favorable. Le roi leur faisait dire qu'il n'avait pas apporté un assez grand trésor pour les satisfaire, qu'il avait besoin de ce qu'il avait. S'ils voulaient le suivre, ajoutait Edouard, ils auraient leur part dans sa fortune, quelle qu'elle fût. Quant aux gages, aux indemnités pour ce qu'ils avaient perdu, il n'en pouvait être question, car il avait amené avec lui assez de gens pour mener ses affaires à bonne fin.

Edouard était accompagné de ses quatre fils, le prince de Galles, Lionel comte d'Ulcester, plus tard duc de Clarence, Jean comte de Richemont, plus tard duc de Lancastre, et Edmond connu plus tard sous le nom d'Edmond Langley duc d'York. Au sortir de Calais, le roi fit marcher devant son corps d'armée, le comte de la Marche son connétable, avec 500 armures de fer et 1,000 archers ; venait ensuite la bataille des maréchaux comprenant 3,000 armures de fer et 5,000 archers ; ils chevauchaient toujours rangés et serrés après le connétable. Derrière eux s'avançait la bataille du roi, puis le grand charroy qui tenait deux lieues de long. Il y avait bien là six mille chars contenant toutes les provisions nécessaires à une armée, des moulins à la main, des fours pour cuire, et autres choses nécessaires. Après ce charroy, chevauchait la forte troupe du prince de Galles et de ses frères, où il y avait 2,500 armures de fer. Tous les gens d'armes et archers étaient rangés et serrés comme pour combattre, et en marchant, ils ne laissaient pas un trainard derrière eux, sans l'attendre, aussi ne faisaient-ils pas plus de trois lieues par jour. Il y avait encore en l'armée royale jusqu'à 500 valets avec pelles et cognées, qui allaient devant les bagages, et leur ouvraient la route. Voici les noms des seigneurs qui accompagnaient le roi : Henry duc de Lancastre, Jean comte de la Marche connétable d'Angleterre, les comtes de Warwick, et de Suffolk maréchaux, les comtes de Hereford, de Northampton, de Salisbury, de Stafford, d'Oxford, les évêques de Lincoln, de Durham, les seigneurs de Percy, de Newill, de Spencer, de Ross, de Mauny, de Mowbray, Reginald de Cobham, de la Ware, Jean Chandos, Richard de Pembroke, les sires du Man, de Willoughby ; les sires de Felton, de Basset, de Fitz Watier, James Audley, Barthélemy Burghersh, de Cousenton, Hugues de Hastings et beaucoup d'autres.

L'armée anglaise traversa l'Artois, et s'approcha d'Arras ; elle ne trouvait rien pour vivre, car tout avait été enlevé et placé dans les forteresses. La terre n'avait pas d'ailleurs été labourée depuis trois ans ; la famine régnait en Artois, en Vermandois et en Laonnais. C'est ce qui avait décidé Edouard à emporter des vivres avec lui. Les ennemis s'avancèrent ensuite vers Bapaume ; puis ils dépassèrent l'Artois, et entrèrent en Cambrésis qu'ils ravagèrent, quoique terre de l'Empire, à cause de ses sentiments tout français. Ils arrivèrent ensuite dans le pays de Thérouanne, courant partout, à droite et à gauche, brûlant et détruisant sur leur chemin, et ne trouvant nulle part des vivres. Edouard arriva ainsi sur la marche du pays de Reims ; le roi logea à l'abbaye de Saint-Basle, au-delà de cette ville ; le prince de Galles était logé à Villedemange ; les comtes de Richmond et de Northampton à Saint-Thierry ; le duc de Lancastre à Brimont ; et tous les seigneurs anglais dans les environs de Reims où ils n'avaient pas leurs aises, car on était en hiver, il faisait laid et froid, et leurs chevaux étaient mal logés et nourris. A chaque instant, il y avait de petits engagements entre les garnisons françaises et les troupes ennemies ; une fois gagnaient les Français, une autre fois les Anglais.

Le roi d'Angleterre, suivant son système, pour ne point

fatiguer ses troupes, ne fit point assaillir Reims qui était bien gardée. Il se contenta de bloquer et d'affamer la ville. Pendant ce siége, Jean Chandos, James Audley, Richard de Pontchardon et le sire de Mussidan attaquèrent Cernay-en-Dormois ; le sire de Mussidan fut tué devant cette place par le jet d'une pierre. Sa mort rendit furieux les Gascons qui l'accompagnaient ; leur vaillance, et l'adresse des archers triomphèrent de la résistance opiniâtre de la garnison. Les soldats d'Edouard emportèrent la ville, non sans perdre beaucoup de monde. D'un autre côté, le sire de Roye et le chanoine de Robertsart battirent et prirent le sire de Gommegnies qui amenait un renfort de Hainuyers au roi d'Angleterre.

Le siége de Reims dura bien cinq semaines et plus, mais le roi d'Angleterre n'y fit livrer aucun assaut, car il eût perdu sa peine. Le manque de fourrages, la disette de vivres, obligèrent les ennemis à se retirer. Ils se mirent en route vers Châlons en Champagne, puis ils se dirigèrent sur Bar-le-Duc et vers Troyes. Edouard vint ensuite camper à Méry-sur-Seine, et toute son armée se trouvait sur huit lieues entre Méry et Troyes. Pendant ce temps, son connétable, qui toujours commandait la première bataille, s'approcha de Saint-Florentin que gardait Oudart de Renty ; il livra un violent assaut à cette ville, mais fut repoussé avec perte. Le roi d'Angleterre et ses gens s'en vinrent ensuite camper eux aussi, aux environs de Saint-Florentin.

Les ennemis s'emparèrent de la ville de Tonnerre, mais ne purent prendre le château. Le sire de Fiennes, connétable de France, se trouvait à Auxerre avec beaucoup de gens d'armes. Les Anglais demeurèrent cinq jours à Tonnerre, puis ils vinrent sur Noyers, dans l'intention d'entrer en Bourgogne. Le roi logea à Mont-Réal et ensuite à Guillon. Le jeune duc de Bourgogne traita alors avec Edouard qui, moyennant 200,000 moutons d'or, consentit à quitter le duché, et à ne pas lui faire guerre durant trois ans. L'armée anglaise prit alors la route de Paris, et vint camper sur l'Yonne. Les ennemis s'étendirent ensuite jusqu'à Clamecy, et entrèrent en Gâtinais. Enfin, le roi d'Angleterre marcha sur Paris, se logea à Chanteloup, entre Chartres et Montléry, puis les ennemis vinrent camper à Châtillon, à Issy, à Vanves, à Vaugirard.

Pendant ce temps, toutes les garnisons anglaises qui occupaient la France, couraient et dévastaient le pays.

Edouard s'établit de sa personne à Bourg-la-Reine près de Paris, et envoya ses hérauts au duc de Normandie qui se trouvait dans cette dernière ville, pour lui demander la bataille ; mais le duc la refusa. Ce prince, en effet, suivait alors, aussi bien par nécessité que par prudence, la tactique qui lui réussit si bien par la suite. Il avait donné l'ordre à ses troupes d'éviter toute action sérieuse, de rentrer dans les places fortes, de les défendre jusqu'à la dernière extrémité, et d'user l'ennemi par des siéges et de petits engagements continuels. Il faisait dévaster et ravager le pays par les Français eux-mêmes, afin que l'ennemi trouvât le désert devant lui. Des partisans, fournis par les garnisons, tombaient sur les fourrageurs ennemis, et sur tous les Anglais qui s'éloignaient du gros de leur armée ; puis lorsque les ennemis, trop nombreux, les poursuivaient, les Français rentraient dans leurs forteresses.

Sur le refus de combattre de Charles, Gautier de Mauny pria le roi qu'il voulût bien lui permettre de faire une chevauchée jusqu'aux barrières de Paris, et nomma personnellement ceux qu'il désirait pour compagnons. Edouard y consentit, et à cette occasion, fit plusieurs nouveaux chevaliers : les sires de la Ware, de Fitz-Watier, Thomas Balaster, Guillaume de Toursiaux, Thomas Spencer, Jean de Newill et Richard Stury. Gautier de Mauny fit son entreprise et amena ses nouveaux chevaliers escarmoucher et courir aux barrières de Paris. Il y eut là un fort et dur combat, car il se trouvait dans la ville de braves et bons chevaliers et écuyers, qui volontiers seraient sortis, si le Dauphin l'eût permis. Toutefois, ces gentilshommes français gardèrent si bien la porte et la barrière, qu'elles ne souffrirent point de dommages. Le combat dura depuis le matin jusqu'à midi, et il y eut des blessés de part et d'autre. Alors le sire de Mauny et les siens se retirèrent à leur logis. Les Anglais restèrent huit jours devant Paris, puis Edouard décampa, et prit le chemin de Montlhéry.

Certains gentilshommes anglais et gascons supposèrent bien que les chevaliers français ne les laisseraient point partir sans les poursuivre, et qu'il y aurait l'occasion de combattre ; en conséquence, ils se mirent en embuscade au nombre de 200 armures de fer, gens d'élite anglais et gascons. Là étaient le Captal de Buch, Aymon de Pommiers et messire de Courton, les sires de Newill, de Mowbray, et Richard de Pontchardon.

Selon ce que les ennemis avaient supposé, plusieurs seigneurs français résolurent de tomber sur les Anglais en retraite. Parmi eux se trouvaient : Raoul de Coucy, Raoul de Raineval, le sire de Montsault, le sire de Helly, le châtelain de Beauvais, le Bègue de Vilaines, le sire de Wazières, le sire de Wauvrin, Gauvain de Bailleul, le sire de Roye et cent lances avec eux. Tous ces gens d'armes sortirent sur la route de Bourg-la-Reine, le dépassèrent, et tombèrent au milieu de l'embuscade des Anglo-Gascons qui chargèrent sur eux, lances baissées. Les Français s'arrêtèrent, se mirent en ordre de bataille, et opposèrent les lances aux lances ; le premier combat fut rude, et il y eut des renversés des deux côtés. Les combattants tirèrent ensuite leurs épées, et entrèrent dans les rangs les uns des autres. Il y eut là maint coup donné et reçu, et maint beau fait d'armes. Ce combat dura longtemps, et on ne savait qui l'emporterait. Le Captal de Buch se distingua entre tous par sa vaillance ; le sire de Campremy se fit remarquer du côté des Français. A la fin, le nombre assura la victoire des ennemis. Beaucoup de Français furent pris ou tués, et peu s'en seraient échappés, si les Anglo-Gascons n'avaient été arrêtés dans leur poursuite, par la crainte d'une sortie des Parisiens. Les vainqueurs retournèrent à Montlhéry, et rejoignirent le roi d'Angleterre (1).

L'intention d'Edouard était d'entrer en Beauce, de suivre la Loire, de venir cet été jusqu'après août, se reposer en Bretagne, puis de retourner en France mettre le siége devant Paris. Pendant ce temps, les Anglais qui occupaient les forteresses françaises, devaient faire la guerre pour lui, en Brie, en Champagne, en Picardie, en Vimeux, en Normandie, et harceler tellement le royaume de France, si tanner et si fouler les bonnes villes, que de leur volonté, elles s'accorderaient à lui.

Le duc de Normandie, le duc d'Orléans son oncle et tout le grand conseil, résolurent de faire au roi d'Angleterre des ouvertures de paix. Ils lui envoyèrent des ambassadeurs, à cet effet. Le pape joignit ses instances aux leurs. Le traité ne fut pas facile à conclure, et le roi d'Angleterre s'avançait toujours ruinant partout le pays. Edouard émettait de telles prétentions, que les ambassadeurs ne pouvaient les admettre. Il voulait en effet demeurer roi de France contre tout droit. Le duc de Lancastre donnait au roi, son cousin, de sages conseils, et lui disait : « Monseigneur, cette guerre que vous tenez au royaume de France est très-merveilleuse et très-coûteuse pour vous. Vos gens y gagnent et vous y perdez le temps. Tout considéré, si vous guerroyez, selon votre opinion, vous y userez votre vie, et c'est fort douteux que vous en veniez à vos fins. Je vous conseille, pendant que vous pouvez en sortir à votre honneur, d'accepter les offres qu'on vous

---

(1) Froissart, édition Luce. — *Grandes Chroniques*.

fait, car, Monseigneur, nous pouvons plus perdre en un jour, que nous n'avons conquis en vingt ans. » Vers ce temps-là, il descendit du ciel, sur l'armée du roi d'Angleterre, un orage si grand et si horrible, qu'il semblait que le siècle dût finir, car il tombait des pierres si grosses, qu'elles tuaient hommes et chevaux, et les plus hardis en furent tout effrayés. Alors le roi regarda l'église Notre-Dame de Chartres, et fit vœu de signer la paix.

Edouard logeait alors à Brétigny près de Chartres; c'est là, que fut conclu ce traité si fatal pour la France. L'Aquitaine devint une souveraineté indépendante, au profit du roi d'Angleterre, et il lui fut annexé les provinces de Poitou, de Saintonge, d'Aunis, d'Agénois, de Périgord, de Limousin, de Quercy, de Bigorre, d'Angoumois et de Rouergue. Edouard promit de renoncer à ses prétentions sur la couronne de France, dès que Jean aurait renoncé à la suzeraineté sur l'Aquitaine. La Normandie, le Maine, la partie de l'Anjou et de la Touraine situés au nord de la Loire, appartinrent sans conteste à la France.

On fixa à trois millions d'écus d'or, payables en six ans, la rançon du roi Jean. Ce traité fut conclu le 8 mai 1360.

Si à Paris et dans les provinces restées françaises, la joie des habitants fut grande, il n'en fut pas de même dans les provinces cédées. Avec cette guerre, commençait à se faire connaître le sentiment de l'unité nationale. Grand fut le désespoir en Poitou et en Saintonge : « Nous avouerons les Anglais des lèvres, mais jamais du cœur, dirent les habitants de La Rochelle, lorsqu'ils surent leur sort irrévocablement fixé. »

Pour ce qui regarda la Bretagne, aucun traité ne fut conclu entre les deux prétendants. On se borna aux trèves existantes.

Une partie des chefs de bandes qui ravageaient la France au nom du roi d'Angleterre, refusa de cesser les hostilités, et beaucoup de forteresses occupées par les capitaines anglais, ne furent pas remises selon les conventions du traité de Brétigny. Le licenciement d'une partie des armées d'Edouard accrut le nombre des bandits, et bientôt les Grandes Compagnies devinrent l'un des fléaux les plus redoutables de la France. Elles ne se composaient pas seulement d'Anglais et de Gascons, mais d'Allemands, de Brabançons, de Flamands, de Hainuyers, presque tous autrefois à la solde de l'Angleterre et du roi de Navarre son allié. Il faut ajouter à ces bandes un certain nombre de Bretons et de mauvais Français, apauvris par les guerres, et cherchant leur vie dans le pillage. Les anciens soldats d'Edouard étaient toutefois les plus nombreux et les plus redoutables de ces brigands, et le roi d'Angleterre était accusé de les exciter et de les favoriser en secret.

Pour mettre un terme aux ravages des Compagnies, le roi de France ordonna à son cousin, Jacques de Bourbon, de lever une armée et de marcher contre elles. Jacques réunit des chevaliers de Limousin, de Provence, d'Auvergne, de Dauphiné, de Savoie, de Bourgogne, et s'en vint dans le Forez. Les capitaines des Compagnies, à cette nouvelle, se mirent ensemble, et se trouvant au nombre de 16,000 hommes, ils résolurent d'accepter, dans une bonne position, la bataille avec les Français. Ils s'établirent donc à Brignais sur une hauteur ; au-dessous de cette hauteur, sur l'un des côtés, ils cachèrent, dans un lieu où on ne les pouvait voir, la moitié de leurs gens les mieux armés. Les chefs des compagnies laissèrent ensuite approcher les coureurs français si près d'eux, qu'ils les auraient pris, s'ils eussent voulu, mais ils leur permirent au contraire de retourner vers Jacques de Bourbon, le comte d'Uzès, Regnaut de Forez et les seigneurs qui les avaient envoyés. Ces coureurs n'ayant pas aperçu l'embuscade, retournèrent vers leurs chefs et leur dirent : « Nous avons vu les compagnies rangées et ordonnées sur un tertre, et les avons bien examinées, selon notre pouvoir ; mais tout considéré, ils ne sont pas plus de 5 à 6,000, et encore sont-ils mal armés. Alors Jacques de Bourbon se tournant vers l'Archiprêtre qui se trouvait à ses côtés, lui dit : « Archiprêtre, vous m'aviez dit qu'ils étaient bien 15,000, et vous entendez tout le contraire. « Seigneur, dit l'Archiprêtre, je n'en croyais pas moins, et s'ils n'y sont, Dieu y ait part ! tant mieux pour nous ; regardez ce que vous voulez faire. — « Nous les irons combattre, dit Jacques de Bourbon, au nom de Dieu et de saint Georges ! » Et il fit arrêter sur les champs, toutes ses bannières et ses pennons, établit ses batailles, et les plaça en bon ordre, ainsi que pour combattre ; car les Français avaient les ennemis devant eux.

La première bataille fut placée sous les ordres de Regnaut de Cervolles dit l'Archiprêtre, qui avait avec lui plus de 1,500 combattants. Les gens des compagnies voyaient bien les dispositions des Français, mais on ne voyait point les leurs, et on ne pouvait les approcher sans danger, car ils avaient sur leur hauteur, plus de mille charretées de pierres. Les gens d'armes français qui les désiraient combattre à tout prix, ne pouvaient venir à eux sans cotoyer la montagne. Quand ils arrivèrent au pied de cette hauteur, les soldats des compagnies qui l'occupaient, qui savaient tous ce qu'ils avaient à faire, et qui s'étaient pourvus de pierres, commencèrent à en lancer avec une telle force, qu'ils brisaient les bassinets, frappaient et blessaient si bien les gens d'armes, que nul n'osait avancer. La première bataille fut ainsi tellement maltraitée, qu'on n'en put tirer parti plus tard. Survinrent alors les autres batailles avec Jacques de Bourbon, son fils, et son neveu. Pendant qu'ils cotoyaient la hauteur, les plus mal armés des gens des compagnies qui en occupaient le sommet, les écrasaient de pierres. Quand les compagnies eurent ainsi occupé longtemps les Français, leur grosse troupe fraîche et neuve vint autour de la hauteur, les soldats serrés comme broussaille, les lances coupées à la longueur de cinq pieds environ, puis au cri de : « Saint Georges ! » ils se précipitèrent sur leurs ennemis. Il y eut là une forte mêlée ; les gens des compagnies se battaient merveilleusement et refoulèrent les Français. L'Archiprêtre fut blessé et pris après une héroïque résistance, ainsi que plusieurs chevaliers et écuyers de sa troupe. Jacques de Bourbon et son fils Pierre tombèrent mortellement blessés ; le comte de Forez fut tué ; Regnaut de Forez son oncle, le comte d'Uzès, Robert de Beaujeu, Louis de Châlons et plus de cent chevaliers demeurèrent prisonniers. Cette bataille fut livrée l'an 1361, le vendredi après Pâques.

Les vainqueurs continuèrent leurs ravages.

On voit que les compagnies formées en majorité, d'Anglais ou de soldats à la solde de l'Angleterre, instruites par les vaillants capitaines d'Edouard, non-seulement connaissaient les ruses de la guerre, les attaques en flanc et en queue, choisissaient habilement leur position, mais encore savaient former de solides bataillons de fantassins, excellant à combattre en masse. En face de ces redoutables adversaires, la brave chevalerie de France, par son indiscipline et son ignorance de toute tactique, en était, arrivée à ce point, qu'elle ne pouvait plus protéger le royaume confié à la garde de sa vaillance.

Edouard offrit plusieurs fois, affirment les historiens anglais, de venir à la tête de ses troupes, combattre les aventuriers qui refusaient, disait-il, de lui obéir. Mais un si dangereux secours fut refusé, et la bonne foi du roi d'Angleterre demeura, malgré tout, suspecte.

Le 8 avril 1364, le roi Jean mourut en Angleterre, où il s'était rendu, pour remplacer le deuxième de ses fils, le duc d'Anjou qui, laissé en ôtage en exécution du traité de Brétigny, s'était enfui, malgré la parole qu'il avait donnée.

IV

Charles V. — Bataille de Cocherel, d'Auray et de Navarette.

Charles duc de Normandie, dauphin de France, fils aîné de Jean, lui succéda, sous le nom Charles V, et fut sacré le 19 mai 1364. Ce roi qui devait relever la France, et l'arracher presque entièrement, à la domination des Anglais, commença son règne sous les plus tristes auspices.

Le traité de Brétigny avait abandonné à Edouard une grande partie du royaume ; bon nombre des chevaliers et gentilshommes des provinces cédées, les Poitevins entre autres, avaient, malgré leurs récents regrets, accepté la domination anglaise. Le temps n'était pas encore venu où la haine de l'étranger devait s'emparer de tous les cœurs français. Les guerriers des provinces conquises, suivaient les drapeaux d'un prince qui élevait des prétentions au trône de France, et dont la bravoure, les talents militaires et l'heureuse fortune promettaient tant de gloire à ses partisans. Les grandes compagnies excitées ou non par Edouard, suzerain de beaucoup de ces aventuriers qui désolaient la France, continuaient aussi leurs ravages.

Charles, roi intelligent, instruit par le malheur, plus politique que guerrier, habile à choisir ses serviteurs, connaissait bien, et estimait à leur juste valeur les redoutables ennemis qu'il devait combattre. La France avait en lui le prince le plus capable de sauver son pays et de le délivrer des étrangers. Un sentiment le dominait ; il voulait effacer la honte du traité de Brétigny et rejeter dans leur île, les Anglais, qui possédaient une grande partie de son royaume. Tel fut le but constant de Charles V. La fortune lui accorda pour le seconder dans ses nobles efforts, un des plus braves et des plus illustres guerriers que la France ait jamais possédés, le breton Bertrand Duguesclin, célèbre déjà dans sa province, par les combats qu'il avait livrés, au profit de Charles de Blois.

Duguesclin était le soldat nécessaire aux patriotiques projets du roi, l'intelligente épée qui devait être si fatale aux deux Edouard. Charles V eut le mérite de distinguer, de soutenir, et d'élever au-dessus de tous, le gentilhomme qui devait être le héros de son règne, et partager avec lui le titre de libérateur de son pays. Une mutuelle affection, la plus grande communauté d'idées régnèrent bientôt entre ces deux hommes, que la reconnaissance des Français ne sépare jamais l'un de l'autre.

La première guerre de Charles V (1), fut entreprise contre les Navarrais, qui occupaient les environs de Paris. Duguesclin et Boucicaut, maréchal de France, réunirent environ 500 hommes d'armes, et s'emparèrent par ruse de Mantes et de Meulan, villes appartenant à Charles-le-Mauvais.

Le roi de Navarre donna le commandement de ses troupes à son cousin le Captal de Buch, gascon au service d'Edouard. Puis il écrivit au capitaine anglais Jean Jouel qui se trouvait sur les bords de la mer, en Normandie, et qui avait toujours sous lui, deux ou trois cents braves combattants. Il le pria de venir à son service avec ce qu'il pourrait réunir de gens. Jean Jouel y consentit, et se mit à la solde du roi de Navarre.

Charles V, informé de ce qui se passait, ordonna à Ber-

---

(1) Elle eut lieu avant le sacre, ainsi que la bataille de Cocherel.

trand Duguesclin qui se tenait à Mantes, de marcher avec ses Bretons contre les Navarrais, lui promettant de lui envoyer assez de gens pour combattre. Il commanda à Boucicaut de demeurer à Mantes, et d'y garder Mantes et Meulan contre les soldats de Charles-le-Mauvais. Tout fut exécuté comme le prescrivit le roi. Bertrand Duguesclin partit avec ses Bretons, et se mit en campagne dans la direction de Vernon. Charles V lui envoya bon nombre de gens d'armes en plusieurs troupes, et à leur tête, le comte d'Auxerre, le vicomte de Beaumont, le seigneur de Beaujeu, Louis de Châlons, l'Archiprêtre, le maître des arbalétriers, et plusieurs bons chevaliers et écuyers. En ce temps étaient sortis de Gascogne, et venus en France pour servir le Dauphin, les sires d'Albret, de Pommiers, Petiton de Curton, le Souldich de l'Estrade, et plusieurs autres bons chevaliers et écuyers. Charles les dirigea sur la Normandie, sauf le sire d'Albret qu'il garda auprès de lui (1).

Quand le Captal de Buch eut réuni à Evreux ses gens d'armes, ses archers et ses brigands, il laissa dans cette ville, pour capitaine, Légier d'Orgessin, et envoya à Conches, Guy de Gauville ; puis il partit avec toutes ses troupes, en apprenant que les Français était en campagne. Ignorant la direction qu'ils avaient prise, il se mit à leur recherche, avec 700 lances, 300 archers et 500 autres soldats. Il avait avec lui le sire de Saux, Jean Jouel, Pierre de Saquainville, le Bascle de Mareuil, Guillaume de Gauville et autres.

Les deux armées se rencontrèrent vers Cocherel, à la croix Saint-Lieffroy, sur les bords de l'Eure. Les Navarrais, selon la tactique anglaise, mirent pied à terre, et prirent position sur une hauteur. Ils envoyèrent leurs chevaux, leurs bagages et leurs valets en un petit bois

---

(1) Froissart, édition du Panthéon.

voisin. Le Captal divisa ensuite ses troupes en trois batailles. Il plaça à la première Jean Jouel et ses Anglais, gens d'armes et archers ; il prit lui-même le commandement de la deuxième qui comprenait 400 combattants de tous genres. Dans cette bataille, étaient : le sire de Saux, Guillaume de Gauville et Pierre de Saquainville ; enfin, il donna la troisième bataille au Bascle de Mareuil, à Bertrand du Franc et à Sanses Lopin. Les ennemis établirent leurs trois corps, à peu de distance les uns des autres, et se rangèrent tous de front sur la hauteur. Ils mirent ensuite, le pennon du Captal en un fort buisson épineux, et placèrent autour 60 armures de fer, pour le garder et le défendre. Ils devaient s'y rallier comme autour d'un étendard, si par force d'armes, ils étaient rompus. Les Navarrais décidèrent encore que, quoi qu'il arrivât, ils ne quitteraient pas la hauteur, mais y attendraient le combat.

Pendant ce temps, les Français ordonnèrent aussi leurs batailles ; ils en firent trois et une arrière-garde. A la première se trouvaient Bertrand Duguesclin et les Bretons ; à la deuxième, le comte d'Auxerre et avec lui le vicomte de Beaumont et Beaudouin d'Ennequin, grand maître des arbalétriers. En cette bataille étaient les Français, les Normands et les Picards. La troisième bataille se composa de Bourguignons, aux ordres de l'Archiprêtre, avec lui venaient : Louis de Châlons, le seigneur de Beaujeu, Jean de Vienne, etc. Ce corps devait combattre le Bascle de Mareuil et sa troupe. L'arrière-garde était toute composée de Gascons, commandés par le sire de Pommiers, le Souldich de l'Estrade, Bertucat d'Albret et Petiton de Curton. Ces chevaliers gascons émirent un excellent avis : ils virent l'ordre de bataille du Captal, et comment ses soldats avaient placé son pennon sur un buisson. Ils se dirent : « Quand nos batailles en seront venues aux mains, nous marcherons de ce côté, et irons droit au pennon du Captal, pour nous en emparer. Si nous réussissons, nos ennemis perdront

beaucoup de leurs forces, et seront en danger d'être battus. »
Les Gascons s'avisèrent encore d'un autre stratagème
qui leur fut très-profitable. En effet, lorsque les chefs de
l'armée se furent réunis, et eurent commencé à délibérer
pour savoir ce qu'ils feraient, car ils voyaient tous les
avantages des ennemis, les capitaines gascons parlèrent
ainsi : « Seigneurs, nous savons que le Captal est un aussi
preux chevalier, et connaissant la guerre autant que qui
que ce soit au monde, et tant qu'il sera sur la place et di-
rigera le combat, il nous portera grand dommage. Ordonnons de mettre à cheval, trente des nôtres, les plus habiles
et les plus hardis. Ces trente ne penseront qu'à s'adresser
au Captal, et pendant que nous nous occuperons de conquérir son pennon, ils tenteront par la force de leurs coursiers et de leurs bras, de venir jusqu'à lui, de le prendre,
de l'emporter avec eux, de le mettre en lieu de sûreté, et
d'y attendre avec lui la fin de la bataille. Si le Captal peut
être pris et retenu ainsi, la journée sera nôtre, tant ses
gens seront ébahis de sa prise. » Les chevaliers de France
et de Bretagne qui se trouvaient là, acceptèrent ce conseil
comme bon. Ils trièrent et choisirent entre eux et leurs
troupes, trente hommes d'armes des plus hardis et des plus
entreprenants, et ces hommes furent montés sur bons
coursiers, les plus légers et les plus vigoureux qu'on put
trouver. Ils se réunirent d'un côté sur les champs, bien
informés de ce qu'ils devaient faire.

Les Français voulaient donner le commandement au
comte d'Auxerre, mais sur son refus, ils prirent pour chef
Bertrand Duguesclin. Les seigneurs de l'armée se réunirent ensuite et tinrent conseil pour savoir s'ils attaque-
raient ou non les ennemis, sur les hauteurs où ils s'étaient
placés. Duguesclin leur tint alors ce langage : « Seigneurs,
nous voyons que les Anglais diffèrent de nous combattre.
Ils en ont cependant grande volonté, à ce que je pense,
mais ils ne descendront pas de leur forte position, si ce

n'est par un parti que je vous dirai. Nous feindrons de nous retirer et de ne pas combattre aujourd'hui ; aussi bien nos gens sont durement fatigués et travaillés par le chaud. Nous ferons nos harnais, nos valets et nos chevaux passer tout bellement et en ordre, de l'autre côté de ce pont, et se retirer à notre campement, et toujours nous nous tiendrons sur aile, et entre nos batailles, aux aguets, pour voir comment les Navarrais se maintiendront. S'ils nous désirent combattre, ils descendront de leur hauteur, et viendront nous chercher dans la plaine. Nous verrons leurs dispositions ; s'ils font ainsi, nous serons tout prêts à retourner sur eux, et alors les aurons-nous mieux à notre aise. » Ce conseil fut écouté de tous, et jugé le meilleur. Alors chacun se retira entre ses gens, et sous sa bannière ou son pennon. Les Français sonnèrent leurs trompettes et firent semblant de battre en retraite. Chevaliers, écuyers et gens d'armes, commandèrent à leurs valets et à leurs garçons de passer le pont, et de mettre leur harnais, de l'autre côté de la rivière.

Quand messire Jean Jouel aperçut cette manœuvre, il dit au Captal : « Sire ! sire ! descendons vivement ; ne voyez-vous pas comme les Français s'enfuient. » Le Captal répondit : « Messire Jean, messire Jean, ne croyez pas que d'aussi vaillants hommes s'enfuient ainsi. Ils ne le font que par ruse, et pour nous attirer. » Alors Jean Jouel qui avait grand désir de combattre, dit à ses gens et en s'écriant : « Saint Georges ! passez devant. Qui m'aime me suive ! Je vais combattre. » La lance au poing il descendit ensuite de la hauteur, ainsi qu'une partie de ses gens, avant que le Captal se fut mis en mouvement. Lorsque ce dernier vit que le capitaine anglais allait livrer bataille sans lui, il dit aux siens : « Allons, descendons vivement ; Jean Jouel ne combattra pas sans moi. » Tous ses gens s'avancèrent donc, et lui en tête, la lance à la main. Quand les Français qui étaient aux aguets virent cela, ils furent tous réjouis et dirent : « Voilà ce que nous demandons aujourd'hui. » Ils se retournèrent tous en grande volonté d'assaillir leurs ennemis, crièrent tous d'une voix : « Notre-Dame Guesclin ! » et s'avancèrent, bannières au vent contre les Navarrais ; et les batailles à pied commencèrent à attaquer de toutes parts leurs adversaires. Jean Jouel se précipita sur la bataille de Duguesclin et des Bretons, et y accomplit maint beaux faits d'armes. Chevaliers et écuyers se répandirent dans la plaine, et commencèrent à se frapper de la lance, à combattre avec toutes les armes qu'ils avaient en main, et à se précipiter les uns sur les autres avec grande vaillance. Les Anglais et les Navarrais criaient : « Saint Georges et Navarre ! » Les Français : Notre-Dame Guesclin ! » Là furent très-bons chevaliers du côté des Français, premièrement messire Bertrand Duguesclin, le jeune comte d'Auxerre, le vicomte de Beaumont, messire Beaudoin d'Ennequin, Louis de Châlons, le jeune sire de Beaujeu, Louis de Haveskierke, Oudart de Renty, et d'autre part les Gascons qui avaient leur corps de bataille, et qui combattaient séparément ; parmi eux le sire de Pommiers, Bertucat d'Albret, le Souldich de l'Estrade, le sire de Curton ou Courton et plusieurs autres. Ces Gascons s'adressèrent à la bataille du Captal et des Gascons-Navarrais. Il y eut là une forte mêlée et une dure rencontre ; il s'y fit maint beau fait d'armes.

Quand les Anglo-Navarrais virent que les Français s'étaient retournés contre eux, ils comprirent qu'ils avaient fait une faute en abandonnant leur position, mais en gens de cœur, ils ne s'ébahirent point, et conservèrent l'espoir de tout réparer par leur bravoure. Ils se reculèrent un peu, se mirent en ordre, puis s'ouvrirent et firent place à leurs archers qui étaient derrière eux. Quand ces derniers furent arrivés devant, ils élargirent leurs rangs, et commencèrent à tirer ensemble. Mais les Français étaient si fort armés et couverts par leurs boucliers contre le trait, qu'ils n'en souffrirent point, et ne cessèrent point de combattre pour cela ; bien au contraire, ils entrèrent tous à pied, et avec grande ardeur dans les rangs des Anglais et des Navarrais. Là, il y eut grand choc des uns et des autres, et ils s'arrachaient de force leurs lances, leurs haches et leurs armes, se saisissaient et se faisaient prisonniers. Ils s'approchaient de si près et se combattaient main à main, si vaillamment, qu'on ne pouvait faire mieux. Là tombèrent grand nombre de morts et de blessés, car on ne s'épargnait pas d'aucun côté. Les Français n'avaient qu'à se bien tenir, car ils avaient devant eux des gens hardis et braves, et il fallait que chacun combattit de toutes ses forces pour défendre son corps, et prendre son avantage, quand il le pouvait. Les Picards et les Gascons se conduisirent très-bien, et firent de très-beaux faits d'armes.

Pendant ce temps, les trente gens d'armes choisis pour s'adresser au Captal, montés sur fleur de coursiers, s'en vinrent tout serrés au point où se trouvait le chef ennemi, qui combattait vaillamment avec une hache, et donnait de si grands coups, que nul n'osait l'approcher. Ces cavaliers rompirent la presse à l'aide des Gascons qui leur ouvrirent le passage ; ils vinrent jusqu'au Captal, l'entourèrent, le saisirent, puis partirent au galop, en l'emportant avec eux. Il y eut en ce lieu, grande lutte et forte mêlée, et toutes les batailles y accoururent, car les gens du Captal criaient comme forcenés : « Rescousse au Captal ! rescousse ! » Néanmoins, ils ne purent le secourir. Le Captal fut emporté et enlevé, ainsi qu'il a été dit.

En cette mêlée et en ce grand combat, tandis que Navarrais et Anglais s'efforçaient de suivre la trace du Captal qu'ils voyaient enlever et emporter devant eux, les sires de Pommiers, Petiton de Curton, le Souldich de l'Estrade, et les gens du seigneur d'Albret s'adressèrent au pennon du chef ennemi, qui était sur un buisson, et dont les Navarrais faisaient leur étendard : Il y eut autour un grand choc et une rude bataille, car il était bien gardé par le bâtard de Mareuil et Geoffroy de Roussillon. Maints faits d'armes, maintes prises et maintes rescousses furent accomplis, maints gens d'armes furent blessés, frappés et renversés. Toutefois les Navarrais furent ouverts et repoussés ; le bâtard de Mareuil et plusieurs autres périrent, messire Geoffroy de Roussillon fut pris. Le pennon fut conquis, déchiré et jeté par terre. Pendant que les Gascons accomplissaient ce fait d'armes, les Picards, les Français, les Bretons, les Normands et les Bourguignons combattaient ailleurs avec grande vaillance, et ils en avaient bien besoin, car les Navarrais les avaient repoussés, et le vicomte de Beaumont avait été tué. On n'avait point vu bataille d'une telle quantité de gens être si disputée que le fut celle-ci, car ils étaient tous à pied et main à main. Ils s'entrelaçaient l'un l'autre, et combattaient avec les armes qu'ils portaient, ils se donnaient surtout de grands horions à coups de haches. Là furent frappés et grièvement blessés Petiton de Curton et le Souldich de l'Estrade. Jean Jouel qui commença la bataille, et qui le premier avait assailli vaillament les Français, accomplit en ce jour maints beaux faits d'armes. Il ne daigna pas reculer, et s'avança si crânement et si loin, qu'il fut gravement blessé en plusieurs endroits à la tête et au corps ; enfin un écuyer breton qui servait sous Bertrand du Guesclin le saisit et le fit prisonnier. Le sire de Beaujeu, Louis de Châlons, les gens de l'Archiprêtre, et grand nombre de bons chevaliers et écuyers de Bourgogne combattaient vaillamment d'autre part. Ils avaient devant eux, une troupe de Navarrais et les gens de l'anglais Jouel, et les Français n'avaient point d'avantage, car ils avaient de rudes gens d'armes pour adversaires. Duguesclin et ses Bretons se conduisirent très valeureusement, et se tinrent toujours ensemble, se soutenant les uns les autres. Ce qui amena la déroute des Anglo-Navarrais, ce fut la prise du Captal, et la conquête de son pennon, où les ennemis ne se purent rallier. Les Français obtinrent la place, mais ils firent de grandes pertes. Le vicomte de Beaumont, Beaudoin d'Ennequin, maître des arbalétriers, Louis de Haveskierke et plusieurs autres restèrent parmi les morts. Les Navarrais perdirent le sire de Saux, beaucoup de ses gens et le bâtard de Mareuil. Jean Jouel, Guillaume de Gauville, le sire de Saquainville, Geoffroy du Roussillon, Bertrand du Franc et plusieurs autres demeurèrent aux mains des vainqueurs (1). Cette bataille fut livrée le 16 mai 1364.

Cuvelier donne, sur Cocherel, un récit qui, en plusieurs points, diffère de celui de Froissart. Le poète s'accorde, il est vrai, avec le chroniqueur pour raconter la ruse à l'aide de laquelle Bertrand fit abandonner aux Navarrais l'avantage de la position. Il nous rapporte, ainsi que Froissart, les propos outrecuidants du capitaine anglais Jean Jouel, et semble également le rendre responsable de la malencontreuse résolution du Captal. Mais Cuvelier nous parle aussi d'un combat des pages et des valets des deux armées, dans lequel les Français eurent l'avantage, et qui précéda, selon lui, la bataille. L'historien de Du Guesclin mentionne également, avant le choc des deux armées, un combat singulier entre un chevalier anglais et Roland du Bois, vaillant écuyer de l'armée française qui abattit son adversaire. Froissart, avons-nous vu, est muet sur ces deux épisodes.

Dans la narration de la bataille elle-même, les divergences sont considérables. Cuvelier ne dit pas un mot des deux stratagèmes attribués par Froissart aux Gascons, et, qui, selon ce chroniqueur, auraient surtout déterminé

(1) Froissart, édition du Panthéon.

la victoire. D'après Cuvelier, le gain de la bataille, serait dû au contraire à une manœuvre tournante des Français qu'il raconte ainsi :

> Et en celle bataille que si poez oïr,
> Se volt .I. chevalier de nostre gent partir.
> A IIc. bonnes lances qu'avec lui fist venir.
> Huitaces ot à non cilz dont poez oïr,
> De la Hussoie fu, qu'il avoit à tenir.
> Celui fist la bataille par son sens descoufir,
> Ainsi con je diray, mais c'on me veille oïr.
> Cellui de la Hussoie fu, qui Huitace ot à non,
> Se parti de l'estour par trop bonne façon ;
> .II. cens lances avoit, je croi, ou environ.
> Par derrières se mist o lui si compaignon,
> Qui moult bien si portèrent se nous dit la chançon ;
> Par derrier une haie, où grant sont li buisson,
> Approchent la montaigne par dessus le sablon.
> Et tant firent no gent, dont je fais mencion,
> Que la haie percèrent à force et à bandon.
> Derrière les Angloiz, dont il y ot foison,
> Se misdrent les François, par tel avision
> Que de tous les Engloiz véoient le talon.
> Lors se mirent entr'eulx en criant à hault ton
> Et Guesclin et Auçoirre et celui de Beaumont
> Entr'eulx se sont féru par tel division
> Que derrière levoient haubert et auqueton ;
> Et puis de leur espoiz et de glaives foison
> Lor boutoient tout ens, en guise de bacon ;
> Plus dru les abatoient que li leux le mouton.
> Par ce vint aux Engloiz telle perdicion
> Que tuit en furent mort à grant destruction.
> Par le conseil Huistace et de sa bonne gent,
> Qui vinrent par les haies trestout privéement,
> Furent mort li Engloiz à dueil et à torment ;
> Car il ont pris le mont du tout à lor commant.
> On lor levoit derrier les armes plainement,
> Car il avoient les dos devant eulx en présent ;

Et Bertran fu devant entre lui et sa gent.
Li Engloiz par derrier avoient malement
L'aventure pour eulx, je vous dirai comment :
Si fort les servoit-on de pointes telement,
Que de ci jusqu'au cuer leur venoit souvent.
Là crioient Engloiz couroucié et dolent,
Et versoient à terre navrez villainement.
Castal fu devant, qui vit l'encombrement ;
Ne s'ose retourner, car Bertran li deffent
Et vous Thiébaut du Pont, qui tant ot hardement,
Perçoit le castal, c'on assaloit forment ;
A .II. bras l'aerdi tost et hastivement,
Et du riche haubert li quevestre li prent.
Et li autres Françoiz l'apressoient forment.
Le castal d'une dague noblement se deffent,
Et fiert tout entour lui si estonnéement
Qui resamble .I. déable d'enfer tout proprement
Mais cilz Thiébaut du Pont le tenoit telement
Qu'il ne pot eschaper ainsi ne autrement.
Là reçut tant de cops et si villainement
Qu'il fu si bien batus qu'il ne voit ne antent.
Lors li a dit Thiébaut à sa vois clèrement :
« A sire ! rendez-vous ; le besoing vous emprent.
» Déportez-vous tantost, s'il vous vient à talent ;
« Certes, vous estes mors s'arestez longuement. »
A tant es vous Bertran, qui li di dit haultement ;
« Castal, rendez-vous ou mors serez briefment ! »
Lors li tendi sa main du cuer triste et dolent ;
Adont le fist Thiébaut laissier isnellement.

Le Père Daniel, dans son *Histoire de France*, voulant accorder sur ce point, Cuvelier et Froissart, admet avec le premier, le mouvement tournant de la Houssaye, et prétend que les trente cavaliers qui, d'après le second, s'adressèrent au Captal, faisaient partie de ces 200 lances que conduisait le gentilhomme breton ; mais rien ne paraît justifier cette assertion. Ces soldats qui, au dire de Cuvelier, percèrent une haie, vinrent attaquer les Anglais par derrière, et leur levèrent haubert et hauqueton pour les frapper, étaient sans nul doute à pied ainsi que leurs adversaires, car la bataille eut lieu à pied. Cuvelier et Froissart s'accordent sur ce point.

Cuvelier s'exprime ainsi à cet égard :

> « Or furent les II os dessus les prez herbus.
> Chascun fu du cheval à terre descendus,
> Les lances en lor poins et au dos les escus,
> Et s'avoient cugnies à grans maços dessus »

Ainsi donc, d'après lui, tous les combattants des deux armées mirent pied à terre.

Froissart est des plus explicites sur le même sujet. Sauf les trente cavaliers qui s'adressèrent au Captal, tous les autres cavaliers français, dit-il, descendirent de leurs chevaux et suivirent l'exemple donné par les Navarrais. Le chroniqueur insiste beaucoup là-dessus, et répète plusieurs fois cette assertion. Mais il n'est pas moins affirmatif au sujet des trente cavaliers qui restèrent à cheval, montés sur fleur de coursiers. Or, où trouver dans le récit de Cuvelier, rapporté plus haut sur la manœuvre de la Houssaye, la place de ces trente cavaliers ? Le poète n'en dit pas un mot, et la manière dont il raconte la prise du Captal, s'éloigne sensiblement de la version de Froissart. Selon Cuvelier, alors que la Houssaye assaillait les Navarrais par derrière, le Captal était au front de son armée, faisant tête à Bertrand. Attaqué par plusieurs, le Captal fut saisi à bras-le-corps par le breton Thibaut du Pont qui le maintint si vigoureusement, qu'il ne put lui échapper malgré ses efforts. Alors, en présence de Duguesclin, sommé par Thibaut et par Bertrand lui-même, le chef gascon tendit sa main, et se rendit à du Pont. Il n'y a donc ici aucun enlèvement effectué par une troupe de cavaliers ou autres.

Cuvelier termine la bataille avec le gros de l'armée navarraise, à la prise de son chef. Daniel suivant en cela son système, et continuant à fondre ensemble les deux récits, raconte à ce moment, d'après Froissart, la capture du pennon du Captal. Cette fois, du moins, s'il y a omission du fait chez Cuvelier, il n'y a pas contradiction. Lors de la prise du Captal, au contraire, les deux versions sont inconciliables. Laquelle adopter? M. Guizot (1) reproduit simplement Froissart. Jamison suit Cuvelier, et M. Henri Martin mentionne les deux opinions, sans se prononcer.

Un témoignage fort important milite d'ailleurs ici en faveur de Cuvelier, Jean de Venette, dans son récit de Cocherel, se rapproche beaucoup du trouvère. Comme lui il ne parle point des Gascons-Français. Il donne au contraire le premier rôle aux Bretons, et attribue à une manœuvre tournante de ceux-ci, le succès de la journée. Voici ses propres paroles :

« La bataille fut livrée le jeudi d'après la Pentecôte, à la croix Saint-Leuffroy, avec un égal entrain de part et d'autre. Les Gascons et les Navarrais attaquèrent vigoureusement nos Franco-Bretons qui, de leur côté, se défendaient non moins valeureusement, avec leurs lances, leurs épées et leurs flèches, le tout à pied, sans aucun mélange de cavalerie. C'est alors que cette troupe de Gascons, de Navarrais et de nombreux Normands, accourus des possessions du roi de Navarre en cette province, formant par l'épaisseur de ses rangs comme un mur impénétrable, repoussa vigoureusement les premiers chocs de nos Français et Bretons. Bertrand de Claquin, l'un des capitaines français, réfléchit que ses soldats ne pouvaient pénétrer facilement dans cet épais bataillon ennemi, et par conséquent le vaincre. Alors, en habile capitaine, il eut recours à une ruse de guerre. Se retirant de la mêlée avec un petit

---

(1) *Histoire de France.*

nombre de ses Bretons, il monta avec eux à cheval, tout armé, et chargeant vigoureusement l'ennemi en queue, il pénétra bravement dans cette phalange de Gascons et de Navarrais, tandis que le comte d'Auxerre et ses Français continuent à les occuper par devant sur un autre point. »

Jean de Venette est encore plus affirmatif que Cuvelier. Ce que le premier laisse supposer en nommant le chef breton qui commandait, dit-il, cette habile manœuvre, le deuxième le dit textuellement. C'étaient, selon lui, des compatriotes de Duguesclin qui assaillirent les ennemis par derrière. Toutefois, le poëte et Jean de Venette diffèrent en ce qui concerne l'exécution de cette attaque décisive. D'après Cuvelier, ce fut Eustache de la Houssaye qui l'effectua, Duguesclin continuant à faire face au Captal ; Jean de Venette, au contraire, affirme que ce fut Bertrand en personne qui chargea ainsi les ennemis.

D'accord sur le fait principal, le deuxième continuateur de Guillaume de Nangis et le trouvère racontent autrement les détails. D'après Cuvelier, l'attaque en queue se fit à pied. Au contraire, Jean de Venette qui nous a d'abord appris que les deux armées combattaient à pied, nous dit ensuite que Bertrand et les Bretons qui exécutèrent le mouvement tournant, remontèrent à cheval et chargèrent ainsi l'ennemi.

On retrouve ici, avec un autre objectif, les cavaliers de Froissart ; et le témoignage du grand Chroniqueur est fortifié, en ce sens du moins, qu'il semblerait probable que tous les gens d'armes français ne combattirent point tout le temps à pied. Si l'on accepte cette version, on admettra qu'une partie d'entre eux, Bretons ou autres, chargés d'une mission, au sujet de laquelle les deux chroniqueurs ne sont point d'accord, restèrent ou remontèrent sur leurs chevaux, et assaillirent ainsi l'épais bataillon ennemi.

On aurait donc ici trois opinions différentes : Jean de Venette se rapprocherait beaucoup de Cuvelier, et un peu aussi de Froissart, sans toutefois faire assez coïncider, et son opinion avec celle des deux autres narrateurs de cette bataille, et surtout ces dernières entre elles, pour justifier le système un peu arbitraire du Père Daniel, et de ces récits dissemblables en tant de points, créer un tout uniforme.

Les *Grandes Chroniques* se bornent à nous donner sur Cocherel un énoncé pur et simple des faits, qui ne peut en rien éclairer cette controverse.

Quoi qu'il en soit, deux faits semblent se dégager de toutes ces affirmations contradictoires :

Premièrement, tous les soldats navarrais, imités en cela par le plus grand nombre, sinon par la totalité des cavaliers français, combattirent à pied.

Deuxièmement, les gens de Duguesclin exécutèrent un mouvement tournant, qui eut pour conséquence, la défaite des ennemis.

Ainsi que nous l'avions fait pressentir plus haut, les Français avaient, eux aussi, adopté le combat à pied, et ils suivaient maintenant par système, la tactique rendue nécessaire à Poitiers, en raison de la position peu accessible des Anglais. Nous avons dit, en décrivant la bataille de Maupertuis, les motifs qui déterminèrent ce changement, et produisirent la transformation de nos gens d'armes en fantassins.

Duguesclin fut, sans contredit, le vrai vainqueur de Cocherel ; ses bonnes dispositions, aussi bien que sa valeur, amenèrent en cette journée, le triomphe des Français. La ruse, à l'aide de laquelle, il décida les Navarrais à quitter les hauteurs qu'ils occupaient, fut la principale cause du gain de la bataille. Elle offre une certaine analogie avec la fuite simulée des cavaliers normands à Hastings. Comme Guillaume, Bertrand comprit qu'il était extrêmement difficile, d'enfoncer dans les positions qu'ils choisissaient si habilement, les Anglais, et il faut ajouter ici, les soldats des grandes compagnies formés à leur école. Le continuateur de Guillaume de Nangis, aussi bien que Froissart et Cuvelier, nous représente, en ce combat, la force de résistance et la fermeté de ces batailles, composées de soldats rompus à la guerre.

Nous avons vu d'ailleurs, combien l'offensive était fatigante et dangereuse pour les gens d'armes à pied, surtout lorsqu'il s'agissait de débusquer les ennemis postés sur des lieux escarpés ou accidentés. Poitiers et Brignais nous ont montré le résultat probable de semblables entreprises. Si l'on considère la furieuse défense qu'opposèrent à Duguesclin, les Navarrais, même après avoir perdu l'avantage de la position, on comprendra les risques qu'eut courus l'armée française en allant les assaillir sur les hauteurs choisies par l'habile Captal.

L'attaque en queue, exécutée par Bertrand Duguesclin, selon le continuateur de Guillaume de Nangis, par Eustache de la Houssaye, d'après Cuvelier, montre que les Français s'instruisaient aussi dans la guerre, à l'exemple de leurs ennemis. Elle acheva ce que le premier stratagème du héros breton avait si bien commencé, et décida la victoire.

Selon Cuvelier et Jean de Venette, les Bretons eurent donc la plus grande part dans le succès. Les Bretons d'ailleurs, se distinguèrent dans toutes les guerres de Charles V ; ils furent ses plus braves soldats, contribuèrent plus que personne aux défaites des Anglais. Dans la première partie de cette guerre, la France leur dut ses deux vaillants connétables, Duguesclin et Clisson, et une foule de hardis capitaines. Dans la deuxième partie, sous Charles VII, ce fut encore un Breton, un prince du sang des Montfort, Arthur de Richemont à qui le roi remit l'épée de connétable. Richemont rendit à la France sa capitale, prit mainte ville, livra maint combat, contribua à la réforme de l'armée, et enfin assura par son entrée en ligne, la victoire de Formigny. C'est sous les terribles coups des Bretons, que succombèrent à Castillon, Talbot et ses vaillantes troupes.

Quant aux Gascons, à qui Froissart donne surtout la gloire de Cocherel, ils étaient encore, en grande partie, Anglais à ce moment. Mais bientôt, beaucoup d'entre eux se retourneront vers leur légitime seigneur, et les soldats des grandes compagnies sorties de leur pays, aideront puissamment au succès des armes françaises. Avec Charles VI, nous verrons les Gascons couvrir de leurs corps, la plaine d'Azincourt. Sous le nom d'Armagnacs, les Gascons fourniront à Charles VII ses meilleurs capitaines, ses plus braves soldats. Ils verseront pour lui, leur sang à Cravant, à Verneuil et à Rouvray, puis entraînés par Jeanne d'Arc, ils amèneront, plus que tous peut-être, l'indépendance de la France. Ils seront le noyau de l'armée nationale.

Cuvelier fait suivre le récit de la bataille, d'un petit engagement. Nous traduisons ainsi sa narration :

« Les Français pensaient avoir quelque repos, mais ils apprirent qu'un corps de 120 lances, aux ordres d'un écuyer s'avançait contre eux, de Nonancourt près de Pacy. Duguesclin fit alors désarmer tous ses prisonniers, et marcha contre ces nouveaux ennemis Les Navarrais firent peu de résistance ; on les entoura et presque tous furent tués. »

Duguesclin conduisit ses troupes victorieuses à Pont-de-l'Arche, et ensuite à Rouen.

Bientôt, Duguesclin, que Charles V créa maréchal de Normandie et comte de Longueville, eut à combattre des ennemis plus sérieux encore. Ce ne furent plus le Captal de Buch et des chefs de bandes secondaires qu'il rencontra, mais des soldats anglais agissant, alors, non comme aventuriers, mais marchant par ordre de leur roi, au secours d'un prince allié, et à la tête de ses soldats, l'habile et vaillant Jean Chandos, le plus illustre des capitaines ennemis.

Les hostilités continuaient toujours en Bretagne entre les deux prétendants. Bien que la paix n'eut pas cessé de subsister entre la France et l'Angleterre, Charles et Edouard résolurent, sans rompre le traité de Brétigny, et sans recommencer la guerre l'un contre l'autre, de soutenir chacun leur protégé, et de terminer par les armes, la longue rivalité des deux princes.

Le roi de France donna à Boucicaut le commandement de ses troupes en Normandie, pour qu'il s'opposât aux agressions des Navarrais. Puis Charles envoya en Bretagne, Bertrand Duguesclin, que rejoignirent bientôt le comte d'Auxerre, le comte de Joigny, le sire de Franville, le sire de Prie, le Bègue de Villaines et plusieurs autres bons chevaliers.

Quand ces nouvelles vinrent à Jean de Montfort qui assiégeait Auray, il les signifia au duché d'Aquitaine, aux chevaliers et écuyers anglais qui s'y trouvaient, et spécialement à Jean Chandos, en le priant de le venir aider et conseiller en ce besoin. Jean Chandos en parla à son seigneur, le prince de Galles, pour savoir ce qu'il devait faire. Le prince répondit qu'il pourrait bien aller en Bretagne, sans forfaire en rien au traité, car les Français soutenaient bien Charles de Blois contre Jean de Montfort.

Chandos fut très-réjoui de cette permission, et fit de grands et forts préparatifs ; il pria plusieurs chevaliers et écuyers d'Aquitaine de l'accompagner, mais peu l'écoutèrent. Les Gascons, en effet, qui avaient si vaillamment combattu sous le prince de Galles à Poitiers, commençaient à se lasser de la domination anglaise. Toutefois, Chandos réunit 200 lances et autant d'archers, et chevaucha si bien en Poitou et en Saintonge, qu'il entra en Bretagne, et vint au siège devant Auray, où il fut joyeusement reçu par Jean de Montfort. Arrivèrent aussi Olivier de

Clisson, Robert Knowles et quelques autres bons capitaines. Plusieurs chevaliers et écuyers passèrent d'Angleterre en Bretagne, pour combattre les Français, et se réunirent au camp de Montfort.

Les Anglo-Bretons se trouvèrent alors au nombre de 1,600 combattants, chevaliers et écuyers, et de 800 ou 900 archers environ (1).

Charles de Blois qui se tenait à Nantes, réunissait de son côté, tout ce qu'il pouvait trouver de chevaliers et d'écuyers. A son appel, accoururent le vicomte de Rohan, le sire de Léon, Charles de Dinan, le sire de Raiz, le sire de Rieux, le sire de Tournemine, le sire d'Ancenis, le sire de Malestroit, le sire d'Avaugour, le sire de Quentin, le sire de Rochefort, le sire de Kergorlay, le sire de Loheac, le sire de Pont et beaucoup d'autres. Tous ces seigneurs se logèrent en la ville de Nantes et dans les environs. A la tête de ses troupes, Charles de Blois s'avança sur Auray pour combattre son ennemi.

A la nouvelle de son arrivée, les Anglais furent très-joyeux, et commencèrent à fourbir leurs lances, leurs dagues, leurs haches, leurs plates, leurs haubergeons, leurs heaumes, leurs bassinets, leurs visières et leurs épées. Les capitaines de l'armée de Montfort se réunirent en conseil. Là se trouvaient Jean Chandos, Robert Knowles, Eustache d'Auberchicourt, Hugues Caverley ou Calverly, Gauthier, Huet, etc., l'élite des chevaliers d'Angleterre. Ils décidèrent qu'ils quitteraient au matin leur campement, qu'ils prendraient terre et place sur les champs, et se consulteraient sur ce qu'ils auraient à faire. Il fut annoncé et signifié à l'armée, que chacun se préparât et se tint prêt à la bataille. Le samedi, 28 septembre, les Anglo-Bretons

(1) 2,000 hommes d'armes et 1,000 archers, selon d'autres versions. Ce deuxième chiffre s'accorde mieux avec l'énumération qui suit; il la dépasse cependant, le premier ne l'atteint pas.

vinrent se ranger, en bon ordre, en arrière du château d'Auray, pour y attendre leurs ennemis.

A six heures du matin, arrivèrent Charles de Blois et son armée, qui étaient partis le vendredi de Rennes, s'étaient arrêtés à Josselin, et avaient couché à Lanvaux cette nuit. Les Franco-Bretons s'avançaient dans le plus bel ordre qu'on put voir ; ils marchaient si serrés, qu'on n'aurait pu jeter une pomme entre eux, sans qu'elle tombât sur pointes de lances, tant ils les portaient droites. Les soldats de Charles s'arrêtèrent sans désordre devant leurs ennemis, et se placèrent entre grandes bruyères. Il fut prescrit par le maréchal, que nul n'avançât sans commandement, ni ne fît course, joûte ou rencontre. Tous firent halte, et se mirent en ordonnance comme pour combattre.

Charles de Blois, par le conseil de Bertrand Duguesclin, qui était un des principipaux capitaines de l'armée, très-écouté des barons de Bretagne, ordonna alors ses batailles ; il en fit trois et une arrière-garde. Bertrand prit la première avec bon nombre de braves chevaliers et écuyers de Bretagne ; la deuxième fut aux ordres des comtes d'Auxerre et de Joigny, avec beaucoup de chevaliers et d'écuyers de France ; Charles de Blois se réserva la troisième et la meilleure. Il avait sous lui, plusieurs hauts barons de Bretagne : le vicomte de Rohan, le sire de Léon, le sire d'Avaugour, Charles de Dinan, le sire d'Ancenis, le sire de Malestroit et plusieurs autres. A l'arrière-garde étaient : les sires de Roye, de Rieux, de Tournemine, du Pont, de Quentin, de Rochefort et beaucoup d'autres bons chevaliers et écuyers. Il y avait 1,000 combattants en chacune de ces batailles. Charles de Blois allait au milieu des siens, les exhortant à être loyaux et bons combattants.

Jean Chandos qui avait le véritable commandement des Anglo-Bretons, quoique le comte de Montfort en fut le chef nominal, admirait les bonnes dispositions de ses ennemis, et s'écriait :

« Dieu m'assiste! il paraît aujourd'hui que toute fleur d'honneur et de chevalerie est par delà avec grand sens et bonne ordonnance. » Puis il dit tout haut aux chevaliers qui l'entendaient : « Seigneurs, il est temps que nous ordonnions nos batailles, car les ennemis nous donnent exemple. » Jean Chandos, comme Duguesclin, divisa ses troupes en trois batailles et une arrière-garde. Il donna pour chefs à la première bataille, Robert Knowles, Gautier Huet et Richard Burley, à la deuxième, Olivier de Clisson, Eustache d'Auberchicourt et Mathieu de Gournay. Il réserva la troisième au comte de Montfort, et demeura près de lui. Chaque bataille comptait 500 hommes d'armes et 300 archers.

Quand il s'agît de donner un commandant à l'arrière-garde, Chandos appela Hugues Calverly, et lui dit : « Messire Hugues, vous ferez l'arrière-garde, et aurez 500 combattants sous vos ordres. Vous vous tiendrez sur l'aile et ne bougerez, quoi qu'il arrive, si vous ne voyez que nos batailles branlent et s'ouvrent, et là où vous le verrez, vous les secourrez et les rafraîchirez. Vous ne pouvez mieux faire aujourd'hui. »

Quand messire Calverly eut entendu cela, il fut honteux et irrité, et dit : « Sire, sire, donnez cette arrière-garde à un autre qu'à moi, car je ne m'en veux charger. » Puis il ajouta : « Cher sire, quand m'avez-vous vu si désavantageusement, que je ne sois aussi bien capable de combattre devant, et des premiers, aussi bien que nul autre ? »

Jean Chandos lui répondit : « Messire Hugues, messire Hugues, je ne vous place pas à l'arrière-garde, parce que vous n'êtes pas un bon chevalier de notre armée ; je sais bien en vérité que vous combattriez un des premiers. Mais je vous y ordonne, parce que je sais que vous êtes un chevalier sage et avisé, et il faut que l'un y soit et le fasse. Je vous prie que vous, vous vouliez le faire, et je vous promets que si vous l'acceptez, nous nous en trouverons mieux, et vous-même y conquerrez un grand honneur. Je vous promets que plus tard, je vous accorderai la première requête que vous me ferez. » Néanmoins, Calverly ne voulait pas accepter, et priait pour Dieu et à mains jointes, qu'on donnât ce commandement à un autre, car il voulait combattre un des premiers. Ces réponses excitèrent presque les larmes de Jean Chandos, et il dit : « Messire, ou il faut que vous le fassiez, ou il faut que je le fasse ; or, regardez ce qui vaut mieux. » Ces derniers mots rendirent Calverly confus, et il dit : « Certes, sire, je sais bien que vous ne me requerriez de nulle chose qui fut à mon deshonneur, et je le ferai volontiers puisqu'il en est ainsi. » Calverly prit donc l'arrière-garde, et se mit sur les champs, en arrière des autres, sur l'aile, en ordre de bataille.

Après quelques pourparlers inutiles, la bataille s'engagea le 29 septembre 1364.

Les Français s'avançaient en bel ordre, chaque homme d'arme portait sa lance droit devant lui, coupée à la longueur de cinq pieds, une hache forte, dure et bien acérée, à petit manche, à son côté ou sur son cou. Ils marchaient ainsi au pas, chaque sire à sa place et entre ses gens, sa bannière ou son pennon devant lui. Ainsi faisaient les Anglais.

Bertrand Duguesclin et ses Bretons en vinrent tout d'abord aux mains avec les gens de Robert Knowles et de Gautier Huet. Les autres batailles s'attaquèrent aussi en bon ordre. A la première rencontre, il y eut une forte poussée de lances et un rude combat. Il est vrai que les archers tirèrent au commencement, mais leur trait ne put rien contre les Français, car ils étaient trop fortement armés, et bien couverts de boucliers. Les archers, forts et légers compagnons, jetèrent alors leurs arcs, et se placèrent parmi les gens de leur parti. Puis ils s'en vinrent à ces Français qui portaient ces haches, ils les attaquèrent vaillamment, leur enlevèrent plusieurs de ces haches, et s'en servirent bien et hardiment. Là il y eut maint fait d'armes, mainte lutte, mainte prise et mainte rescousse ; et celui qui était tombé, ne pouvait se relever, s'il n'était bien secouru. La bataille de Charles de Blois s'adressa directement à la bataille du comte de Montfort qui était nombreuse et épaisse ; là fut le combat dur, fort et bien soutenu des deux côtés. Les chevaliers de Montfort au commencement, furent rudement repoussés, mais Calverly et son arrière-garde qui étaient sur aile, venaient où ils voyaient leurs gens branler et s'ouvrir, et les soutenaient par leur vaillance. Cette disposition assura le triomphe des Anglais ; car, sitôt qu'il avait rétabli le combat quelque part, et qu'il voyait un autre corps en danger, Calverly se dirigeait vers lui, et le secourait de la même manière.

D'autre part, Olivier de Clisson, Eustache d'Auberchicourt, Jean Bourchier, Mathieu de Gournay étaient engagés avec les comtes d'Auxerre et de Joigny, dont la bataille était grosse et épaisse. Il y eut maint beau fait d'armes. Bretons et Français combattaient vaillamment et hardiment avec les haches qu'ils portaient. Là fut Charles de Blois bon chevalier, attaquant ses ennemis avec valeur. Là aussi fut bon chevalier, son adversaire le comte de Montfort. Avec ce dernier se trouvait Jean Chandos qui y faisait mainte prouesse, car c'était un chevalier fort et redouté de ses ennemis, sage, avisé et habile. Il conseillait, encourageait le comte de Montfort, et lui disait : « Faites ceci, faites cela ; allez de ce côté ou de celui-là. » Le jeune comte de Montfort l'écoutait, et suivait en tout son conseil.

D'autre part, Bertrand Duguesclin, le sire de Tournemine, le sire d'Avaugour, le sire de Raiz, le sire de Kergorlay, le sire de Loheac, le sire de Malestroit, le sire du Pont, le sire de Prie et maints bons chevaliers et écuyers de Bretagne et de Normandie, du parti de Charles de

Blois, combattirent avec vaillance, et accomplirent maint beau fait d'armes. La mêlée fut telle, que toutes ces batailles se confondirent ensemble, sauf l'arrière-garde anglaise, que son chef maintint sur les ailes, ne s'occupant que de soutenir ceux qui branlaient. Olivier de Clisson se distingua entre tous, et fit merveille de son corps. Il tenait une hache avec laquelle il ouvrait et rompait la presse, et nul n'osait l'approcher. Ce chevalier combattait si avant, qu'il fut plusieurs fois en grand péril. Il eut beaucoup à faire avec les gens des comtes de Joigny et d'Auxerre, et trouva souvent de rudes adversaires. Il fut frappé d'une hache qui lui abattit la visière de son bassinet, et dont la pointe lui entra dans l'œil et le creva. Mais ce vaillant guerrier ne cessa point pour cela de combattre.

Là se recouvraient batailles et bannières qui, un moment, étaient renversées, et par vaillance se relevaient, tant d'un côté que de l'autre. Jean Chandos se fit aussi remarquer par ses faits d'armes. Il tenait une hache dont il donnait de si grands horions, que tous reculaient devant lui, car il était grand, vigoureux et bien formé de tous ses membres. Il s'en vint combattre le comte d'Auxerre et les Français, et après un combat opiniâtre, les Anglais rompirent et repoussèrent cette bataille. Ils la mirent en déroute, et renversèrent pennons et bannières. Les seigneurs français se trouvèrent en grand danger, car ils n'étaient aidés et secourus d'aucun côté ; leurs gens étaient tout occupés à se défendre eux-mêmes. Le comte d'Auxerre fut gravement atteint, et pris sous le pennon de Jean Chandos, ainsi que le comte de Joigny. Le sire de Prie fut tué.

Les autres batailles combattaient encore vaillamment, et les Bretons se tenaient en bon ordre. Toutefois, ils ne maintinrent pas si bien leurs rangs que les Anglo-Bretons du comte de Montfort. La bataille de Hugues Calverly fut d'un grand secours à ceux-ci. Quand les soldats du comte de Montfort virent les Français s'ébranler, ils s'encouragèrent grandement entre eux, et plusieurs remontèrent vivement à cheval et commencèrent à poursuivre les vaincus. Alors Jean Chandos et un grand nombre des siens s'en vinrent sur les troupes de Bertrand Duguesclin, où on faisait merveilles d'armes. Mais les Bretons étaient déjà ouverts, et plusieurs bons chevaliers et écuyers renversés. Tout fut perdu, pour eux, quand Jean Chandos et ses Anglais survinrent. Là, maint horion fut donné par les haches, maint bassinet fendu et effondré, et maint homme fut frappé à mort. Duguesclin et les siens ne purent supporter ce choc; Bertrand fut pris par un écuyer anglais sous le pennon de Jean Chandos. Le seigneur de Raiz tomba aussi aux mains de ce dernier.

Après la déroute des Bretons, la bataille fut perdue pour Charles de Blois. Le reste de ses partisans se mit en fuite, sauf quelques bons chevaliers et écuyers de Bretagne qui ne voulurent pas abandonner leur seigneur, et préférèrent mourir à ses côtés. Charles de Blois et les siens accomplirent plus d'un beau fait d'armes, et se défendirent quelque temps avec vaillance. Mais enfin ils furent rompus, car la plus grande partie des Anglais avait convergé de ce côté. La bannière de Charles fut conquise et renversée, et celui qui la portait fut tué. Charles de Blois succomba le visage tourné à l'ennemi, ainsi que Jean de Blois son fils bâtard qui, avant de mourir, frappa celui qui avait tué son père. Il avait été ordonné le matin dans les deux armées, de ne point accorder de quartier à chacun des princes rivaux. On voulait par la mort de l'un d'eux, finir cette longue guerre de Bretagne.

A Auray, succomba la fleur de la chevalerie Bretonne : Charles de Dinan, le sire de Léon, le sire d'Ancenis, le sire d'Avaugour, le sire de Lohéac, le sire de Kergorlay, le sire de Malestroit, le sire du Pont et plus de 900 gens d'armes. Il y eut grand nombre de prisonniers, entre autres : le vicomte de Rohan, Guy de Léon, les sires de Rochefort, de Raiz, de Rieux, Olivier de Mauny, les sires de Riville et de Rayneval, les comtes d'Auxerre et de Joigny, et leur chef Bertrand Duguesclin. Les Anglais poursuivirent les vaincus jusqu'à la distance de huit lieues. Il n'y eut guère plus de vingt hommes tués du côté de Montfort.

La chronique de Cuvelier offre ici encore avec celle de Froissart, beaucoup de dissemblances.

Froissart ne parle point du ruisseau qui séparait les deux armées, et que les Français, au dire de Cuvelier, traversèrent, pour assaillir leurs ennemis. Ce ruisseau existe cependant, et l'on peut compléter ainsi avec Jamison, le récit du chroniqueur hainuyer, lorsqu'il rapporte l'approche de Charles de Blois, et décrit les préliminaires de la bataille.

« Du château de Josselin, Charles de Blois fit d'abord, dit l'auteur américain, avancer son armée sur l'abbaye de Lanvaux, et prit ensuite position dans un parc clos, situé auprès de la ville d'Auray. Le parc n'était séparé de la ville, que par un petit ruisseau, dans lequel montait la marée, et par une prairie qui s'étendait jusqu'aux murs. »

Puis vient la narration de la bataille elle-même. Comme Froissart, Cuvelier constate qu'elle eut lieu à pied. En effet, parlant des Français, le poète nous dit ceci :

> Ils ont l'eaue passée, petis estoit li guez ;
> Des chevaux descendirent, que nul n'i est remez.
> Tuit se sont mis à pié comme lyons crétez.

Et tout son récit nous fait voir que les soldats de Montfort firent de même.

Cuvelier admet, en ce qui touche les batailles anglaises, les mêmes divisions que Froissart, sauf pour celle de Calverly une variante que nous verrons plus tard. Comme le chroniqueur hainuyer, il place les trois autres batailles sous les ordres de Chandos, Knowles et Clisson. Quant aux batailles françaises, il est moins explicite, mais tout porte à croire, qu'ici encore, il est du même avis que Froissart.

Dans le combat, Cuvelier ainsi que Froissart, vante la valeur de Duguesclin, des deux prétendants, de Chandos, de Knowles, de Clisson, du comte d'Auxerre, des sires du Pont, de Rohan et autres. Plusieurs des mêmes noms se retrouvent dans les deux narrations qui s'accordent pour nous dépeindre l'acharnement de la bataille. Mais sur un point important, on remarque encore une sérieuse différence entre elles.

Aussi bien que Froissart, Cuvelier évalue à 4,000 hommes le nombre des troupes françaises. Mais ici on constate une grande dissidence entre les deux chroniqueurs. Parmi ces 4,000 hommes, Cuvelier semble compter des archers et des arbalétriers. Froissart qui comprend ces 4,000 hommes sous la désignation de 4,000 combattants, paraît dans toute sa narration ne parler que de gens d'armes. Lors de la réunion des Franco-Bretons à Nantes, le chroniqueur n'a mentionné que des lances, et, la lance française, à cette époque, ne contient pas encore de gens de trait. « Au milieu du xive siècle, nous dit en effet M. Boutaric, la lance ne se composait que de deux ou trois chevaux. Au siècle suivant, elle en eut jusqu'à sept. » Or, ici nous sommes en plein xive siècle. Voyons maintenant les réflexions de M. Quicherat, sur ce même sujet : « Les gens d'armes, dit-il, étaient montés à l'instar des chevaliers. Chacun avait à sa suite au moins un valet, plus un coustilier ou satellite armé d'une longue dague, et deux ou trois chevaux. Ils passaient pour nobles, et la plupart l'étaient effectivement ; cependant les capitaines n'étaient pas rigoureux à l'endroit des généalogies. »

Ainsi donc, à cette époque, le gendarme, ou pour mieux dire, l'homme d'armes, est chef de lance, et son nom devient synonyme de lance ; mais cette lance ne compte que deux ou trois hommes. M. Luce a, sous Philippe VI, attribué beaucoup plus de gens à la suite du heaume, mais il ne faut pas oublier qu'il s'agit sous cette désignation, non plus d'un simple homme d'armes, mais d'un chevalier, et que l'homme d'armes, devenu chef de lance, n'avait pas toujours ce titre ; que d'ailleurs, chevalier, écuyer, ou simple aventurier, l'homme d'armes enrôlé et embrigadé dans les routes (compagnies,) n'amenait avec lui que les suivants nécessaires, et en quelque sorte réglementaires. En un mot, il n'est question ici que de cavaliers faisant partie de la lance, et non de vassaux qui peuvent suivre leur seigneur à l'armée. Ces cavaliers à la suite de l'homme d'armes, nous les retrouvons dans l'ordonnance de 1351, sous le nom de haubergeons. Mais, si dans les ordonnances il faut prendre le mot homme d'armes pour synonyme de lance, il n'en est pas de même dans Froissart qui, généralement, et surtout lorsqu'il parle des Anglais, a l'habitude de décomposer la lance. Pour lui, le mot homme d'armes ou armure de fer, dont il fait souvent un synonyme du premier, ne signifie qu'un homme, le seul chef de la lance.

Que veut donc dire Froissart avec ces 4,000 combattants ? Tout semble indiquer qu'il parle ici de gens d'armes, chevaliers ou écuyers. Nous avons vu qu'il ne mentionne que ceux-ci dans l'énumération des quatre batailles franco-bretonnes.

M. Pitre Chevalier, dans son *Histoire de Bretagne*, affirme, d'après Froissart, que l'armée franco-bretonne ne se composait que de cavalerie. M. Henri Martin préférant aussi cette version à celle de Cuvelier, nous dit que Charles de Blois n'amenait avec lui que des gens d'armes sans infanterie ni gens de trait. Le Père Daniel et Jamison, au contraire, acceptent avec Cuvelier, la présence des arbalétriers dans les rangs français. Le Père Daniel admet d'abord le chiffre de 4 ou 5,000 combattants. Puis, pour obtenir ses gens de trait, et faire coïncider en cela Froissart et Cuvelier, il ajoute ces mots : « Sans compter les valets et d'autres gens qui suivaient l'armée, et qui, selon la coutume de ce temps-là, tenaient lieu d'infanterie, et ne laissaient pas de combattre dans l'occasion. »

Daniel a tort, lorsqu'il dit que ces valets et autres gens tenaient lieu d'infanterie. Cela avait été autrefois, mais non à l'époque où nous sommes parvenus. Bien moins encore que des anciennes milices communales, les Valois ne voulaient de cette cohue fournie par les fiefs. L'infanterie d'alors se composait surtout des arbalétriers génois, des compagnies d'archers et d'arbalétriers des villes, et enfin des brigands pavesiers levés dans le pays basque en Béarn et en Gascogne. Ces pavesiers avons-nous dit, devaient leur nom au grand bouclier (pavois ou pavais). Leur arme favorite était la lance de jet ou petit glaive, glaivelot, javelot. Ils étaient habillés à peu près comme les hommes d'armes, mais plus légèrement, et il se coiffaient du chapeau de fer au lieu du bassinet.

Si au contraire le savant Père entend désigner par ces paroles les varlets et coustiliers, nul doute qu'il n'ait raison. Ici, où la gendarmerie française mit pied à terre, les pages ou varlets tinrent les chevaux, mais les coustiliers purent combattre à leur manière. Cependant, Froissart n'en semble pas tenir compte, car généralement, par le mot combattant, il désigne les gens d'armes eux-mêmes. En tout cas, il est certain qu'il ne parle point de gens de trait.

Dans la suite de son récit d'ailleurs, Froissart, conséquent avec son assertion, ne se dément pas un instant ; il énumère les armes des Français sans dire un mot d'arcs ou d'arbalètes. Il fait défiler devant nous, les guerriers, la lance au poing, de telle sorte que l'on ne peut douter qu'il ne s'agisse pour lui que de gens d'armes. Au commencement du combat, il met en lice les archers anglais, et continue à garder sur les nôtres, un silence complet. L'impuissance absolue des flèches anglaises qu'il constate dans cette bataille, montre assez que ces terribles flèches ne tombaient que sur des armures à l'épreuve, comme les gens d'armes en portaient seuls.

Cuvelier, de son côté, n'est pas moins affirmatif ; il nous parle d'abord d'un arbalétrier de Dijon qui, quelque temps avant la bataille, s'approcha à la nuit du château d'Auray, et fit connaître à la garnison, l'arrivée de Charles de Blois, au moyen d'une missive attachée à un trait qu'il lança. Le poète mentionne encore les arbalétriers Franco-Bretons, lors de l'escarmouche auprès du ruisseau, la nuit qui précéda la bataille, et enfin au commencement de l'action elle-même.

Devons-nous croire Froissart ? devons-nous écouter Cuvelier ? Froissart, disent les partisans du chroniqueur de Duguesclin, omet systématiquement les gens de trait français qu'il dédaigne. Jusqu'alors, ajoutent-ils, il avait été d'usage dans nos armées, d'engager la bataille avec des archers ou arbalétriers, étrangers mercenaires ou nationaux. Il est certain que depuis Crécy, on n'eut aucune confiance dans les gens des communes levés en masse ; mais on ne cessa point de se servir de compagnies d'archers et d'arbalétriers, soldats d'élite choisis entre tous, et dont nous raconterons plus loin l'organisation. Si l'on en croyait Froissart, au contraire, il faudrait conclure, que ces gens de trait furent à peu près supprimés. Tout paraît démentir cette opinion. Au commencement du règne de Charles VI, le Religieux de Saint-Denys nous parlera souvent d'archers et d'arbalétriers génois ou autres qui feront partie des petites expéditions de l'époque. Duguesclin mettait sa confiance en sa gendarmerie ; cela est très-certain, mais Charles de Blois ou ce capitaine refusèrent-ils de se servir d'archers ou d'arbalétriers ? ne levèrent-ils que des gens d'armes ?

Les *Grandes Chroniques* de France qui ne nous donnent sur cette bataille qu'un insignifiant résumé, n'abordent point ici cette question, mais dans leur récit des guerres de Charles V, elles nous parlent toujours des archers et des arbalétriers à la suite des armées. Tout semble donner raison à Cuvelier ; il a en faveur de son système, l'usage général d'alors. Puis il s'agit particulièrement de son héros, du sujet qu'il traite, et l'on peut ajouter que souvent, en ce qui concerne certains détails, Froissart s'occupe plus de l'organisation des Anglais, ses amis, que de celle des Français qui lui tiennent moins à cœur. Cuvelier d'ailleurs, s'il se trompe parfois, a du moins l'avantage d'être un, et de ne point se contredire. Froissart, au contraire, est bien souvent à lui-même son plus grand contradicteur ; ses chiffres varient dans chaque rédaction, et il parle souvent différemment, selon qu'il s'adresse à des Anglais, à des Français ou à des Flamands.

Cuvelier, du reste, aussi bien que Froissart, constate le peu d'effet des traits en cette bataille acharnée.

Le poète de Duguesclin nous raconte un épisode d'Auray sur lequel Froissart garde un silence absolu.

D'après Cuvelier, Jean de Montfort, pour tromper son rival, aurait revêtu un de ses parents, de sa propre tunique, sur laquelle étaient brodées les hermines de Bretagne. Charles de Blois se serait élancé sur cet ennemi désigné ainsi à ses coups, en aurait triomphé, et l'aurait tué, après une lutte opiniâtre. La joie du vainqueur aurait d'ailleurs été de courte durée, car bientôt reparut le véritable Montfort.

Au sujet de Calverly ou Caverley, on remarque une dissidence bien complète entre les deux chroniqueurs. Cuvelier ne dit rien, ni de l'ordre donné par Chandos à Calverly, ni du dialogue si intéressant des deux chefs, lorsque Calverly reçut cet ordre que nous avons rapporté plus haut. D'après le trouvère, ce serait Calverly qui, prenant lui-même l'initiative, aurait proposé à Chandos une manœuvre autre que celle dont parle Froissart. Il lui aurait offert de tourner et d'attaquer en queue, les ennemis, tandis que lui Chandos les combattrait en face. Alors, faisant ôter à ses gens leurs cuissards pour les rendre plus légers, le capitaine anglais par un long circuit, dérobant aux Français la marche de ses troupes, serait venu tomber à l'improviste sur leurs derrières.

La différence est grande, on le voit. Chandos dans cette deuxième version, perdrait une grande part de la gloire d'Auray; Calverly acquerrait cette part. A celui-ci appartiendrait la conception, aussi bien que l'exécution de la manœuvre décisive qui entraîna la victoire. Le fait luimême est différent dans le récit de Froissart ou celui de Cuvelier. Selon le premier, Calverly se tient sur aile, soutenant les batailles qui branlent, puis après avoir rétabli ainsi le combat en faveur des siens, se retire de la mêlée et va ailleurs recommencer la même manœuvre. Si l'on écoute Cuvelier, au contraire, il y a de la part de Calverly un mouvement tournant semblable à ceux de Malton, de Brignais, de Cocherel.

Fondant ensemble les deux relations, le Père Daniel suppose que Calverly agit, comme le dit Froissart, au commencement de la journée, et que plus tard, il exécute l'attaque en queue rapportée par Cuvelier. La chose ici n'est pas impossible, mais sur quoi se fonder pour l'affirmer. Froissart ne parle point de la manœuvre citée par Cuvelier; celui-ci se tait sur celle rapportée par Froissart.

Les deux chroniqueurs, en tout cas, donnent à Caverley ou Calverly une part capitale dans la victoire.

Du reste, sur ce point, le récit de Froissart a été généralement adopté, et c'est au bon emploi de la réserve, et non à un mouvement tournant, qu'est attribuée la victoire de Chandos.

Cuvelier ne dit rien du trait de vaillance des archers anglais qui, voyant leurs flèches inutiles, vinrent, enlevant aux gens d'armes français les haches qu'ils portaient, combattre corps à corps avec eux. D'ailleurs, il semble ici que l'enthousiasme de Froissart pour les Anglais l'entraîne un peu loin. Nous lui laissons la responsabilité de ce qu'il avance à ce sujet.

Ainsi que nous l'avons fait observer, Froissart est mieux renseigné en ce qui concerne les Anglais ; aussi doit-on plus s'en rapporter généralement à lui à ce sujet. Cuvelier, au contraire, nous donne de plus grands détails sur les actes des Franco-Bretons, et de son héros en particulier.

Nous voyons, dans le récit de Cuvelier, sur la bataille d'Auray, la confirmation de l'opinion que nous avons exprimée plusieurs fois au sujet des avantages de la défensive pour les gens d'armes à pied en général, et pour les Anglais en particulier. Nous entendons ici, les théories émises là-dessus, par les capitaines des deux armées. Les premières sont, il est vrai, justifiées par la force de la position des Français ; c'est ainsi, en effet, qu'à Montfort qui veut combattre Charles de Blois, dès qu'il le voit paraître, Clisson répond :

> « Nostre anemi si sont en ce parc à garant,
> A l'entrer par dedens y aroit meschief grant ;
> Mais attendre nous faut qu'il s'en voise partant. »

Et que Robert Knowles répondit :

> « Vous alez bien parlant.
> Si fussent hors du parc, j'alasse bien loant
> Qu'il fussent assailli. »

Mais voici maintenant des paroles bien plus absolues, un véritable système de tactique que Cuvelier met dans la bouche du grand Chandos :

> « Monsieur, je vous prie et requier,
> Laissiez-nous assaillir et François commencier ;
> Et tenons nos conroiz sans nous adesfouquier ;
> Car on voit bien souvent, je le di sans cuidier,
> Qu'il meschiet à celui qui assaut le premier. »

Chandos, on le voit, proclame ici, un principe général, et admet dans la plupart des cas au moins, la supériorité de la défensive sur l'offensive.

Deux lignes plus haut, Cuvelier nous dit encore ceci :

> Mais Jehan de Chando, qui tant fait à priser,
> Fist commander tantost sur la teste à trenchier
> Que nulz n'alast le pas (1) véer ne chalengier.

Ces ordres pour garder la défensive étaient, on le voit, absolus, et le célèbre capitaine craignait l'entraînement de ses soldats.

Duguesclin donna le même conseil à Charles de Blois :
« Monseigneur, dit-il, s'il vous plaisait de demeurer en cet enclos, tenir vos gens en bon ordre, et attendre l'attaque de l'ennemi, à mon avis, nous aurions l'avantage sur eux. Je ne conseille pas que votre armée passe le ruisseau. » Si l'on pense à la conduite de Bertrand à Cocherel, son conseil est des plus vraisemblables, surtout lorsque l'on songe qu'ici, le passage du ruisseau accroissait encore les dangers habituels de l'offensive pour les gens d'armes à pied.

Le vaillant connétable et Clisson qui servit longtemps

---

(1) Il s'agit ici, du passage, ou gué du ruisseau qui séparait les deux armées.

dans les troupes d'Edouard, connaissaient bien la tactique favorite des Anglais, et les avantages qu'ils en tiraient.

A Auray, malgré la marche offensive qu'exécutèrent les Français, malgré le passage à gué du ruisseau, Duguesclin maintint ses troupes en si bel ordre, et en rangs si serrés, qu'on n'eût pu, dit Froissart, jeter une pomme qu'elle ne cheût sur une lance ou sur un bassinet.

On a sans doute remarqué dans ces batailles, après une lutte acharnée et disputée, l'étonnante disproportion des morts entre les vainqueurs et les vaincus. Ce n'était pas, en effet, dans le combat lui-même, mais au moment de la déroute, que les pertes étaient les plus grandes ; souvent une armée vaincue était une armée détruite.

Il faut ajouter que le combat à pied rendait la fuite difficile à l'homme d'armes enfermé dans sa carapace de fer. Bien souvent, serré de près par l'ennemi, il n'avait pas le temps de remonter sur son coursier. Plus souvent encore, comme nous l'avons vu et le verrons encore, les pages et valets qui tenaient les chevaux, s'enfuyaient, au commencement de la déroute, en abandonnant leurs maîtres sur le champ de bataille.

Les récits de Froissart et de Cuvelier nous montrent que les hauberts et haubergeons subsistaient à cette époque, portés souvent sous les armures de fer battu. Les haubergeons surtout, étaient fort en usage ; nous les retrouverons longtemps encore. Quant au casque d'alors, nous l'avons dit, c'était surtout le bassinet. Le heaume subsistait cependant encore, quoique plus rarement employé.

A la suite de la bataille, Auray se rendit à Montfort, ainsi que Dinan et Quimper-Corentin. Pour terminer plus tôt la guerre, Chandos et les autres capitaines n'avaient pas mis à rançon leurs prisonniers, de peur qu'ils ne combattissent encore Jean de Montfort, mais ils les avaient envoyés tenir prison en Poitou, en Saintonge, à Bordeaux, à la Rochelle, et pendant ce temps, ils achevaient de conquérir la Bretagne.

Le roi de France traita alors de la paix avec Montfort, le reconnut duc de Bretagne, et ce dernier lui fit hommage pour le duché, comme à son seigneur suzerain.

Bientôt les Anglais et les Français quoique toujours en paix, devaient encore se rencontrer sur un nouveau champ de bataille, comme auxiliaires de deux princes rivaux.

Pour débarrasser la France des Grandes Compagnies, et pour venger sa belle-sœur, Blanche de Bourbon, tuée par ordre du roi de Castille, don Pèdre-le-Cruel, son mari, Charles V avait soutenu Henri de Transtamare, frère bâtard de ce prince, révolté contre lui. Il avait envoyé, à l'aide de Henri, Bertrand Duguesclin, racheté, moyennant une rançon de 100,000 fr.

Le capitaine breton entraîna en Espagne, par l'espoir de la gloire et du butin, la plupart des chefs des Grandes Compagnies, et avec elles, détrôna don Pèdre, que presque tous ses sujets abandonnèrent. Don Henri de Transtamare vainqueur, s'empara du sceptre de la Castille. Mais le roi expulsé réclama le secours du prince de Galles, alors en Aquitaine. Celui-ci, avec l'autorisation de son père, résolut de secourir le souverain légitime, dépouillé, disait-il, de ses droits par un frère bâtard. Il voulait enlever aussi, dans le royaume de Castille, un utile allié au roi de France.

Le prince Noir leva donc des troupes en Aquitaine et dans les provinces anglaises de la France, et rappela les Grandes Compagnies, composées de sujets de son père, que Duguesclin avait sous ses ordres. La plupart de ces Compagnies étaient, on le sait, anglaises et gasconnes ; elles obéirent à l'ordre de leur suzerain. L'armée de don Henri fut considérablement diminuée, et perdit ainsi une partie de ses meilleurs soldats.

Le prince de Galles traversa la Navarre avec son armée d'Anglais, de Gascons, de Poitevins et d'aventuriers suivant la bannière anglaise, et se mit en devoir d'envahir la Castille. Don Henri réunit contre lui, ses troupes composées de Castillans, d'Aragonais, de Français. Ces derniers étaient aux ordres de Bertrand Duguesclin, du Bègue de Villaines et du maréchal d'Audeneham. Le comte de Denia, parent du roi d'Aragon était chef des auxiliaires de ce pays.

Le roi de Castille fut encouragé, par un premier succès de don Tello son frère, qui avec une avant-garde espagnole, et quelques chevaliers français, tua William de Felton, et enfonça, malgré la forte position qu'ils occupaient, les Anglais aux ordres de ce chef. Henri résolut alors de livrer bataille, malgré l'avis du maréchal d'Audeneham, qui lui parla ainsi :

« Sire, je vous dis que quand vous livrerez bataille au prince, vous trouverez là gens d'armes ; car là est toute la fleur de la chevalerie du monde, et vous les trouverez durs, sages et bons combattants, et ils ne fuiront pas pour crainte de la mort. Vous avez bien besoin d'avoir conseil et avis sur ce point. Mais, si vous me voulez croire, vous les déconfierez sans coup férir, car, si vous faites seulement garder les détroits et les passages, de façon que les vivres ne leur puissent venir, vous les affamerez et en triompherez facilement. Ils retourneront en désordre et en débandade dans leur pays, et vous les aurez à votre volonté. » La leçon de Poitiers avait, on le voit, profité aux Français, et en particulier au maréchal d'Audeneham si téméraire en cette journée. Le roi Henri méprisa ce conseil, et résolut de livrer bataille.

Le prince de Galles et son armée qui campaient à Vittoria, souffraient beaucoup du défaut de vivres et de provisions, pour eux et pour leurs chevaux, car le pays était mauvais et pauvre. On vendait en l'armée anglaise, un petit pain pour un florin. Il faisait de plus du vent, de la pluie et de la neige. L'armée demeura six jours ainsi.

Quand le prince et les seigneurs anglo-gascons virent que les Espagnols ne s'avançaient pas contre eux, ils décampèrent et résolurent de pénétrer en Castille par quelque autre point. Ils rentrèrent donc en Navarre, longèrent les frontières jusqu'au pont de Logroño sur l'Èbre, y traversèrent le fleuve, et prirent position près du village de Navarette. Le roi Henri les suivit, et s'en vint camper devant la ville de Najara, sur la Najarilla, affluent de l'Èbre. Henri et le prince de Galles échangèrent leurs défis. A la réception de la lettre d'Edouard, Henri appela Duguesclin. Celui-ci lui parla ainsi :

« Sire, sachez que bientôt vous combattrez ; car je connais bien le prince. Ayez avis sur ce, car vous avez bien besoin de regarder à vos besognes, et entendez à vos gens, et ordonnez vos batailles. »

« — Don Bertrand, répondit Henri, soit au nom de Dieu ! La puissance du prince ne prisé-je néant, car j'ai bien 3,000 chevaux armés, qui seront sur les deux ailes de mes troupes. J'aurai bien 6,000 genetours et bien 20,000 hommes d'armes, des meilleurs qu'on puisse trouver en Galice, Castille, Cordouan et Séville, et bien 10,000 bons arbalétriers et 60,000 hommes de pied, avec lances et javelots. Ils ont tous juré, qu'ils me soutiendraient jusqu'à la mort, et j'espère l'emporter, don Bertrand, par la grâce de Dieu, en qui je me confie, et par mon bon droit. » Le roi résolut de traverser la Najarilla qui le séparait des ennemis, et de leur offrir la bataille, dans la plaine de Navarette.

Le vendredi, le prince Noir sortit de son camp avec son armée. Ses gens tous armés et rangés en bataille, chevauchèrent comme pour combattre ; car ils savaient que Henri n'était pas loin. Les Anglo-Gascons marchèrent ainsi deux lieues ; ils s'en vinrent devant Navarette et y campèrent. Aussitôt arrivé, le prince envoya ses éclaireurs pour connaître les dispositions des ennemis. Ces éclaireurs, montés sur fleur de coursiers, chevauchèrent si avant, qu'ils virent toute l'armée espagnole, logée dans les bruyères devant Najara.

Le soir, Édouard fit signifier à ses troupes, qu'on se préparât au premier son de la trompette, qu'au deuxième on s'armât, qu'au troisième on montât à cheval, et qu'on partît, en suivant les bannières des maréchaux, et le pennon de saint Georges, et que nul sur la tête, ne s'avançât devant ces bannières et ce pennon, s'il n'y était commis.

De même que le prince de Galles avait, ce vendredi soir, envoyé ses éclaireurs pour reconnaître les Espagnols, de même, le roi Henri avait envoyé les siens pour reconnaître les dispositions du prince. A leur retour, le roi et Bertrand tinrent conseil.

Après minuit, les trompettes sonnèrent en l'armée espagnole ; au premier son, tous s'armèrent et se tinrent prêts ; au deuxième, à l'aube du jour, tous quittèrent leurs logis, et se mirent sur les champs.

Don Henri divisa ses troupes en trois batailles ; il donna la première au maréchal d'Audeneham, à Duguesclin, au vicomte de Roquebertin, et au comte de Denia d'Aragon. Là étaient tous les étrangers de France et d'ailleurs, et parmi eux deux barons de Hainaut ; les sires d'Antoing et Allard de Brifeuil, le Bègue de Villaines, le Bègue de Villiers, Gauvain de Bailleul, l'allemand de Saint-Venant et plusieurs autres bons chevaliers de France, d'Aragon et de Provence. Il y avait en ce corps, 4,000 chevaliers et écuyers bien armés, et ordonnés selon l'usage français. Don Tello et son frère le comte Sanche eurent la deuxième bataille ; elle comprenait 16,000 genetours et autres cavaliers ; ils se tinrent un peu en arrière, à main gauche de la bataille de Duguesclin. La troisième bataille, et la plus grosse sans comparaison, était aux ordres du roi Henri lui-même ; elle comptait bien 7,000 cavaliers et 40,000 hommes de pied avec les arbalétriers. Henri monté sur une belle et forte mule, selon l'usage du pays, parcourut les rangs des siens pour les encourager. Puis il revint à sa bataille ; et au soleil levant, toute l'armée se dirigea vers Navarette pour y chercher les ennemis.

A l'aube, le prince de Galles s'était mis sur les champs, avec toutes ses troupes. Les Anglais se rangèrent selon l'ordre reçu, et personne ne dépassait les maréchaux, s'il ne lui était commandé. Les seigneurs des deux armées savaient, par leurs éclaireurs, qu'ils devaient se rencontrer ; ils marchèrent donc en bonne ordonnance. Le prince et les siens prirent une petite hauteur, et, à la descente, ils aperçurent leurs ennemis qui s'avançaient sur eux ; à leur vue, ils se mirent en bataille et restèrent immobiles ; les Espagnols firent de même. Chacun resserra son armure, et se prépara au combat.

Jean Chandos apporta alors au prince sa bannière qu'il n'avait encore levée nulle part, et lui dit : « Monseigneur, voici ma bannière. Je vous la donne, pour qu'il vous plaise de la développer, et qu'aujourd'hui je la puisse lever ; car j'ai, Dieu merci ! assez de terres et d'héritage, pour tenir état, ainsi qu'il appartient à un banneret. » Le prince et le roi don Pèdre prirent, entre leurs mains, la bannière qui était d'argent, à un pal aiguisé de gueules, et Edouard la lui rendit par la hampe, en lui disant : « Tenez, messire Jean, voici votre bannière ; Dieu vous en fasse votre prou faire. » Alors, Jean Chandos partit, rapporta sa bannière entre ses gens, et dit : « Seigneurs, voici ma bannière et la vôtre ; gardez-la comme vôtre. » Alors ses compagnons la prirent tout réjouis, et ils dirent, que s'il plaisait à Dieu et à saint Georges, ils la garderaient bien, et s'en acquitteraient à leur pouvoir. La bannière demeura aux mains d'un bon écuyer anglais appelé William Allestry qui la porta vaillamment en ce jour.

Peu après cela, les Anglais et les Gascons descendirent

de leurs chevaux, se rassemblèrent, et se mirent ensemble en bon ordre ; chaque seigneur sous sa bannière et son pennon, en ordre de bataille, comme au passage des montagnes.

L'armée du prince formait ainsi trois batailles ; la première, l'avant-garde, aux ordres du duc de Lancastre, que dirigeait Jean Chandos, avec lui étaient : les deux maréchaux d'Aquitaine, Guichard d'Angle et Etienne de Cousenton, une foule de chevaliers anglais et aquitains, et bien 10,000 chevaux ; la seconde, le corps de bataille, commandé par le roi don Pèdre et le prince de Galles, avec grand nombre de Poitevins, de Gascons et d'Anglais. Elle comprenait seulement, dit Froissart, 7,000 cavaliers, parmi lesquels 4,000 gens d'armes. La troisième bataille, en arrière-garde, était formée en partie des Grandes Compagnies, aux ordres du roi Jacques de Majorque, du comte d'Armagnac et du sire d'Albret. Là étaient avec quelques chevaliers anglais, les principaux chefs gascons ; cette bataille, selon Froissart, comptait 10,000 chevaux.

D'après d'autres auteurs, Jamison entre autres, l'armée anglaise comptait 40,000 combattants. Selon MM. Guizot, Dareste et l'anglais Lingard au contraire, elle ne s'élevait pas à plus de 27,000 hommes. Jamison s'appuie sur Ayala, témoin oculaire.

Arrivés en présence les uns des autres, Anglais et Espagnols s'abordèrent avec vigueur. La bataille du duc de Lancastre et de Jean Chandos s'adressa à celle de Duguesclin et du maréchal d'Audeneham. A la première rencontre, il y eut un grand choc de lances, et les deux troupes ennemies furent longtemps avant de pouvoir entrer l'une dans l'autre. Il y eut là maint beau fait d'armes et maints hommes renversés, qui depuis ne se relevèrent. Quand ces deux batailles en furent venues aux mains, les autres ne restèrent pas en retard. Le prince de Galles et don Pèdre s'attaquèrent à don Tello et à don Sanche ; Don

Tello, à leur vue, s'effraya et s'enfuit sans combattre avec 2,000 cavaliers de sa troupe. Cette deuxième bataille fut alors ouverte et mise en déroute, car le Captal de Buch et Clisson s'en vinrent sur elle et achevèrent sa défaite.

Alors Edouard et don Pèdre se retournèrent contre don Henri de Transtamare ; là il y eut grand choc de lances, et maint guerrier abattu. Les archers d'Angleterre tiraient avec ardeur, selon leur coutume, et mettaient les Espagnols en grand danger. On criait d'un côté : « Castille au roi Henri ! » et de l'autre : « Saint Georges et Guyenne ! » Pendant ce temps, la bataille du duc de Lancastre, de Chandos et des deux maréchaux, Guichart d'Angle et Etienne de Cousenton combattait Duguesclin et les chevaliers de France et d'Aragon. Il y eut là mainte prouesse, et chacun fit les plus grands efforts pour ouvrir et entamer ses ennemis. Plusieurs tenaient leurs lances à deux mains, et les poussaient violemment l'un contre l'autre ; ceux-là combattaient de dagues et de courtes épées. Au commencement, Français et Aragonais se tinrent trèsbien, et résistèrent avec vaillance, et les chevaliers anglais furent en grand danger. Jean Chandos accomplit de beaux exploits sous sa bannière, et il alla si avant, qu'il fut entouré et renversé. Un Castillan, nommé Martin Fernandez, le jeta à terre, le tint sous lui, et allait le tuer, mais Chandos le frappa dans le dos avec son couteau, le renversa mort, et se releva. Il fut ensuite dégagé par ses gens accourus à son secours.

La bataille fut grande et terrible, et il y eut beaucoup de tués et blessés. Le prince de Galles, le duc de Lancastre son frère, Jean Chandos, Guichart d'Angle, le Captal de Buch, le sire de Clisson, le sire de Raiz, Hugues de Calverly, Eustache d'Auberchicourt, Gautier Huet, Mathieu de Gournay, Louis d'Harcourt, le sire de Pons, le sire de Parthenay, se distinguèrent dans les batailles des deux princes. Plus loin combattaient les Gascons ; on remarquait parmi eux : le comte d'Armagnac, le sire d'Albret, le sire de Pommiers et ses frères, le sire de Mussidan, le sire de Rosem, le comte de Périgord, le comte de Comminges, le vicomte de Caraman, le sire de Condom, le sire de l'Esparre, le sire de Caumont, Barthélemy de Tarides, le sire de Pincornet, Bernard d'Albret sire de Gironde, Aymery de Tarse, le Souldich de l'Estrade, et plusieurs autres chevaliers et écuyers.

Sous le pennon de saint Georges et sous le pennon de Jean Chandos, étaient les Compagnies qui comptaient bien 1,200 panonceaux. Il y avait là de bons et braves chevaliers et écuyers : Bertucat d'Albret, Robert Chenry, Robert Briquet, Garcis du Chatel, Gaillart Vigier, Jean Tresnell, Amanieu d'Ortiges, Perrot de Savoie, le bourg Camus, le bourg de l'Esparre, le bourg de Breteuil, Espiote, Lamit et plusieurs autres. Bertrand Duguesclin, le maréchal d'Audeneham et les chevaliers de France et d'Aragon qui combattaient bravement ces bandes, n'avaient guère d'avantage, car ces Compagnies étaient composées de gens rompus au métier des armes, et encore y avait-il bon nombre de chevaliers d'Angleterre sous la bannière du duc de Lancastre et de Jean Chandos. Bertrand Duguesclin, le maréchal d'Audeneham, le Bègue de Vilaines, les sires d'Antoing, de Brifeuil, de Berguettes, le Bègue de Villiers, l'Allemand de Saint-Venant, et les braves gens d'armes de France, s'acquittèrent loyalement de leur devoir. Si les Espagnols en eussent fait autant, les Anglo-Gascons eussent plus souffert qu'ils ne le firent.

Le roi Henri se comporta avec grande valeur et rallia souvent ses soldats ébranlés. Les frondeurs espagnols incommodèrent d'abord beaucoup les Anglais, mais ils ne purent tenir contre les yeomen. Il y avait dans la bataille de Henri beaucoup de braves gens d'armes d'Espagne et de Portugal, qui combattirent vaillamment de lances, de guisarmes, de javelots, de pieux et d'épées. Il y avait aussi sur les ailes plusieurs genetours, montés sur chevaux tous armés, qui soutenaient bien leurs batailles, car lorsqu'elles branlaient ou voulaient s'ouvrir d'un côté, ces genetours qui étaient aux ailes, les repoussaient en avant, et leur rendaient leur force. Les Anglo-Gascons n'eurent pas facilement la victoire, mais la conquirent par leur vaillance et leurs prouesses.

Un peu au-dessus de la bataille du prince, étaient le roi James de Majorque et sa troupe, qui combattaient bravement et de tout leur pouvoir. Ailleurs était Martin de la Kare, qui représentait le roi de Navarre, et faisait bien aussi son devoir. Bon nombre de chevaliers anglais et gascons se faisaient remarquer en la bataille du prince.

Don Pèdre, très échauffé, cherchait pour le combattre son frère don Henri. Ce dernier soutenait de toutes ses forces ses gens ébranlés et leur disait : « Bonnes gens, vous m'avez fait roi, aidez-moi à défendre et à garder l'héritage dont vous m'avez hérité. »

La bataille du roi Henry qui tint le mieux, où l'on combattit avec le plus de valeur, fut celle de Bertrand Duguesclin, car là étaient de braves gens d'armes, résistant de toutes leurs forces, et vendant chèrement leur vie. Il y eut en cet endroit, plusieurs beaux faits d'armes, et Jean Chandos entre autres, s'y montra très bon-chevalier ; il conseilla et dirigea en cette journée le duc de Lancastre, comme jadis à Poitiers, il avait dirigé le prince de Galles. Chandos ne songea ce jour, à faire aucun prisonnier de sa main, mais toujours à combattre et aller en avant. Plusieurs bons chevaliers et écuyers de France et d'Aragon furent pris sous sa bannière, et entre autres Bertrand Duguesclin, le maréchal d'Audeneham, le Bègue de Vilaines et plus de 60 autres.

A la fin, la bataille de Duguesclin fut mise en déroute, et tous ceux qui la composaient, morts ou pris. Là périt le Bègue de Villiers ; les sires d'Antoing, de Brifeuil,

Gauvain de Bailleul, Jean de Berguettes, l'Allemand de Saint Venant, et beaucoup d'autres demeurèrent prisonniers. Alors la bannière de Jean Chandos, la bannière du duc de Lancastre, la bannière des deux maréchaux et le pennon de Saint Georges s'en vinrent donner sur la bataille du roi Henry, criant : « Saint Georges, Guyenne! Les Espagnols furent fort reboutés. Le Captal de Buch, le sire de Clisson, Eustache d'Auberchicourt, Hugues Calverly, le Souldich de l'Estrade, Jean d'Evreux et autres se montrèrent bons chevaliers dans ce dernier choc. Le roi Henry se comporta très vaillament, et rallia trois fois en cette journée, ses soldats en déroute ; mais enfin les siens ne purent soutenir le choc des ennemis, et s'enfuirent en désordre sur Najara et la Najarilla. Alors Anglais et Gascons remontèrent à cheval et commencèrent la poursuite. Beaucoup des vaincus furent tués, d'autres se noyèrent dans la rivière. (3 avril 1367).

Cuvelier nous donne d'assez grands détails sur l'action que nous venons de raconter; ici, sur beaucoup de points, il s'accorde avec Froissart. Comme ce dernier, il nous assure que son héros aurait conseillé au roi Henri, d'éviter avec les Anglo-Gascons une affaire générale. Il fallait, pensait Duguesclin, laisser agir la famine qui se faisait sentir dans le camp ennemi, se retrancher solidement, de façon à rendre infructueux les efforts que le désespoir pourrait suggérer aux Anglais, leur couper les vivres, et bientôt on n'aurait plus à combattre que des gens exténués dont on aurait facilement raison. Le chef des auxiliaires aragonais, le comte de Denia, repoussa cet avis ; il accusa Bertrand de couardise et de peu de dévouement au roi Henri. Le héros Breton, irrité, aurait alors lui-même, tout en prédisant le résultat funeste de cette résolution, opiné pour la bataille.

Lors des dispositions préliminaires du combat, s'élève un désaccord entre Froissart et Cuvelier, et, à leur suite, entre plusieurs historiens. Nous avons dit que Froissart (1) partage en trois batailles chacune des deux armées. Selon lui, le duc de Lancastre, conseillé par Jean Chandos, commande la première bataille anglaise ; le prince de Galles et don Pèdre dirigent la deuxième ; et enfin la troisième, où se trouvent les Compagnies, obéit au roi Jacques de Majorque, au comte d'Armagnac, et aux d'Albret.

Quant aux Franco-Espagnols, on se rappelle que Froissart les divise également en trois batailles : la première, commandée par Duguesclin, le maréchal d'Audeneham et le comte de Denia ; la seconde, par don Tello et don Sanche frères du roi Henri ; et la troisième par ce dernier. Cuvelier n'admet pas cette division. En ce qui concerne les troupes de don Henri, il ne dit rien de bien précis ; mais quant aux Anglais, il les partage en quatre batailles. Le prince de Galles, dit-il, donna le commandement de la première au duc de Lancastre ; il confia la deuxième au Captal de Buch ; Jean Chandos avait la troisième, qui, au dire du poète, dut servir de réserve, et se tenir sur les derrières des autres, pour les empêcher de reculer ; enfin, la quatrième obéit au comte d'Armagnac et aux d'Albret.

Le Père Daniel, au sujet des Anglo-Gascons, a suivi Cuvelier, avec cette différence, qu'il donne au prince de Galles le commandement d'une de ses batailles, et qu'il n'en attribue aucune aux d'Albret et au comte d'Armagnac. Ainsi, d'après lui, le prince de Galles, dans la bataille duquel se trouvent les rois de Castille et de Majorque, exerce un commandement distinct, alors qu'il n'en a aucun avec Cuvelier. Quant aux Franco-Espagnols, Daniel en forme également quatre batailles. La première, composée des troupes françaises et des Aragonais, Alle-

(1) Edition Buchon.

mands et Hainuyers, qu'il donne à Duguesclin et à Audeneham ou Audrehen; la seconde, qu'il place sous les ordres de don Tello et de don Sanche; la troisième ou corps de bataille, à laquelle il donne le roi pour chef; et enfin, une réserve de 10,000 hommes, dont il ne nomme pas le commandant.

Si l'on suit Daniel et Cuvelier, Chandos ne se bornerait plus à être le conseiller du duc de Lancastre, il exercerait un commandement propre.

Enfin, vient la version de Jamison qui, compilant Froissart, Ayala et Cuvelier raconte avec grands détails cette bataille. Il admet tous les six chefs que Froissart désigne comme dirigeant les batailles, mais il ajoute une bataille, et par conséquent, un chef pour chacune des armées. C'est ainsi qu'il retire les Aragonais de la bataille de Duguesclin, en fait un corps séparé, et les place sous les ordres du comte de Denia. C'est ainsi encore, que du côté des Anglais, au lieu de ranger, ainsi que Froissart (1), le Captal de Buch, dans la bataille du prince de Galles, il lui attribue une bataille distincte. On voit combien ces quatre versions sont peu d'accord.

Le Père Mariana adopte avec la rédaction ordinaire de Froissart, la division en trois batailles.

On peut signaler aussi un grand désaccord entre Froissart et Cuvelier au sujet de la manière de combattre, des deux armées, dans cette journée.

En ce qui concerne les Franco-Espagnols, Froissart admet que les genetours (2) restèrent à cheval. Plus loin, d'après lui, Henri de Transtamare, dans l'énumération qu'il fait à Duguesclin de ses forces, mentionne encore 3,000 cavaliers, sur chevaux armés, qui doivent se tenir sur les ailes de ses troupes. Enfin, il laisse entrevoir, que

---

(1) Edition Buchon.
(2) Cavaliers montés sur genêts d'Espagne.

d'autres Espagnols demeurèrent également à cheval ; mais pour ce qui est des Français, tout porte à supposer, dans le récit de Froissart, que la totalité de leurs forces combattit à pied.

L'historien de Duguesclin n'est pas ici de l'avis du chroniqueur ; il s'accorde avec lui, il est vrai, en ce qui touche les genetours, qu'il appelle : « Genevoix sur les genelz séans. » Mais il admet, qu'une partie des Français demeurèrent à cheval, ainsi qu'on le voit, par la citation suivante, où parlant des troupes de Duguesclin, il dit :

« Descendirent à pié li petit et li grant,
Hors mis ceulx qui estoient par moult fier couvenant
Sur leurs chevaux montez couvers à lor commant. »

Quant aux soldats du prince Noir, le désaccord est encore plus sensible. Froissart nous dit textuellement, que les Anglais et les Gascons descendirent de leurs chevaux, et il ne fait aucune exception. Voici ce que nous apprend Cuvelier des dispositions de l'armée anglaise :

« A l'assamblée faite de chascune partie
Descendirent à pié, con l'istoire crie,
Fors ceulz qui les chevaux ont couvers celle fie ;
Car li princes de Gales et sa bachelerie,
Ne roy Pietre ensement, cil ne descendent mie. »

Plus loin Cuvelier ajoute encore :

« La banière au castal fièrement s'aprocha,
Et venoient à pié ; nul cheval n'i mena
Hors mis chevaux couvers, si que dit on on vous a,
Qui à .I. lez se tindrent regardant c'on fera ;
Car les chevaux armez qu'ainsi estoient là
Estoient ordené, jà telle ne sera,
Pour percer la bataille, quant tamps il en sera,
Des nobles Espaignolz que Henris amena. »

A chaque instant, Cuvelier nous parle de ces chevaux *fervestis* des deux armées ; il nous dit que le comte d'Armagnac a dans sa bataille 500 gens d'armes.

> A chevaux tous couvers d'acier qui reflambie,
> Et d'une maille onnice, trop mieulx que ne vous die.

Plus loin, le poëte dit encore ceci :

> Se fist adont li princes mener et convoier
> Aveques le roy Pietres, qu'il ama et tint chier,
> Et li quens d'Ermignac d'Alebret le guerrier,
> Percigot de Labret n'i doit-on oublier,
> Et le fier seneschal qui estoit de Poitiers,
> Et celui de Bordeaux qui fist à ressongnier,
> Celui de Mucident, I. hardi chevalier,
> Et le conte de l'Ile y vint sur le destrier ;
> Celui de Partenay, qui le prince avoit chier,
> Et le seigneur de Pons, d'Auberoce, Garnier,
> Celui de la Riole et de Blaives Richier ;
> Bien VI^m. hommes d'armes qui tuit orent courcier
> S'en vont vers Espaignolz à force desrangier.

Ainsi donc, suivant Cuvelier, les Anglais conservèrent un certain nombre de gens d'armes à cheval, Gascons pour la plupart, à ce qu'il semblerait. Si l'on considère que les Gascons quoique habitués à la tactique anglaise, et sachant combattre à pied, étaient des cavaliers de premier ordre ; si l'on se rappelle que les Anglais employèrent la même tactique à Buironfosse et à Poitiers ; si l'on ajoute qu'à Navarette, le principal chef de l'armée ennemie, était Jean Chandos qui, à Poitiers avec James Audley, ordonna les batailles anglaises, on ne s'étonnera pas de lui voir ordonner ce mélange de cavalerie et d'infanterie qui lui avait si bien réussi dans les champs de Maupertuis.

On peut donc admettre que les Anglais tinrent en réserve un certain nombre de gens d'armes à cheval, destinés à percer les batailles du roi Henri, quand il en serait temps, c'est-à-dire quand les Franco-Espagnols seraient fatigués par le combat, et quand ils auraient perdu leurs rangs.

Cela est d'autant plus admissible que Froissart convient que les Espagnols avaient dans leur armée des troupes de cavaliers. On comprendra dès lors que les Anglais aient conservé un certain nombre de gens d'armes à cheval pour les opposer à ces cavaliers. Ces gens d'armes devaient être de préférence, ceux qui montaient des chevaux couverts, guerriers d'élite et supérieurs en général, aux autres gens d'armes, aussi bien par leur armement propre, que par celui de leurs chevaux. Les Anglais employaient souvent cette tactique, qui consistait à conserver un corps de cavaliers dans les combats. Nous avons parlé de Buironfosse et de Poitiers ; rappelons encore Brémule, et les conseils donnés par Odon Borleng, lors de son combat contre Galeran de Meulan. Cependant, à Crécy et, il y a lieu de le supposer à Auray (1), toute la gendarmerie anglaise mit pied à terre, et nous la verrons souvent faire de même par la suite.

L'une ou l'autre tactique était familière aux Anglais, et ils se décidaient selon les circonstances. Ici les circonstances semblent donner raison à Cuvelier ; les deux armées sont nombreuses ; elles combattent en rase campagne, et les Espagnols ont certainement de la cavalerie dans leurs rangs.

Ce que nous avons dit au sujet de l'armée anglo-gas-

(1) M. Dareste nous dit bien, il est vrai, qu'à Auray, la bataille de Calverly demeura à cheval, mais le contraire de cette assertion semble résulter de tout le récit de Froissart, et des affirmations les plus positives de Cuvelier.

conne, peut s'appliquer avec d'autant plus de raison aux Franco-Espagnols ; Froissart, d'ailleurs, convient de la présence des genetours et de cavaliers montés sur chevaux couverts parmi leurs troupes.

On peut encore invoquer en faveur de Cuvelier, le témoignage de Christine de Pisan qui, dans sa théorie générale, s'accorde en tout point avec le poète à ce sujet. Après avoir dit que l'on fait ordinairement trois batailles (1) à pied, que l'on place à l'arrière-garde, les chevaux et les valets, la chronique ajoute : « Une troupe de gens d'armes reste seule à cheval, pour déranger la bataille des ennemis quand ils s'assembleront. C'est, ajoute-t-elle, la manière la plus ordinaire. » Les Anglais d'un côté, et de l'autre les Français et les Ecossais, faisaient de ces troupes de gens de cheval, un usage différent. Les Anglais s'en servaient comme d'un corps de réserve destiné à charger les ennemis déjà ébranlés. Les Français et les Ecossais suivant en cela, l'exemple de Bruce et de Ribemont, employaient ces cavaliers à disperser les archers anglais, et commençaient généralement la bataille avec eux.

Ainsi que nous l'avons vu, ces trois batailles dont parle Christine, s'appelaient avant-garde, bataille proprement dite (2), arrière-garde. Elles prenaient ce nom de leur ordre de marche, plutôt que de leur rang dans le combat ; généralement la bataille était au milieu, l'avant-garde et l'arrière-garde tenaient lieu d'ailes. D'autres fois cependant, on combattait en échelons, chacune des batailles à son rang d'ordre, toutes trois se soutenant mutuellement. Nous avons vu et nous verrons encore plus d'un exemple de cette disposition.

A ces trois batailles, on en ajoutait quelquefois une quatrième dont on formait une réserve. Souvent, chez les

---

(1) On appelait batailles, les divisions d'une armée.
(2) Corps de bataille.

Anglais, cette réserve se composait de la bataille à cheval dont parle Christine de Pisan, mais il n'y avait à ce sujet aucune règle générale. A Auray, par exemple, on peut induire du récit des chroniqueurs que la réserve de Calverly était à pied ainsi que les autres batailles. Du reste il n'y a rien d'absolu à cet égard, aussi bien sur la réserve que sur le nombre des batailles ; quelquefois les Français et surtout les Anglais disposèrent en une seule bataille toutes leurs troupes.

Cuvelier, dans le récit de la bataille, ne diffère point beaucoup de Froissart ; il célèbre comme lui, du côté des ennemis, la vaillance de don Pèdre, du prince de Galles, de Jean Chandos, de Gautier Huet, du Captal de Buch, etc. Presque tous les mêmes noms anglais, gascons, ou autres se retrouvent dans sa chronique. Du côté de l'armée alliée, Cuvelier exalte aussi la vaillance de Henri de Trantamare qui, dit-il, après une lutte acharnée, ne consentit à faire retraite qu'en passant sur le ventre de l'ennemi, de Duguesclin qui résista jusqu'à la dernière extrémité, et ne se rendit qu'épuisé de fatigue, alors que toute l'armée ennemie eut convergé contre sa bataille. Le Bègue de Vilaines, le maréchal d'Audeneham et tous les autres Bretons et Français reçoivent les éloges du poète; plus encore que Froissart, il leur attribue tout l'honneur de la journée.

Comme Froissart, il mentionne la déroute d'une partie de l'armée espagnole, qui s'enfuit dès le commencement du combat ; il ajoute qu'un corps des troupes de cette nation fut précipité par le prince de Galles dans la Najarilla. Du reste Cuvelier est fort dur pour les Espagnols, en qui, assure-t-il, son héros n'avait nulle confiance. Le poète nous parle aussi des furieuses décharges des archers anglais.

L'armée du prince Noir montra la plus brillante valeur en cette journée. Leurs grands et continuels succès avaient donné aux Anglais une confiance absolue en leurs chefs et en eux-mêmes, et ils regardaient toute bataille comme un triomphe assuré. Le bonheur des armes d'Edouard, le renom de ses capitaines avaient attiré sous ses drapeaux les plus braves aventuriers de la chrétienté; presque toutes les Grandes Compagnies accouraient à son appel. L'armée anglaise était donc composée surtout de vétérans vivant du métier des armes.

La bataille de Navarette, du reste, quoique remportée par le prince de Galles, peut être considérée comme presque aussi glorieuse pour la France que pour l'Angleterre.

Non-seulement Duguesclin et ses Franco-Bretons égalèrent en vaillance les plus braves des vainqueurs, et les firent plus d'une fois reculer dans la journée, mais il faut ajouter encore qu'une très-grande partie de ces vainqueurs étaient Français. Nous voyons parmi eux, des Poitevins, des Gascons, des soldats des compagnies, recrutés en grand nombre dans les diverses provinces de France. Les noms qu'on lit dans Froissart et Cuvelier, sont pour la plupart des noms français. Ils citent, en effet, parmi les Anglais, les bretons de Raiz et Clisson; le hainuyer d'Auberchicourt, le normand d'Harcourt. Le Poitou, nouvellement conquis par lui, fournit à Edouard, son vaillant contingent : les sires de Pons, de Parthenay, et Guichart d'Angle, dont la famille s'illustra à Poitiers et ailleurs au service de la France. Puis viennent les Gascons servant en vertu de leur tenure féodale; parmi eux : le comte d'Armagnac, les sires d'Albret, le sire de Pommiers et ses frères, le sire de Mussidan, le sire de Rosem, le comte de Périgord, le comte de Comminges, le comte de Caraman, le sire de Condom, le sire de l'Esparre, Barthélemy de Tarides, le sire de Pincornet, Bernard d'Albret seigneur de Gironde, Aymery de Tarse, le Souldich de l'Estrade, le Captal de Buch. On cite encore parmi les chefs des compagnies : Bertucat d'Albret, Robert Briquet, Gaillart Vigier, Garsis de Chatel, Naudont de Bagerent, Amanieu d'Ortiges, le bourg Camus, le bourg de l'Esparre, Perrot de Savoie, le bourg de Breteuil dont ces noms indiquent assez l'origine française. L'élément gascon paraît surtout avoir dominé dans cette armée. Au dire de Jamison, deux des batailles du prince Noir étaient commandées par des Gascons, le comte d'Armagnac et le Captal de Buch ; si l'on en croit l'auteur américain, ces deux chefs portèrent même à Navarette les coups les plus décisifs. Ce fut devant le premier que s'enfuit don Tello ; le deuxième triompha rapidement du comte de Denia ; puis les deux chefs gascons attaquèrent, sur les flancs et en queue, la bataille de Bertrand Duguesclin, qui avait fait reculer Chandos, et entraînèrent ainsi la défaite de ces vaillants Franco-Bretons, derniers soutiens de Henri de Transtamare.

Les ennemis vont, du reste, bientôt apprendre à leurs dépens, quel est dans ces guerres, le poids de l'épée gasconne.

A Navarette, l'adresse des archers anglais eut plus beau jeu qu'à Cocherel et à Auray ; elle put, en effet, s'exercer sur les frondeurs, les fantassins, et les cavaliers légèrement armés de Henri de Transtamare. Le rôle de ces archers ne fut cependant encore ici que secondaire.

Don Pèdre rétabli sur le trône de Castille, ne jouit pas longtemps de son triomphe. Ingrat envers le prince de Galles, auquel il n'accorda pas les subsides qu'il lui avait promis, ce roi fut abandonné par lui. Bientôt Henri de Transtamare reprit les armes, secondé par Duguesclin sorti de captivité ; la Castille se souleva à l'appel de ce prince, et Don Pèdre vaincu, fut tué par son frère, auprès du château de Montiel, où il était assiégé.

La France gagna dans le nouveau roi un allié, puissant et dévoué.

ERRATA

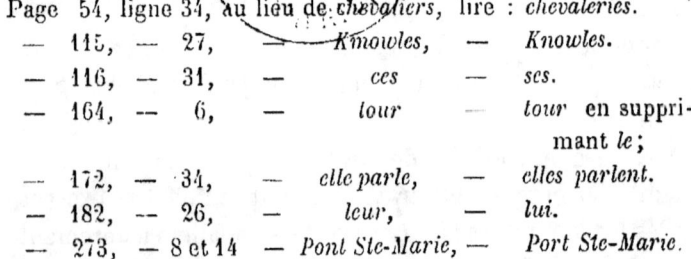

Page 54, ligne 34, au lieu de *chevaliers*, lire : *chevaleries*.
— 115, — 27, — *Knowles*, — *Knowles*.
— 116, — 31, — *ces* — *ses*.
— 164, — 6, — *tour* — *tour* en supprimant *le*;
— 172, — 34, — *elle parle*, — *elles parlent*.
— 182, — 26, — *leur*, — *lui*.
— 273, — 8 et 14 — *Pont Ste-Marie*, — *Port Ste-Marie*.

TABLE

Introduction. 1

LIVRE PREMIER. — Chapitre Ier. — Conquête de l'Angleterre. — Bataille de Hastings. — Premières hostilités de la France avec l'Angleterre. — Bataille de Brémule. 1

Chapitre II. — Henri II. — Guerres de ce prince avec Louis-le-Jeune et Philippe-Auguste-Richard. — Rivalité du roi d'Angleterre et du roi de France. — Leurs guerres. — Succès de Philippe contre Jean, successeur de Richard. — Saint Louis et Henri III. — Taillebourg et Saintes. 41

LIVRE DEUXIÈME. — Chapitre Ier. — Guerre des Français en Flandre. — Bataille de Courtray. — Guerre des Anglais en Ecosse. — Batailles de Falkirk, de Bannockburn, de Malton et de Halidon-Hill. — Guerre des Suisses contre la maison d'Autriche. — Bataille de Morgarten. 69

LIVRE TROISIÈME. — Chapitre Ier. — Edouard III revendique la couronne de France. — Ses alliances avec le comte de Hainaut, le duc de Brabant, les princes allemands et les Flamands. — Ses expéditions en France. — Bataille de l'Ecluse. — Siége de Tournay. — Trève entre les deux rois. — Guerre de la succession de Bretagne 121

CHAPITRE II. — Campagnes du comte de Derby en Guyenne et du roi Edouard en Normandie, en Ile-de-France et en Picardie. — Bataille de Crécy. — Siége et prise de Calais. — Combat auprès de Calais. — Siége de la Roche-Derrien, par Charles de Blois. — Défaite et prise de ce prince. 151

CHAPITRE III — Jean-le-Bon. — Combat des Trente. — Escarmouche d'Ardres ou de Saint-Omer. — Expédition d'Edouard dans le Nord de la France, du prince de Galles dans le Midi et du duc de Lancastre en Normandie et en Bretagne. — Deuxième expédition du prince de Galles. — Bataille de Poitiers 257

CHAPITRE IV. — Charles V. — Bataille de Cocherel, d'Auray et de Navarette. 357

Moulins. — Imprimerie de C. DESROSIERS.

www.ingramcontent.com/pod-product-compliance
Lightning Source LLC
Chambersburg PA
CBHW050904230426
43666CB00010B/2017